KB035285

쇼펜하우어 인생론
여록과 보유

쇼펜하우어 인생론
여록과 보유

아르투어 쇼펜하우어 지음 | 김재혁 옮김

서문

이 책은 아르투어 쇼펜하우어(Arthur schopenhauer)가 만년(晩年)의 수상(隨想)과 삶의 지혜를 위한 아포리즘을 기록한 쇼펜하우어 인생론 ≪여록(余錄)과 보유(補遺), Parerga und paralipomena≫를 선역(選譯)한 책이다.

1851년 그가 63세 때 출간한 쇼펜하우어 인생론 ≪여록과 보유≫는 그의 저작물 중 처음으로 수많은 독자에 의해 읽힌 작품으로 그의 명성이 이 저작으로 인해 세계적으로 널리 알려졌다. 이 책에는 고독한 철인의 근본적인 철학 사상과 그의 초월적인 내면세계가 잘 나타나 있다.

세상의 모든 존재에는 태어난 목적이 있고 인간의 모든 행위에도 목적이 있다. 그리고 인간의 궁극적인 목적은 행복이며 행복을 가능하게 하는 것은 '덕(arete)' 이라는 그의 인생 전반에 관한 사상과 생활의 지혜를 위한 아포리즘 ≪여록과 보유≫는 그의 주저(主著) ≪의지와 표상으로서의 세계≫에서 빠진 나머지 사실의 기록을 보태어 채운 2,000페이지가 넘는 방대한 작품이다.

쇼펜하우어 염세 철학의 근본 사상은 칸트의 인식론 · 플라톤의 이데아론 · 베다의 범신론과 염세관의 결합이다. 그는 살고자 하는 의지를 자기 철학의 근본 원리로 삼았으며 세상은 미망(迷妄)과 투쟁과 고통으로 가득 차 있어 세상의 고통에서 일시적인 해탈은 개체성을 초월한 플라톤의 이데아를 체득함으로써 얻을 수 있고 본질적인 해탈은 오직 살고자 하는 의지를 부정하는 열반(Nirvana)으로 얻을 수 있다고 주장했다.

인생은 고통이며 그 끝은 허무하다. 인생은 아무런 의미와 목적 없이 생존 의지가 시키는 무한한 고통도 영원한 즐거움도 없는 고통이며 손에 무기를 든 채 죽어가는 존재다.

끊임없이 계속되는 고통에서 벗어나는 길은 오직 의지를 부정하는 것이며 그 투쟁에 끼어들기를 거부하는 것이다. 인간들 사이에는 필연적으로 투쟁이 생겨나며 그 투쟁에는 고통이 뒤따른다. 따라서 그 고통은 인생의 불가피한 상태이며 행복은 그 고통이 감소한 상태에 지나지 않는다. 그래서 참된 선(善)은 사멸이며 표상(Idea)의 세계는 절멸이다.

또한 현상 세계는 우리의 표상(表象, Vorstellung)인 산물에 지나지 않으며 만물의 근원은 살고자 하는 의지(Will)이며 의지야말로 인생의 모든 고통의 근원이므로 이 의지를 부정하지 않으면 안 된다는 것이 그의 염세 철학의 근본 사상이다.

쇼펜하우어 인생론 ≪여록과 보유≫는 인생의 여러 가지 주제에 대해 다각적이고 객관적으로 그리고 본질적으로 기록함으로써 일반 사람들에게 인생의 의의와 인간의 참된 행복이란 무엇인가를 가르치고 있다.

쇼펜하우어는 삶에 대한 통찰과 인간의 본질을 꿰뚫어 보는 철학 학문의 기초인 '충족이유율'을 최초로 제시하고 서양 철학과 동양 철학의 유사성과 동양 철학(불교)의 위대함을 서양 세계에 최초로 알렸다.

이 책은 19세기 수많은 사상가에게 영향을 끼친 쇼펜하우어 염세 철학의 근본 사상을 집대성한 위대한 기록으로 실존철학과 프로이트 심리학에 지대한 영향을 끼친 대문호 괴테가 극찬하고 철학자 니체를 탄생시킨 심오한 인간의 근원적 가치에 대해 던지는 쇼펜하우어 고뇌의 철학서다.

이 책은 1986년 5월 20일 육문사 교양사상신서로 출간한 《쇼펜하우어 인생론》을 2012년 중판을 거쳐 현대에 맞게 문법과 어휘를 수정한 안티쿠스(Antiquus) 책장 시리즈 쇼펜하우어 인생론 《여록과 보유》로 재출간하였다. 그리고 본문 하단에 있는 주석의 형식은 역자가 붙인 주석이며 본문에 나오는 인명과 지명은 외래어 표기법을 따르며 관행상 굳어진 표현은 그대로 표기하였음을 밝혀둔다.

차 례

쇼펜하우어 생애와 사상

쇼펜하우어 생애

아르투어 쇼펜하우어(Arthur schopenhauer)는 1788년 2월 22일, 발트(Baltic)해 연안 도시 단치히(Danzig)에서 부유한 상인인 아버지 하인리히 플로리스 쇼펜하우어(Heinrich Floris Schopenhauer)와 상인의 딸인 어머니 요한나 헨리에테(Johanna Henriette) 사이에서 태어났다.

그의 집안은 원래 네덜란드 혈통의 가문이었으나 17세기 말에서 18세기 초 사이에 독일 상업 도시 단치히에 정착했다. 그 후 수 대(代)에 걸쳐 천성적인 사업 수완으로 커다란 부(富)를 이루었다.

그의 할아버지 안드레아스 쇼펜하우어(Andreas Schopenhauer)는 네덜란드계의 단치히 여성인 안나 레나테 소에르만과 결혼했는데 쇼펜하우어 집안의 병적인 요소가 유전되기 시작한 것은 이 부인에게서 기인한 것으로 보인다. 이 병적인 요소는 그녀 자신뿐만 아니라 세 아들에게도 심한 증상으로 나타났다. 그중에서도 특히 H. F. 쇼펜하우어의 경우에는 더욱 심하여 지나칠 정도로 자유를 좋아했다.

아르투어 쇼펜하우어의 아버지 H. F. 쇼펜하우어는 교양 있고 유능한 상인이었으며 그의 어머니 요한나 헨리에테는 아버지보다 약 이십 세 연하(年下)의 여성으로 왕성한 지식욕을 가진 쾌활하고 태평스러운 성격의 소유자였다. 그녀는 저작 활동을 하는 등 매우 특이한 여성으로서 특히 파티를 열거나 파티에 참석하는 것, 그리고 여행을 좋아했다.

여행을 좋아하는 것은 아버지도 마찬가지였다. 그리하여 아버지는 아내 요한나를 데리고 영국으로 떠났다. 영국을 여행하는 도중 아르투어 쇼펜하우어를 임신한 요한나 몸의 상태가 좋지 않자 예정보다 일찍 귀국하여 단치히에서 그를 낳았다.

H. F. 쇼펜하우어는 그를 상인으로 만들기 위해 아르투어(Arthur)라는 이름을 붙여 주었다. 아르투어라는 이름은 어느 나라에도 있는 이름이며 철자도 같았기 때문이었다.

그는 아버지가 결혼 전에 마련해 놓은 농장과 할아버지 안드레아스의 집에서 유년을 보냈다. 그가 5세 때인 1793년 5월 자유 도시 단치히가 프로이센에 병합되었다. 아버지는 수 대(代)째 살던 정든 단치히를 떠나 자유를 찾아 막대한 재산을 놔두고 가족들과 함부르크로 이주했다.

이때부터 그에게는 평생 고통스러운 운명의 발작이 이미 일어나고 있었다. 그 요인으로는 불안과 특정 위험에 대한 공포심에서 오는 발작이었다.

아버지 하인리히는 그를 현실에 밝고 유능한 상인으로 만들어 자신의 후계자로 삼으려고 여동생 아델레가 태어나던 1797년(당시 9세)에 프랑스 르아브르(Le Havre)에서 사업을 하고 있던 친구 그레구와르 드 블레지메르(Gregoire de Blesimaire)의 집으로 보내졌다. 그것은 쇼펜하우어에게 상인으로 필요한 프랑스어를 익히게 하기 위함이었다.

그레구와르는 아들 안딤과 똑같이 그를 돌보아 주었으며 그는 안딤과 매우 친하게 지내면서 2년을 그곳에서 살았다. 그는 이 2년 동안을 소년 시절 중 가장 즐거웠던 시간이라고 말한다.

다시 함부르크로 돌아온 그가 프랑스어를 익힌 것을 보고 아버지는 매우 기뻐했다. 하인리히는 함부르크의 상인 양성 학교 중에서도 명문교인 룽게 사립학교에 그를 입학시켰다. 시간이 지남에 따라 그는 모든 과목에 걸쳐 학교의 수업을 능가했다.

그는 김나지움(Gymnasium)에 입학하여 고전학을 공부하기를 원했지만 아버지는 가난한 학자의 길을 가는 것을 원치 않았다. 그래서 아버지는 그에게 김나지움에 입학할 것이냐 아니면 자신과 함께 장기간의 여행을 떠날 것이냐를 선택하라고 했다. 물론 장기간의 여행에서 돌아온 후에는 상인의 길을 가는 것을 전제로 하고 있었다. 아버지는 그를 여러 나라로 데리고 다니면서 상인에게 유익한 견문을 넓혀 주려고 했다.

결국 그는 여행을 선택했다. 그래서 그가 십오 세 때인 1803년부터 2년에 걸쳐 부모와 함께 네덜란드, 영국, 프랑스, 스위스, 오스트리아, 작센, 시레지아, 프로이센 등을 여행했다. 후일 그는 이 여행을 회고하면서

'만일 그 오랜 기간의 여행을 떠나지 않았더라면 나는 2년 동안의 청춘을 고전 학습과 고전어를 공부하면서 보냈을 것이다. 그런 관점에서 본다면 그 시간을 완전히 헛되이 보낸 것이지만 그 여행에서 사물에 대한 직관과 인상과 인식을 높이 평가하는 습관을 일찍부터 익혔다. 그것은 손실을 보상하고도 남는 것이었다. 그러므로 여행을 한 그 2년 동안의 시간을 헛되이 낭비해 버렸다고 후회할 필요는 전혀 없는 것이다.'

라고 서술하고 있다.

그가 여행 기간 중 쓴 일기에는 여러 나라 국민의 어리석음과 일반적인 인간의 약점 및 결점 등에 대해 느낀 인상을 조숙한 비판적 평론과 염세적 고찰로 기록하고 있다.

1805년 초 여행을 끝내고 함부르크로 돌아온 후 그는 아버지와의 약

속대로 상인의 길을 가기 위해 평의원(評議員)인 예니쉬(Jenisch)의 상점에 점원으로 들어가 일하기 시작했다. 학문에 대한 내적 욕망이 강했던 십칠 세의 소년 쇼펜하우어는 상점에서 자신의 임무를 다할 수 없었다. 그에게 있어 그 시기는 고통의 시기였다.

그즈음 아버지는 집안의 유전적 징후인 심한 우울증과 함께 히스테리 증상을 나타내기 시작하더니 마침내 1805년 4월 운하(運河)에 떨어져 시체로 발견되었다. 친척들과 가족들은 그가 자살한 것이라고 믿었다. 쇼펜하우어는 아버지에 대해,

'선량한 아버지는 평생을 고독 속에서 살았다. 그래서 어머니는 아버지를 위로하려고 파티를 열었다. 바로 이것이 그녀의 사랑 방법이었다.'

라고 쓰고 있다. 이 신랄한 비판은 그가 아버지와 어머니에 대해 어떻게 생각하고 있었는가를 짐작하게 한다.

아버지가 돌아가셨다 하더라도 아버지와의 약속을 깨뜨리고 학문의 길을 갈 수는 없었다. 자식으로서 양심이 허락하지 않았기 때문이었다. 아버지가 돌아가신 후 어머니와 누이동생이 아버지의 상점을 정리하고 함부르크를 떠나 바이마르(Weimar)로 갔어도 그는 그토록 싫은 예니쉬 상점의 점원으로 머물러 있었다. 그러는 동안 그는 고뇌와 상심으로 몹시 괴로워했다. 감정이 극에 달하면 격심한 발작이 그를 더욱더 실의의 구렁텅이로 몰아넣었으며 그의 영혼은 절망에 휩싸였다.

예기치 못한 하인리히의 죽음은 아내인 요한나에게 해방을 의미했다. 그녀는 사교적 재능과 문학에 대한 강한 흥미로 바이마르에서 문예 클럽에 가입하여 활동했으며 살롱을 경영하기도 했다. 그녀가 경영하던 살롱에는 때때로 괴테와 다른 작가들도 드나들었으며 그녀가 직접 몇 권의

소설을 써서 명성을 얻기도 했다.

쇼펜하우어는 어머니에게 편지를 써서 자신의 실의와 절망 상태를 호소했다. 그녀는 아들의 편지를 문예 클럽에서 알게 된 친구 칼 루트비히 페르노(Karl Ludwig Fernow)에게 보여 주었다. 페르노는 쇼펜하우어에게 편지를 보내 용기를 북돋아 주며 학문의 길을 갈 것을 권했다.

쇼펜하우어는 그의 편지를 읽고 용기와 희망을 얻어 마침내 예니쉬 상점을 떠나 학문의 길을 갈 것을 결심했다. 그런데 요한나는 비사교적이고 인간을 혐오하는 쇼펜하우어를 곁에 두고 싶지 않았다. 그 때문에 1807년 6월 어머니의 권유에 따라 고타(Gotha)에 있는 김나지움에 입학하게 되었으며 그곳에서 고전어를 공부하기 시작했다.

김나지움의 우수반에 편입된 그는 교장인 프리드리히 빌헬름 데링에게 개인적으로 라틴어 수업을 받을 수 있었다. 그런데 학문 세계로의 최초 인도자인 데링의 호의를 한 편의 풍자시로 저버렸다. 그는 그 학교 교수 중 한 사람을 풍자시로 빈정댔기 때문이었다. 그해 십이월, 그는 김나지움을 떠나 다른 학교를 찾지 않으면 안 되었다.

그는 바이마르로 갔다. 하지만 어머니는 그와 함께 지내는 것이 매우 못마땅했다. 그들은 곧 심한 말다툼을 했다. 그녀는 그에게 다음과 같은 편지를 보냈다.

'항상 너에게 말해 온 바이지만 너와 함께 지내는 것은 심한 고통이며 옆에서 너의 모습을 보면 볼수록 나의 괴로움은 더욱 커진다. 어떤 희생을 치르더라도 너와는 함께 살고 싶지 않다. 내가 너의 좋은 점을 모르기 때문이 아니며 또 너의 심성이나 인품 때문도 아니다. 나를 너에게서 멀어지게 만드는 것은 너의 견해와 판단 그리고 너의 습관이다. 표면으로 나타나는 감각의 세계에 대해 어느 것 하나도 너와는 맞지 않는다. 네가 2, 3일 다녀가기만 해도 이 지경이다. ……네가 하숙하는 집이 너의 집이다. 우리 집에서 너는 손님일 뿐이다…….'

그녀는 쇼펜하우어를 조금도 이해하지 못했다. 그들의 사이는 벌어졌으며 끝까지 회복되지 않았다. 그는 바이마르에서 김나지움에 다니면서도 어머니와 함께 지내지 못했다.

그는 김나지움에서 특히 고전어 학습에 힘을 기울였다. 1809년 성년이 되자 아버지의 유산 중 그의 몫을 물려받았다. 그해 시월 2년간의 김나지움 과정을 마친 후 괴팅겐(Gottingen) 대학교에 입학하여 1년간 의학과 과학을 공부한 후 철학에 몰두하게 되었다. 그곳에서 특히 플라톤과 칸트의 작품들에 심취했으며 논리학 · 심리학 · 해부학 등 여러 분야의 학문을 공부했다.

1811년 가을 쇼펜하우어는 2년 동안의 괴팅겐 대학 생활을 마치고 베를린 대학교로 옮겼다. 그것은 오직 철학에 매진하기 위함이었으며 그곳에는 피히테 · 슐라이어마허 등의 대가(大家)들이 있었기 때문이었다.

그러나 독자적인 사고를 갖고 있던 쇼펜하우어의 자아의식은 이미 무엇에도 흔들리지 않을 정도로 강해졌으므로 그 두 대가의 가르침을 허심탄회하게 받아들일 수 없었다. 그 두 철학자의 본질적 성격은 마음속 깊은 곳에서 받아들이기 어려웠으므로 즉시 반발하여 그들에게 통렬한 비판을 가했다. 그뿐만 아니라 그들에 대한 존경심은 혐오로 변했다.

'철학과 종교는 상대 없이는 존립할 수 없다. 종교적이 아닌 인간은 절대로 철학자가 될 수 없다.'

라는 슐라이어마허의 주장에 대해 쇼펜하우어는,

'종교적인 인간은 절대로 철학에 도달할 수 없다. 그러한 인간은 철학을 필요로 하지 않기 때문이다. 그러므로 철학 하는 인간은 절대로 종교적이어서는 안 된다. 철학 하는 자에게 안락은 없고 위험만이 있다. 그러나 그는 자유롭게 걸어간다!'
라고 반박했다.

쇼펜하우어는 베를린에 머물러 철학박사 학위를 취득하려고 했다. 그런데 1813년 나폴레옹(Napoleon)이 독일을 침공하여 베를린이 위험해지자 그는 베를린을 떠나 드레스덴(Dresden)과 바이마르를 거쳐 루돌슈타트(Rudolstadt)로 갔다. 그곳에 머무르는 동안 〈충족근거율(充足根據律)의 네 가지 근원(根源)에 대하여〉라는 학위 논문을 완성하여 튀링겐 대학교에서 박사 학위를 받았다(1813년 10월).

이 논문의 독자 중에는 괴테도 있었다. 자신의 사색과 생생한 직관을 기초로 하는 이 젊은 학자의 태도는 괴테에게 깊은 감명을 주었다. 이 위대한 현자와의 교제는 쇼펜하우어에게도 커다란 기쁨을 주었다.

그는 다시 바이마르로 돌아와 어머니와의 관계를 회복하려고 노력했다. 그렇지만 또다시 어머니와 다투고는 1814년 5월에 바이마르를 떠났으며 그 이후 다시는 만나지 못했다. 이 몇 개월 동안 바이마르에서의 생활이 어머니와 함께 살았던 마지막 시간이었다.

그 후 그는 드레스덴으로 가서 1818년까지 그곳에서 살았다. 이때는 그에게 가장 풍요로운 창조적 표현과 무한히 솟아나는 천재적 사고 활동의 시기였다. 그는 사색과 연구를 계속하면서 과거의 모든 경험 · 관찰 · 사색 · 사상의 과정 등을 정리하여 그의 철학적 체계를 세웠다.

그가 고대 인도의 우파니샤드(Upanishad)를 알게 된 것도 이때였다.

우파니샤드를 통해 인도의 철학을 알게 되었으며 우파니샤드는 그의 염세관의 결정적인 영향을 주었다.

드레스덴에 머무는 동안 그의 주저(主著)인 ≪의지와 표상으로서의 세계(Die Welt als Wille und Vorstellung)≫의 초고(初稿)를 완성했다. 이 책은 1818년 말에 출판되었으나 아무도 거들떠보려 하지 않았다.

1818년 9월 그는 이탈리아로 여행을 떠났다. 1년에 걸쳐 베네치아 · 프로이센 · 보로니아 · 로마 · 나폴리 · 밀라노를 여행한 다음 다시 베네치아를 거쳐 바이마르로 향했다. 그가 여행에서 돌아오는 도중 밀라노에서 누이동생 아델레의 편지를 받았다. 어머니와 자신의 전 재산을 맡긴 상회의 도산(倒産)을 알리는 내용이었다. 거의 전 재산을 그 상회에 예금하고 있었던 쇼펜하우어는 이 소식을 듣고 자신에게 남은 얼마 안 되는 재산을 어머니와 누이동생에게 나누어 줄 것을 승낙했다.

귀국 후 그는 강사직을 얻기 위해 베를린 대학교에 이력서를 제출했다(이 이력서는 책 뒤에 〈나의 반생〉이라는 제목으로 실었음을 독자들에게 일러둔다). 1920년 마침내 베를린 대학교에서 강의하게 되었다. 그때 그는 〈세계의 본질과 인간의 정신에 대한 학설에 대하여〉라는 강의를 하게 되었는데 주(週) 5회의 강의 시간을 헤겔(Hegel)의 〈윤리학과 형이상학〉 강의 시간과 의도적으로 일치시켰다.

그의 패배는 처음부터 예고된 것이었다. 그의 철학상의 업적은 아직 세상에 알려지지 않았지만 헤겔은 이미 폭발적 인기를 얻고 있었기 때문이었다. 따라서 쇼펜하우어의 강의를 청강하는 학생은 거의 없었다. 그는 다음 학기에도 강의 시간을 발표했지만 역시 강의는 행해지지 않았다. 그것은 파멸적인 실패였다.

그즈음 예나 문예 신문에 베를린 대학 무급(無給) 강사인 F. E. 베네케(Beneke)의 〈의지와 표상으로서의 세계〉에 대한 평론이 실렸다. 쇼펜하우어의 강의를 들은 적이 있던 그는 쇼펜하우어의 '오류'를 증명하기 위해 그 책을 왜곡 인용하면서 비평가의 자격을 의심하지 않을 수 없는 무책임하고도 부당한 혹평을 했다.

또한 베를린에 있는 동안 그에게는 두고두고 화가 치미는 사건으로 그의 운명을 결정짓는 사건이 일어났다. 1821년에 그는 그곳에 방을 빌렸다. 그의 옆방에는 카롤린느 루이제 마르쿠에트라는 사십칠 세의 침모(針母)가 살았는데 그녀는 집주인의 먼 친척이었다. 쇼펜하우어의 방에는 로비가 달려 있었는데——물론 그 로비는 통로로 사용할 수 있었지만——라운지로 사용하는 것은 아무에게도 허락되어 있지 않았다.

어느 날 저녁 쇼펜하우어는 그 라운지에서 그녀가 다른 두 사람의 부인과 함께 시끄럽게 떠들고 있는 것을 보았다. 그는 그 불청객들에게 물러갈 것을 요청했다. 그런데 그녀가 응하지 않자 쇼펜하우어는 억지로 그녀를 문밖으로 밀어냈다. 그녀가 완강히 저항하자 그는 약간 거칠게 다루었다. 그러다가 세파에 찌들대로 찌든 그녀와의 사이에 다툼이 일어나게 되었다. 결국 그녀는 의사에게 상해(傷害) 진단을 받아 그를 상해죄로 고소했다. 재판 결과 쇼펜하우어는 패했으며 재판 비용과 함께 그녀에게 종신토록 위자료로 매년 얼마씩 지급하라는 판결이 내려졌다. 그는 이 사건을 전대미문(前代未聞)의 부당한 소송 사건으로 간주했다.

이 소송 사건과 철학 강사직에 대한 좌절로 인한 초조감 때문에 쇼펜하우어는 강의를 순조롭게, 즉 자신의 철학 체계를 자세히 강의할 수 없었다. 그는 베를린에서 즐거움을 느낄 수가 없었다. 아니, 프로이센의 수도인 베를린에 대한 큰 기대는 환멸로 바뀌었다. 그래서 1822년 베를린 가정 재판소에 자신의 유언장을 맡기고는 두 번째 여행을 떠났다.

그는 스위스를 거쳐 밀라노 · 베네치아 · 피렌체 등을 여행했다. 그것은 생(生)의 기쁨으로의 여행이기도 했다. 1823년 5월 여행에서 돌아오는 도중 뮌헨에서 약 1년간 머무르지 않으면 안 되었다. 극도의 우울증이 그를 엄습했기 때문이었다. 그는 단 한 발짝도 방 밖을 나갈 수 없었다. 뮌헨에서의 이 1년은 그의 생애에서 가장 어두운 시기였을 것이다.

이때 그의 오른쪽 귀가 들리지 않게 되었으므로 그렇게 생각하는 것도 무리는 아니었다. 그는 병을 치료하기 위해 북부(北部) 바이에른 지방의 나쁜 기후를 피해 카스타인의 온천장으로 갔다. 그곳 요양원의 방명록에는 '쇼펜하우어, 1824년 5월 29일부터 동년 6월 19일까지 이곳에 머무름' 이라는 기록을 지금도 볼 수 있다. 끊이지 않던 귀의 통증이 조금 가시자 9월쯤 그는 드레스덴으로 갔다.

1825년 4월 말 그는 드레스덴을 떠나 어쩔 수 없이 다시 베를린으로 갔다. 드레스덴은 과거 그가 수년간 머무르면서 위대한 창작에 몰두했던 때와는 모습이 완전히 달라졌다고 생각되었기 때문이었다.

즐거웠던 이탈리아 여행에서 자신의 사상 생활을 위해 무엇을 얻었는가는 그의 친구 프리드리히 오잔에게 보낸 편지를 보면 알 수 있다.

'나는 경험이 풍부해졌으며 한편으로 인간을 더욱더 이해하게 되었습니다. ……독서와 학습을 위해서는 견문이 필요합니다. 특히 나는 고귀한 사람들의 생활도 가까이에서 보면 실제로는 얼마나 비참한 것인지 또 권태가 그들을 얼마나 괴롭히는지 직접 보았습니다. 이탈리아 민족은 내게 주목해야 할 많은 소재들을 제공해 주었으며 나는 피렌체의 모든 예

술 작품들을 연구했습니다.'
라고 쓰고 있다.

쇼펜하우어는 보고 듣는 것만으로는 절대 만족하지 않았다. 그는 보고 들은 모든 것을 저서에 기록했다. 그는 그것이 직관의 가치와 경험을 가지고 있는 한 자기가 보고 들은 것――또는 독서에서 얻은 것――들을 쌓음으로써 차츰 견해를 넓혔으며 항상 사상의 기초에 새로운 실증의 자료와 확증 · 논증의 자료를 공급했다고 보았다. 이것은 그가 괴테에게 보낸 편지에서 주장하는 자신의 견해와 일치한다.

'나는 이런 견해를 갖고 있습니다. 인간이 생각할 수 있는 모든 사상은 삼십 세 늦어도 삼십오 세까지의 세계에 대한 인상으로 생겨나며 이후의 것은 그 시기의 사상의 잔재에 지나지 않는다는 엘베티우스(Helvetius)의 말이 사실이라는 것입니다.'
라고 쓰고 있다. 인간 혐오의 철학자이며 삶의 세계에 대한 위대한 관찰자 쇼펜하우어 사상의 바탕은 그의 혜안과 파악력에 의한 직관과 축적되는 경험으로 점점 살찌워졌다.

베를린에서의 생활은 3년 전과 조금도 달라진 것이 없었다. 그는 불명예스러운 베를린 대학의 강의를 계속했다. 그는 한때 결혼을 생각하기도 했다. 그러나 보다 높은 사명을 지향하기 위해, 정신과 정력을 결혼 생활에 포함되어 있는 자기희생에서 해방하기 위해 서민적 안주(安住)에 대한 발작적 동경을 떨쳐 버렸다. '권리를 절반으로 줄이고 의무를 두 배로 증가하는' 결혼 생활을 포기한 것이다.

그는 불명예스러운 베를린 대학 강사직에 마침표를 찍고 다른 곳에서 보람 있는 활동을 하기를 원했으나 뜻대로 되지 않았다. 1831년 8월 콜레라가 베를린을 습격할 때까지 그 강사직을 참고 견디었다. 콜레라는 베를린에 널리 퍼졌으며 그해 십일월에 헤겔이 콜레라에 걸려 죽었다.

쇼펜하우어는 베를린을 떠나 프랑크푸르트(Frankfurt)로 갔다. 그곳의 기후는 그에게 적합했으며 콜레라에서 보호될 수 있는 안전한 곳으로 생각했기 때문이었다. 그렇지만 그곳에서도 그의 우울증은 사라지지 않았을 뿐만 아니라 건강도 다시 악화하여 그는 만하임(Mannheim)으로 갔다. 그곳에서 약 1년간 머문 후 1833년 6월 다시 프랑크푸르트로 되돌아왔다. 그는 세인(世人) 속의 이방인으로서 은자(隱疵)의 생활을 즐기며 독창적인 고독 속에 창작 활동을 하다가 그곳에서 죽게 된다.

그가 마지막으로 프랑크푸르트에 정주(定住)한 것은 그의 나이 사십오세 때의 일이었다. 즉 일반적으로 최고의 창조력을 발휘할 수 있는 사십대 중반의 나이였다.

그곳에서 죽을 때까지 이십칠 년 동안의 생활은 판에 박은 듯했다. 그는 매일 아침 7시에 일어나 목욕을 한 후 아침 식사 대신 진한 커피를 한잔 마시며 책상에 앉아 점심때까지 저작 활동을 했다. 오후에는 1시간 반 동안 플루트를 연주한 다음 밖에 나가 점심을 먹은 후 집으로 돌아와 4시까지 독서를 했다. 4시부터는 아무리 날씨가 나쁘더라도 두 시간 정도 산책을 했으며 6시에 도서관에 들러 타임지를 읽었다. 저녁에는 극장이나 음악회 관람을 한 후 호텔이나 레스토랑에서 저녁 식사를 했다. 그 후 밤 9시에서 열 시 사이에 집으로 돌아와서 잠자리에 들었다. 손님이 찾아오는 때를 제외하고는 이십칠 년간 똑같은 생활을 했다.

그는 저작 활동에 있어서 먼저 그의 주저(主著)인 ≪의지와 표상으로서의 세계≫를 보충하는 일에 열중했으며 독서에 있어서는 특히 플라톤·

아리스토텔레스 · 세네카와 같은 위대한 고전 작가들의 저서를 통독했으며 셰익스피어(Shakespeare) · 괴테(Goethe) · 칼디롱(Calderon) · 바이론(Byron) · 페트라르카(Petrarca) · 번즈(Burns) · 뷔르거(Burger) 등 시인들의 작품과 세르반테스(Cervantes)의 ≪돈키호테≫, 루소의 ≪신(新) 엘로이즈≫, 괴테의 ≪빌헬름 마이스터≫ 등의 소설들도 애독했다.

1836년 그는 〈자연의 의지에 대하여〉를 저술했으며 1840년에는 〈도덕의 기초〉라는 논문을 썼다. 그리고 이듬해 이 두 논문을 묶어 ≪윤리학의 두 가지 근본 문제≫라는 제목으로 간행했으며 1844년에는 ≪의지와 표상으로서의 세계≫ 제2부를 그리고 1851년에는 오늘날까지도 일반 독자들에게 가장 잘 알려져 있으며 많이 애독되고 있는 ≪여록과 보유(Parerga und paralipomena)≫를 간행했다. 실제로 그의 명성은 이 저작으로 인해 세계적으로 널리 알려졌다.

1858년 칠십 회 생일을 맞았을 때 세계 각지에서 축하를 받았다. 하지만 그의 고독한 생활은 조금도 변함이 없었다. 그의 생활에 변화가 있었다면 가사를 도와주는 사람이나 애견(愛犬)이 바뀌는 것뿐이었다.

1860년 9월 폐렴에 걸린 그에게 갑자기 호흡곤란이 왔다. 9월 21일 아침 마침내 위대하고 성실했던 이 철학자는 세상을 떠났다. 9월 26일 그의 시신은 시립 중앙 묘지에 안치되었다. 묘비에는 'Arthur Schopenhauer'라는 이름만 있을 뿐 날짜도, 생존 연대도, 아무것도 없었다.

그는 묘지를 어디로 하는 것이 좋겠느냐는 질문에 대해

"아무 데라도 상관없습니다. 사람들은 항상 나를 볼 테니까요."

라고 대답했다고 한다. 그의 유언장에는 친구와 가사를 도와준 사람에게 상속하는 유산 내용과 1848년 혁명이 일어났을 때 희생된 프로이센 병사들의 유족과 부상자들에게 유산의 일부를 준다고 기록되어 있었다.

그의 마지막 말은

"벨리사리우스(Belisar)에게 약간의 은혜를 베풀라!"

였다고 한다. 이 말의 정확한 의미에 대해서는 오늘날까지도 쇼펜하우어 연구가들 사이에도 의견이 일치하지 않고 있다. 이 말은 전설상의 비잔틴(Byzantine) 총사령관 벨리사리우스의 운명을 상기시킨다(로마 신화에서 배은망덕한 유스티니아누스 대제는 벨리사리우스의 공명과 공훈을 질투하여 그를 내쫓아 걸인이 되게 했다).

쇼펜하우어 사상

쇼펜하우어는 칸트를 올바르게 이해하고 있는 사람은 오직 자신뿐이라고 생각했다. 그래서 칸트의 후계자들, 특히 헤겔을 경멸했다. 사실 쇼펜하우어의 견해는 칸트의 견해와 일치하는 부분이 많다. 그런데 칸트가 인식의 대상으로 삼지 않았던 물자체(物自體, Ding ansich)를 인식의 대상으로 삼았다. 또한 그는 칸트의 현상(Phenomena)과 플라톤의 이데아(Idea)를 같은 것으로 생각했으며 인식되고 있는 세계는 그것을 인식하고 있는 지성의 창조물이라고 생각했다.

그에 의하면 물자체는 세계의 가장 내적인 본질이며 그것은 곧 의지이다. 그는 '세계는 나의 표상(Mein Idea)이다.' 라고 주장했다. 이 말은 '이데아' 를 강조한 말이다. 그런데 그 이데아를 가지고 있는 '나' 는 무엇인가! 그는 이런 '나' 의 존재를 절대적 필연성으로 생각하며 '현상' 세계는 '참된' 세계가 존재해야 비로소 존재할 수 있다고 생각했다.

만일 우리가 우리 자신, 즉 '나' 에 대한 인식을 하고 있다면 그 인식은 그 이외의 것들에 대해 갖고 있는 인식과는 다른 것이다. 왜냐하면 다른 인식은 이데아(Idea)들 사이의 관계에 대한 인식이지만 자신에 대한 인식은 직접적인 실재에 대한 인식이기 때문이다. 이것이 곧 자신에 대한 인식이란 어떤 종류의 것인가에 대한 쇼펜하우어의 견해이다.

우리는 자신을 객관적으로 알고 있으며 마치 다른 현상을 시간과 공간 속의 대상으로 알고 있듯이 우리 자신을 시간과 공간 속의 대상으로 알고 있다. 즉 자신을 육체적 존재로서 알고 있다. 또한 동시에 우리는 자신을 주관적으로도 알고 있으며 자신의 존재에 대한 내적 의식을 갖고 있으며 또한 감정과 욕망이 있다.

쇼펜하우어는 이 내적 세계를 '의지' 라고 부르고 있다. 여기서 말하는 의지는 살고자 하는 의지이다. 즉 우리는 자신을 의지로서도 알고 있다. 여기서 그의 철학의 주류를 이루는 '나의 육체와 나의 의지는 하나이다.' 라는 '유일사상' 이 생겨난다.

나의 육체는 내 의지의 현상적 형태이며 나의 의지는 내 육체의 본체이다. 즉 나의 육체는 '현상' 이며 나의 의지는 물자체인 것이다. 만일 의지가 내 육체의 참된 모습이라면 그것은 또한 모든 다른 물체, 즉 모든 다른 '현상' 의 참된 모습이다.

나는 나 자신을 의지와 표상(Idea)으로서 알고 있다. 그러나 한 개의 돌멩이는 전혀 알고 있지 못하다. 그것이 우리와 돌멩이 사이의 유일한 차이이다. 즉 한 개의 돌멩이는 본체인 동시에 현상이며, 물자체인 동시에 현상이며, 의지인 동시에 표상이다. 즉 돌멩이의 육체와 의지는 하나이며 다만 그 의지는 인식에 이르지 못한 것이다.

그뿐만 아니라 인식의 형태로서 오직 현상 단계에만, 즉 본체의 단계에만 속해 있는 세계의 시간적 공간적 존재의 물자체라는 '참된 세계' 는 같다. 따라서 돌멩이의 내부에 있는 의지와 나의 내부에 있는 의지는 같은 의지이다. 그러므로 세계는 이중적이다. 즉 '표상으로서의 세계' 는 외부 세계로서 그것은 물질적 세계 · 시간의 영역 · 공간과 인과율(因果律) · '현상' 은 칸트의 현상 세계이다. 그리고 '의지로서의 세계' 는 내부 세계로서 그것은 시간과 공간의 형태에 종속되어 있지 않은 주관적 세계이고 단일체이며 '실재' 이며 칸트 본체의 세계이며 물자체이다.

이상에서 말한 것들은 독자들에게 말해 둘 필요가 있는 쇼펜하우어 철학의 형이상학적 기초이다. 특히 독자들은 세계가 의지와 표상의 이중성이라는 점을 기억해야 할 것이다. 쇼펜하우어는 그것을 기정 사실로 간주하고 있으므로 만일 여러분이 그것을 염두에 두지 않으면 이 책을 읽을 때 쇼펜하우어가 의도하는 바를 이해하지 못할 것이기 때문이다.

쇼펜하우어 염세관

앞에서 말한 바와 같이 쇼펜하우어는 각 개인을 구체화한 의지로 보고 있다. 여기서의 의지는 살고자 하는 의지이다. '각 개인은 구체화된 의지이다.' 라는 말은 본질적으로 각 개인은 다른 사람들보다 우월한——물론 재산의 소유권을 포함해서——삶을 영위하고자 하는 이기적 존재임을 의미한다. 그러므로 인간들 사이에는 필연적으로 투쟁이 생겨나며 그 투쟁에는 고통이 뒤따른다. 그 고통은 인생의 불가피한 상태이며 행복은 그 고통이 감소한 상태에 지나지 않으므로 행복은 소극적이다.

이 끊임없이 계속되는 고통에서 벗어나는 길은 오직 의지를 부정하는 것, 즉 그 투쟁에 끼어들기를 거부하는 것이다. 그런데 의지를 부정하는 힘은 의지의 본질과 의지들이 만들어 내는 결과들을 이해하고 그것들을 파기할 수 있는 밝은 지성에 의해 얻어진다.

따라서 쇼펜하우어에 의하면 유일한 참된 선(善)은 사멸이다. 다시 말해 우리에게 인식되고 있는 세계, 즉 표상(Idea)으로서의 세계는 무(無)라는 것을 인식하고 오직 절멸만이 삶의 질병을 치료할 수 있는 참된 치료방법이라는 것을 긍정하고 마침내 절멸 그 자체를 받아들이는 것이다.

쇼펜하우어 인생론
여록과 보유

Schopenhauer's Parerga and Paralipomena

1. 철학과 그 방법에 대하여

1

우리의 인식과 지식이 바탕으로 삼고 있는 기반은 뭐라고 설명할 수 없는 그런 것이다. 그러므로 많은 중간 단계를 거치든 적은 중간 단계를 거치든 모든 설명은 바로 이 뭐라고 설명할 수 없는 기반에 이르게 된다. 그것은 마치 측연추(測鉛錘, 바다의 깊이를 측정하기 위해 바닷속에 드리우는 납으로 된 추)가 때로는 보다 깊은 곳에 때로는 보다 얕은 곳에 이르지만 결국은 바다 밑바닥 어딘가에 닿는 것과 같다. 이 뭐라고 설명할 수 없는 것에 관한 연구가 곧 형이상학의 영역이다.

2

거의 모든 인간은 항상 자신을 이러이러한 특정 인간이라고 생각하고 있으며 그것으로 추론하여 필연적인 결과를 끌어낸다. 그러므로 그들에게는 이것으로 인출되는 모든 필연적 결과를 지닌 평범한 인간이라는 생각이 거의 떠오르지 않는다. 그러나 이것이야말로 극히 중대한 문제이다. 전자(前者)의 명제(命題)보다 후자(後者)의 명제에 더 집착하는 극소수의 사람들이 곧 철학자들이다.

그 외 다른 사람들의 그런 경향은 그들이 사물 속에서 보는 것은 항상 그 사물의 특수한 개체적인 면이지 보편적인 면은 아니라는 사실에서 생겨난다. 다만 한층 더 높은 능력을 타고난 사람들만이 그들의 탁월함의 정도에 따라 개체인 사물들 속에서 보편적인 면을 그만큼 더 많이 발견할 수 있는 것이다. 이 중요한 차이는 인식 능력 전체에 퍼져 있어 극히 일상적인 사물에 대한 직관적 능력에까지 영향을 주고 있다. 그러므로 뛰어난 정신 속에 깃들어 있는 지각력은 평범한 사람들이 지닌 지각력과는 다른 것이다.

보편적인 것으로 지향된 인식만이 의지에서 해방된 인식일 수 있으며 개개의 사물이 의욕의 대상일 수 있다. 그러므로 동물들의 인식은 이 특수한 사물들에만 엄격히 제한되어 있으므로 동물의 인식 능력은 의지에 종속되어 있다. 그러나 보편적인 것을 지향하는 정신은 철학 · 시 · 예술 · 학문의 참되고 근본적인 것을 성취하는 데 있어서 필요 불가결한 조건이다.

의지에 종속된 지성——즉 실제로 사용되는 지성인에게는 오직 개체적 사물만이 존재하며 예술이나 학문을 추구하는 지성——즉 자기 자신을 위해 활동하는 지성인에게는 오직 종(種) · 속(屬) · 유(類) · 사물 등의 이데아와 같은 보편적인 것만이 존재한다. 심지어 조각가도 한 개체를 조각하는 데 그 종(種)의 이데아를 표현하려고 노력한다. 의지는 오직 개체적 사물만을 직접적인 목적으로 하고 있으며 개체적 사물만이 의지의 참된 대상이기 때문이다. 그것은 개체적 사물만이 경험적 실재성을 갖고 있기 때문이다.

반면에 여러 가지 개념이라든가 유(類)와 종(種)은 간접적으로만 의지의 대상이 될 수 있다. 범인(凡人)들이 보편적 진리를 이해하지 못하는 것은 이 때문이며 천재들이 개체적인 것을 간과하고 무시해 버리는 것 또한 이 때문이다. 실제 생활의 구성 요소로서의 개체적인 강요된 직업은 천재에게는 견디기 힘든 일이다.

3

철학을 하는 데 있어서 두 가지 주요한 조건이 있다. 그것은 첫째, 마음에 품고 있는 어떤 의문도 솔직하게 질문할 수 있는 용기를 가지는 일이며 둘째, '자명(自明)한' 일이라고 생각되는 모든 것들을 분명하게 의식함으로써 그것을 문제로 이해하는 일이다.

그리고 진정으로 철학을 하기 위해서는 정신이 해방되어 있어야 한다. 즉 정신은 어떤 목적도 추구해서는 안 되며 의지의 유혹에서 해방되어야 한다. 정신은 직관적 세계와 그 자신의 의식이 정신에 주는 가르침에 완전히 몰두해야 한다.

4

시인은 인생 · 인간의 특성 · 여러 가지 상황에서 얻은 영상들을 그려 내며 그 영상들을 살아 움직이게 하여 사람들이 제각각 자신의 정신적 능력이 미치는 범위 내에서 이 영상들을 보고 느끼는 것은 그 작품을 감상하는 사람에게 맡긴다. 시인이 매우 다른 정신적 능력을 갖춘 사람들——즉 바보에서 현자에 이르기까지 모든 사람——의 마음을 끌 수 있는 것은 바로 그 때문이다.

이에 반해 철학자는 인생 그 자체를 그려 내는 것이 아니라 자기가 인생에서 추출한 완성된 사상들을 그려 내며 독자들에게 자신과 똑같이 생각하기를 요구한다.

하지만 철학자들이 독자층을 많이 거느리지 못하는 것은 이 때문이다. 따라서 시인은 꽃을 그리는 사람에 비유될 수 있으며 철학자는 꽃의 본질을 그리는 사람에 비유될 수 있다.

5

철학서(哲學書)를 쓰는 사람은 안내자이며 그의 독자는 방황하는 사람이다. 만일 그들이 함께 목적지에 도달하고자 한다면 그들은 무엇보다도 함께 출발해야 한다. 다시 말해 철학서를 쓰는 저자는 서로가 확실하게 공유하는 처지에서 그의 독자를 맞아야 한다. 그렇지만 이 입장이 우리 모두에게 공통된 경험적 의식의 입장 이외의 것일 수는 없다. 그러므로 저자는 독자의 손을 꽉 잡고 산길을 한 발짝 한 발짝 올라 구름 위로 얼마나 높이 도달할 수 있는지 알아야 한다.

칸트는 이러한 방법으로 전진해 나아갔다. 즉 그는 자신에 대해서 뿐만 아니라 다른 사물들에 대해서도 완전히 공통된 의식에서 출발했다. 이와는 반대로 초자연적(超自然的)인 관계에 대한 그릇된 지적(知的) 직관이라든가 초감성적(超感性的)인 것을 감지하는 이성이라든가 자신을 사유하는 절대적 이성에서 출발하려고 하는 것은 그야말로 터무니없는 짓이다.

왜냐하면 그러한 입장에서 출발하는 것은 모두 직접적으로 전달할 수 없는 인식의 입장에서 출발하는 것을 의미하기 때문이다. 그렇게 되면 독자는 출발점에서마저 자신이 읽으려는 철학서의 저자 바로 곁에 서 있는 것인지 아니면 그에게서 수 마일이나 떨어져 있는 것인지 알지 못하는 것이다.

6

사물에 관한 누군가와의 대화는 마치 살아 있는 유기체에 대한 기계의 관계처럼 사물에 대한 우리 자신의 진지한 명상과 깊은 성찰에 관계되어 있다. 왜냐하면 후자의 경우에만 모든 것이 혼연무봉(渾然無縫)일 수 있는 것이며 같은 조(調)를 연주함과 같기 때문이다. 그리하여 그것은 실제 단일체로서 절대 명료성 · 탁월성 · 참된 통일성을 취할 수 있는 것이다.

반면에 전자의 대화에는 그 근원이 전혀 다른 이질적인 단편들이 한데 짜 맞춰진 것으로서 그것들이 조금만 움직이려 해도 행동의 통일이 강요되며 따라서 그 움직임은 느닷없이 문득문득 중단되곤 한다. 그러므로 우리가 완전히 이해할 수 있는 것은 오직 우리 자신뿐이며 타인들은 잘해야 절반밖에 이해할 수 없다. 왜냐하면 우리는 기껏해야 개념의 상통(相通)에 도달할 수 있을 뿐으로 그것의 바탕이 되는 직관적 이해의 상통에는 미치지 못하기 때문이다. 그러므로 심오한 철학적 진리들은 대화를 통한 공동 사고에 의해 드러나는 일은 절대 없다.

그렇지만 대화는 여러 가지 문제를 추적해서 찾아내는 일과 그 해결을 위한 예비 연습과 그 주제에 대한 공개 토론을 위해서는 매우 유용하며 제안된 해결책에 대한 음미 · 조정 · 비판에 대단히 유용하다. 플라톤의 대화들은 이런 의미에서 끌어낸 것이며 그 후 그의 학파에서 점점 더 회의적인 태도를 보이는 제2, 제3의 학파들이 생겨났다.

철학적 사상의 전달을 위한 형태로서 글로 기록된 대화가 유효적절한 경우가 있는데 그것은 그 주제가 두세 가지의 전혀 다른 또는 정반대되는 견해들을 허용하는 경우뿐이다. 그리고 그에 관한 판단은 그것을 읽는 독자들에게 일임되어야 한다. 아니면 그 견해들은 모두 취집(取集)되어 그 사물을 완전히 또는 정확히 이해하게 하는 방향으로 나아가야 한다.

여러 가지 이론(異論)의 논박은 첫 번째 경우에 속한다. 그러나 이것을 목적으로 선택된 대화의 형식은 여러 가지 견해의 다양성이 철저히 억제되고 축출(逐出)되는 점에 있어 극적으로 되지 않으면 안 된다. 다시 말해 화자(話者)는 실제로 2인이어야 한다. 흔히 그렇듯이 목적이 없는 경우 그것은 단지 무의미한 연극이 되어 버리고 만다.

7

우리의 지식이나 통찰력도 남들이 한 말의 비교와 토론을 거쳐 조금도 증대될 수 없다. 남들의 말이라는 것은 항상 물을 이 그릇에서 저 그릇으로 옮겨 붓는 것에 불과하기 때문이다. 따라서 통찰력과 지식은 오직 사물 그 자체에 대한 우리 자신의 고찰을 통해서만 진정으로 증대될 수 있는 것이다.

그것만이 항상 손쉽고 가까이에 있는 살아 있는 샘이기 때문이다. 그러므로 자칭(自稱) 철학자라는 사람들은 항상 남들이 한 말에 대해 이러쿵저러쿵 떠드는 일에만 바쁘고 사물에 관해 스스로 통찰할 줄 모르는데 그것은 보아 넘길 수 없는 광경이다.

그런 자들은 항상 이 사람이 한 말과 저 사람이 한 말에 대해 얼마나 관심을 기울이는가.

그리하여 그들은 몇 방울의 물이라도 남겨진 것이 있지 않나 해서 낡은 그릇을 거꾸로 세우곤 한다. 그러는 동안 살아 있는 샘이 발밑으로 흘러 지나가도 그것을 놓쳐 버리고 마는 것이다. 이것만큼 그들의 무능을 드러내고 이것만큼 그들의 중요성 · 심오성 · 독창성의 허세를 노골적으로 드러내는 것은 없다.

8

철학의 역사를 연구함으로써 철학자가 되기를 바라는 사람들은 오히려 그 연구로——철학자란 시인처럼——'탄생하는' 것이지만 그 수가 시인들의 경우보다 훨씬 희소하다는 사실을 추론해야 한다.

9

칸트(Kant)마저도 '철학은 단지 개념들로 이루어진 학문이다.' 라고 정의하고 있는데 철학에 대한 그러한 정의는 터무니없고 무가치한 정의이다. 왜냐하면 개념의 모든 요소는 인식에서 빌려 온 것이며 그 인식은 절대로 마르는 일이 없는 통찰력의 참된 샘이기 때문이다. 그러므로 참된 철학은 단순히 추상적인 개념들로 이루어진 것일 수 없으며 내적 · 외적 관찰과 경험에 기반을 둔 것이어야 한다.

과거에 흔히 그러했듯이 특히 우리 시대의 소피스트들인 피히테와 쉘링 헤겔이 그러했으며 윤리학 분야에서 슐라이어마허가 그러했듯이 경험과 개념의 결합으로는 철학에서 가치 있는 것은 아무것도 이루어지지 않을 것이다.

그래서 철학은 예술이나 시와 마찬가지로 그 근원을 세계에 대한 직관적 이해에 두지 않으면 안 된다.

그런데 인간의 두뇌가 최고의 위치까지 상승할 필요가 있기는 하지만 두뇌는 한 인간 전체가, 즉 심장과 두뇌가 전혀 감동되지 않을 정도로 냉혹해서는 안 된다. 철학은 대수(代數)가 아니다.

"위대한 사상은 머리에서 나오는 것이 아니라 심장에서 나온다."
라고 한 보브나르그(Vauvenargues)의 말은 전적으로 옳다.

10

치밀함으로 회의가는 될 수 있어도 철학자는 될 수 없다.

철학에서 회의는 의회의 야당(野黨)처럼 필요한 것일 뿐만 아니라 유익한 것이기도 하다. 그것은 수학이 해내는 것과 같은 증명을 철학은 할 수 없다는 사실에 기인한다.

11

'이성(理性)의 지시' 라는 말은 우리가 아무런 검토도 없이 진리라고 인정하는 확실한 명제를 부르는 이름이다. 우리는 그 명제가 진리임을 너무나 굳게 믿고 있으므로 아무리 그것을 검토하려 해도 진지하게 검토할 수 없다. 그것을 검토하려고 하면 우리는 먼저 그것을 일시적으로 의심하지 않으면 안 되기 때문이다. 우리가 그 명제들을 완전히 믿는 것은 말하고 사고하기 시작하면서부터 계속해서 그 명제들을 우리들 자신에게 이야기해 주었으므로 그 명제가 우리 자신 속에 뿌리내리고 있기 때문이다. 그러므로 그 명제들에 대해 사고하는 습관은 사고 그 자체의 습관만큼이나 오래된 것이며 따라서 이들 양자는 불가분의 관계에 있다.

12

사람들은 자연과학의 엄청난 발전에 비해 형이상학은 별로 큰 발전을 이루지 못했다고 끊임없이 비난한다. 그렇지만 형이상학만큼 적대자 · 공직자 · 완전히 무장한 투사 등에 의해 끊임없이 공격받아 온 학문이 어디 있는가? 형이상학은 독단에 따르도록 강요받는 한 마음껏 발전할 수 없을 것이다.

종교들은 형이상학에 대해 그들의 교리를 강요함으로써 또는 형이상학의 자유분방하고 편견 없는 표현을 금지하고 배척함으로써 인류의 형이상학적 성향을 억압해 왔다. 그리하여 인간의 가장 중요하고도 흥미 있는 관심사인 인간 존재에 관한 자유로운 연구는 직접적으로 혹은 간접적으로 방해를 받아 왔다. 이처럼 인간의 가장 고귀한 성향은 사슬에 묶여버린 것이다.

13

우리의 견해에 반대하는 타인들의 견해를 참아 주고 이론(異論)에 대해 인내할 수 있으려면 같은 주제에 대해 우리 자신도 얼마나 빈번히 남들의 견해와 반대되는 견해를 취해 왔으며 우리 자신의 견해를 번복하여 이랬다저랬다 하고 어떤 때에는 순식간에 변덕을 부렸는가를 상기하는 것보다 더 좋은 방법은 없을 것이다. 정말이지 우리는 얼마나 쉽게 하나의 견해를 취했다가 다시 그것을 버리고 반대의 견해를 취했다가 또다시 버리고 하는가.

이처럼 타인의 견해에 반론을 제기할 때 그의 동의를 얻기 위해서는

"나도 전에는 그렇게 생각했었지만……."

하는 식으로 말하는 것보다 더 효과적인 방법은 없다.

14

그릇된 가르침은——그것이 그릇된 관점을 바탕 삼기 때문이든 저열한 의도에서 나왔기 때문이든——항상 특수한 상황과 특정한 때만을 겨냥한다. 그렇지만 진리는 그것이 한때 오해를 받거나 억압을 당하는 때

가 있을지라도 영구 불멸한다. 한 줄기 빛이 그 안으로부터 새어 나오거나 약간의 공기가 밖으로부터 새어들자마자 누군가가 탄성을 지르며 그것을 옹호하는 것 같다.

따라서 진리란 어떤 부류의 의도나 목적의식에서 튀어나온 것이 아니기 때문에 탁월한 정신을 가진 사람들이라면 누구든지 그리고 언제든지 투사가 된다. 진리란 언제든지 그리고 어디서든지 일정한 방향을 가리키는 나침반과 같기 때문이다. 그러나 그릇된 가르침은 그 손으로 다른 석상(石像)을 가리키는 석상과 같아서 그 손을 떼어 버리면 모든 의미를 잃고 만다.

15

진리를 발견하는 것을 가장 크게 방해하는 것은 오류로 인도하는 사물의 거짓된 모습이나 이성의 나약함이 아니라 선입견과 편견이다. 선입견과 편견은 배를 육지의 반대쪽으로 몰아붙이고 키[舵]와 돛을 무용지물(無用之物)로 만들어 버리는 역풍(逆風)과도 같다.

2. 우리의 참된 존재는 죽음에 의해서도 소멸하지 않는다

1

일찍이 우리는 깨어 있었으며 머지않아 또다시 깨어날 것이다.

인생은 기나긴 꿈으로 가득 찬 밤이며 인간은 그 꿈속에서 여러 가지 악몽에 시달린다.

2

바다에 빠진 사람이 깊이 가라앉아 바닥에 이르게 되면 오히려 그로 인해 떠오르듯이 가장 선한 부류의 인간은 죄악에서 전향하여 귀의(歸依)의 생활로 들어간다. 마치 ≪파우스트≫ 속의 그레첸처럼——이때 죄악은 그 두려움으로——악몽이 사람을 잠에서 벌떡 깨우는 것 같은 작용을 한다.

3

나의 상상력은 때때로 사고력(思考力)과 장난을 친다. 특히 음악을 듣고 있을 때는 더욱 그러하다.

모든 인간의 일생은——나 자신의 일생도 그렇지만——영원한 정령(精靈)이 꾸고 있는 꿈이 아닐까.

꿈에는 나쁜 꿈도 있지만 좋은 꿈도 있는 것이다. 그렇다면 죽음은 깨어남일 것이다.

4

경험은 시간의 흐름에 따라 변하는 죽음에 대한 감상이며 의식의 이중성(二重星)을 분명하게 드러내 준다. 만일 머릿속에 죽음을 선명하게 떠올린다면 죽음은 너무나 두렵고 소름 끼치는 것으로 생각되어 그 순간에는 단 1분도 평온한 마음으로 지낼 수 없을 것이다.

그런데도 사람들은 죽음이 반드시 찾아온다는 데 대해 어떻게 비탄에 빠지지도 않고 일생을 보낼 수 있는지 이상하게 생각된다. 한편 다른 순간에는 죽음에 대해 안위(安慰)라기보다는 오히려 동경심을 지니는 일조차 있다. 이들 두 가지 생각은 모두 올바른 근거가 있다.

즉 전자(前者)의 생각을 품고 있을 때는 오직 시간적 의식에 충만해 있으므로 시간적 현상에 지나지 않는다. 따라서 이 경우에 죽음은 멸망이며 최대의 재앙이므로 우리가 죽음을 두려워하는 것은 당연한 일이다.

또 후자(後者)의 생각을 품고 있을 때는 전자(前者)의 경우보다 훨씬 우월한 초월적 의식이 작용하고 있으므로 이 초월적 의식과 경험적 의식을 '나'라는 동일성 속에서 결합하고 있는 비밀로 가득 차 있는 밧줄이 풀리게 된다. 따라서 기쁜 마음이 솟구치는 것 또한 당연한 일이다.

아무튼 경험적 의식이 작용하고 있는 곳에서는 죄악뿐만 아니라 미혹·방종·흉계·우매가 지배하는 이 세상에 존재하는 모든 재앙이 생겨나며 마침내 죽음이 뒤따르게 된다. 그러므로 죽음은 생명을 저당 잡힌 빚과 같은 것이며 그 밖의 재앙도 그와 흡사하다.

성서와 기독교가 '이 세상에 죽음과 생활의 노고와 궁핍을 가져온 것은 죄악으로 인한 타락이다.'라고 말하고 있는——성서에 '너는 땀을 흘려야 빵을 얻으리라.'라는 말이 있다——것도 당연한 일이다.

우리를 괴롭히는 원인인 다른 사람들의 악한 마음은——우리들 자신도——태어날 때부터 똑같이 지니고 있다. 즉 우리가 인간으로 태어난 것에 죄가 있는 것이다. 그러므로 우리가 그 죄로 인해 고통을 받는 것은 당연한 일이다.

우리의 내부에 있는 시간적인 것은 시간에 종속되어 있으므로 시간 속에서 괴로워하다가 소멸해 버리고 만다. 따라서 이러한 것들에 대해서는 아무런 구원도 있을 수 없다. 그렇지만 우리 내부에 있는 것 중 영원한 것만은 자기 긍정 즉 덕행(德行)——에 의해 자신을 구원할 수 있다. 그렇지만 우리는 이 영원한 것을 부인하고 죄악에 빠져서 시간적 존재가 되고 어쩔 수 없이 재앙과 죽음의 손에 넘겨지고 마는 것이다.

금욕 고행(禁慾苦行)은 시간적 의식에 대한 부정이며 쾌락 추구는 시간적 의식에 대한 긍정이다. 시간적 의식에 대한 긍정의 초점이 되는 것은 바로 성욕의 만족이다.

그러므로 동정(童貞)을 지키는 것은 금욕 고행에 이르는 첫 단계이며 덕행에서 고행으로의 이행이다. 만일 동정을 지키는 것이 일반화된다면 인류는 사멸해 버릴 것이다. 다시 말해 시간적 의식은 한층 더 우월한 초월적 의식과 양립할 수 없게 될 것이며 따라서 우월한 초월적 의식만이 순수하게 자기 자신을 긍정하게 될 것이다. 덕행은 이러한 긍정에서 나타난다.

최고의 금욕 고행——즉 시간적 의식에 대한 완전한 부정——은 자신의 의지에 의한 아사(餓死)이다. 다시 말해 아사야말로 완전한 금욕 고행의 귀결이다. 왜냐하면 장기간에 걸친 고통을 피하고 다른 방법을 택한다는 것은 곧 관능적 세계(官能的世界)에 대한 긍정이기 때문이다.

5

만일 어떤 사람이 자신에 대해 깊이 생각하고 나서

"나는 완전히 사라져 버리는 존재가 아닐까? 설령 내가 사라진다 하더라도 무엇인가가 존재할 것이다!"

라고 말했다면, 그리고 사람들이 그의 말대로 이해한다면 그는 올바른 말을 한 것이다.

6

자신을 직접적인 객체(客體)로 잘못 생각하는 사람들도 있다. 그런 사람들은 자신을 시간적 존재——즉 생성되어 사멸해 가는 존재——라고 믿고 있다.

그것은 마치 강가에 서서 강물을 바라보고 있는 사람이 강물은 정지되어 있으며 자신이 출렁거리고 있다고 생각하는 것과 마찬가지이다.

그러나 실제로 출렁거리는 것은 강물이며 그 사람은 그대로 정지해 있는 것이다.

7

꿈속에서 죽은 사람이 살아 있는 사람처럼 나타나며 심지어 그 사람이 죽었다고는 전혀 생각되지 않는 때도 있다. 우리의 존재도 이와 마찬가지이다. 우리는 지금 살아 있다는 꿈을 꾸고 있으며 이 꿈은 죽음으로 끝나는 것이다. 그리하여 이 꿈이 끝난 후 새로운 꿈이 시작되면 그 꿈에서는 자기가 전에 살아 있었던 일과 죽은 일에 대해서는 조금도 알지 못하는 것이다.

우리는 여러 가지 꿈의 재료와 같은 존재이며 또 그렇게 만들어진 존재이다.

우리의 보잘것없는 일생은 잠에 싸여 있다.

— 셰익스피어

8

웅장하고 아름다운 곡을 연주하려고 준비하는 관현악단에서 우리는 혼란한 음조, 재빨리 사라지는 관현악기의 소리, 시작되기도 하고 중단되기도 하며 전혀 완결이 없는 여러 가지 악곡과 단편적인 작품만을 듣게 된다.

인생도 이와 마찬가지이다. 인생 전체가 잘못 생각되고 있으므로 원하는 만큼의 유쾌하고 부유한 생애라든가 행복의 축복을 받은 생애 따위는 좀처럼 보이지 않고 보이는 것은 오직 그 단편과 순간을 마주치는 가냘픈 소리와 발단(發端)만 있으며 지속이 없는 흉내뿐이다.

설령 그 관현악단 중의 누군가가 악곡을 연주하기 시작했다 하더라도 그 가락은 맞지 않고 선율은 난조를 이루어 기대했던 것과 같은 웅장하고 아름다운 음악은 되지 않을 것이다. 그러므로 연주에 관한 생각을 멈추는 편이 오히려 나을 것이다.

9

자신을 악마에게 팔아 버린 파우스트의 이야기나 그와 유사한 이야기를 듣고 어리석은 짓이라고 비웃는 것만큼 어리석고 천박한 일은 없다. 어리석은 짓이 오직 개개인에 대해서 이야기되고 있을 뿐이지만 실제로 우리도 이미 그와 똑같은 상태에서 악마와 계약을 맺고 있다.

우리는 교수형을 앞에 두고 약간 긴 집행유예 기간이 주어진 생명일 뿐인 자신의 생명을 유지하려고 발버둥 치며 여러 가지 쾌락을 맛보려 하지만——마치 교수형을 선고받은 죄인에게도 당분간은 음식물이 공급되는 것처럼——이러한 쾌락들이 다 하면 죽을 수밖에 없는 것이다. 즉 그러한 쾌락들과 상환하여 죽음에 넘겨지고 있다. 더구나 죽음은 절대로 장난이 아니며 엄연한 사실이다.

실제로 죽음은 모든 일시적 존재에 대해, 즉 우리에 대해서와 마찬가지로 동물에 대해, 동물에 대해서와 마찬가지로 식물에 대해, 실체(實體)의 모든 상태에 대해 글자 그대로 '죽음'인 것이다. 여기에는 한 치의 어긋남도 없다. 그러므로 경험적 의식과 이성적 의식에는 아무런 위안도 가져다줄 능력이 없다. 죽음 후에 계속되는 영원한 가책이라든가 영원한 생명 따위는 있을 수가 없는 것이다.

영원히 계속되는 시간을 단순한 형상(形相)으로 보는 원리는 본질적으로 어떤 것에도 고정된 참된 존재를 허용하지 않는다. 따라서 모든 것은 끊임없이 흘러가고 있으며 영속하는 것은 아무것도 없다.

"물질은 영원히 존재한다."

라고 그들은 말한다. 그러나 칸트는

"물질은 물자체(物自體)가 아니라 현상일 뿐이다."

라고 말하고 있다. 칸트는

'물질은 우리에게 인식될 수 있는 모든 것들과 마찬가지로 단순히 우리의 표상(表象)에 지나지 않는다.'라고 생각하고 있다. 그러므로 우리는 물질도 아니며 물질의 집합체도 또한 아니다.

10

우리는 때때로 영원불멸이라는 자연법칙을 내세워 우리도 동일한 자연법칙의 보호를 받고 있으므로 절대 사멸하지 않고 좋든 싫든 불멸의 존재이며 별다른 노력을 하지 않아도 불멸은 얻어진다고 주장한다. 그러나 그런 생각은 미혹에 지나지 않는다.

또 '우리를 지배하는 자연법칙 따위는 없다. 우리는 수단으로서 존재하는 것도 아니며 목적을 갖고 자신의 '자아'를 만든 것도 아니다. 따라서 외부적인 힘은 우리를 보존하거나 멸망시킬 수 없다.'라고 생각하는 사람들도 있는데 이러한 생각 역시 미혹에 지나지 않는다!

우리는 개체로서, 개인으로서, 시간 속에, 유한 속에, 죽음 속에 존재한다. 이 세계에서 생겨난 모든 것은 반드시 사멸하게 마련이다. 그러므로 이 세계에서 생겨난 것이 아닌 것만 마치 번개가 구름을 뚫듯이 전능한 힘으로 세계를 꿰뚫으며 시간과 죽음도 초월하는 것이다.

다른 사람들이 죽음에 이르러서야 비로소 깨닫는 것을 현자는 일찍부터 평생을 통해 줄곧 깨닫는다. 즉 현자는 삶 자체가 바로 죽음이라는 것을 깨닫는다. 속담에 '삶 가운데 죽음이 있다.'라는 말도 있지 않은가.

어리석은 자는 졸면서 꿈을 꾸면서 노를 젓는 고역선(苦域船)의 죄수이며, 현자는 같은 배를 타고 있기는 하지만 깨어 있으므로 자기를 묶은 쇠사슬을 보기도 하고 그 쇠사슬이 철걱거리는 소리를 듣기도 한다. 이처럼 현자가 깨어 있는 것은 탈주할 기회를 얻기 위함이 아닐까?

11

기독교에서는 '죄악 탓에 죽음이 이 세상에 생겨난 것이다.'라고 말하고 있다. 그렇지만 여기서 말하는 죽음은 세상의 총체적인 실상(實相)을 과장하여 날카롭고 노골적으로 표현한 것에 지나지 않는다. 오히려 '이 세상은 죄악으로 인해 생겨난 것이다.' 라고 말하는 편이 훨씬 더 진실에 가까울 것이다.

12

소위 인간이라는 보잘것없는 자들이 우쭐하여 그들의 가련하고 하찮은 개체를 영원히 존속시키기 위해 기원하기도 하고 신봉하기도 하는 것을 볼 때 나는 웃음을 금할 수가 없다. 그들은 강보에 싸인 인간으로 위장한 돌멩이에 지나지 않는다. 크로노스[1]가 자기 자식들을 태어나는 족족 잡아먹어 버린 것은 호의에서였다. 그러나 제우스만이 크로노스에게 들키지 않도록 보호되어 참된 불사신으로 자라 영원한 지배권을 장악하게 되었다는 것은…….

13

인간의 가장 은밀한 감정이나 생각까지도 꿰뚫어 보고 있는 것은 오직 자기 자신의 의식뿐이다. 그렇지만 언젠가는 이 의식을 잃게 될 것이라는 사실을 자신도 알고 있다. 이러한 사실은 인간이 자신의 가장 은밀한 감정이나 생각의 결백함을 증명해 줄 존재가 자신 이외에도 또 있다는 것을 믿게 하는 것이 아닐까?

---

1) 크로노스는 희랍 신화의 '때의 신' 이다. '하늘의 신' 우라노스가 '대지의 신' 가이아에게 자식들을 낳게 하고는 차례차례 그 자식들을 명부(冥府)에 가두어 버렸다. 이를 비관한 어머니 가이아는 막내아들인 크로노스에게 낫을 주어 우라노스의 생식기를 베어 버리게 했다. 그렇게 주권을 찬탈한 크로노스 역시 찬탈을 두려워하여 자기 자식들을 낳는 족족 삼켰다. 아내 레아는 이를 걱정하여 아들 제우스를 몰래 숨겨 키웠다. 마침내 제우스는 아버지 크로노스를 배반하고 그 뱃속에서 형들을 토해 내게 했다.

14

상징은 무수한 반경을 생성시키는 중심점이다. 하나의 그림을 놓고 사람들은 각기 자기 나름대로 약간씩 다르게 본다. 그러나 같은 것을 인정하려는 생각만은 일치한다.

'마적(魔笛)'[2)]은 상징적인 가극이다. 머지않아 죽음이 우리를 소환할 것이다. 나를 이런 삶으로 데려온 자가 누구인지 모르지만 죽음이 나를 소환한다면 나는 망설이지 않으리라. 나를 붙들어 이곳에 머물게 할 수 있는 자는 없기 때문이다. 나는 죽음이 어떤 것인지 알지 못한다. 그렇지만 나는 평온한 마음으로 죽음을 따르리라.

'마적' 에서는 죽음이 영웅이나 순교자를 먼 곳으로 데려가기 전에 눈가리개를 씌워 주는 제관(祭官)으로 묘사되어 있다. 사랑스러운 죽음이여 죽음이란 옷을 갈아입는 것일 뿐이다.

15

한 인간이 죽을 때마다 한 세계가 멸망하는 것이다. 왜냐하면 그 세계는 곧 그 사람이 머릿속에 지고 있던 것이기 때문이다. 그러므로 그 머리가 우수하면 우수할수록 그 사람의 세계는 그만큼 정밀하고 명석하고 큰 의의를 지니며 드넓은 것이다. 그래서 그의 멸망은 그만큼 애도를 받는 것이다. 그러나 동물에 지나지 않는 인간의 경우에는 죽음과 동시에 멸망하는 그의 세계는 매우 조잡한 '광상곡(狂想曲)'이나 '촌극'에 지나지 않는다.

---

2) 모차르트가 작곡한 유명한 가극. 왕자와 왕녀 사냥꾼과 시골 처녀의 사랑을 주제로 하여 삶과 죽음을 그렸다.

16

죽음에 임하게 된 이기심은 그 주인인 육체가 죽음과 동시에 흔적도 없이 사라져 버린다. 그래서 그 주인은 죽음을 두려워하는 것이다. 그러므로 죽음이란 자연의 운행이 이기심에 대해 경고하는 교훈이라고도 할 수 있다.

17

의지를 제거해 버리면 육체의 죽음을 조금도 혐오스러운 것으로 생각하지 않게 된다. 그렇게 되면 영원의 정당성을 잘 이해하게 된다. 악한 사람이 가장 두려워하고 꺼리는 것은 필연적 운명인 자기 죽음이다. 죽음은 선한 사람에게도 피할 수 없는 운명이긴 하지만 그에게는 오히려 바람직한 것으로 생각된다. 즉 모든 악한 마음은 부끄러움도 모르고 삶에 대한 의지가 격렬하게 작용하는 데서 생겨나는 것이다.

그러므로 악한 마음과 선한 마음의 정도에 따라 죽음이 혐오스러운 것으로 생각되기도 하고 대수롭지 않은 것으로 생각되기도 하고 바람직한 것으로 생각되기도 한다. 따라서 각 개인의 생명이 유한하다는 것은 그 사람이 악한가 선한가에 따라 재앙이 되기도 하고 행복이 되기도 하는 것이다.

18

사물이 있는 그대로 보이는 것이야말로 세계의 순수한 면이다. 순수한 표상(表象) 속에는 특수한 갖가지 형상이 극히 명료하고도 의미심장하게 나타나 있으며 이 형상 속에 세계의 의지가 표명되어 있다.

이처럼 모든 사물이 있는 그대로 보이고 따라서 순수한 표상이 이룩되는 것은 참으로 바람직하다. 바로 그 때문에 우리는 세계를 명랑하고 밝은 곳으로 생각하여 생존에 집착하게 되며, 죽음은 우리가 간신히 도망쳐 나온, 그리고 다시 이끌려 갈 수밖에 없는 암흑으로 생각하여 꺼리는 것이 아닐까?

그런데 나는 죽음이 우리의 눈을 감게 한 후에야 비로소 참된 광명을 볼 수 있으며 그 광명에 비하면 지금 우리가 보고 있는 햇빛 따위는 그늘에 지나지 않는다고 생각한다.

19

우리는 죽은 사람이나 동물의 사체를 볼 때 우울한 기분에 휩싸인다. 왜냐하면 형체는 실체가 아니라 단지 현상에 불과했음이 그 시체에서 가장 분명하게 나타나기 때문이다.

20

인간을 하나의 화폐라고 생각한다면 한쪽 면에는 '무(無)보다도 무가치한 존재'라는 글자가 새겨져 있으며 다른 한쪽 면에는 '모든 것 중에서 가장 가치 있는 존재'라는 문자가 새겨져 있을 것이다. 이처럼 모든 물질과 정신에는 두 개의 면이 있다.

나도 마찬가지로 일면(一面)에 있어서는 예전부터 이대로 앞으로도 영원히 이대로 존재할 것으로 생각할 수 있으며 다른 일면에 있어서는 들꽃과 같은 일시적인 존재에 지나지 않는다고도 생각할 수 있을 것이다.

그러므로 참으로 존속하는 것은 오직 물질뿐이라고 할 수 있으며 동시에 오직 형태뿐이라고도 할 수 있다. 따라서 스콜라 철학의 '형태는 사물에 존재를 부여한다.'라는 명제는 '형태는 사물에 내적 존재를 부여하며 물질은 외적 존재를 부여한다.' 라고 정정되어야 할 것이다.

마찬가지로 본질적으로 존재하는 것은 관념뿐이라고 할 수 있으며 동시에 개체뿐이라고도 할 수 있다. 여기서 실재론(實在論)과 유명론(唯名論)이 양립하게 된다.

또한 죽음의 신인 염라대왕에게도 역시 두 개의 얼굴이 있다. 그 하나는 분노하는 얼굴이며 다른 하나는 그지없이 다정한 얼굴이다.

이러한 모순은 얼마든지 있는데 이런 모순을 조화시킬 수 있는 것은 오직 참된 철학뿐이다.

21

어떤 사람의 눈에는 비좁고 짧은 현세에서 바동거리는 삶이 마치 우리 눈에 비치는 동물들의 현세에 국한된 생활처럼 비칠 것이다.

22

물질은 그 미립자나 분자조차도 절대로 무(無)로 돌아가지 않는다. 그런데도 인간의 정신은 죽음이 자신의 존재까지도 소멸해 버리지 않을까 걱정하고 있다.

23

'죽음은 삶과 마찬가지로 극히 자연스러운 일이다. 나는 죽음보다 더욱 먼 곳을 내다보고 싶다.' 라는 말은 어느 경우에도 또 어떤 사람에게도 설득력 있는 위안이 된다.

24

노쇠한 것과 죽는 것은 절대로 형이하학적인 이유에 기인하는 것이 아니라 오히려 형이상학적인 이유에 기인하는 것이다.

25

만일 내가 한 마리의 파리를 때려죽였다면 내가 때려죽인 것은 물자체가 아니라 단지 현상에 지나지 않는다. 그것은 명백한 사실이다.

26

순간순간마다 이 유성(遊星)에서는 인간이라는 존재가 수천 명씩 태어나며 또 수천 명씩 죽어간다——지구 이외의 수많은 유성에서도 분명 그러하리라——그런데도 모든 인간은 초로(草露)와 같은 생애 후에 하늘만이 알고 있는 다른 세계에서 영원히 존속하기를 원한다.

더구나 그대 인간은 동물계에 대해서는 외면하고 있다. 인간의 이러한 소망은 참으로 우스꽝스러운 것이 아닌가. 그러므로 이 소망은 당연시될 뿐만 아니라 충족되기도 한다.

그런데 거기에는 한 가지 조건이 있다. 즉 개체성은 본래 개별 분화(個別分化)의 원리에서 생겨난 단순한 현상일 뿐이며 존속하는 것은 오직 본체(참된 존재)뿐이라는 것이다. 더구나 그 본체는 모든 개체에 나타나 있다. 개체는 본래 이러한 의미에서 만들어진 것이며 다만 개체가 자기 자신을 이해하고 있지 못할 뿐이다.

27

장 파울[3]의 ≪세리나(또는 영혼의 불멸에 대하여)≫를 읽어 보면 매우 탁월한 지성을 지닌 자가 그릇된 관념에 사로잡혀 자신이 빠져 있는 터무니없는 관념과 싸우고 있음을 볼 수 있다. 그는 그릇된 관념에 마음이 끌려 있으므로 그런 터무니없는 관념을 버리려 하지 않고 자신이 소화할 수 없는 불합리한 망상에 의해 끊임없이 고통을 받고 있는 것이다. 그 망상이란 우리가 지닌 모든 개인적인 의식이 죽은 후에도 계속해서 존재할 수 있다는 관념이다.

장 파울의 그런 투쟁은 참된 관념과 거짓된 관념이 뒤섞인 그릇된 관념은 사람들이 생각하는 것처럼 유익한 오류가 아니라 오히려 극히 해로운 오류임을 나타내는 것이다. 왜냐하면 영혼과 육체와의 그릇된 대조 및 전(全) 개성을 영원히 존재하는 물자체로 끌어올리는 것은 현상과 물자체와의 대조에서 생기는 참된 인식, 즉 우리의 본질적인 존재는 시간 · 인과(因果) · 변화에 의해 아무런 영향도 받지 않는 불멸의 것이라는 참된 인식에 도달하는 것을 불가능하게 하기 때문이다.

그뿐만 아니라 이 그릇된 관념은 진리의 대용물로도 이해될 수 없다. 이성은 그릇된 관념 속에 내포된 불합리에 대해 끊임없이 반항할 것이며 따라서 우리는 그 불합리뿐만 아니라 불합리와 결합하여 있는 진리까지도 포기하지 않으면 안 되기 때문이다.

진리는 순수한 상태 속에서만 존속할 수 있으며 일단 오류와 혼합되면 오류의 그릇된 성질을 띠게 된다. 이 현상은 석영(石英)이나 운모(雲母)

3) Paul, Jean(1763~1825), 독일의 문학가.

는 쉽게 분해되지 않으나 이것들을 내포하고 있는 화강암은 풍화작용을 받게 되면 곧 분해되어 버리는 것과 마찬가지이다. 그러므로 그릇된 관념을 진리의 대용물로 삼는 것은 매우 위험한 일이다.

28

일상생활에서 당신이 모든 것을 알고 싶어 하면서도 아무것도 배우려 하지 않는 사람에게 죽음 이후의 존재에 대해 질문을 받았을 경우

"당신은 죽으면 이 세상에 태어나기 전의 당신의 상태가 될 것이다." 라는 대답이 가장 적절하고 정확한 대답이다. 이 대답은 시작이 있는 존재에 종말이 있어서는 안 된다는 주장은 어리석은 것임을 지적하고 있으며 또 존재에는 두 가지 종류가 있으며, 따라서 무(無)에도 두 가지 종류가 있으리라는 것을 암시하고 있기 때문이다.

또 이렇게 대답해도 좋을 것이다.

"당신이 죽은 후에 어떻게 되더라도——설령 무가 되더라도——그 상태는 당신에게 자연스럽고 적합한 것일 것이다. 마치 현재의 개체적 유기체적 존재가 당신에게 그러하므로 당신이 두려워할 만한 것이 있다면 그것은 변화——죽음——의 순간뿐이다.

곰곰이 생각해 보면 존재하지 않는 편이 현재의 존재보다 더 바람직할 것이라는 결론에 도달하게 되며, 존재의 중단에 관한 생각과 더 이상 존재하지 않는 시간에 관한 생각은 우리가 전혀 존재하지 않았음에 대한 생각과 마찬가지로 우리를 조금도 괴롭힐 수 없다. 현존재는 본질적으로 개체의 존재이므로 개체성의 종말이 손실로 간주할 수는 없는 것이다."라고.

그런데 만일 객관적 · 경험적 방법으로 유물론의 그럴듯한 사실에 의지하며 살아온 사람이 마침내 자기를 응시하고 있는 죽음에 의한 완전한 파멸의 공포에 떨며 우리의 문을 두드린다면 우리는 가장 간단한 방법, 즉 경험적 견해에 어울리는 방법으로 그의 마음을 진정시켜 줄 수 있을 것이다. 그 방법이란 물질과 그 물질을 일시적으로 점유하고 있는 형이상학적 힘과의 구별을 그에게 설명해 주는 것이다. 예컨대 무형의 유동체인 새의 알이 적당한 온도가 유지되면 복잡하고 정교한 동류(同類)의 새가 되는 것을 그에게 보여주면 되는 것이다.

여기에 물질과는 다른 그 무엇이 분명히 나타나 있다. 그렇지만 환경이 조금이라도 부적당할 때에 이 현상은 절대 나타나지 않는다. 이 사실에서 우리는 물질이 아닌 형이상학적 힘은 앞의 현상이 완료되었을 경우이건 저지당했을 경우이건 아무런 손상도 받지 않고 그 물질적 형태에서 떠날 수 있다는 것을 알 수 있다. 이것은 시간 속에서의 물질의 존속과는 전혀 다른 영원한 힘이 존재한다는 것을 암시하고 있다.

29

모든 것을 알고 모든 것을 이해하고 모든 것을 살필 수 있는 어떤 존재를 상상해 본다면 그에게는 우리가 죽은 후에도 존재하는가 어떤가 하는 문제는 전혀 무의미한 것이리라. 현재의 시간적 · 개체적 존재 범위를 넘어선 존속과 중단은 그에게는 아무런 의미도 없으며 존속의 개념과 중단의 개념을 구별할 수도 없을 것이기 때문이다.

우리의 본질적 존재, 즉 현상에 지나지 않는 물자체에게는 사멸의 개념도 존속의 개념도 적용될 수 없다. 사멸의 개념과 존속의 개념은 모두 시간의 영역에서 생겨나는 것이며 시간은 단지 현상의 형태일 뿐이기 때문이다.

한편 우리라는 현상의 핵심인 '불멸성'을 그 핵심의 '존속'으로밖에 생각할 수 없으며 이 생각도 본질적으로 시간 속에서 모든 형태의 변화를 거치면서 지속하는 '물질세계'에 대한 관념에 의한 것이다. 그런데 그 핵심이 존속을 거부당했다면 우리의 시간적 종말을 소멸이라고 생각한다. 그것은 그 핵심을 포용하고 있는 물질이 파괴될 때 사라지는 형태에 대한 관념 때문이다.

그러나 이상의 두 가지 생각은 현상 세계의 형태를 물자체에 적용하려는 오류를 범하고 있다. 그런데 우리는 존속이 아닌 불멸성에 대해 거의 아무런 추상적 개념도 세울 수가 없다. 우리에게는 그런 개념을 세울 수 있는 직관이 빠져 있기 때문이다.

실제로 새로운 존재들의 끊임없는 생성과 현존하고 있는 존재들의 소멸은 그것을 통해서만 모든 것을 볼 수 있는 두 개의 렌즈――두뇌 기능――의 작용으로 생겨난 환영(幻影)이라고 생각해야 할 것이다. 이 렌즈들은 공간과 시간이라고 불리며 이들의 상호 침투는 인과성(因果性)이라고 불린다. 공간과 시간이라는 조건에서 지각하는 것은 현상에 지나지 않으므로 사물의 참된 본질, 즉 우리의 지각에 의존하지 않는 사물의 참 모습을 알 수 없는 것이다. 이것이 칸트 철학의 핵심이다.

30

인간――살고자 하는 의지의 긍정――은 시간이라는 인식의 형태로 인해 끊임없이 새로이 태어나서는 이윽고 죽어가는 존재로 나타난다.

개체의 죽음과는 아무 관계도 없이 그대로 지속되는 인류의 존재는 시간과 공간이라는 형식을 취하고 있지 않다. 그러나 만물은 우리에게 시간과 공간 속에서만 진실처럼 보인다. 그러므로 죽음은 우리에게 파멸로 생각되는 것이다.

31

한 인간이 죽을 때 물자체가 무(無)로 돌아간다고 어떻게 확신할 수 있는가? 인간이 죽을 때 물자체는 아무런 영향도 받지 않고 다만 시간 속에서 현상의 종말에 지나지 않음을 직관적으로 알고 있다. 우리는 일찍이 무(無)에서 창조된 존재가 아님을 누구나 느끼고 있다. 따라서 죽음이 삶의 종말일 수는 있겠지만 절대로 존재의 종말일 수는 없다는 확신이 생기는 것이다.

32

인간은 살아 있는 무(無)와는 다른 존재이다. 그것은 동물도 마찬가지이다. 그러나 자신의 존재가 현재의 삶에 한정되어 있다고 생각하는 사람은 자신을 살아 있는 무(無)라고 생각하는 셈이다. 왜냐하면 삼십 년 전에 그 사람은 무(無)였으며 삼십 년 후에는 또다시 무(無)가 될 것이기 때문이다.

33

만물의 공허함 · 덧없음 · 꿈과 같음을 분명하게 인식하면 인식할수록 당신은 그만큼 분명하게 내적 존재의 영원성을 인식하게 될 것이다. 왜냐하면 오직 자신의 내적 존재와의 대조에 의해서만 사물의 본질이 분명해지기 때문이다. 그것은 당신이 타고 있는 배의 항해 속도는 배 자체를 응시할 때가 아니라 움직이지 않는 강 언덕을 바라볼 때 비로소 알 수 있는 것과 마찬가지이다.

34

'현재'는 '객관적인 면'과 '주관적인 면'의 양면을 지니고 있다. 그런데 객관적 현재는 시간에 대한 직관을 자신의 형태로 취하고 있으므로 끊임없이 흘러가 버린다. 그러나 주관적 현재는 움직이지 않고 그대로 있으므로 따라서 항상 변함이 없다. 우리가 오랜 과거를 생생하게 회상할 수 있는 것은 바로 현재의 주관적인 면 때문이며 우리의 존재가 재빨리 사라져 가고 있음을 인식하고 있는데도 우리가 불멸성을 인식할 수 있는 것 또한 현재의 주관적인 면 때문이다.

어느 경우에도 항상 우리의 의식과 더불어 시간의 한가운데에 서 있는 것이며 시간의 끝에 서 있는 것이 아니다. 그러므로 우리는 제각각 자신의 내부에 무한한 시간의 움직이지 않는 중심을 지니고 있음을 짐작할 수 있다. 죽음에 대한 끊임없는 공포에 사로잡히지 않고 살아갈 수 있는 신념을 주는 것은 바로 이 때문이다.

기억력과 상상력 덕택으로 자신의 오랜 과거를 가장 분명하게 회상할 수 있는 사람은 '영원한 시간을 뚫고 지나가는 모든 현재의 동일성'을 다른 사람들보다 더욱더 분명하게 인식하고 있을 것이다. 모든 현재의 동일성에 대한 인식으로 인해 우리는 모든 것 중에서 가장 빨리 사라지는 순간을 존속하는 유일한 것으로 이해한다.

이러한 직관적 방법으로 엄밀한 의미에서 존재의 유일한 형태인 '현재'의 근원이 우리의 내부에 있다는 사실, 즉 현재는 외부에서 생겨 나는 것이 아니라 내부에서 생긴다는 사실을 알고 있는 사람은 존재의 불멸성을 의심할 수 없을 것이다. 오히려 그는 자신이 죽더라도——객관적 세계, 즉 매체인 지성이 사라지더라도——자신의 존재는 아무런 영향도 받지 않을 것이라는 사실을 이해할 것이다. 그의 내부에는 외부의 실재성과 동등한 실재성이 존재하고 있기 때문이다.

이 모든 것을 인식하고 있는 사람은 이렇게 말할 것이다.

"나는 존재했던 것, 존재하는 것, 장차 존재하게 되는 것 모두이다."

이 모든 것을 인식하고 있지 못한 사람은 그와는 반대로 이렇게 말할 것이다.

"시간은 나와는 관계없이 독립적으로 존재하는 완전히 객관적인 것이며 실재적이다. 나는 우연히 시간 속에 던져진 존재일 뿐이며 시간의 극히 미세한 부분을 점유하고 있다가 사라져 버리는 존재에 지나지 않는다. 이전의 무(無)로 돌아간 모든 사람처럼 나도 역시 머지않아 무(無)로 돌아갈 것이다. 그렇지만 시간은 실재적이며 내가 죽은 후에도 계속될 것이다."

이러한 견해가 오류요 터무니없다는 것은 그 표현의 단호함에 의해서도 분명해진다.

이상을 종합해 볼 때 인생은 꿈으로 죽음은 깨어남으로 볼 수 있을 것이다. 이때 기억해야 할 것은 개성과 개체는 꿈에 속한 것이지 깨어 있는 의식에 속한 것이 아니라는 사실이다. 개성과 개체를 깨어 있는 의식에 속한 것으로 보기 때문에 죽음이 개체에 소멸로 나타나는 것이다. 그러므로 죽음은 완전히 새로운 상태 · 우리에게 낯선 상태로 전환이 아니라 인생으로 인해 잠시 떠나 있었던 원래 우리 자신으로 되돌아가는 것이라고 볼 수 있다.

의식은 분명 죽음과 더불어 소멸한다. 그렇지만 의식을 만들어 냈던 것은 절대로 소멸하지 않는다. 의식은 지성에 의존하고 있으며 지성은 생리적 과정에 의존하고 있기 때문이다. 즉 지성은 분명 두뇌의 작용이며 따라서 신경 계통과 혈관 계통의 공동 작용으로 조종된다. 다시 말해 지성은 심장에 의해 영양을 공급받고 활발해지며 끊임없이 운동하게 되는 두뇌에 의해 조종된다.

두뇌의 정교하고도 신비한――해부학적으로는 설명할 수 있으나 생리학적으로는 이해할 수 없는――구조를 통해 객관적 세계의 현상과 사고 작용이 생긴다. 대체적인 의식, 즉 모든 종류의 의식은 '육체적 존재'를 떠나서는 생각될 수 없다. 모든 의식의 필수 조건인 지식은 필연적으로 두뇌의 작용이기 때문이다. 다시 말해 두뇌는 지성의 객관적 형태이기 때문이다.

그런데 지성은 생리적으로 나타나므로, 즉 경험적 현실――현상의 영역――속에서 이차적인 것으로 삶의 과정의 결과로 나타나는 것이므로 지성은 심리학적으로도 일차적 · 근원적인 의지와 대조를 이루는 이차적인 것이다. 따라서 의식은 의지에 직접 달라붙어 있는 것이 아니라 지성에 의해 조종되고 지성은 유기체에 의해 조종되므로 의식이 죽음에 의해 소멸한다는 것은 의심할 여지도 없다. 그것은 마치 의식이 수면이나 혼미 · 기절에 의해 소멸하는 것과 마찬가지이다.

그렇지만 의기소침할 필요는 없다! 도대체 우리의 의식은 어떤 것인가? 그것은 뇌의 의식 · 동물적인 의식으로 야수의 의식보다 약간 높은 의식이다. 그것은 본질적으로 다른 동물들도 소유하고 있는 것이며 다만 우리의 의식이 다른 동물들의 의식보다 수준이 높을 뿐이다. 이 의식은 그 근원과 목적에서 보면 동물이 필요로 하는 것을 얻을 수 있도록 그 동물을 도와주는 수단에 지나지 않는다.

그런데 죽음이 우리를 데려가는 상태는 근원적 상태, 즉 종말을 향해 가고 있는 생명의 창조와 유지 속에 나타나는 근원적인 힘인 존재의 본질적 상태이다. 그 상태는 현상 세계와 대조를 이루는 물자체의 상태이다. 그런데 이런 근원적 상태에 있어서는 두뇌의 인식——간접적이며 따라서 그것은 현상에 대한 인식에 지나지 않는다——과 같은 임시방편적인 수단은 전혀 쓸모없는 것이다.

우리가 의식을 잃게 되는 것은 바로 그 때문이다. 의식의 소멸은 우리에게 현상 세계의 소멸과 같은 것으로 의식은 현상 세계의 매개체에 불과하며 그 이외에는 아무런 쓸모도 없는 것이다. 설령 우리가 이 근원적 상태에서 동물적 의식의 지속을 제안받았다 하더라도 마치 다리를 앓던 사람이 완쾌되면 목발을 버리듯이 그 제안을 거절할 것이다.

그러므로 오직 현상만을 생성시킬 뿐 그 이외에는 아무런 능력도 없는 이 두뇌의 의식을 잃게 될 것이라고 한탄하는 사람은 천국에는 바다표범이 한 마리도 없다는 말을 듣고 천국에 가기를 거절했던 그린란드의 개종자들에 비유될 수 있을 것이다.

앞에서 말한 것은 모두 다음과 같은 전제에 근거를 두고 있다. 즉 '우리'는 '무의식이 아닌 상태'를 '인식적 상태'로만 생각하고 모든 인식의 근본적 형태인 주관과 객관으로의 구분과 인식하는 것과 인식되는 것으로의 구분을 내포하고 있는 것으로밖에 생각할 수 없다는 전제에 근거를 두고 있다.

그런데 우리는 인식하는 것과 인식되는 것의 형태는 오직 우리의 동물적 본성에 의해서만 조정된다는 것이며 더구나 그것은 이차적이며 파생적이라는 것이다. 따라서 그것은 절대로 본질적 존재의 근원적 상태가 아니라 완전히 이질적인 것이기는 하지만 '무의식적인 것'은 아닐지도 모른다는 것을 고려하지 않으면 안 된다.

우리가 그 핵심으로 뚫고 들어갈 수 있는 한 우리의 근본적 실제적 존재는 '의지'에 지나지 않으며 의지는 본질적으로 인식이 없다. 그러므로 죽음이 우리에게서 지성을 빼앗아 갈 때 우리는 '인식이 없는' 근원적 상태로 옮겨지는 것일 뿐이다. 그 상태는 단순한 '무의식'의 상태가 아니라 형태를 벗어난 상태, 즉 주관과 객관의 대립이 사라진 상태일 것이다. 그 상태에서는 인식되는 것이 인식하는 것과 실제로 완전히 일치하여 모든 인식의 근본적 조건인 주관과 객관의 대립이 존재하지 않을 것이기 때문이다.

35

만일 내부로 향해 있던 고찰에서 방향을 바꾸어 우리의 눈에 보이는 외부 세계에 대해 객관적으로 고찰해 본다면 죽음은 분명 무(無)로의 전환으로 나타날 것이며 탄생은 무(無)에서 생성으로 나타날 것이다. 그렇지만 그것들은 결코 진리라 할 수 없다. 왜냐하면 죽음과 탄생은 오직 현상 세계의 실제성만을 갖고 있기 때문이다. 설령 어떤 의미에서 죽음 이후에도 우리가 존속한다고 하더라도 그것은 매일 보아 왔던 탄생 이상으로 불가사의한 일은 아니다.

죽는 모든 존재는 자신의 생명을 포함한 모든 생명이 생겨난 곳으로 돌아가는 것이다. 이런 관점에서 볼 때 우리의 인생은 죽음에서 빌린 빚과 같은 것으로 생각할 수 있으며 수면은 그 원금에 대해 지급하는 매일 매일의 이자라고 볼 수 있다.

죽음은 개체의 종말로 나타나지만 이 개체의 죽음에는 새로운 존재의 씨앗이 들어 있다. 그러므로 죽는 것은 어떤 것도 영원히 죽는 것이 아니다. 이와 마찬가지로 태어나는 것은 어떤 것도 전혀 새로운 존재를 부여받는 것이 아니다. 죽어 가는 것은 파괴된다. 그러나 그곳에는 새로운 존재를 탄생시킬 씨앗이 남아 있어 그 씨앗에서 새로운 존재가 탄생한다. 이 새로운 존재는 자기가 어디서 온 것인지 왜 현재와 같은 존재가 되었는지 알지 못한 채 존재 속으로 들어오는 것이다.

이것이 재생(再生)의 신비이며 현재 살아 있는 모든 존재는 자신의 내부에 미래에 태어날 실제적인 씨앗을 지니고 있다. 따라서 어떤 의미에서는 미래의 존재도 이미 존재하고 있다. 그러므로 장년기(壯年期)의 모든 동물은 우리에게

"어찌하여 당신은 살아 있는 존재들이 죽는 것을 한탄하는가? 만일 나보다 먼저 살았던 나의 동족들이 죽지 않았다면 내가 어떻게 존재할 수 있었겠는가?"라고 말하는 것처럼 보인다.

그러므로 세계라는 무대의 각본과 가면이 아무리 바뀐다고 하더라도 그 무대에 나타나는 것은 항상 같은 배우들이다. 우리는 함께 앉아 대화를 나누기도 하고 화를 내기도 하며 우리의 눈은 빛나고 우리의 목소리는 날카로워져 간다.

천 년 전에도 '사람들'은 우리와 똑같이 함께 앉아 대화를 나누었다. 현재와 똑같았으며 똑같은 사람들이었다. 천 년 후에도 역시 마찬가지일 것이다. 우리는 '시간'이라는 장애물로 인해 이 사실을 감지할 수 없는 것이다.

우리는 윤회(輪廻)를 영혼이 완전히 다른 육체 속으로 옮겨 가는 것으로 정의하고 재생(再生)을 의지만 존속하며 새로운 존재의 형체와 새로운 지성을 획득하는 개체의 해체와 재형성으로 정의함으로써 윤회와 재생을 구별할 수 있을 것이다.

어느 시대이건 남성은 인류의 의지를 지니고 있으며 여성은 지성을 지니고 있다. 그리하여 아버지에게 받은 부분과 어머니에게 받은 부분을 지니고 있으며 이 부분들은 출산으로 결합하고 죽음으로 다시 해체된다. 이 해체가 바로 개체의 종말이다.

우리가 개체의 죽음을 마치 그 개체가 완전히 소멸해 버린 듯이 슬퍼하는 것은 단순한 합성물에 지나지 않는 그 개체가 돌이킬 수 없이 파괴되어 버렸기 때문이다. 그런데 우리는 어머니에게 받은 지성이라는 유산은 아버지에게 받은 의지라는 유산만큼 확고하고 절대적인 것이 아니라는 사실을 잊어서는 안 된다. 즉 지성은 이차적이며 육체적 성질의 것에 지나지 않으며 완전히 육체에 기반을 두고 있다.

그러므로 우리는 인간에 대해 두 가지 상반된 관점에서 고찰할 수 있다. 한 가지 관점에서 보면 인간은 시간 속에서 시작하여 시간 속에서 끝나는 공허한 개체로서 오류와 고뇌라는 무거운 짐에 짓눌려 있는 존재이며 다른 관점에서 보면 인간은 존재하는 모든 것 속에 객관화되어 있어 소멸할 수 없는 근원적 존재인 것이다.

3. 존재의 허무에 대하여

1

이 세상은 우연과 미혹 또는 지혜를 압도하는 우매로 가득 차 있어 곳곳에서 해악만이 횡행한다. 간혹 영원의 광휘도 눈에 띄기는 하지만 결국은 그것조차 밀려나고 마는 것이다. 이러한 세태를 눈앞에 보면서도 아무도 이상하게 생각하지 않는 것은 도대체 어찌 된 까닭일까?

내 생각으로는 이 세계——공간과 시간 속에서 우리의 경험적 · 감각적 · 이지적 의식——는 보다 우월한 초월적 의식에 비추어 보면 원래 있어야 할 것이 못 되며 처음부터 그릇된 방향으로 향하고 있기 때문이다. 그러므로 이 세계에서 전향하는 것이 곧 덕행이며 고행이다. 그리고 덕행(德行)과 고행(苦行)을 쌓음으로써 비로소 이 속세에서 해탈할 수 있으며 이윽고 무르익은 열매가 나무에서 떨어지듯이 평온한 마음으로 죽을 수 있는 것이다.

플라톤이 현자의 온 생애는 기나긴 죽음, 즉 이 세계에서 자신의 육체를 이탈시키는 것이라고 말한 것은 그런 이유에서이다.

2

이렇게도 말할 수 있을 것이다.

"모든 죄악은 영원을 시간에 의해 측정하려는 근본적인 잘못으로 인해 생기며 흔히 말하는 원의 부피를 구하려는 것과 같은 헛된 노력을 끊임없이 쏟고 있으므로 생겨나는 것이다."라고.

즉 우리의 죄악은 개인으로서 시간적 존재를 다른 한편으로는 종족으로서 시간적 존재를 연장하려고——이 욕망은 개인적으로는 욕망이 지나쳐 탐욕과 적의로 나타나며 종족적으로는 성욕으로 나타난다——하는데서 생기는 것이다.

삶이란 곧 시간적 생존에 대한 욕구이며 생존을 영속하고자 하는 욕구이다. 그렇지만 그것이야말로 근본적인 잘못이다. 실제로 우리가 생존을 획득하자마자 우리의 일시적 생존은 흔적도 없이 사라져 버리기 때문이다. 우리의 생존은 공허한 것이며 절대로 영속할 수 없다. 우리의 생존은 마치 잡을 수 없는 그림자처럼 크기도 없고 강도도 없는 실처럼 아무리 연장해도 폭도 없고 두께도 없으며 기하학적 선처럼 공허하다.

이 사실을 깨닫지 못하고 생존에만 연연하기 때문에 우리는 물을 담을 수 없는 채로 물을 긷는 지옥에 떨어진 다나오스 왕의 딸들처럼 석쇠를 회전하는 수레바퀴 속에서 아무리 달려도 한 발짝도 나가지 못하면서 더구나 그 구운 고기도 먹을 수 없는 개처럼 끊임없이 헛된 노고를 하는 것이다.

오직 한 가지 도약에 의해서만, 즉 시간에서 벗어나야만 영원 속으로 들어갈 수 있으며 경험적 의식을 버려야만 한층 더 높은 의식의 경지에 들어갈 수 있다.

그런데도 우리는 끊임없는 노력을 계속하기만 하면 거기에 도달할 수 있는 것으로 망상한다. 그리하여 평온한 중심점으로 돌입하는 것을 망각하고 바쁘게 원의 주위를 뛰어다니는 것이다.

이러한 근본적인 미혹은 실제적으로는 죄악을 낳고 이론적으로는 천재적 재능의 발전을 저해하며 참된 철학 대신 사이비 학문을 유행시킨다.

3

그릇된 행위나 죄악은 인생이 어떤 의지에 얼마나 강하게 사로잡혀 있으며 얼마나 단단히 얽매어져 있는가를 나타내는 징표라고 볼 수 있다. 삶에는 본질적으로 온갖 비참한 고뇌가 따르게 마련이다. 각각의 그릇된 행위나 죄악으로 인해 받게 되는 형벌——영원한 지옥의 가책——은 앞에서 말한 어떤 의지가 삶에서 전환하여 해탈에 이르기까지 겪게 되는 고뇌와 대등한 것이다.

그런데 때로는 범죄자가 살아 있는 동안 자신의 악행에 대한 응보를 받지 않고 고통도 당하지 않고서 일생을 끝마치는 일도 있다. 더구나 그의 내부에 있는 악한 의지는 그의 죽음에 의해서도 소멸하지 않으며 소멸하는 것은 오직 악한 의지의 현상인 육체뿐이다. 그의 의지는 영원히 살아 있다. 시간이 의지에 대해 본질적이듯이 의지는 시간에 대해 본질적이기 때문이다.

각 개인에게 있어 시간은 항상 새로운 것이다. 각 개인은 매 순간 새로이 만들어진 존재이며 그에게 참된 시간이란 현재뿐이다. 그러므로 시간은 굴대가 고정된 바퀴처럼 빠르게 회전하면서도 조금도 진행하지 않는 것이다. 어찌하여 '현재'는 항상 '현재'인가? 이것은 영원히 해답을 얻을 수 없는 의문이다. 이 의문은 시간이라는 것을 우리의 존재에서 독립된 것으로 생각하고 우리는 시간 속에 던져진 존재라고 생각하는 데서 생긴다. 두 종류의 '현재'를 생각하여 하나의 객체에 다른 하나를 주체에 결부시켜 보라. 이 둘이 합치하는 것에 놀랄 것이다. 그런데 이 합치——객체와 주체의 접촉——야말로 '현재'인 것이다——객체와 주체는 이 접촉에서만 존재할 뿐 그 이외에는 존재하지 않는다——따라서

'현재' 는 항상 '현재' 이다.

인간은 이성을 가지고 있으므로 자신이 태어나기 전에도 시간은 존재했으며 자신이 죽은 후에도 시간은 존재할 것으로 생각한다. 이에 대해 칸트는

'시간은 물자체에 속하는 것이 아니라 현상에 속하는 것이다.'

라고 하였다. 그렇지만 사람들은 그것을 이해하지 못했다. 플라톤도 이미 이천이백 년 전에 그것을 다른 표현으로 가르쳐 주었으나 사람들은 그것을 이해하지 못했다.

시간이란 현상에만 적용될 뿐 물자체에는 적용되지 않는, 즉 객체에는 적용되지만 주체에는 적응되지 않는 근거(根據) 원리의 가장 단순한 형태에 지나지 않는 것이다.

4

플라톤이 말하는 '이데아' 칸트가 말하는 '물자체' 내가 주장하는 '의지'——이것들은 모두 같은 것이다——는 절대로 현상의 근거가 아니다. 만일 이것이 현상의 근거라면 이것——이데아——은 원인이 되며 힘이 되며 사용하면 없어져 버리는 유한한 것이 되어 버린다.

그런데 이데아가 하나의 사물에 나타나건 백만 사물에 나타나건 이데아에 있어서는 조금도 변함이 없다. 이를테면 떡갈나무의 이데아가 한 그루의 떡갈나무로 되건 수천 그루의 떡갈나무로 되건, 또한 악의 이데아가 하나의 개체에 나타나건 수백만의 인간이나 동물에 나타나건 이데아에 있어서는 모두 같은 것이다. 차이가 있다면 현상에 속하는 것이며 시간과 공간에 의해 규정된 것일 뿐이다.

그러므로 이데아는 마력을 지니고 있다고 생각한다. 마력이라고 말하면 사람들은

'그것은 자연력이 아니다. 따라서 자연력의 한계를 벗어난 것이다. 그뿐만 아니라 그것은 자연까지도 지배하며 그 지배력은 무한하다. 그것은 시간 속에 존재하는 것이 아니라 영원 속에 존재하는 것이다.'

라고 생각할 것이다. 이 마력이라는 말은 원래 미신에서 나온 말이며 그 의미도 애매하여 오해받지 않을까 적잖이 걱정된다.

아무튼 이데아에 있어서 개체의 수량 따위는 전혀 본질적인 것이 아니다. 완전히 우연의 손에 맡겨져 있는 개체의 생존과 멸망은 현상에 있어서 실재적이지만 이데아에 있어서는 전혀 무의미한 것이다.

모든 현상은 인과율(因果律)에 의해 서로 관련되어 있지만 이데아와 현상 사이에는 인과율의 관계가 없다. 오히려 현상은 이데아가 인식되는 한에 있어서 이데아 그 자체에 지나지 않는다고 해야 할 것이다.

이데아는 물자체이며 의지이다.

삶은 의지의 반영일 뿐이며 의지를 인식하는 것에 불과하다.

그러나 이 인식——인식의 대상은 항상 의지이다.——이야말로 삶이 지니고 있는 유일한 선(善)이며 해탈로 이끄는 참된 복음이다.

인식은 의지가 아무리 악한 것일지라도 이 의지에 대항하여 마침내 최후의 구원, 즉 자기 자신으로 돌아가는 것을 가능케 해 준다. 그러므로 인식 속에는 기쁨이 있는 것이다.

5

사람들은 곧잘 시간의 흐름이 너무 빠르다고 탄식한다. 그런데 만일

시간 속에 존재하는 사물을 위해 시간의 흐름을 중단할 만한 가치가 있다면 시간으로서도 그토록 빨리 흘러갈 이유가 없을 것이다.

6

생존이라는 짧은 꿈에 비하면 무한한 시간이라는 밤은 얼마나 긴 것인가!

7

지나간 생애를 돌이켜볼 때 참된 만족 따위는 찾아볼 수 없고 오히려 온갖 고뇌와 어설프게 맛본 기쁨 · 향락만이 눈앞에 어른거린다. 이 사실만으로도 '자아'는 두 개의 다른――일치하는 일이 극히 드물거나 또는 절대로 없는――시계 장치가 조합되어 이루어진 것이 분명해진다.

그중 하나는 본래적 · 원초적 본질을 이루는 의지로서 그것은 자신의 만족 · 불만족밖에 구별하지 못하며――이 얼마나 단순한 것인가!――다른 하나는 인식으로서 의지라는 단일한 주제를 수백만의 복잡다단한 형태로 우리의 '자아' 앞에 내보인다. 그러므로 과거의 시기를 회상할 때마다 저마다 다른 잡다한 모습과 형상이 떠오르는데 이것은 단지 인식이 그려 낸 것에 불과하며 의지의 주제는 항상 한결같다.

8

우리는 전 생애를 통해 여러 가지 동경에 가득 차 있다. 생애의 전반부에는 미래에 대한 동경을 품고 있으며 생애의 후반부에는 멀어져 가는 과거에 대한 동경을 품고 있다. 그런데 우리가 존재하는 유일한 곳인 현재는 이제까지 우리를 만족시킨 적이 없다. 따라서 언제나 영속하지도 않고 실체(實體)도 없는 그림자만을 쫓고 있으며 우리의 욕망을 완전히 채워 주는 현실, 즉 우리의 내부에 있는 의지를 완전히 만족시키는 현실은 절대로 발견할 수 없다는 것을 깨닫게 된다.

이 사실에 대해서는 이미 수없이 설명됐으므로 대부분 사람들은 이 사실을 잘 알고 있을 것이다. 그렇지만 왜 그럴 수밖에 없는가에 대해서는 대부분 사람들이 이해하고 있지 못하다.

우리를 완전히 만족하게 하는 현실을 발견할 수 없는 이유는 생존과 현실 세계는 모두 가상(假像)이며 의지의 영상(映像)이며 단순한 현상일 뿐 절대로 물자체가 아니기 때문이다. 그 속에는 아무런 실체(實體)도 없고 아무런 실재성(實在性)도 없으며 마치 그림자처럼 영상이거나 알맹이 없는 껍질이거나 거짓에 지나지 않는다.

그런데 의지는 이와 다르다. 의지는 끊임없이 만족을 추구하려 노력하고 실재이며 물자체이다. 그러므로 단순한 현상이나 단순한 영상 따위로는 의지를 만족시킬 수 없으며, 따라서 의지는 생존 그 자체만으로는 절대 만족하지 않는 것이다. 생명이란 의지 그 자체의 그림자에 지나지 않기 때문이다.

9

생존에 있어 가장 불합리한 점은 쾌락이건 고통이건 모든 순간이 순식간에 지나가 버린다는 것이다. 미래에 대항하여 순간들을 단단한 닻이나 갈고리로 멈추게 할 수는 없을까? 그 각각의 순간들이 지나가 버린 후에 남는 것은 무엇일까?——인간의 일생은 이와 같은 각 순간의 집합체임을 명심하라——기억이나 추억만이 남을 뿐이다.

더구나 기억은 의지——현실을 내포하고 있는 것이 아니라 표상(表象)——즉 이차적인 것을 내포하고 있음에 지나지 않는다. 추억으로는 일찍이 누렸던 환락을 움켜잡을 수 없으며 다만 그때 표상되었던 부산물을 맛볼 수 있을 뿐이다. 왜냐하면 환락의 본체인 실체는 의지이기 때문이다. 또한 기억은 고통을 하지 않으며 오직 그때 표상되었던 것, 즉 빈껍데기를 만져 보는 것과 같은 것이다. 고통의 본체인 실체 또한 의지이기 때문이다.

따라서 자신이 과거에 받았던 고통이나 혹은 자신이 맛보자마자 사라져 버리는 쾌락을 두 번 다시 현실로써 느낄 수 없으며 다만 말라빠진 미라처럼 싸늘한 회상 속에서만 바라볼 수 있을 뿐이다.

10

우리 생존의 뿌리는 의식 속에 존재하는 것이 아니라 의식 밖에 존재한다. 그러나 우리의 생존 그 자체는 의식 속에 존재한다. 그러므로 의식이 없는 생존은 생존이라고 생각할 수 없다. 그런데 시간은 의식의 형태이지만 시간은 일차원적이다. 따라서 우리의 생존은 일차원적이다.

더구나 우리의 생존은 일차원에 의해 비존재(非存在)와 극히 밀접하게 경계를 접하고 있으므로 공허한 성격을 지니고 있다. 따라서 과거는 모두 무(無)이고 미래도 역시 무(無)이며 현재마저 폭이 전혀 없으며 존속하는 것이라고는 아무것도 없다.

이것이 폭도 없고 길이도 없는 생존의 모습이다. 이것도 존재라고 할 수 없는 것은 아니지만 그것은 마치 기하학의 선이 공간을 차지하고 있듯이 공허한 현상으로서의 존재일 뿐이다.

11

당신의 생애를 돌이켜보고 괴로웠던 시절을 생각해 보라. 몸부림쳤던 장면과 한숨짓던 순간을 다시 머리에 떠올려 보라. 무엇이 떠오르는가? 온갖 환영이 아무래도 좋은 것으로서 머리에 떠오를 뿐 일찍이 맛보았던 고통을 생생하게 떠올릴 수는 없을 것이다. 그런 환영들은 이제 완전히 힘을 잃어 당신의 마음을 움직이지 못하고 당신의 눈앞에 어른거릴 뿐이다.

그 이유는 무엇일까? 그것은 추억이 표상 속에 남아 있는 알맹이 없는 빈껍데기에 불과하기 때문이며 당신이 그려 내거나 표상할 수 있는 것은 오직 껍데기뿐으로 그 속에 들어 있던 알맹이——의지와 의지의 작용——의 잔향(殘香)을 남기는 의미밖에 없기 때문이다.

일반적으로 표상의 세계는 희비가 엇갈린 여러 장면을 갖고 있기는 하지만 실제로 존재하는 것이 아니라 다만 실재를 비추는 거울일 뿐으로 참된 실재는 이제까지 온갖 슬픔과 기쁨을 겪어 왔으면서도 여전히 마모되지 않은 채 그 실재성을 유지하고 있는 당신의 의지이다.

슬펐던 장면과 기뻤던 장면들이 생명이 없는 환영으로 추억 속에 떠오르는 것은 결국 그것들은 원래 공허한 표상에 불과한 것이기 때문이다. 과거의 공허한 환영과 현재의 절실한 현실 사이에는 어떤 차이가 있는가? 단순한 표상의 영역 안에서는 아무런 차이도 있을 수 없다. 그 영역에서는 모든 것이 표상으로서 완전히 같기 때문이다.

그렇지만 전연 아무런 차이도 없는 것은 아니다. 현실이 절실하게 느껴지는 것은 어느 정도——강하건 약하건——의지의 작용이 현실에 내포되어 있어 현실에 그만큼 실재성이 주어져 있기 때문이다. 이것은 마치 한 알의 소금이 가해짐으로써 한 잔의 물에 짠맛이 생기는 것과 마찬가지이다.

12

세계와 인류가 행복을 누리기 위해서는 시간을 멈추게 해야 한다.

13

올바르게 인식할 수 있는 사람이라면 시간 속에 존재하는 것은 참으로 존재하는 것이 아님을 깨달을 것이다.

14

존재의 허무성은 존재의 형태 속에 스스로 나타나 있다. 즉 존재의 허무성은 육체를 지닌 개체의 유한성과 대조를 이루는 시간과 공간의 무한성 속에, 현실성의 유일한 형태인 재빨리 사라져 버리는 현재 속에, 모든 사물의 상호 의존성과 상대성 속에, 존속이 없는 끊임없는 변화 속에, 만족이 없는 끊임없는 욕망 속에, 인생을 이루고 있는 노고의 끊임없는 좌절 속에 스스로 나타나 있다.

시간 또는 시간 자체가 생성하는 모든 시간적 존재의 필연적 사멸성은 물자체로서 불멸인 살고자 하는 의지에 대해 그 노고의 허무성을 나타낸다. 시간은 우리의 손안에 있는 사물을 순간순간마다 무(無)로 돌아가게 하고 모든 참된 가치를 상실하게 하는 것이다.

15

과거에 존재했던 것은 이미 존재하고 있지 않다. 그것은 과거에 존재했던 적이 없는 것이 현재 존재하고 있지 않은 것과 마찬가지이다. 그런데 현재 존재하는 것은 다음 순간에는 과거에 존재했던 것으로 되어 버린다. 그러므로 아무리 무의미한 현재라 할지라도 현실성이라는 점에 있어서는 가장 의미 있는 과거보다 낫다. 이것은 전자(前者)가 보잘것없는 것일지라도 후자(後者)의 무(無)보다는 낫다는 것을 의미한다.

놀랍게도 우리는 무한한 시간 동안 존재하지 않다가 갑자기 존재하게 되었으며 또 잠시 후에는 다시 무한한 시간의 비존재(非存在) 속으로 흘러가지 않을 수 없다. 우리의 마음은 절대 그럴 리가 없다고 말한다. 이런 생각을 하게 되면 아무리 지성이 발달하지 않은 사람도 시간에 대한 관념을 느끼게 된다.

그러나 시간에 대한 관념은 공간에 대한 관념과 함께 참된 형이상학의 열쇠다. 시간 및 공간에 대한 관념으로 우리는 자연의 질서와는 전혀 다른 사물의 질서를 이해할 수 있기 때문이다. 칸트가 위대한 것은 바로 그 때문이다.

인생의 모든 순간은 오직 순간적인 현재에 속해 있다. 그러므로 그 후에도 순간은 영원히 과거 속으로 흘러가 버리는 것이다. 저녁이 될 때마다 우리의 인생은 하루씩 짧아져 간다. 만일 우리가 존재의 가장 깊은 곳에 고갈되지 않는 영원의 샘을 갖고 있으며 그 샘에서 영원히 새로운 삶과 새로운 시간을 퍼 올릴 수 있다는 은밀한 의식을 갖고 있지 않다면 우리의 짧은 생애가 그토록 빨리 달아나는 것을 보고 아마도 미쳐 버리고 말 것이다.

이상의 고찰을 통해 우리는 현재를 향락하는 것을 지상의 목적으로 삼는 것이야말로 최고의 지혜라는 이론을 세울 수 있을 것이다. 오직 현재만이 실재적이며 그 밖의 모든 것은 가상스러운 것이기 때문이다. 한편 현재를 향락하는 삶의 방법이야말로 가장 어리석은 것이라고 할 수도 있을 것이다. 왜냐하면 바로 다음 순간에는 이미 존재하지 않는 것이 마치 꿈처럼 흔적도 없이 사라져 버리고 마는 것에는 절대로 진지한 노력을 기울일 가치가 없기 때문이다.

16

우리의 존재는 끊임없이 줄달음치며 사라져 가는 순간적인 현재 이외에는 아무런 기반도 갖추고 있지 않다. 따라서 우리의 존재는 본질적으로 끊임없는 '운동' 을 그 형태로 취하고 있으며 끊임없이 추구하는 안정의 가능성은 절대 없다.

우리의 존재는 비탈길을 달려 내려가는 사람과 흡사하다. 만일 도중에서 멈추려고 하면 곤두박질칠 것이므로 그는 계속해서 달려 내려가지 않을 수 없다. 또한 우리는 손가락 끝에서 균형을 유지하고 있는 막대기와 흡사하며, 운행을 멈추면 이내 태양 속으로 떨어져 버리는 유성과 흡사하다. 이 끊임없는 운동이 존재의 본래 형태이다.

그런 세계에서는 어떤 종류의 안정도 없고 지속적인 상태도 없으며 모든 것이 끊임없는 변화와 혼란 속에 있으며 끊임없이 진행하고 움직임으로만 밧줄 위에서 겨우 자신을 지탱할 수 있다. 그런 세계에서는 행복이란 생각할 수조차 없다. 행복은 플라톤이 말하는 '존속이 없는 끊임없는 변화' 만이 나타나는 곳에서는 살 수 없는 것이다.

다시 말해 행복한 인간은 한 사람도 없으며 모두가 자신이 행복이라고 생각한 것을 목표로 평생 노력을 계속하지만 그 목표에 도달하는 사람은 거의 없다. 그렇지만 그 목표에 도달했다 하더라도 맛보는 것은 환멸뿐이다. 마침내 난파당하고 돛대를 부러뜨린 채 항구로 들어가는 것이다. 재빨리 사라져 버리는 순간적인 현재의 연속으로 이루어져 있던 인생과 이제는 종말을 고한 인생에 있어 행복했느냐 불행했느냐 하는 것은 아무런 차이도 없다.

인간과 동물의 세계에서 그토록 크고 다양하며 끊임없는 운동을 일으키고 지속하는 것은 바로 배고픔과 성적 충동이라는 단순한 성향(性向)이라는 사실에 대해서는 참으로 놀라지 않을 수 없다. 권태가 이들 두 성향을 조금씩 거들기는 하지만 배고픔과 성적 충동은 다양한 꼭두각시놀이를 조종하는 복잡한 기계에 원동력을 제공하는 것이다.

좀 더 자세히 고찰해 본다면 무기적 존재는 순간순간마다 화학적 힘에 의해 침해당하며 마침내 소멸하고 있음을 알 수 있다.

한편 유기적 존재는 물질의 끊임없는 신진대사에 의해서만 존속할 수 있으며 신진대사를 위해서는 물질의 지속적인 유입(流入), 즉 외부에서의 공급이 필요하다. 따라서 유기적 생명은 본질적으로 손가락 끝에서 균형을 유지하기 위해 끊임없이 움직여야 하는 막대기와 흡사한 것이다. 그것은 끊임없는 욕구이며 한없이 반복되는 결핍이며 끝없는 고통이다.

그렇지만 의식은 오직 이 유기적 생명에 의해서만 가능하다. 따라서 이것들은 모두 유한적 존재이다. 그리고 이와 반대되는 무한적 존재는 외부에서 침해받는 일이나 공급해야 하는 일도 없는 것으로 생각될 수 있다. 이 무한적 존재는 영원불변이며, 영원한 안정 속에 있으며, 생성되는 일도 소멸하는 일도 없으며, 시간도 다양성도 유전(流轉)도 초월한 것이다. 이와 같은 무한적 존재에 대한 부정적 인식이 플라톤 철학의 근본적 경향을 이루고 있다. 살고자 하는 의지의 부정은 바로 이 무한적 존재를 향해 길을 개척해 나가는 것이다.

17

우리 인생의 광경들은 가까이에서 보면 마치 아무런 인상도 주지 못하는 거친 모자이크 그림들과 같다. 그래서 그것들이 아름답다는 것을 깨닫기 위해서는 멀리 떨어져 바라보아야 한다. 이와 마찬가지로 우리는 욕구하던 것을 손에 넣자마자 그것이 공허하며 무가치한 것이라는 사실을 깨닫게 되는 것이다.

그러므로 우리는 항상 더욱더 좋은 것에 대한 기대 속에 살고 있으면서도 동시에 때때로 지나가 버린 것에 대해 후회하고 동경한다. 그러면서도 존재하는 유일한 시간인 현재를 무시하고 그것을 목표에 이르기 위한 가정으로밖에 생각하지 않는다.

그리하여 대부분 사람들은 죽음에 이르러 자신의 생애를 돌이켜보며 자신이 전 생애를 공허하게 살아왔음을 깨닫게 된다. 즉 그들은 맛보지도 못 하고 즐기지도 못한 채 흘려버린 것이 바로 자신이 기대하며 살아왔던 자신의 인생임을 알고 놀라는 것이다. 이처럼 인간의 생애는 희망에 의해 끊임없이 기만당하면서 죽음의 품속으로 뛰어드는 것이다.

더구나 개체의 의지는 절대로 만족할 줄을 모른다. 즉 모든 만족은 새로운 욕망을 낳으므로 의지의 욕망은 만족하는 일 없이 영원히 계속되는 것이다. 이러한 현상은 의지 그 자체가 본질적으로 세계의 주인이라는 사실에 그 기반을 두고 있다. 다시 말해 의지는 만물의 주인이다. 그러므로 만물의 어떤 부분도 의지를 만족시킬 수 없으며 오직 무한한 전체만이 그것을 만족시킬 수 있다.

한편 세계의 주인인 이 의지가 개체적 현상에 있어서 얼마나 보잘것없는 것인가를 생각할 때 우리는 동정을 금할 수 없다. 일반적으로 이 의지는 개체적 현상에 개체적 육체를 지탱하기에 알맞은 정도에 지나지 않기 때문이다. 여기서 개체의 심각한 고민과 불행이 생긴다.

18

인생은 우선 하나의 과제(課題)로서 나타난다. 즉 생활과 생계를 유지해야 하는 과제이다. 그런데 이 과제가 해결되면 얻어지는 것은 무거운 짐이다. 그리하여 두 번째 과제가 나타난다. 두 번째 과제란 마치 기다리고 있던 맹수처럼 안락한 생활을 덮쳐오는 악마와 같은 권태를 물리쳐야 하는 과제이다. 그러므로 첫 번째 과제는 무언가를 획득하는 것이며 두 번째 과제는 획득한 것을 인식하지 않는 것이다. 만약 자신이 획득한 것을 인식하게 되면 그것은 무거운 짐이 되어 버리기 때문이다.

만일 인간 세계 전체를 살펴본다면 우리는 곳곳에서 끊임없는 투쟁과 생존 경쟁과 그리고 순간순간마다 닥쳐오는 온갖 위험과 해악에 직면하여 온 육체적 힘과 정신적 힘으로 대항하는 모습을 볼 수 있을 것이다. 또한 이 모든 투쟁에 대한 보상인 존재와 삶 자체를 살펴보더라도 우리는 고통이 없는 짧은 기간만을 발견하게 될 것이다. 그 보상으로 받은 고통 없는 상태는 곧 권태에 의해 공격을 받아 끝나 버리고 새로운 고통으로 변하기 때문이다.

궁핍과 욕망 뒤에는 권태가 도사리고 있으며 심지어 이 권태는 비교적 지능이 높은 동물들까지도 공격한다. 이것은 인생이 참된 본질적인 가치를 가지고 있지 않으며 단지 욕망과 환상에 의한 운동 속에서 유지되고 있다는 사실의 당연한 결과이다. 그러므로 이러한 운동이 정지해 버리면 존재의 무가치함과 공허함이 완전히 드러나는 것이다.

인간의 존재는 일종의 오류임이 틀림없다. 그것은 인간이 궁핍과 욕망의 집합체라는 사실만으로도 분명하다. 인간의 궁핍과 욕망은 거의 충족되는 일이 없으며 설령 충족된다고 하더라도 인간에게 주어지는 것은 고통이 없는 상태일 뿐이다. 그렇지만 고통이 없는 상태야말로 인간이 권태의 손에 넘겨진 상태인 것이다. 권태는 우리의 존재가 본질적으로 무가치한 것이라는 사실에 대한 직접적인 증거이다. 권태란 바로 존재의 공허함에 대한 감정이기 때문이다.

만일 인생이 적극적이고 참된 가치를 갖고 있다면 권태란 절대로 있을 수 없으며 오히려 단순히 존재하는 것 자체가 우리에게 만족을 주어야 할 것이다. 그런데 우리는 무엇인가를 얻으려고 노력하고 있을 때나——목표가 멀리 있으므로, 그리고 목표에 도달하기까지는 수많은 장애물이 있으므로 그 목표는 우리에게 만족을 줄 것이라고 생각하지만 목표에 도달하면 그 환상은 사라져 버린다——순수하게 지적인 일에 몰두하고 있을 때——마치 관람석에 앉아 연극을 바라보듯이 인생 밖으로 나와 인생을 바라보는 것이다——이외에는 기쁨을 얻지 못한다. 심지어 성적 쾌감마저도 지속적인 행위 속에 존재하며 목표가 달성되면 이내 사라져 버린다.

그러므로 무엇인가를 얻으려고 노력하지 않거나 순수하게 지적인 일에 몰두하지 않고 존재한다면 우리는 존재의 무가치함과 공허함, 즉 권태 속에 빠져들게 될 것이다.

권력자들의 호화로운 향연에 화려한 장식들도 존재의 본질적인 비참함에서 벗어나려는 헛수고에 지나지 않는다. 보석 · 진주 · 깃털 · 벨벳 · 수많은 촛불 · 무희(舞姬)들 · 가면 놀이 등등이 도대체 무슨 의미가 있겠는가?

19

살고자 하는 의지의 가장 완전한 현상은 극히 정교하고 복잡한 구조를 지닌 인간이라는 유기체 속에 나타나 있다. 그런데 이 유기체도 역시 파괴되어 먼지가 되어 버린다. 따라서 살고자 하는 의지의 가장 완전한 현상의 본질과 노력은 결국 무(無)로 돌아가는 것이다. 즉 살고자 하는 의지의 모든 노력이 본질적으로 공허하고 헛된 것이라는 것은 자연의 솔직하고 명백한 선언이다.

만일 우리 인간이 본질적으로 뭔가 가치 있는 존재이고 반드시 존재해야만 하는 존재라면 인간은 비존재를 목표로 삼고 있지는 않을 것이다. 이러한 견해는 괴테의 아름다운 시(詩)의 밑바닥에도 깔려 있다.

고성(古城) 위에 드높이
영웅의 고귀한 정신이 서 있다.

죽음의 필연성은 무엇보다도 인간은 단순한 현상일 뿐 물자체, 즉 참된 존재가 아니라는 사실에서 추론(推論)될 수 있다. 만약 인간이 물자체이며 참된 존재라면 인간은 소멸하지 않을 것이기 때문이다. 그런데 이런 현상의 근저에 있는 물자체가 이런 현상 속에서만 자신을 나타낼 수 있다는 것은 물자체의 본성에서 오는 당연한 결과이다.

우리의 시작과 종말 사이에는 얼마나 큰 차이가 있는가! 우리는 광란적 욕정과 황홀한 육체적 쾌락 속에서 비롯되었으며 육체의 모든 부분들이 분해되고 썩는 악취 속에서 종말을 맞이하는 것이다. 그러므로 탄생에서 죽음에 이르는 길은 인생의 향락과 행복이라는 관점에서 보면 항상 내리막길이다.

행복하게 꿈꾸는 소년기, 쾌활한 청년기, 노고에 가득 찬 장년기, 시들고 비참한 노년기, 질병으로 인한 고통, 그리고 죽음의 마지막 고통, 이것은 마치 존재가 일종의 오류임을 차츰차츰 분명하게 드러내 주는 것처럼 보이지 않는가?

인생을 환상에서 깨어나는 과정이라고 생각하는 것이 가장 올바른 견해일 것이다. 그러므로 우리에게 일어나는 일은 모두 당연히 일어나게끔 되어 있는 것이다.

20

인생은 현미경으로나 볼 수 있는 극히 미세한 것이며 더 이상 쪼갤 수 없는 하나의 점이다. 그런데 우리는 인생을 공간과 시간이라는 도수 높은 두 개의 렌즈로 크게 확대하여 바라보고 있다.

시간이란 허무적 존재인 사물들과 자신에게 지속이라는 수단을 통해 실재성이라는 형태를 부여하는 우리의 두뇌 속에 있는 장치이다.

과거의 쾌락이나 행복을 얻을 기회를 놓쳐 버린 데 대해 한탄하고 후회하는 것은 얼마나 어리석은 짓인가! 그런 쾌락이나 행복을 얻었다 한들 얼마나 더 나아졌겠는가? 그것들은 추억 속의 말라빠진 미라에 지나지 않는다.

실제로 우리의 운명에 떨어진 모든 것들도 마찬가지이다. 따라서 시간이라는 형태 자체는 우리에게 모든 지상적(地上的) 쾌락의 공허함을 가르쳐 주는 수단이다.

우리의 존재와 다른 모든 동물의 존재는 확고부동한 것이 아니며 시간적으로 지속되는 것도 아니다. 오히려 우리의 존재는 오직 끊임없는 신진대사에 의해서만 존속할 수 있는 유동적(流動的) 존재에 지나지 않는 것으로서 소용돌이에 비유할 수 있다.

우리의 육체는 잠깐 일정한 형태를 유지하고 있기는 하지만 그것도 낡은 것을 배설하고 새로운 것을 흡수하는 끊임없는 신진대사를 조건으로 하고 있다. 따라서 모든 존재의 가장 중요한 일은 새로이 섭취할 알맞은 물질을 획득하는 일이다. 동시에 사람들은 그들의 존재가 잠시 동안만 지속될 뿐이며 죽음이 다가오고 있다는 것을 알고 있다.

그리하여 그들이 죽은 후 자신들을 대신할 자식에게 새로이 섭취할 물질을 양도해 주려고 노력한다. 이 노력은 자의식(自意識) 속에 성욕이라는 형태로 나타난다. 우리는 이 성욕을 진주 목걸이의 실에 비유할 수 있으며 재빨리 교체되는 각각의 개체, 즉 그 후손들은 진주 목걸이의 실이 꿰뚫고 있는 하나하나의 진주알에 비유할 수 있다.

만일 우리가 상상 속에서 이런 교체를 빠르게 해 본다면 전체에 있어서나 개체에 있어서나 변치 않는 것은 형태뿐이며 그 구성체는 항상 변하고 있다는 것을 알게 된다면 우리는 단지 가상적(假象的) 존재만을 소

유하고 있음을 깨닫게 될 것이다. 이러한 견해는

'참으로 존재하는 것은 이데아뿐이며 이데아와 조화를 이루고 있는 모든 것은 그림자와 같다.'

라는 플라톤 학설의 기반이기도 한 것이다.

우리가 물자체가 아니라 단순한 현상에 불과하다는 것은 우리의 존재는 물질의 끊임없는 신진대사를 그 필수 조건으로 하고 있다는 사실에 의해 증명된다. 우리는 공급이 끊기자마자 사라져 버리는 연기나 불꽃 및 분수(噴水)와 흡사하기 때문이다.

또한 살고자 하는 의지는 오직 완전한 무(無)로 돌아가는 현상 속에만 나타난다고도 말할 수 있다. 그런데 이 무(無)는 현상과 마찬가지로 살고자 하는 의지 속에 존재하며 살고자 하는 의지의 기반 위에 서 있다. 물론 이 무(無)는 모호하여 이해하기 어려운 것이다.

세계의 운행이라는 광대한 고찰에서 특히 재빨리 이루어지는 인간의 교체와 인간의 하루살이 같은 존재에 대한 고찰에서 희극에나 나올 법한 세부적인 인간의 생활로 눈을 돌려보자. 그러면 현미경을 통해 세균들이 우글거리고 있는 물방울을 바라볼 때 받는 인상과 흡사할 것이며 또는 덩어리가 져서 격렬하게 싸우고 있는 작은 치즈벌레들을 바라볼 때 받는 인상과 흡사하여 우리가 웃음을 자아내게 할 것이다. 이토록 좁은 공간과 이토록 짧은 시간 속에서 그토록 심각하고 격렬한 활동은 희극적 인상을 주기 때문이다.

4. 삶의 괴로움에 대하여

1

이 세상은 본래 반드시 있어야 하는 것은 아니다. 그러므로 이 세상에는 필연적으로 분열이나 다툼이 생기게 마련이며 이 세상이 아무리 고통이나 괴로움 · 미혹 · 어리석음 · 여러 가지 해악으로 가득 차 있다 하더라도 그것은 당연한 일이다. 따라서 우리의 오성(悟性)도 역시 있어야 하는 것이 아닌 것, 공허한 것들에 사로잡혀 사물의 참된 본질을 인식하지 못하는 것이다.

2

인간이 스스로 고양된 감상을 얻어 자신의 사고(思考)를 일시적인 가상(假相)에서 영원의 진상(眞想)으로 전환하기 위해서는——즉 보다 우월한 초월적 의지를 자신의 내부에 발휘하기 위해서는——고통과 괴로움과 실패를 절실하게 체험하는 것이 극히 중요하다. 그것은 밸러스트(ballast)가 무겁지만 반드시 배에 실어야 하는 것과 같다. 만일 밸러스트가 없다면 배는 적당한 깊이까지 가라앉지 않아 풍랑에 마구 흔들려 전복하기 쉬우며 정해진 항로를 항해할 수 없기 때문이다.

3

일반적으로 우리가 추구하는 것에서 우리의 불행이 생기는 것이 아니라 우리가 추구하는 것 자체가 바로 우리의 불행이다. 더구나 의욕——

미혹의 원인——은 절대로 만족하는 일이 없으므로 추구하기를 완전히 중지할 수도 없다. 따라서 인생은 끊임없이 계속되는 괴로움일 수밖에 없다. 인생은 의욕의 발현(發現), 즉 객체화(客體化)된 의욕에 지나지 않기 때문이다.

우리는 항상 추구하는 객체(客體)가 우리의 의지에 하나의 결말을 제공한다고 믿지만 그것이 바로 근본적인 오류이다. 그렇다면 추구하는 객체가 얻어진다고 하더라도 그것은 곧 다른 모습으로 다시 나타나기 때문이다. 그것이야말로 악마이며 끊임없이 모습을 바꾸며 우리를 조롱하는 것이다.

한없이 다양하게 변화하는 의욕의 원인은 의지의 일부이며 우리는 스스로 전체적인 의욕의 원인에서 의지의 본체를 추측하지 않으면 안 된다. 광선의 자극 없이는 눈에 시각이 생기지 않는 것처럼 의욕의 원인 없이는 우리의 의지를 전혀 인식할 수가 없는 것이다.

우리의 의지에 결말을 제공할 수 있는 것은 우리 자신 이외에는 없다. 그러기 위해서는 무엇보다도 먼저 추구하기를 중지해야 하는데 의욕에서의 해방은 더욱 우월한 초월적 의식에 의해서만 가능하다.

≪우파니샤드≫에는 '생각을 집중시킨다고 하더라도 곧 애욕이 솟구쳐 올라 생각의 집중을 중단시킨다.' 라고 기록되어 있다. 여기에서 애욕은 미혹을 말하는 것으로 이 미혹이야말로 의욕이며 애착이다. 그리고 애욕의 객체화 또는 현상이 곧 이 세계이다. 이 애욕이 근본적인 미혹이며 동시에 세계와 재액(災厄)——이 둘은 본질적으로 하나이다——의 근원이다. 그러므로 세계를 만든 것은 신이 아니라 악마라고 하는 편이 훨씬 정확하며 세계와 신을 같은 것으로 생각하는 것보다는 세계와 악마

를 같은 것으로 생각하는 편이 한층 더 진실에 가깝다. 따라서 더욱더 우월한 초월적 의식은 분명 이 세계에 속하는 것이 아니라 이 세계에 등을 돌리고 이 세계에 대한 욕망에서 해방되는 데에서 비로소 나타나는 것이다.

4

일반적으로 객체를 가짐으로써 우리는 주체가 되며 유한적 존재가 된다. 그리고 모든 존재는 하나의 객체에 대해 같다. 지금 내가 한 그루의 나무를 보고 있는 것과 천 년 전에 어떤 사람이 한 그루의 나무를 보고 있었던 것 사이에는 아무런 차이도 없다!

이 때에 나무라는 객체는 나의 주체 의식과 천 년 전의 그 사람의 주체 의식 속에 똑같이 존재한다. 이처럼 의식 속에 존재하는 나무는 곧 나무의 이데아이며 이 이데아는 시간이라는 것을 인정하지도 않고 인식하지도 못 한다.

시간은 우리를 돕지도 않고 해치지도 않는다. 시간은 무한한 무(無)이기 때문이다.

5

어떤 곳인지 전혀 모르고 들어온 이 험난한 곳이 곧 우리의 생(生)이다.

6

인간의 일생은 전체적으로 보면 비극이며 부분적으로 보면 희극이다.

인간이 매일매일 지니는 욕망과 두려움은 그날그날의 생활에 나타나기는 하지만 대부분은 순간에 일어나는 뜻밖의 사건이며 각 순간의 걱정과 괴로움일 뿐이므로 이것들은 모두 희극 장면이 아닌가. 그리고 평생 우리의 힘겨운 노력은 아무런 보상도 받지 못하고 모든 희망은 하나하나 짓밟혀 가며 마침내 죽음에 이른다는 것은 설령 이것이 미혹일지라도 비극임이 틀림없다. 그러므로 하나하나의 작은 국면에서 보면 설령 인간의 생활이 이가 갈리고 비참한 것일지라도 인간의 생활은 항상 희극이 되어버리는 것이다.

이처럼 희극과 비극을 동시에 연출하고 있는 것은 인생이 매우 혼란한 상태에 빠져 있는 것이 우리는 매우 가련한 존재라는 것을 나타내는 것이다.

우리가 비극 장면을 자신의 생활에서 연출하지 않을 수 없는 것과 이제까지 비극적 인물의 자격을 주장할 수도 없었으며——이 자격은 오직 예술가가 요지경 속에서만 비극적인 인물에게 입히는 의상에 지나지 않는다——평생을 계속해서 하잘것없는 연기를 연출함으로써 공공연하게 볼품없는 희극의 성격을 드러낼 수밖에 없다는 것, 즉 이 두 가지는 모두 생존의 괴로움을 나타내는 것이다.

지나가 버린 과거에는 꿈속의 사건처럼 이미 아무런 실재성도 없으며 오늘이라는 날은 내일이면 사라져 버린다. 또한 이 세상을 건너가는 방법을 가르치는 격언에도 지금 말한 것과 같은 꿈같은 인생의 성격이 그대로 나타나 있는 것들이 많다. 어떤 격언은 우리에게 항상 '어리석다,

게으르다, 긴장하라, 더욱 완강해라, 더욱 이기적으로 돼라.' 라고 몰아세운다. 그런데 또 다른 격언은 '방자하다, 오만하다, 잔혹하다, 악마와 같다.' 라며 우리를 꾸짖는다. 이 두 가지 중에서 어느 한쪽에만 귀를 기울이고 다른 쪽에는 영원히 귀를 기울이지 않을 만큼 확고부동한 자는 아마도 수백만 명 중에 하나 있을까 말까 할 것이다. 그러므로 그렇게 할 수 있는 자는 글자 그대로 개성을 지닌 자이며 참으로 그럴 수 있는 자라면 예수나 나폴레옹이나 로베스피에르와 같이 될 것이다.

실제로 문자 그대로의 의미에서 개성을 지닌 자는 한 사람도 없을 것이다. 예수나 나폴레옹도 실상은 진정한 의미의 개성을 지닌 자가 아니었던 것이다. 만일 그런 사람이 실제로 존재했다면 그의 개성은 죽음도 뚫고 존속할 수 있었을 것이다. 삶도 죽음도 그에게는 아무런 변화도 가져다줄 수 없기 때문이다. 그 사람이야말로 플라톤이 말하는 이데아처럼 영원히 존재할 것이다.

그런 인간이 될 수 없는 우리 범인(凡人)들은 앞의 두 가지 격언 중 어느 영역에도 들어설 수 없으므로 중용의 길을 가려고 한다. 그렇지만 중용의 길이 폭을 갖고 있지 않은 수학상의 선(線)이라는 사실을 알지 못하는 우리는 항상 어느 한쪽 영역을 침범하자마자 곧 뒷걸음질 치게 되며 비틀걸음을 걷지 않을 수 없다.

7

모든 고뇌를 지옥으로 가지고 가 버린 후 천국으로 가지고 갈 것은 권태밖에 남아 있지 않게 된다. 이것이 바로 인생을 이루고 있는 것은 고뇌와 권태뿐이라는 사실에 대한 증거이다.

8

거의 모든 인간의 생활은 생존을 유지하기 위한 끊임없는 투쟁일 뿐이다. 더구나 그 생존마저도 마침내 필연적으로 사라지게 되어 있다. 이 단순한 사실만으로도 이미 삶의 괴로움은 충분히 드러나는 것이다. 또한 겨우 곤궁을 물리쳤는가 하면 곧 두려운 공허감과 권태가 갑자기 엄습한다. 그런데 공허감과 권태를 물리치기 위해서는 전보다 훨씬 혹독한 고통을 당하지 않으면 안 되는 것이다.

이것은 원래 인간 자체가 의지의 현상이며 따라서 끊임없는 의욕과 노력으로 생존을 겨우겨우 유지해 나가지 않으면 안 되는 데에 기인한다. 그런데 일시적으로 만족이 얻어져 욕망과 노력에서 벗어나자마자 이번에는 그의 내부에 공허감이 솟아나며 자기 자신이 견디기 힘든 짐이 되어 버린다.

극소수의 사람들은 인식으로 평온한 정신적 쾌락을 누릴 수 있기는 하지만 그것조차 그 사람의 일생 중 극히 작은 일부분에 지나지 않는 짧은 기간에 불과하다. 더구나 의욕 자체는 잇따라 다른 궁핍을 호소하며 이에 따라 삶의 괴로움이 계속된다. 그리하여 어느 면에서 살펴보더라도 인생에서는 괴로움만이 눈에 띄는 것이다.

각 개인의 생활이 참혹함과 괴로움을 생각할 때 누구나 전율을 느끼지 않을 수 없으며 차라리 죽는 편이 낫지 않을까 자살하는 편이 낫지 않을까 하는 생각이 쌓일지도 모른다. 삶이란 그야말로 죽음에서 도망치고자 하는 욕망으로 이루어져 있다. 그런데 죽음이라는 도피처마저 가로막혀 있으므로 우리는 구원될 가망도 없이 언제까지나 비참한 고경(苦境)을 헤매고 있다.

때로는 괴로움을 견디지 못해 이 세상 밖의 어떤 힘에 매달려 도움을 받고자 목청껏 외쳐 보지만 아무런 효과도 없다. 구원의 손길도 없으며 은혜를 베풀어 주는 자도 없으므로 헛되이 운명에 몸을 내맡기고 있는 것일 뿐이다. 그런데 이 구원이 없는 상태야말로 억제할 수 없는 의지를 반영하는 거울이며 이 의지의 현상이 곧 인간이다. 그러므로 이 의지를 멈추게 하거나 방향을 전환할 수 있는 자는 오직 인간밖에 없으며 인식의 도움을 받아 스스로 이를 성취할 수밖에 없다.

자신의 생존이 곧 의지의 현상이므로 생존으로 인해 생기는 모든 괴로움에서 자신을 해방할 수 있는 자는 자신뿐이라는 것은 당연한 일이다. 그리하여 일단 의지가 다른 방향으로 전환하면 아무리 크고 숱한 고난일지라도 더 이상 인간을 지배할 수 없다. 고난이 우리를 지배하게 하는 것은 바로 우리의 의지이기 때문이다.

우리는 고행자나 순교자에게서 그 실례를 볼 수 있다. 그들은 외적 강요에 의해서가 아니라 자진해서 극심한 고행을 겪었으며 다가오는 아사(餓死)를 맞아들였다. 이렇게 말하면

"그렇다면 고행이나 아사가 인간의 의무이며 사명이며 인간의 유일한 정도(正道)란 말인가?"

라고 묻는 사람도 있을 것이다. 이런 질문이야말로 가장 어리석다. 원래 의지는 절대적 당위 따위는 존재하지 않기 때문이다.

모든 당위(當爲)는 본질적으로 상대적이다. 인간에게 사명이란 존재하

지 않으며 세상 사람들이 사명이라고 부르는 것은 그렇게 불리고 있음에 지나지 않는다. 그들의 목적과 그 목적의 근원은 자기 자신 이외의 것에 의존하고 있다.

각 개인이 추구하는 것, 그것이 곧 그 사람이다. 각 개인이 추구하는 것이 무엇이건 간에 그것을 보여 주고 있는 것이 곧 의지의 거울이며 이 거울을 우리는 '생활' 이니 '세계' 니 하는 이름으로 부르고 있다. 또 이 거울은 그가 무엇을 의욕하고 있으며 얼마나 애타게 의욕하고 있는가를 비춰 준다. 그러므로 그의 의지가 방향을 전환하면 그는 이미 그 거울 속에서는 보이지 않게 되는 것이다.

그러므로 의지의 중지로 생기는 것은 분명 허무일 것이며 따라서 자신의 의지를 중지한 자만이 허무를 이해할 수 있다. 그리하여 그는 자신이 허무인 이상 의지의 중지에만 전념할 뿐 그 밖의 일에는 관여하지 않으며 다른 사람들의 일에는 더더욱 관여하지 않는다.

9

왜 사람들은 단 하나뿐인 세계에서 그토록 많은 것을 기대하는 것일까! 더구나 그 세계는 단지 사람들이 살고 있을 뿐인 장소에 불과하지 않은가. 하기는 그들은 아직 권총으로 자살할 결심이 서 있지 않기 때문이겠지만!

10

부유한 자들이나 명사(名士)들의 사회에서의 생활은 권태와 무료함과의 끊임없는 싸움이며 승산 없는 싸움이다. 그리고 소위 천민들의 생활은 궁핍과 끊임없는 싸움이다. 그러니 중류층은 참으로 가치 있는 생활을 영위해야 할 것이 아닌가!

11

인간에게 사랑의 마음은 신앙심 깊은 사람들 사이에서 볼 수 있는 의기소침 같은 것이다. 인간이 살고 있는 세계는 괴로움으로 가득 차 있으며 자신의 존재를 부인하는 것, 즉 세계를 극복하는 한없이 어려운 일을 해내는 길 이외에는 이 세계에서 빠져나가는 길이 없기 때문이다.

12

지구상에 꿈틀거리고 있는 범속(凡俗)한 사람들은 대부분 매우 유쾌한 듯이 만족스러운 얼굴을 하고 있다. 이와는 반대로 매우 탁월한 몇몇 사람들의 얼굴에는 종종 불만스러운 표정이 드리워지고 있다. 전자(前者)는 마치 지구상에서의 운명을 자신들의 공로에 합당한 것으로 생각하고 있는 것처럼 보이며 후자(後者)는 자신에게 더욱 훌륭한 운명이 주어져야 마땅하다고 생각하는 것처럼 보인다.

13

충족되지 못한 생각만이 현재의 당신을 고양(高揚)해 준다.

— 괴테

인간은 의지를 만족시키고 있거나 만족시킬 수 있다는 자만심을 가지고 있는 동안은 천재적인 작품을 만들어 내기가 거의 불가능하다. 왜냐하면 그 사람의 마음은 자기 자신의 일에 집중해 있기 때문이다. 원하고 바라던 것들이 모두 깨지고 궁핍에 직면하여, 의지가 불만을 면할 수 없을 때 비로소 '도대체 이 세계는 무엇인가?' 라는 의문이 나타나며 자신에게 묻게 된다.

그리하여 화가는 그 해답을 화포(畵布) 위에 그려 내고 시인은 그 해답을 글 속에 서술하며 음악가는 마음속의 가장 깊은 세계를 선율로써 나타내고 철학자는 추상적 보편성 속에서 유일하고도 완벽한 해답을 얻는다.

그런데 쉽게 만족하는 하찮은 소망만을 갖고 있는 무리는 항상 보잘것없는 것에 만족하고 집착하므로 절대 깊은 명상에 잠길 수 없다. 자신의 노력이 이 세상의 것으로는 도저히 만족할 수 없음을 깨닫게 될 때 비로소 명상의 경지에 들어갈 수 있는 것이다.

대체로 천재적 인물은 기질이 과격하고 정열적이다. 그것은 강력한 의지와 비범한 인식력이 동시에 나타나기 때문이다. 이것은 천재적 업적에는 필요 불가결한 현상이다. 그리하여 강력한 의지는 충족되자마자 곧바로 궁핍에 시달려야만 하고 인식은 자신의 의지를 떠나 세계의 근원으로 기울어지게 된다.

범속한 자들의 경우에는 백 가지 소망이 이루어지지 않았다 하더라도 어떤 수단을 써서라도 백한 번째의 소망을 이루려고 노력한다. 그렇지만 천재의 경우 자신에게 부여된 강렬한 의지는 자기 자신을 속된 세계에서 격리하는 하나의 실마리가 된다.

그리하여 천재는 모든 이해관계를 떠나 세계에 대한 투철한 명상에 잠기지 않을 수 없게 되는 것이다.

14

고뇌는 천재가 위대한 일을 하기 위한 필요 불가결한 조건이다. 셰익스피어와 괴테는 시를 짓고 플라톤은 철학을 연구했으며 칸트는 이성비판(理性批判)을 행했다. 만일 그들이 자신의 환경이나 현실 세계에 만족하여 안락한 생활을 즐기고 모든 소망을 이루었다면 그들이 그토록 위대한 업적을 남길 수 있었겠는가?

우리는 현실 세계에 절대로 만족할 수 없다. 그리하여 어느 정도 현실 세계와 절연한 후 비로소 사유(思惟) 세계에서 자신을 만족시키려 하는 것이다.

참혹한 고뇌는 현재의 당신을 더욱 고양(高揚)해 준다.

— 괴테

15

자연은 우리의 생존만을 고려할 뿐 쾌적한 생존을 고려하지는 않는다.

16

세계는 존재한다. 세계는 틀에 박힌 듯이 존재하고 있다. 그런데 이 세계에서 누가 무엇을 얻고 있는가? 내가 알고 싶은 것은 오직 그것뿐이다.

17

인생은 고뇌를 제1의 직접적인 목적으로 하고 있다. 만일 그렇지 않다면 이 세상에서 우리의 존재만큼 목적에 어긋나는 존재는 없을 것이다. 이 세상에 가득 차 있는 고통 · 궁핍 · 재앙에서 필연적으로 생기는 끊임없는 고통을 아무런 목적도 없는 단순히 우연한 일이라고 생각한다는 것은 불합리하기 짝이 없는 일이기 때문이다. 그러므로 하나하나의 불행은 각기 예외적인 사건처럼 보인다. 그러나 일반적으로 불행은 원칙적인 것이다.

18

강물은 장애물에 부딪히지 않는 한 소용돌이를 일으키지 않고 평온하게 흘러간다. 인간이나 동물의 본성도 이와 같아서 우리는 의지와 일치하는 것에 대해서는 주의를 기울이거나 의식하지 않는다. 만일 어떤 것에 주의를 기울여야 한다면 그것은 우리의 의지가 방해받고 있음을, 즉 일종의 장애물을 만난 것임을 의미한다.

우리는 의지를 방해하고 거스르고 대항하는 모든 것, 즉 불쾌하고 고통스러운 것들을 즉시 명료하게 느낀다. 우리가 육체의 건강은 느끼지 못하고 신발에 끼어 아픈 발의 일부분만을 느끼는 것과 마찬가지로 우리는 의지에 일치하여 잘 되어 가는 모든 일들에 대해서는 생각하지 않고 우리를 괴롭히는 몇몇 하찮은 일들에 대해서만 생각한다.

내가 고통은 적극적이며 안락과 행복은 소극적이라고 누차 주장한 이유는 여기에 있다. 따라서 악을 소극적이라고 주장하는 대부분의 형이상학적 학설보다 더 어리석은 것은 없다고 생각한다. 악이야말로 적극적이며 통절히 느껴지는 것이다. 그렇지만 선(善), 즉 행복이나 만족은 소극적이며 욕망의 소멸 · 고통의 종식에 지나지 않는 것이다.

우리는 항상 기쁨에 대해서는 기대했던 것보다 작은 것처럼 느끼고 고통에 대해서는 우리가 예상했던 것보다 훨씬 큰 것처럼 느낀다. 이 사실도 앞에서 말한 바와 일치하는 것이다.

다른 동물을 탐욕스럽게 잡아먹고 있는 동물의 감정과 잡아먹히고 있는 동물의 감정을 비교해 보라. 그러면 이 세상에는 기쁨이 고통보다 많다든지 기쁨과 고통은 균형을 이루고 있다는 주장이 옳은지 그른지를 곧 알 수 있을 것이다.

19

어떤 불행이나 고통 속에서도 가장 효과적인 위안이 되는 것은 자신보다 더 불행한 다른 사람들을 바라보는 것이다. 누구나 이 방법으로 위안을 얻을 수 있다. 그런데 이 견지에서 인간 전체에 대해 생각해 볼 때 그 결과는 어떻게 될 것인가?

우리는 초원에서 놀고 있는 양과 같다. 그 사이에 도살자(屠殺者)는 그 양들을 바라보며 한 마리씩 한 마리씩 눈으로 선택해 두는 것이다. 이와 마찬가지로 우리가 즐거울 때는 지금 이 순간 운명이 우리를 위해 질병 · 박해 · 가난 · 불구 · 실명 · 정신 이상 · 죽음 등 어떤 재앙을 준비하고 있는지 모르는 것이다.

역사는 우리에게 모든 민족의 생활을 보여 준다. 그런데 역사는 전쟁과 반란밖에는 우리에게 보여 줄 것이 없다. 즉 평화로운 세월이란 이따금씩 전쟁과 반란 사이에 나타나는 짧은 휴식 기간일 뿐이다. 이와 마찬가지로 개인의 생활 또한 끊임없는 투쟁이며 빈곤과 권태와의 비유적인 투쟁일 뿐만 아니라 다른 사람들과의 실제적인 투쟁이다. 인간은 곳곳에서 적을 만나며 끊임없는 투쟁 속에서 살다가 결국 무기를 손에 쥔 채 죽어가는 것이다.

20

시간이 항상 우리를 재촉하고 있다는 사실은 우리에게 적지 않은 고통을 주고 있다. 시간은 마치 채찍을 손에 든 혹독한 감독자처럼 우리 모두의 뒤에 버티고 서서 숨 쉴 겨를도 주지 않고 우리를 몰아친다. 권태의 손아귀에 넘겨진 사람만이 시간의 채찍과 고문을 면할 수 있는 것이다.

21

우리의 육체에서 대기의 압력이 제거되어 버리면 육체는 곧 파열해 버릴 것이다. 이와 마찬가지로 인간의 삶에서 궁핍 · 고난 · 재앙 · 좌절 등의 압력이 제거되어 버리면 인간은 곧바로 파열하지 않을지는 몰라도 오만함이 부풀어 올라 어리석은 행동이나 심지어 광란 현상까지 나타나게 될 것이다. 배가 순조로운 항해를 하기 위해서는 반드시 밸러스트(ballast)가 필요하듯이 인간에게는 항상 어느 정도의 걱정 · 불안 · 고통 · 고뇌가 필요하다.

노동 · 걱정 · 고통 · 고뇌는 분명 거의 모든 인간이 온 생애를 통해 짊어져야 할 무거운 짐이다. 그런데 만일 욕망이 생기자마자 곧 충족된다면 인간은 자신의 삶을 무엇으로 채울 것이며 남는 시간을 어떻게 소비할 수 있겠는가?

모든 식물이 저절로 자라나고 비둘기들이 알맞게 구워진 채 이리저리 날아다니는 유토피아로 인간이 옮겨졌다고 상상해 보라. 그곳에서 곧 애인을 발견하여 아무런 노고도 없이 그녀와 살아갈 수 있다고 상상해 보라. 그렇게 되면 어떤 자들은 권태 탓에 죽거나 목을 매어 자살할 것이며 또 어떤 자들은 서로 싸우기도 하고 목을 조르기도 하고 죽이기도 할 것이다. 그리하여 현재 인간이 자연에서 받는 고통보다 더 심한 고통을 인간 스스로 일으킬 것이다. 그러므로 인간에게는 현재와 같은 곳과 현재와 같은 존재가 가장 알맞은 것이다.

22

고통이 적극적임에 반해 안락과 기쁨은 소극적이므로 주어진 어떤 행복도 기쁨이나 쾌락으로 측정되어서는 안 되며 적극적인 것인 고통이나 슬픔에 따라 측정되어야 한다. 그런 관점에서 볼 때 동물의 운명이 인간의 운명보다 견디기 쉬운 것처럼 생각된다. 이제 동물의 운명과 인간의 운명을 한층 더 자세히 고찰해 보기로 하자.

인간의 행복과 불행이 아무리 여러 가지 형태로 나타나 인간에게 그것을 추구하게 하기도 하고 피하게 할지라도 이 모든 것의 물질적 기반은 역시 육체적 쾌락이나 육체적 고통이다. 이 기반은 극히 한정된 것으로 건강 유지 · 영양 섭취 · 습기와 추위에서의 보호 · 성욕의 만족 또는 이러한 것들의 결핍을 의미한다.

따라서 참된 육체적 쾌락에 있어서는 인간의 더욱더 발달한 신경 계통이 쾌락에 대한 감정이나 고통에 대한 감정이 격앙(激昻)하지 않는 한 인간이 동물보다 더 많은 육체적 쾌락을 누리고 있다.

그런데 인간의 내부에서 일어나는 감정은 동물의 내부에서 일어나는 감정보다 얼마나 더 강렬한가! 인간의 감정은 동물의 경우와는 비교할 수 없을 정도로 격렬하고 강렬하게 흥분한다. 그렇지만 궁극적으로는 같은 결과, 즉 같은 건강 · 같은 음식 · 같은 의복에 도달할 뿐이다.

이런 일은 주로 결핍에 관한 생각과 미래에 관한 생각으로 인해 모든 것이 매우 격앙되기 때문에 생기는 것이다. 즉 이런 생각들로 걱정 · 두려움 · 희망 등이 비로소 생긴다. 그리하여 이것들이 실제의 쾌락이나 고통——동물의 경우에는 실제의 쾌락이나 고통에 따라서만 영향을 받는다——보다 더 무겁게 인간을 짓누른다.

동물에게는 깊은 사고 능력이 없다. 그러므로 인간의 경우 기억력과 추리력에 의해 쾌락과 고통이 축적되지만 동물의 경우에는 쾌락과 고통이 축적될 수 없는 것이다. 동물의 경우 현재의 고통은 항상 현재의 고통일 뿐이며 그 고통이 아무리 수없이 반복될지라도 그것은 여전히 최초와 마찬가지로 현재의 고통일 뿐이므로 축적되는 일이 없다. 부러울 정도로 평온하고 침착한 동물의 상태는 바로 여기에 기인한다.

그렇지만 인간의 경우에는 깊은 사고 능력 또는 이와 관련된 모든 능력에 의해 인간이 동물과 공통으로 지닌 쾌락과 고통의 요소들에서 행복과 불행에 대한 감정을 격앙시킴으로써 자신을 일시적인 도취나 절망 · 자살로까지 몰고 가기도 한다.

좀 더 자세히 고찰해 보면 다음과 같은 사실을 알게 될 것이다. 인간은 쾌락을 증대시키기 위해 동물의 경우보다 충족시키기 더 어려운 자신의 욕망을 조심스럽게 증대시킨다. 여기서 사치 · 미식(美食) · 담배 · 아편 · 술 · 겉치장 · 과시 등이 생긴다.

깊은 사고력으로 인해 다른 어떤 것보다도 인간에게 많은 고통을 주는 원천——쾌락의 원천인 동시에 고통의 원천——이 오직 인간에게만 열려 있다. 그것은 곧 야심 · 명예심 · 수치심 등이며 다시 말해 다른 사람들이 자신에 대해 어떻게 생각하는가에 대한 그의 생각이다.

이것들은 매우 다양하고 때로는 기이한 형태를 취하여 육체적 쾌락이나 고통을 넘어선 거의 모든 노력의 목표가 된다. 인간이 동물보다 참된 지적 쾌락——극히 소박한 놀이나 대화와 최고의 정신적 업적에 이르기까지의 모든 지적 쾌락——을 많이 누리고 있는 것은 사실이다.

반면에 인간에게는 자연적 상태에 있는 어떤 동물도 느끼지 못하는 권태라는 것이 나타난다. 동물의 경우에는 아무리 지능이 발달한 동물일지라도 우리 속에 갇혀 사육되는 경우에만 가벼운 발작을 일으킬 정도지만 인간에게 권태는 참으로 견디기 힘든 고문이다.

이런 현상을 우리는 머리를 채우려 하지 않고 돈주머니를 채우는 일에만 몰두하는 가련한 사람들에게서 볼 수 있다. 그런데 부(富)야말로 그들을 권태의 손아귀에 넘기는 것이다. 그리하여 부유한 자들은 권태의 손아귀에 넘겨지지 않기 위해 이리저리 쏘다니기도 하고 여행하기도 하는 것이다. 그들은 어느 곳에 도착하자마자 마치 가난한 자가 자선 단체를 찾듯이 초조한 마음으로 유흥 장소를 찾는다. 궁핍과 권태는 인간 생활의 양극(兩極)이기 때문이다.

마지막으로 덧붙여 두어야 할 것은 인간은 성욕을 만족하는 데 있어서 인간 특유의 매우 까다로운 선택을 하며 때로는 열정적인 사랑으로 승화되기도 한다는 것이다. 그리하여 성욕은 인간에게 단기간의 기쁨과 장기간의 고통의 근원이 된다.

얼마나 기이한 일인가? 동물에게는 없는 깊은 사고력이 인간에게 첨가되어 동물들이 지닌 고통과 쾌락이라는 똑같은 좁은 기반 위에 인간의 행복과 불행이라는 그토록 거대하고 높은 건물이 세워져 있다는 것은? 그리하여 얼굴에 깊이 새겨져 있는 그토록 강렬한 격정과 열정 · 혼란에 예속되어 있다는 것은? 그런데도 실제로 동물이 인간과는 비교할 수 없을 정도로 적은 격정과 고뇌로 얻는 것과 똑같은 것들을 인간이 얻을 뿐이라는 것은?

깊은 사고력으로 인해, 특히 인간이 죽음을 안다는 사실로 인해 오히려 인간에게는 고통이 쾌락보다 훨씬 더 증가하게 된 것이다. 그런데 동물들은 실제로 죽음을 알지 못한 채, 즉 인간이 항상 응시하는 죽음을 응시하는 일 없이 본능적으로 죽음을 피할 따름이다.

동물은 인간들보다 생존에 대해 훨씬 더 만족하며 식물은 더욱 그러하다. 인간도 우둔하고 둔감한 인간일수록 단순히 존재하는 것에 만족한다. 따라서 동물의 생활에는 인간보다 고통도 적으며 또한 쾌락도 적다.

그 직접적인 원인은 동물들은 걱정과 불안, 그리고 그로 인한 고뇌에서 해방됐지만 진정한 의미에서 희망도 품고 있지 않으며 따라서 대부분 인간의 가장 큰 기쁨과 쾌락의 원천인 행복한 미래에 대한 기대와 그 기대에 따르는 행복에 대한 망상도 갖고 있지 않기 때문이다.

동물의 의식은 확실한 것과 현재의 순간과 관계된 것에만 한정되어 있으므로 걱정도 없고 희망도 없다. 즉 동물은 지금의 존재이다. 따라서 동물은 평온하게 현재를 즐길 수 있으며 그런 의미에서는 동물이 인간보다 슬기로운 것이다. 그러므로 동물의 평온함은 걱정과 불만에 싸여 있는 우리를 부끄럽게 한다.

더구나 우리가 누리는 희망과 기대의 기쁨조차도 대가 없이 맛보고 있는 것이 아니다. 우리가 어떤 것을 희망하고 기대함으로써 그것이 실현

되었을 때의 기쁨을 선불(先拂) 받은 것이다. 그리하여 후에 그것이 실현되었을 때의 쾌감은 그만큼 감소한다.

동물의 경우는 이와는 반대이다. 동물은 향락의 선불이나 감소를 받지 않는다. 동물은 현재 그 자체를 100% 향락하고 있다. 마찬가지로 재앙에 있어서도 동물은 실제 있는 그대로 무게에 짓눌려 있을 뿐이다. 그런데 인간의 경우는 미래 재앙에 대한 공포와 예측으로 인해 그 무게가 몇 배로 느껴지기도 한다.

동물 특유의 이 현재에의 완전한 몰입이 우리가 가축에게 얻고 있는 기쁨에 크게 기여하고 있다. 동물은 지금의 존재이며 우리가 번뇌에서 해방되어 맑게 갠 순간순간의 가치를 느끼게 한다. 다시 말해 우리는 여러 가지 생각들로 인해 순간의 가치에 주의를 기울이지 않고 간과해 버리는 것이다. 그런데도 현존재 속에서 우리보다 더 만족하고 있는 동물의 능력이 이기적이며 냉혹한 인간에 의해 학대받고 있다.

인간은 때때로 동물들에게 단순한 존재 이외에는 아무것도 허락하지 않을 정도로 그들의 능력을 착취하고 있다. 이를테면 지구의 반 바퀴를 날아다닐 수 있는 능력을 지닌 새가 1입방 피트의 공간 속에 갇힌 채 서서히 죽어 가며 울부짖는다.

새장 속의 새는 즐거워서 노래하는 것이 아니라 화가 나서 울부짖는 것이다.

또한 인간은 인간의 가장 충실한 벗이자 지능이 높은 개를 쇠사슬에 묶어 놓는다! 나는 쇠사슬에 묶여 있는 개를 볼 때마다 마음속에서 개에 대한 동정심과 그 주인에 대한 분노를 느끼지 않을 수 없다.

나는 수년 전에 '더타임스' 에 보도되었던 기사를 생각할 때마다 일종의 통쾌감을 느낀다. 개를 쇠사슬에 매어 기르고 있던 사람이 어느 날 뜰을 거닐다가 개를 껴안고 애무하려 하자 그 개는 주인의 팔을 물어뜯었다는 것이다. 당연한 일이 아닌가! 개가 주인의 팔을 물어뜯은 것은 '당신은 나의 주인이 아니라 나의 짧은 생애를 엉망으로 만드는 악마다!' 라는 말을 행동으로 대신한 것이다. 개에게 쇠사슬을 묶는 자들에게 이런 일이 일어나기를!

23

이상의 고찰로 인간의 생활을 동물보다 더 고통에 찬 것으로 만드는 것은 인간의 큰 인식 능력 때문이라는 것이 분명해졌다면 우리는 인식 능력을 일반적인 원칙으로 환원하는 것으로 한층 더 넓은 견해를 얻을 수 있을 것이다.

인식 자체는 고통스러운 것이 아니다. 고통은 오직 의지에만 관계된 것이며 의지의 방해 · 억압 · 좌절에 고통이 있다. 그런데 그것들이 고통으로 느껴지지 위해서는 인식이 수반되어야 한다. 빛은 그것을 반사하는 대상물이 있을 때만 공간을 비출 수 있는 것과 같으며 소리가 반향(反響)을 필요로 하는 것과 마찬가지이다.

일반적으로 소리는 진동하는 공기의 파동이 단단한 물체에 부딪칠 때 비로소 멀리까지 들리게 된다. 격리된 산꼭대기에서 소리가 약해지는 것은 바로 그 때문이며 밖에서의 노래가 좋은 효과를 내지 못하는 것도 그 때문이다. 이처럼 의지의 방해가 고통으로 느껴지기 위해서는 그 자체의 고통과는 아무 관계도 없는 인식이 수반되어야 하는 것이다.

육체적 고통이 신경과 두뇌와의 관계를 조건으로 하는 것도 그 때문이며 손이나 발의 일부가 해를 입더라도 그 부분에서 두뇌로 통하는 신경이 절단되어 있거나 또는 두뇌가 마비되어 있을 때는 고통이 느껴지지 않는다. 또한 임종 때 의식이 사라지게 되면 그 후에 일어나는 모든 경련은 고통으로 느껴지지 않을 것으로 생각하는 것도 앞에 밝힌 똑같은 이유에서이다.

정신적 고통이 인식을 조건으로 하고 있음은 말할 필요도 없다. 따라서 인식이 증가하면 할수록 정신적 고통도 그만큼 증가하는 것을 쉽게 알 수 있을 것이다. 그러므로 우리는 이 모든 관계를 다음과 같이 말할 수 있다. '의지는 현(絃)이고 의지의 방해나 좌절은 그 현의 진동이며 인식은 공명기(共鳴器)이고 고통은 그 소리이다.'라고.

이 말은 무기물(無機物)과 식물은 아무런 고통도 느끼지 못함을 의미하기도 한다. 설령 무기물과 식물의 의지가 아무리 억압받더라도 그것들은 고통을 느끼지 못하는 것이다. 그런데 동물의 경우에는 아무리 원시동물일지라도 동물의 특성인 인식을 하고 있으므로 고통을 느낀다. 따라서 동물도 생활의 정도가 높으면 높을수록 그 인식의 정도도 그만큼 높으며 따라서 고통도 많이 느끼는 것이다.

그런데 하등 동물에게 있어서 고통은 아주 가볍다. 곤충이 몸뚱이가 찢겨 겨우 한 가닥의 창자로 이어져 있으면서도 하반신을 질질 끌며 먹이를 탐욕스럽게 먹는 것은 바로 그 때문이다. 그렇지만 아무리 고등 동물이라 할지라도 그들에게는 인식과 사고가 빠져 있으므로 그들이 느끼는 고통은 인간이 느끼는 고통에 미치지 못한다.

인간의 고통에 대한 감수성은 이성의 작용으로 의지의 부정과 가능성이 존재할 때 그 절정에 이른다. 만일 의지의 부정과 가능성이 존재하지 않는다면 고통에 대한 감수성은 아무런 목적도 없는 참혹함에 지나지 않기 때문이다.

24

어릴 적에는 마치 극장의 은막 앞에 앉아 있는 아이들처럼 무엇이 나타날까 하는 기대감과 행복감에 젖은 채 인생의 앞에 앉아 있었다. 무엇이 나타날는지 모르는 것은 참으로 다행한 일이다. 인생을 알고 있는 사람에게는 어린아이들이 때로는 죽음이 아닌 삶을 선고받고 자신에게 어떤 형벌이 내려질는지 모르는 천진난만한 죄수로 보일 것이기 때문이다. 그런데도 사람들은 모두 오랫동안 살기를 원한다. 이것은 곧 '오늘은 불행했다. 그리고 날이 갈수록 더욱 불행해질 것이다. 그리하여 마침내 최악의 불행이 닥쳐올 것이다.' 라고 말할 수 있는 상태에 이르기를 원하는 것이다.

25

만일 태양이 운행하면서 비치고 있는 온갖 재앙과 고통과 고뇌를 생각한다면 당신은 분명 태양이 달에서처럼 지구에서 생명의 현상을 생성하지 않기를 바랄 것이며 달의 표면처럼 지구의 표면도 결정 상태(結晶狀態)이기를 바랄 것이다.

또한 당신은 우리의 인생을 무(無)라는 행복한 평온을 공연히 어지럽히는 하나의 에피소드라고 생각할 수도 있을 것이다. 어쨌든 비교적 훌륭한 생활을 하는 사람마저도 오래 살면 살수록 인생은 실망 아니면 기만이라는 사실을 더욱 분명히 깨달을 것이다.

어릴 적 친구였던 두 사람이 평생을 헤어져 산 후 노인이 되어 다시 만났다면 옛 추억이 서려 있는 친구의 얼굴을 바라볼 때 그들의 가슴속에는 어떤 감정이 일어나겠는가? 아마도 그들의 가슴에는 청춘의 장미빛 서광 속에서 그들 앞에 놓여 있었던 인생과 그토록 아름답게 보였던 인생 전체에 대한 실망의 감정이 솟아오를 것이다. 이러한 감정이 너무도 통렬하게 가슴을 때리므로 그들은 입 밖에 낼 생각조차 하지 않고 침묵을 지킨 채 그것을 인정하고 그 전제하에 이야기를 진행할 것이다.

이 세대 혹은 삼 세대에 걸쳐 살아온 사람의 기분은 마치 축제일의 흥행장 안에 눌러앉아 마술사들의 온갖 연기를 두세 번 반복해서 보는 사람의 기분과 같을 것이다. 마술의 속임수는 오직 첫 번째에만 의미가 있을 뿐 그 수법의 신기함이 사라져 버리면 더 이상 아무런 감동도 주지 못하는 것이다.

크게 부러워할 만한 사람은 한 사람도 없으며 크게 동정을 받아야 할 사람은 수없이 많다.

인생은 끝마치지 않으면 안 되는 과업이다. 이러한 의미에서 죽은 사람을 '과업을 끝마친 사람' 이라고 표현하는 라틴어는 참으로 적절하다.

생식 행위가 욕망이나 쾌락으로 발생하는 것이 아니라 완전히 이성적 사고에 기초를 둔 것으로 생각해 보라. 인류가 존속할 수 있었겠는가? 누구나 태어날 자녀들에 대해 깊은 동정을 느끼고 그들이 존재의 무거운 짐을 지게 되지 않기를 바라거나 적어도 자기는 그들에게 무거운 짐을 지워 주는 냉혹한 짓은 하고 싶지 않다고 생각할 것이다.

세계는 지옥이다. 인간은 그 속에서 시달리는 망령(亡靈)이며 다른 한편으로는 그 속에 있는 악마이다.

내가 진실을 말하고 있으므로 사람들은 나의 철학이 유쾌하지 못하며 아무 위안도 되지 않는다고 말할 것이다. 즉 사람들은 '하느님이 모든 것을 매우 훌륭하게 만들어 놓았다'라는 말을 듣고 싶은 것이다. 그렇다면 당신의 교회로 가라. 그리고 우리 철학자들을 방해하지 말라! 철학자들에게 당신의 형태대로 그들의 학설을 재단해 달라고 요구하지 말라! 하지만 천박한 자들이나 사이비 철학자들이라면 당신이 요구하는 대로 해줄 것이다.

불교에서는 범천왕(梵天王)이 일종의 죄 또는 잘못으로 인해 이 세상을 만들었으며 그는 자신이 저지른 잘못을 보상하기 위해 스스로 이 세상 속에 머물면서 세상에서 구제되기를 기다리고 있다고 말한다. 참으로 멋진 말이다! 또한 불교에서는 참회를 통해 도달한 열반 상태라는 창공과 같은 투명함 속에 오랫동안의 평온 후에 설명할 수 없는 혼란이 일어난 결과로써 이 세상이 생긴 것이라고 말한다.

세계의 발생은 궁극적으로는 윤리적인 면에서 이해되어야 할 재앙이지만 물리학적으로는 그곳에서 태양이 생겨난 원시성운(原始星雲)의 발생이라고 설명할 수 없는 현상과 흡사한 점을 지니고 있다. 그렇지만 이 세계는 윤리적 타락과 함께 물질적으로도 점차 타락하여 마침내 현재와 같은 비참한 상태에 이르렀다는 것이다. 참으로 훌륭한 말이다!

그리스인들은 세계와 신들이 헤아리기 어려운 필연성으로 인해 생긴 것이라고 믿었다. 이 사상은 일시적인 욕구를 충족하는 한에서는 참을 수 있다. 또 페르시아인들은 오르무즈드(Ormuzd, 선신)는 끊임없이 아흐리만(Ahriman, 악신)과 싸우고 있다고 믿었다. 이 사상 또한 일고(一考)의 가치는 있다. 그렇지만 여호와라는 신이 자기 뜻대로 곤궁과 비참으로 가득 찬 이 세계를 창조해 놓고서 '모든 것이 훌륭하다' 라며 스스로 기뻐했다는 데 대해서는 도저히 참을 수가 없다.

설령 모든 가능한 세계 중에서도 이 세계가 가장 훌륭한 세계라는 라이프니츠의 주장이 옳다 하더라도 그것이 신의 섭리에 대한 증명은 되지 못한다. 창조자는 세계뿐만 아니라 가능성 자체도 창조했기 때문이다. 그러므로 창조자는 이 세계보다 더 훌륭한 세계의 가능성을 창조했던 것이다.

이 세계가 지극히 지혜롭고 지극히 선하며 전지전능한 존재의 걸작이라는 견해에 대해서는 두 가지가 소리 높여 반론을 제기하고 있다. 그 하나는 이 세계에 충만해 있는 비참이며 다른 하나는 세계의 가장 발달한 현상인 인간이라는 존재의 불완전함이다――실제로 인간은 괴물과 같은 추악한 모습을 하고 있다――이것이야말로 해소될 수 없는 불일치다.

이와는 반대로 이 세계를 우리 자신이 죄의 산물로서 없는 편이 더 나을 것으로 생각한다면 세계의 비참과 인간의 불완전함은 우리의 견해와 일치하며 또 그 견해에 대한 증명이 된다.

전자(前者)의 견해에 있어서 세계의 비참과 인간의 불완전함은 창조자에 대한 준엄한 고발이며 비난의 자료를 제공하지만 우리의 견해에 있어서는 그것들은 우리 자신의 본질과 의지에 대한 고발이며 우리를 겸허하게 한다.

세계의 비참과 인간의 불완전함은 우리가 '우리는 방탕했던 조상들의 자식들로서 이미 죄를 짊어지고 이 세상에 태어났으며 우리의 존재가 그토록 비참하고 그 끝이 죽음인 것은 이 죄를 보상하기 위해서이다' 라고 생각하게 하기 때문이다.

일반적으로 말해서 '세계의 온갖 고통을 일으키는 것은 세상 사람들의 죄업이다' 라는 것보다 더 명백한 것은 없다. 여기서 말하는 죄업이란 형이하학적인 경험적 죄업이 아니라 형이상학적인 죄업이다.

이런 견지에서 볼 때 나와 '구약성서' 를 일치하는 것은――구약성서 속에는 원죄가 우화 형식을 취하여 나타나 있지만――형이상학적 원죄뿐이다. 그것은 '구약성서' 속에 나타나 있는 유일한 형이상학적 진리다. 우리의 존재는 마치 그릇된 행위의 결과로 금지된 욕망의 위반에 대한 형벌과 아주 흡사하기 때문이다.

삶 속에서 당신 자신을 올바른 방향으로 인도하는 신뢰할 수 있는 지침을 갖기 위해서는, 즉 미혹하지 않고 인생을 바로 살아가기 위해서는 무엇보다도 당신은 이 세상을 속죄의 장소――일종의 교도소――로 생각하는 습관을 들이도록 해야 한다.

그렇게 한다면 당신이 갖는 인생에 대한 기대는 인생의 본질과 일치하는 것이 될 것이다. 그렇게 되면 당신은 인생의 모든 재난 · 고통 · 노고 · 불행을 정당치 못한 것으로 생각하거나 뜻밖의 일로 생각하지 않고 지극히 당연함을 알게 될 것이며 또한 우리는 자신의 존재에 대해 제각각 다른 방법으로 벌 받는 것임을 알게 될 것이다.

이러한 견해는 우리가 대부분 인간의 불완전함, 즉 그들의 윤리적 · 지성적 결함들을 놀래거나 경멸하지 않고 바라볼 수 있게 한다. 왜냐하면 항상 우리의 상태를 마음에 새기고 있으므로 모든 사람들을 오직 죄의 결과로써 존재하는 것으로 생각하며 그 사람의 삶은 태어날 때 짊어지고 온 죄에 대한 속죄라고 생각하게 될 것이기 때문이다.

실제로 세계는——따라서 인간도——존재해서는 안 되었던 것이라는 확신은 우리로 하여 서로에 대해 너그러운 마음을 지니게 한다. 왜냐하면 우리와 같은 상태에 있는 자들에게 기대할 만한 것은 아무것도 없기 때문이다. 또한 이런 관점에서 볼 때 인간끼리는 서로 'Monsieur' 라든가 'Sir' 라고 부르는 것 보다는 '고뇌의 벗' 또는 '불행한 친구' 라고 부르는 편이 더더욱 적절하다.

이상하게 들릴지 모르지만 이러한 말들이야말로 우리의 본질과 일치하는 말이며 우리가 다른 사람들을 참된 빛 속에서 보게 하는 말이다. 따라서 우리에게 가장 필요한 것들, 즉 우리 모두에게 가장 필요하고 우리 모두의 의무인 관용 · 인내 · 동정심 · 사랑을 생각하게 하는 말이다.

26

이 세계 특히 인간 세계에 존재하는 사물은 흔히 말하는 것처럼 불완전하기보다는 오히려 모든 면에서——도덕적인 면에서나 지적인 면에서나 물질적인 면에서나——뒤틀려 있다.

우리는 수많은 악덕에 대해 '그것이 인간의 본성이다' 라는 말을 듣게 되는데 이런 변명은 절대로 정당한 것이 아니다. 오히려 우리는 '그것은 악이기 때문에 인간의 본성이며 인간의 본성이기 때문에 악이다' 라고 말해야 할 것이다. 이 말을 올바로 이해하기 위해서는 원죄설(原罪說)의 의미를 이해하지 않으면 안 된다.

우리는 개개인을 평가할 때 그의 본질을 이루고 있는 것은——원래 절대로 있어서는 안 되었던——그 무엇이며 죄에 가득 차 있는 것, 뒤틀린 것, 불합리한 것, 원죄로서 이해되는 것, 그 탓에 죽음의 손에 넘겨지게 된 것이라는 사실을 항상 염두에 두어야 한다.

인간의 본성이 근본적으로 악하다는 것은 누군가가 자신을 뚫어지게 바라보고 있음을 견디지 못한다는 사실에 의해 확실해진다. 이런 존재에게서 대체 무엇을 기대할 수 있겠는가? 이상과 같은 관점에서 본다면 한 인간을 평가함에 더 관대한 태도를 보이게 될 것이며 설령 그의 내부에 도사리고 있는 악마가 얼굴을 드러낸다고 하더라도 놀라지 않게 될 것이다. 따라서 그의 지성이나 그 밖의 결과로 선(善)이 그에게서 발견될 때 우리는 그 선을 더 높이 평가할 수 있게 될 것이다.

다음으로 우리는 그의 입장을 염두에 두어야 하며 인생은 본질적으로 궁핍 · 고통 · 비참의 상태라는 것과 인간은 누구나 자신의 존재를 위해 투쟁할 수밖에 없으므로 항상 유쾌한 얼굴을 하고 있을 수 없다는 것을 염두에 두어야 할 것이다.

5. 자살에 대하여

1

자살을 반대하여 이렇게 말할 수 있을 것이다.

"인간은 모름지기 자신을 단순한 삶 이상의 것으로 고양(高揚)해야 한다. 그렇게 되면 어떤 일이나 사건이나 또는 어떤 쾌락이나 고통도 고양된 내적 '자아'에 아무런 영향도 끼치지 못하며 단순한 삶은 모두 못된 장난이요 장난기 섞인 심한 다툼에 지나지 않으며 진지한 투쟁 따위는 존재하지 않게 된다. 따라서 어떤 일이 일어나더라도 심각하게 생각할 필요는 조금도 없다는 것을 깨닫게 될 것이다."

그런데 다음의 두 가지 경우에는 자칫하면 이와 상반되는 태도를 취하게 되기 쉽다. 하나는 악한 일을 할 때인데——악한 일이란 전술한 바 있는 고양된 내적 '자아'에 어긋나는 행위이다——이 경우에는 오히려 이 소중한 '자아'를 희롱하고 이 '자아'를 희롱하는 것을 온 힘을 기울여야 할 참된 일로 생각하게 된다.

다른 하나는 바로 자살할 때인데 이 경우에는 본인이 해학(諧謔)이나 익살의 멋을 이해하지 못함을 드러내는 것이다. 카드놀이에 비유한다면 나쁜 패를 잡고도 태연하게 웃어넘기는 익숙한 도박사처럼 자신의 상황을 웃어넘기지 못하고 자기에게 나쁜 패가 돌아오면 화가 나서 더 이상 승부를 계속하기 싫다고 패를 던져 버리며 게임을 망쳐버리는 것과 흡사하다.

세상에는 실연(失戀) 때문에 죽음을 동경하고 자살하는 사람들도 있으며――연애란 한 측면에서 보면 인간의 관능적 근원으로부터 연유된 욕망을 만족시키려는 행위에 지나지 않는다――또 남들이 자신에 대해 어떻게 생각할까 두려워하며 또는 여러 가지 하찮은 것들에 집착하여 목숨을 걸고 함부로 결투한다든지 모험을 무릅씀으로써 마침내 자신을 망치는 자들도 있다.

그뿐만 아니라 이욕(利慾)에 눈이 어두워져서가 아니라 오로지 강렬한 기대감이나 공포감을 맛보기 위해 평생의 행복을 기꺼이 카드놀이나 주사위에 걸어 자신을 망쳐 버리는 자들도 있다.

한마디로 말해 이런 사람들은 모두 단순한 정열에 사로잡혀 있는 자들이므로 우리의 철학이란 인생의 쾌락을 무시한 어리석은 자들의 잠꼬대쯤으로 생각하며 비웃을 것이다.

우리는 그러한 자들을 경멸할 필요는 없다. 오히려 무가치한 장수(長壽)와 안일한 생애를 추구하고 있는 다른 진짜 속물들에 비하면 그들 편이 훨씬 나으며 심지어 어느 정도는 존경받아야 할 것이다.

이들은 한 접시의 음식 중에서도 양념이 잘된 부분만을 맛보며――한 식탁의 음식 중에서도 특히 공들인 음식만을 맛보며――영양이 풍부한 고기나 푸짐한 음식에는 손도 대지 않는 자들이지만 진짜 속물들은 영양이 풍부한 음식뿐만 아니라 많은 양의 음식을――참된 맛도 즐기지 않고 배가 불룩하도록――먹어 치워 버리는 자들이기 때문이다.

따라서 그들은 보통 사람들이 즐기는 맛은 짐작조차 못 할 것이다. 그러므로 전자는 입에 후자는 위(胃)에 비유될 수 있으리라. 그렇지만 입이나 위가 되는 것에 만족해서는 안 된다.

2

추구하기를 중지하자마자 인생은 마치 새벽꿈처럼 맑고 구애됨이 없는 현상에 지나지 않게 될 것이며 마침내 새벽꿈처럼 모르는 사이에 뚜렷한 변화도 없이 사라져 간다. 퀴이온 부인도 자서전의 끝머리에서 '지금 내게는 모든 것이 아무래도 상관없으며 이미 나는 모든 의욕을 잃었으며 도대체 내가 살아 있는지조차 모르겠습니다.' 라고 서술하고 있다.

자살하는 사람은 의욕에서 해방되는 것이 아니라 의욕의 현상을 폐기(廢棄)하는 사람이다. 즉 자살하는 사람은 살고자 하는 의지를 버리는 것이 아니라 단순히 생명을 끊는 것일 뿐이다. 그렇지만 그는 인생의 내적 분열——모순——을 충분히 경험한 것이며 생명을 버리는 고통이란 살고자 하는 의지에서 자기 자신을 해방하는 고통에 상응한다.

3

아테네 티몬의 경우와 같은 인간 혐오(人間嫌惡)는 보통의 악인이 품고 있는 다른 사람을 해치고자 하는 마음과는 전혀 다르다.

전자의 경우는 일반적으로 인간의 성품과 우매함을 객관적으로 인식함으로써 생기는 감정이며 개인에 대한 감정이 아니라——특별한 개인이 그가 그런 감정을 지니게 하는 계기가 되기는 했겠지만——인간 전체에 대한 감정이다.

다시 말해 인간 혐오란 그런 감정의 계기를 만들어 준 개인마저도 단지 하나의 예일 뿐이며 모든 사람을 똑같은 인간으로 간주하되 특별히 마음에 두는 사람은 없다.

그러므로 인간 혐오의 감정은 어느 정도 고귀한 분노의 감정이며 우월한 천성이 지닌 의식이 전혀 예기치 못했던 악이나 모순에 부딪혀 그냥 넘겨 버릴 수 없는 데에서 생기는 감정이다.

그런데 보통의 악인이 지닌 다른 사람을 해치고자 하는 마음 · 사악한 의욕 · 증오심들은 인식에서 나온 것이 아니라 의지에서 나온 완전히 주관적인 감정이며 의지가 다른 사람과 끊임없이 충돌할 때 자신의 행위가 저지당하여 생기는 상대방에 대한 증오의 감정이다.

이 감정은 차츰 발전하여 마침내 장애가 될 수 있는 모든 인간에 대해 해치고자 하는 마음을 품게 되는데 이때도 항상 주관적 입장에서 각 개인을 증오하는 것이다.

이런 감정을 품고 있는 악인은 이해관계를 함께하는 자기의 동류(同類)나 자신과 한패인 극소수의 사람들만을 사랑한다.

인간 혐오의 감정을 지닌 사람과 다른 사람을 해치고자 하는 마음을 지닌 악인과의 관계는 마치 살고자 하는 의지를 버리고 이 세상을 도피하려는 고행자와 특수한 사정으로 생명에 대한 애착이 삶에 대한 혐오에 압도당하여 갑자기 자살하는 자와의 관계와 흡사하다.

다른 사람을 해치고자 하는 마음과 자살은 개개의 경우를 상대로 하고 있는 데 반해 인간 혐오와 생활 도피는 전체에 대한 감정이다. 전자를 일정한 항로에만 숙달되어 그 항로만 항해할 수 있는 평범한 선원에 비유한다면 후자는 나침판 · 항해도 · 망원경 · 시계 등을 갖추고 전 세계의 바다를 항해할 수 있는 고급 선원에 비유할 수 있을 것이다.

다른 사람을 해치고자 하는 마음과 자살하려는 결심은 모두 잘못된 부분만 제거되면 곧 사라지지만 인간 혐오와 생활 도피는 영원히 풀 수 없는 근원에 기인한 것이므로 일시적으로는 절대로 흔들리지 않는다.

4

일반적인 자살자를 성자(聖者)에게 비교하는 것은 사물을 플라톤의 이데아에 비교하는 것과 같다. 자살자는 근거율(根據律)에만 맹종하고 인식에서 한 걸음도 떠나지 못하는 사람이며 성자나 고행자는 플라톤이 말하는 이데아 혹은 물자체(物自體)를 인식할 수 있는 능력을 지니고 있는 사람이다. 즉 성자는 자신이 살고자 하는 의지의 현상을 포기하고 스스로 의지의 방향을 전환한 사람이지만 일반적인 자살자는 생활 전체를 의욕 하면서도 살고자 하는 의지의 현상인 자기 자신에 대해 절망하여 자기만을 파기(破棄)하는 것에 지나지 않는다. 따라서 자살자의 최후 결심도 의지의――시간 · 공간 · 인과율에서 독립해 있는 근거율――본성에 따라 내려지는 것이다.

원래 이 의지는 개개의 현상 따위는 아무래도 좋다. 따라서 개개의 현상의 괴멸(壞滅)과 의지는 아무런 영향도 주지 않으며 의지 그 자체는 변함없이 존속해 나간다. 그러나 개개의 현상인 의지가 자살자의 내부에서――현상, 즉 자살자가 받는 것과 같은――고뇌로 자신의 본성――살고자 하는 의지――을 더 이상 전개할 수 없을 정도로 크게 저해하는 것을 스스로 인정하게 되면 자신의 본성에 충실한 이 의지는 개개의 현상을 괴멸시켜 버린다. 그러므로 자살은 살고자 하는 의지의 발현(發現)이며 살고자 하는 의지가 강하면 강할수록 자살은 그만큼 빨리 행해진다. 그런데 바로 이 살고자 하는 의지는 자살과는 관계없이 살아 있는 모든 것 속에서 살아간다. 그러나 자살이라는 행위와 자살하도록 만든 고뇌는 모두 살고자 하는 의지에 대한 무효임을 선언한다고 볼 수 있으며 이러한 상태에 이르기까지 살고자 하는 의지에 방향을 전환하라고 줄곧 간청했다고 볼 수 있다.

5

인간이 고민에 휩싸여 완전히 절망하게 되는 것은 자신의 모든 의욕의 본질적인 목표를 명확하게 인식하고 있으면서도 이 목표에 도저히 도달할 수 없다는 것을 깨달았을 때이다. 더구나 인간은 의욕 그 자체이므로 이 의욕이 헛된 것임을 분명히 인식한 후에도 절대로 이 의욕에서 벗어날 수가 없다.

그리하여 이런 의욕의 발현(發現)임을 도저히 견딜 수 없어 자살을 결행하는 것이다. 따라서 자살하기까지는 참혹한 절망과 온갖 사사로운 혼란으로 줄곧 고통을 당하게 된다.

6

망집(妄執)은 참으로 여러 가지 일을 하지만 그중 걸작이라고 볼 수 있는 것은 자살이다. 우리가 현상을 중단한다 하더라도 물자체는 여전히 존속한다는 것을 모르고 있다. 그것은 무지개가 하늘에 걸려 있기는 하지만 빗방울은 연속적으로 신속하게 낙하하므로 빗방울이 무지개를 생성하는 것은 일순간에 불과한 것과 흡사하다.

살고자 하는 의지를 완전히 버림으로써 비로소 우리는 해탈할 수 있다. 그렇지만 살고자 하는 의지가 나타내는 모든 현상 중에서 한 현상을 파괴하더라도 의지 그 자체에는 아무런 변화도 일으키지 못한다. 각각의 현상을 중단시키더라도 의지의 나타남을 변화시킬 수는 없는 것이다.

보편적인 것과 개별적인 것 사이의 상반(相反)은 곳곳에 나타나 있다.

즉 전자는 올바른 길로 후자는 올바르지 못한 길로 나타난다.

7

살고자 하는 의지는 죽음을 원하는 형태를 취함으로써 한층 더 분명하게 나타나며 살고자 하는 의지의 극단적인 표현은 곧 자살이다. 자살로 인해 멸망하는 것은 삶 자체가 아니라 오직 그것의 실존적 현상뿐이며 종족이 아니라 오직 개체에 한정된다. 그때 살고자 하는 의지는 자살하는 개인의 죽음 따위에는 개의치 않고 그 이외의 수많은 개체 속에 여전히 남아 있다는 것이 모든 사람에게 확신하고 승인되고 있다.

8

우울한 성격의 소유자는 불쾌한 인상들에 대해서는 매우 민감하지만 유쾌한 인상들에 대해서는 매우 둔감하다. 그런데 쾌활한 성격의 소유자는 이와는 정반대이다.

육체적인——신경 계통이나 소화기 계통에 일어나는——고장으로 인해 이 우울한 기분이 극에 달하면 극히 사소하고 불쾌한 일마저도 자살을 결행하는 충분한 원인이 된다. 한편 아무리 건강한 사람이라도 극심한 불행에 봉착하게 되면 자살하게 된다.

자살에는 우울증으로 인해 일어나는 병적인 자살과 커다란 불행으로 인해 일어나는 건강인의 자살과 같은 두 종류가 있다.

원래 우울한 성격과 쾌활한 성격에는 제각각 작지 않은 차이가 있으며 심한 우울증의 경우에는 아무리 사소하고 예기치 못한 일이라 할지라도 자살의 원인이 될 수 있다. 또한 아무리 커다란 불행이라 할지라도 모든 인간을 자살로 이끌 수는 없는 것이다.

자살의 원인이 된 불행의 크기와 진실성을 아는 것은 자살자의 건강 정도를 판단하는 자료가 된다. 그러므로 만일 완전무결하게 건강한 사람은 극히 쾌활하다.

따라서 어떠한 불행도 그가 목숨을 버리게 할 수 없다면 자살자는 일종의 정신병자라 해도 틀린 말은 아닐 것이다. 그렇지만 완전무결하게 건강한 사람이 과연 실제로 존재할 수 있을까?

이상과 같이 자살을 두 종류로 나누어 본다고 하더라도 결국은 마찬가지로써 자살은 영원히 생존하고 싶다는 자연적 의지가 도저히 견디어 낼 수 없는 고뇌에 패한 것을 의미하는 것이며 마치 두꺼운 판자를 부수기 위해서는 천 파운드의 무게가 필요하지만 얇은 판자를 부수기 위해서는 1파운드의 무게만으로도 충분하듯이 동기(動機)의 대소와 감수성의 강약에 따라 차이가 생길 뿐이다.

다른 예를 들어 보면 사소한 감기라 할지라도 어떤 환자에게는 죽음의 원인이 될 수 있으며 또 매우 건강한 사람이라고 할지라도 목숨을 빼앗아 갈 수 있는 악성 감기도 있는 것처럼 단순한 육체적 우발사고와도 비교할 수 있으리라.

마음과 몸이 모두 건강한 사람이 자살할 결심을 했다면 그에게는 분명 병들고 나약한 사람보다 훨씬 혹독한 정신적 고투(苦鬪)가 있었을 것이며 반면에 병들어 극히 나약한 사람의 경우에는 더 쉽게 그런 결심을 할 것이다.

그런데 어느 경우라도 정신적 고뇌는 육체적 고통을 잊게 하고 또 육체적 고통은 정신적 고뇌를 완화해 준다는 것은 적지 않은 위안이다.

9

내가 알고 있는 한 종교 중에서 자살을 죄악으로 간주하는 것은 일신교(一神敎), 즉 유대교뿐이다. 그런데도 '구약성서' 나 '신약성서' 에서는 자살에 대한 어떤 금지나 명확한 부정도 찾아볼 수 없다는 것은 참으로 기이한 일이다. 그러므로 이런 종교가들은 자살에 대한 엄격한 금지를 그들 자신이 만들어 낸 철학적 근거 위에 기초를 두지 않을 수 없다.

그런데 그들의 철학적 근거라는 것이 너무 빈약한 것이어서 자살에 대한 증오심을 격렬하게 표현함으로써 자살에 대해 욕설을 퍼부음으로써 논거의 무력함을 보충하려 노력한다. 그리하여 자살은 가장 비겁한 행위라느니 자살은 미친 사람에게만 있을 수 있는 일이라느니 자살은 죄악이라느니 하는 참으로 어리석은 말들을 듣게 된다.

그렇지만 인간이 자기 육체나 생명과 같은 논란의 여지 없는 권리를 갖고 있다는 것만큼 명백한 것은 이 세상에 없다. 방금 말했듯이 자살은 심지어 범죄로까지 간주하며 비난받는다. 특히 천박하고 완고한 영국 사람들 사이에서 자살자는 수치스러운 매장을 당하고 그 유산은 몰수되며 대개의 경우 배심원에서는 자살자에게 정신 착란이라는 판결을 한다. 과연 자살이 범죄냐 아니냐 하는 문제는 무엇보다도 윤리적 감정에 의해 판결 내려져야 한다.

우리가 알고 있는 사람이 살인 · 폭행 · 사기 · 절도 등의 범죄를 저질렀다는 소식을 들었을 때 느끼는 감정과 스스로 목숨을 끊었다는 소식을 들었을 때 느끼는 감정을 비교해 보라. 전자(前者)의 경우 우리는 심한 분노와 원한을 느끼고 그가 처벌이나 복수를 받기를 바라는 마음이 생겨날 것이다. 그런데 후자의 경우에는 대체로 그의 행위에 대해 악행에 따르는 윤리적 비난보다는 오히려 그의 용기에 대한 일종의 찬탄과 함께 슬픔과 동정을 느낄 것이다.

스스로 목숨을 끊은 지인(知人)·친구·친척을 갖고 있지 않은 사람이 어디 있겠는가? 그렇다면 이들을 범죄자로 생각하여 증오심을 품어야 한단 말인가? 아니다. 절대 그렇지 않다!

오히려 나는 성직자들이 아무런 '성서'의 근거도 제시하지 못하고 확고한 철학적 논거도 갖고 있지 못하면서 무슨 권한으로 설교와 저작을 통해 우리가 사랑하고 존경했던 많은 사람이 행한 행위의 범죄라는 오명(汚名)을 씌우며 스스로 목숨을 끊은 사람들을 명예롭게 매장하기를 거부하는지 해명해야 한다고 생각한다.

여기서 분명하게 해 두어야 할 것은 우리가 그들에게 요구하는 것은 합리적인 논거이며 그들의 공허한 변명이나 욕설은 받아들이지 않을 것이라는 것이다.

형법이 자살을 비난하기 때문에 교회에서도 자살을 비난한다면 그것은 이유가 되지 않으며 참으로 우스꽝스러운 일이다. 도대체 죽음을 원하는 사람을 위협해서 자살을 단념하게 할 수 있는 형벌이 있을 수 있겠는가? 만일 자살에 실패한 사람에게 형벌을 준다면 그것은 단지 자살에 실패한 자의 서툰 기술을 벌하는 것일 뿐이다.

고대인들마저도 자살을 절대로 그런 관점에서 보지 않았다. 플리니우스[4]는 ≪자연사(自然史)≫에서 이렇게 말하고 있다.

"인생이란 어떤 희생을 치러서라도 반드시 연장하는 애착을 가질 만한

4) Plinius Gaius (B. C. 23~79), 로마의 철학자.

것이 아니다. 당신의 성품이 본질적으로 어떻게 만들어졌든 간에 당신도 역시 다른 사람들처럼 죽지 않을 수 없으며 품행이 나쁜 자나 죄악에 찬 일생을 보낸 자도 마찬가지로 죽어간다. 그러므로 자연이 인간에게 주는 혜택 중에서 적당한 때에 죽는 것보다 더 훌륭한 것은 없으며 그중에서도 가장 훌륭한 혜택은 누구나 자신이 죽을 때를 선택할 수 있다는 것, 즉 자살할 수 있다는 것이다."

또한 그는

"신마저도 절대로 전능할 수 없다. 왜냐하면 신은 자살하기를 원한다 해도 자살할 수 없기 때문이다. 그렇지만 인간은 자살할 수 있다. 이것이야말로 이토록 수많은 고난에 찬 인생에 있어서 신에게서 받은 최고의 선물이다."

라고 말한다. 마실리아(Massilia)[5]와 케오스(Ceos)섬[6]에서는 삶을 끝내야 할 합당한 이유를 말하는 자에게는 공공연하게 독배(毒杯)가 제공되었다.

또한 얼마나 많은 고대의 영웅과 현인들이 스스로 죽음을 택해 목숨을 끊었는가!

"자살은 자신에 대해서는 그릇된 행위가 아니라고 할지라도 국가에 대해서는 그릇된 행위이다."

라는 아리스토텔레스 말은 사실이나 스토바에우스(Stobaeus)는 소요학파(逍遙學派)의 윤리학에 대한 그의 해설을 담은 ≪윤리학 발췌≫라는 책 속에서

5) 현재의 마르세유.

6) 현재의 그리스.

'가혹한 불행에 처해 있는 선량한 사람들과 행운의 혜택을 지나치게 받는 악한 사람들은 필연적으로 삶을 떠나게 된다.'

라는 명제를 인용하고 있다. 또 그 책에는

'그러므로 사람은 결혼하고 자식을 낳고 정치에 참여하지 않으면 안 된다. 그리고 덕을 쌓고 살아가면서 미리 자기 죽음을 생각해 두었다가 필요한 때에는 언제라도 스스로 생명을 끊지 않으면 안 된다.'

라는 말이 인용되어 있다. 눈을 돌려 스토아학자들이 쓴 글을 보면 자살을 일종의 고귀하고 영웅적인 행위로 찬미하고 있는 것을 볼 수 있다. 그것이 나타나 있는 책은 실제로 백 권도 넘지만 그중에서도 특히 세네카(Seneca)의 글은 가장 훌륭하게 증명하고 있다.

또한 알려져 있듯이 힌두교에서 자살은 때때로 종교적 행사로 나타난다. 예컨대 과부의 분신자살, 저거너트(Juggernaut)[7]의 수레바퀴 밑으로의 투신자살, 스스로 갠지스강이나 신성한 사원 연못에 악어의 제물이 되는 자살 등이 그것이다.

또 인생을 비추는 거울이라고 할 수 있는 연극 무대에서도 그와 같은 것을 볼 수 있다. 이를테면 중국의 유명한 연극 '중국의 고아'[8]라는 작품에서는 고귀한 성품을 지닌 거의 모든 사람이 자살로 생을 끝마치지만 자살이 범죄라는 관념은 연극의 어느 부분에도 암시되어 있지 않으며 또 관객의 머리에도 그런 생각은 전혀 떠오르지 않는다.

먼 중국의 연극뿐만 아니라 우리가 살고 있는 유럽의 연극에서도 마찬

7) Juggernaut는 인도의 크리시나 신상(神像). 1년에 한 번씩 이 신상을 수레에 싣고 거리를 다니는데 이때 이 수레에 치어 죽으면 극락에 간다고 믿는 신자들이 이 수레 밑으로 몸을 던져 죽었다고 함.

8) 1834년에 St. Julien이 영어로 번역한 작품.

가지다. 이를테면 모하메드의 〈팔미라(Palmira)〉와 마리아 슈트아르다의 〈모티머(Mortimer)〉와 셰익스피어의 〈오셀로〉의 경우도 또한 실러의 〈발렌슈타인〉에 등장하는 테르츠키(Terzky) 백작 부인의 경우도 모두 마찬가지이다.

햄릿의 독백은 한 범죄 행위에 대한 단순한 묵상일까? 그렇지 않다. 햄릿은 다만

"만일 우리의 존재가 죽음에 의해 완전히 소멸해 버리는 것이 확실하다면 망설이지 않고 죽음을 택할 것이다. 거기에 문제가 있다."

라고 말하고 있을 뿐이다. 그런데 일신교, 즉 유대교의 성직자들과 그들과 영합하는 철학자들이 주장하는 자살 반대의 논리는 쉽게 반박될 수 있는 졸렬한 궤변이다. 흄(Hume)[9]은 ≪자살에 대하여≫라는 그의 저서에서 그러한 궤변을 철저하게 반박하고 있다. 그가 죽은 후 출판되었던 이 책은 천박하고 완고하며 비열한 영국의 모든 성직자에 의해 즉시 판매 금지를 당했다. 그리하여 매우 적은 부수만이 비밀리에 높은 가격으로 팔렸다.

그 책과 함께 위대한 철학자의 또 하나의 ≪자살과 영혼 불멸에 대하여≫라는 저서는 스위스 바젤(Basel) 대학교의 번각(飜刻) 덕분에 지금까지 보존되고 있다. 아무튼 영국 제일의 사상가가 자살을 비난하는 통속적인 논거를 순수하게 철학적으로 비판하고 냉철한 이성으로 반박한 책이 본국에서는 마치 밀수품처럼 흘러나와 외국에서 겨우 보호를 받게 되었던 것이다.

9) David Hume(1711~1776), 영국의 철학자이며 정치가.

이러한 사실은 영국 국민에게는 커다란 수치이며 동시에 교회가 이것에 대해 어떤 양심을 지니고 있는가를 말해 주고 있다.

나는 자살에 반대할 만한 유일하고도 합당한 윤리적 논거를 나의 주저(主著) ≪의지와 표상으로서의 세계≫에 서술해 놓았다. 그 논거란 자살은 이 비참한 세계에서의 참된 구원이 아니라 외관적인 구원일 뿐이므로 자살은 참된 구원을 위한 최고의 윤리적 목표에 도달하기를 거부하는 도피라는 것이다.

따라서 내가 말하는 자살의 잘못과 기독교 성직자들이 말하는 범죄——그들은 자살의 범죄라는 낙인을 찍고 있다——와의 사이에는 커다란 차이가 있다.

기독교는 중심 사상으로 고뇌——십자가——가 인생의 참된 목적이라는 진리를 내포하고 있다. 그래서 기독교는 자살을 그 목적에 대항하는 행위로 간주하고 배척하는 것이다. 그러나 고대인들은 더욱 낮은 관점에서 자살을 시인하고 심지어 찬미하기까지 했다. 그런데 기독교가 자살을 반대하는 근거, 즉 자살은 인생의 참된 목적인 고뇌에 등을 돌리는 것이라고 주장하는 근거는 일종의 금욕주의적이다.

기독교의 자살 반대에 대한 근거는 이제까지 유럽의 윤리학자들이 취했던 것보다 훨씬 높은 윤리적 관점에서 적용될 수 있다. 따라서 만일 우리가 매우 높은 윤리적 관점으로부터 내려온다면 그곳에서는 이미 자살을 비난할 아무런 확실한 윤리적 근거도 찾아볼 수 없을 것이다.

그러므로 일신교의 성직자들이 '성서'나 합리적인 논거에 바탕을 두고 있지 않는데도 그것과는 상관없이 저토록 열성적으로 자살을 반대하는 데에는 숨겨진 이유가 있을 것이다.

그 이유란 자신의 의지로 생명을 버리는 것은 세상을 창조하신 후 '모든 것이 참으로 훌륭하다'라고 말씀하신 신에 대한 예의가 아니기 때문일까? 만일 그렇다면 비난받지 않기 위해 자살을 비난한다는 것은 이 종교의 의무적 낙천주의의 또 하나의 실증(實證)이다.

10

일반적으로 삶에 대한 공포가 죽음에 대한 공포보다 커졌을 때 자신의 생명을 끊으려 한다는 것을 우리는 알 수 있다. 그렇지만 죽음에 대한 공포의 저항은 대단하며 마치 문지기처럼 인생의 출구에 버티고 서 있다. 만일 생명의 종말이 존재의 갑작스러운 중단처럼 순수하게 소극적이라면 아직도 자신의 생명에 마침표를 찍지 않을 사람은 하나도 없을 것이다.

그런데 생명의 종말에는 육체의 파괴라는 적극적인 것도 내포되어 있다. 사람들이 자살 앞에서 주춤하는 것은 바로 이 육체의 파괴 때문이다. 육체야말로 살고자 하는 의지의 현상이기 때문이다.

그렇지만 그 문지기와의 싸움은 우리가 생각하듯이 그렇게 힘든 것은 아니다. 정신적 고통과 육체적 고통 사이에는 상호 대립이 존재하기 때문이다. 그것은 극심한 육체적 고통에 시달리고 있을 때는 다른 모든 근심거리에 대해서 무관심해지는 것과 같다. 그때 우리는 오직 회복에 대해서만 온 정신을 집중하기 때문이다.

이와 마찬가지로 극심한 정신적 고통은 우리를 육체적 고통에 대해 무감각하게 만든다. 우리는 육체적 고통을 경멸한다. 설령 육체적 고통이 정신적 고통을 능가한다고 하더라도 그것은 일종의 유익한 기분 전환이며 정신적 고통의 휴지 기간(休止期間)이다. 바로 그것이 자살을 쉽게 만드는 것이다. 극심한 정신적 고통에 시달리고 있는 사람에게는 자살과 관련된 육체적 고통 따위는 전혀 대수롭지 않기 때문이다.

이런 현상은 특히 병적으로 깊은 우울증으로 인해 자살로 치닫는 사람들에게 현저하게 나타난다. 이러한 사람들이 자살하는 데에는 극기심 따위는 전혀 필요치 않으며 자살을 실행할 결심도 필요치 않다. 곁에서 돌보는 사람이 단 2분 동안만 그들 곁을 떠나기만 해도 즉시 자신의 목숨을 끊어버릴 수 있는 것이다.

11

몹시 무서운 꿈속에서 불안이 극에 달하는 순간, 바로 그 불안이 우리를 잠에서 깨어나게 한다. 그리하여 눈을 뜨면 밤의 그 끔찍스러운 공포는 사라진다. 인생이라는 꿈속에서도 이와 같은 일이 일어난다. 즉 불안이 절정에 달할 때 그 불안은 우리가 인생이라는 꿈을 깨뜨리게 하는 것이다.

12

자살은 일종의 실험이라고도 할 수 있으며 자연에서 대답을 듣기 위해 던지는 질문이라고도 생각할 수 있다. 즉 자살은 인간의 존재와 의식이 죽음에 의해 어떻게 변화하느냐 하는 실험이다. 그러나 그것은 어리석은 실험이다. 왜냐하면 대답을 들어야 할 의식 그 자체까지도 제거해 버리기 때문이다.

6. 살고자 하는 의지의 긍정과 부정에 대하여

1

덕과 고행과 현세의 모든 것에서의 이탈은 인간에게 주어진 자유이다. 이 자유와 자연에 속박된 동물들의 상태를 비교해 보면 동물은 마치 설익은 채 가지에 매달려 수액(樹液)을 빨아먹는 과실과 같으며 자유를 얻은 인간은 완전히 무르익어 저절로 꼭지가 떨어진 과실과 같다.

메피스토펠레스는

"거의 모든 인간은 나뭇가지에 매달린 채 썩어 버리는 산사나무 열매와 같다."

라고 말하고 있다.

2

로렌스 스턴[10]은 ≪트리스트럼 샌디≫에서 '음락(淫樂)만큼 진실한 열정은 없다'라고 말한다. 음락은 극히 진실한 것이다. 아름답고 귀여운 한 쌍의 남녀가 교태를 지으며 다가서다 떨어지고 쫓고 쫓기며 사랑의 유희를 하는 모습을 상상해 보라. 얼마나 달콤하고 사랑스러운 유희인가! 그런데 그들이 음락의 향락에 빠져 있는 순간을 상상해 보라. 유희는커녕 그 우아함조차 사라져 버리고 만다. 더구나 음락의 행위가 시작되면 유희다움은 다 사라져 버리고 대신 다른 진실한 태도가 나타난다.

10) Laurence Sterne(1713~1768), 영국의 소설가.

이 태도는 얼마나 성실한가. 이것이 곧 동물적인 성실성이다. 이 성실성이 하나의 극을 이룬다면 그 반대의 극을 이루는 것은 더욱 우월한 초월적 세계로 들어가는 정신적 환희, 즉 영혼의 고귀한 성실성이다. 이 경우에도 역시 유희다움은 전연 존재하지 않는다. 또한 동물적인 성실성에도 유희다움은 존재하지 않으므로 이 두 극단은 일치하는 것이다.

"웃을 수 있는 것은 인간에게만 있는 능력이다."

라고 라블레[11]는 말하고 있다.

3

음락(淫樂)에 대한 충동이 격렬하게 솟구칠 때는 의식의 정체(停滯)에서 생겨나는 희미한 욕망 따위는 꺼지고 뜨거운 정열과 불길 같은 정욕이 활활 타오른다. 그러나 이때야말로 가장 고귀한 정신력, 즉 보다 우월한 초월적 의식이 가장 활발하게 활동할 준비가 되어 있는 때이다.

푸른 하늘은 먹구름이 폭풍을 일으키고 사라진 직후에 가장 선명하게 나타난다. 안개가 뿌옇게 끼어 있을 때는 전혀 볼 수 없다.

의식이 완전히 정욕에 뒤덮여 있는 동안에는 고귀한 초월적 의식이 정욕의 그늘 속에 가려져 있지만 일단 의지의 방향을 전환하면 정욕의 고통이나 광란적인 격정——암흑의 세계——은 자취를 감추어 버리고 대신 최고의 정신력이 의식의 전면으로 나타나 새로운 활동——광명의 세

11) Rabelais, Francois(1494~1553), 프랑스의 풍자 작가.

계——이 시작된다.

'두뇌와 생식기는 상반된 양극을 이룬다.' 라는 키르마이엘의 말은 타당하다. 그런데 나는 '두뇌와 생식기는 시간적 또는 초시간적 의식의 상징이다.' 라는 말을 덧붙이고 싶다. 키르마이엘은 생식기를 나무뿌리에 두뇌를 나무줄기 꼭대기에 비유하고 있다. 또 아리스토텔레스는 ≪윤리학≫에서 '사람은 음락에 열중하고 있는 동안은 사고 능력을 완전히 상실한다.'라고 말한다.

음락에 대한 충동이 솟구칠 때는 양극의 어느 쪽으로든 활력이 최대로 집중되므로 가장 강렬한 삶의 형태가 나타난다. 그러나 이런 형태는 오직 뛰어난 재능을 지닌 사람들에게만 나타나며 그때 몇 시간의 생활은 의식이 흐린 상태에서 보내는 몇 년 동안의 생활보다 훨씬 더 충실한 것이다. 다만 이때 최대의 활력이 양극 중 어느 극으로 집중되느냐가 문제이다. 양극은 상대의 극을 전혀 이해하지 않으며 상대의 존재를 인정하지 않는다.

그런데 다행스럽게도 이성(理性)은 생활 전체를 통일체로써 이해하는 능력을 지니고 있으며 현실적 의식과 더욱 우월한 초월적 의식을 연결하는 다리 역할을 하며 양극의 원리에 대해 잘 알고 있다. 그러므로 이성의 종합적 단일성은 어떤 경우에도 절대 사라지지 않는다. 따라서 초월적 의식이 정욕에 뒤덮여 있는 동안에도 '다른 방향으로 전환하라!'라고 하는 초월적 의식의 제안을 실현할 수 있다.

초월적 의식의 이 제안은 비록 격렬한 정욕에 비하면 죽음처럼 싸늘한 것이긴 하지만 아무튼 이 제안이 나타남으로써 선택할 수 있는 것이다. 그리하여 이성은 그 본래의 작용보다 월등히 높은 활동을 위해 이바지하게 된다.

암흑 · 궁핍 · 비참 · 미혹 · 무상의 세계에서 광명 · 평온 · 환희 · 자애 · 평화의 세계로의 전환은 한없이 어렵기도 하고 또 한없이 쉽기도 하다. 이것을 말해 주는 우화가 있다.

말을 탄 어떤 기사가 성(城)안으로 뛰어들려고 했다. 그런데 성 주위에는 벽돌담이 둘려 있고 그 담에는 작은 문 하나밖에 없었으며 더구나 그 벽돌담은 문과 더불어 끊임없이 회전하고 있었다. 마침내 이 용감한 기사는 말에 박차를 가하고 고삐를 당기며 눈을 딱 감고는 기세 좋게 성문 안으로 뛰어들었다.

이 이야기는 덕행, 즉 광명의 길로 진입하기가 매우 어렵고 거의 불가능한 것처럼 보이지만 반드시 하고자 하는 의욕만 있으면 가능하다는 것을 상징하고 있다.

의욕! 이 얼마나 광대한 말인가! 의욕이야말로 세계라는 대법정의 저울 바늘이며 천국과 지옥 사이를 가로지른 다리이다! 이성은 천국에서 비쳐 오는 광명이 아니라 우리가 선택한 목표를 향하기 위해——우리가 목표를 잃는 경우 방향을 가르켜 주도록——스스로 설치한 도표(道標)일 뿐이다.

더구나 이 도표를 천국으로 향하게 하느냐 지옥으로 향하게 하느냐는 그 사람의 마음에 달린 것이다.

4

모든 참된 기쁨——모래가 아닌 견고한 반석 위에 세워진 기쁨의 근원보다 우월한 초월적 의식——은 우리의 경험적 의식에게는 완전한 멸망,

즉 죽음이나 또는 경험적 의식에 대한 부정으로 생각된다. 그러므로 경험적 의식 속에 머물러 있는 한 더욱더 우월한 초월적 의식에서는 아무런 위안도 얻을 수 없다.

우리가 여름을 겨울로 가지고 갈 수 없듯이 한 줌의 눈[雪]을 따뜻한 방 안에 저장할 수는 없다. 또한 아름다운 꿈의 한 장면을 현실 속으로 가져올 수 없듯이 초월적 의식의 위안을 경험적 의식 속으로 끌어들일 수 없는 것이다.

더욱 우월한 초월적 의식이 마치 고승(高僧)이 단두대에 오른 흉악한 자를 외면하듯이 우리를 외면하고 경험적 의식이라는 뒤틀린 땅 위에 방치해 두는 것은 오히려 당연한 일이다. 그러므로 한층 더 우월한 초월적 의식에 도달하기 위해서는 경험적 의식을 떨쳐 버리고 그것에서 벗어나야 한다. 즉 자신을 버리지 않으면 안 되는 것이다.

5

한층 더 우월한 초월적 의식과 경험적 의식은 폭이 없는 수학적인 선과 같은 경계로 구분되어 있을 뿐이다. 그런데 우리는 초월적 의식과 경험적 의식 사이에는 이들 양자(兩者)와의 교통이 가능하고 양쪽 다 볼 수 있는 물리학적 경계 구역이 있다고 믿으려 한다. 다시 말해 하늘을 섬기면서 동시에 지상의 꽃을 꺾으려 하는 것이다.

그러나 그것은 불가능하다. 왜냐하면 한쪽 영역으로 진입하기 위해서는 다른 쪽 영역을 단념하고 부인해야 하기 때문이다. 양쪽을 연결하는 것, 양쪽을 결합하는 것은 절대 존재하지 않는다. 우리에게는 이 둘 중 어느 하나를 선택하는 것만이 허용되어 있는 것이다.

6

생식(生殖) 뒤에는 삶이 뒤따르고 삶 뒤에는 죽음이 뒤따르게 마련이다. 그러므로 다음과 같은 고찰을 하는 것이 헛수고만은 아닐 것이다. 개인——아버지——이 누린 생식의 음락(淫樂)은 그 자신에 의해 속죄되는 것이 아니라 다른 개인——자식——에 의해 속죄된다. 여기에 인류의 일체성과 죄업이 특수한 모습으로 나타나는 것이다. 그렇지만 범속한 관찰로는 이러한 일체성이 시간에 의해 지양(止揚)되고 있는 것처럼 보일 것이다. 생식은 제곱한 크기의 생존 의욕이다. 우리 자신의 삶은 우리 자신이 죽음으로써 속죄되지만 제곱한 크기의 생존 의욕인 생식은 다른 개인의 삶과 죽음에 의해 속죄되지 않으면 안 되는 것이다.

7

완전한 철학자란 한층 더 우월한 초월적 의식과 경험적 의식을 엄격하게 구별하면서 이론적으로 더욱 우월한 초월적 의식을 탐구하는 자이며 성자(聖子)란 더욱 우월한 초월적 의식을 실천하는 자이다. 이들 양자는 제각각 자신의 완벽함을 나타내고 있으며 경험적 의식이 어떤 형태를 취하며 나타나건 모든 경험적 의식을 버리고 추호도 용납하지 않는다는 것이 그들의 특징이다.

8

도덕적 악덕과 함께 지적(知的) 악덕도 존재하며 또 지적 양심도 있다. 그러므로 궤변가와 사이비 학자들은 자신이 지적 악인임을 알고 있다. 도덕적 악덕과 지적 악덕은 널리 만연되어 있으며 서로 보좌하고 있지만 대부분 지적 악덕이 도덕적 악덕을 보좌한다. 따라서 지적 악덕은 마치 진리에 반항하기 위해 고용되기라도 한 듯이 곳곳에서 진리에 반항한다. 지적 악덕은 은근히 진리를 두려워하여 쫓기면서도 진리에 대항하여 온갖 헛된 이론을 뿌리고 다닌다.

아무튼 범속한 인간이 만일 자기가 비운(悲運)·죄업·고뇌의 끝없는 심연에 빠져 있다는 것과 그리고 그 심연에서 도망칠 수 있는 길은 오직 전 존재를 형성하고 있으며 자기 육체가 되어 버린 자기의 의지를 버리고 지금 의욕하고 있는 것과 정반대의 것을 의욕하고 완전히 그런 사람이 되는 길밖에 없다는 것을 확인했다면 어떤 기분에 사로잡히게 될까?

또한 그런 해탈에 도달하지 못하면 자신은 영원히 우연·미혹에 지배되어 형용할 수 없는 수많은 고뇌에 사로잡혀 자신의 생활이 지옥의 밑바닥에서 신음하는 망자(亡者)의 그것처럼 오직 끊임없이 죽음——마침내 그것에 의해 눕혀지게 마련인——을 퇴치하기 위해 투쟁하고 있을 뿐임을 통찰한다면 과연 그는 어떤 기분에 사로잡히게 될까?

그런데 범속한 인간에게는 순수한 진리의 적막에 견딜 만한 능력이 없다. 따라서 그런 속물들과 진리를 부정하는 사이비 학자들은 멋대로 신이라는 타력(他力)을 고안해 내어 가만히 있어도 신에 의해 구원받으려고 생각하든가 미래에 기대를 걸거나 시간의 흐름에 의해 그 세계로 인도되어 현세의 고뇌에서 벗어나 극락왕생할 수 있다고 보는 것이다.

그들에게 시간은 현상의 한 형태일 뿐이다. 시간은 그들의 머리 위를 스쳐 가기는 하겠지만 그들을 데리고 갈 리는 만무하며 오히려 생존의 형태인 현재는 그들의 머리 위에서 맴돌며 욕망과 함께 항상 그들에게 남아 있을 것이다.

그들이 일련의 무한한 시간을 통해 항상 같은 장소에 서 있다는 것과 그들의 의지가 자기 자신이기를 멈추고 자신이 아닌 것이 되고자 전향하지 않는 한 그런 고뇌는 한없이 계속되리라는 것을 듣고 깨달을 만한 능력이 없는 것도 어쩌면 당연한 일이라 하겠다.

이치대로 말하자면 스스로 두려움을 느끼지 않을 만큼 덕행을 쌓은 사람은 흔치 않으리라.

나로서도 이런 두려움에 대한 위안의 말을 오직 하나밖에 알지 못한다. 그것은 교회의 가르침으로서

'행위로써는 구원받지 못하리라. 행위는 항상 부족하기 때문이다. 그러나 신앙은 누구에게나 은혜와 구원을 가져다주리라.'

라는 말이다. 이 말의 뜻을 풀이하면

'너희는 도덕적 양심을 만족시킬 수 있는 행위는 할 수 없을 것이다. 그러므로 이론적 · 지적 양심의 가책을 받지 않도록 행동을 삼가라. 절대로 진리에 거스르는 행동을 하지 말라.'

라는 뜻이 된다.

그러므로 선인(善人)과 현인은 항상 정복(淨福) 가까이에 있고 어리석은 자는 항상 정복에서 멀리 떨어져 있다.

시간은 단지 현상의 형태일 뿐이며 의지는 시간 속에 존재하는 것이 아니라 시간 밖에 존재한다.

우리는 시간에서 아무것도 기대할 수 없으며 시간을 두려워할 것도 없다. 하나의 고뇌인 죽음은 해탈로 이끄는 계기는 될지언정 해탈 자체는 아니다.

그러므로 우리를 구원할 수 있는 것은 오직 우리 자신의 의지뿐이다.

9

어떤 방법에 의해서든 또 어떤 수단을 사용해서든 의지를 완전히 버릴 수만 있다면 그것은 누구에게나 최고의 선(善)이라는 사실을 알아야 한다. 의지(意志)야 말로 모든 사람의 불행이기 때문이다.

10

성욕을 만족하는 것은 삶에 대한 가장 강한 긍정을 의미한다. 따라서 이 이유만으로도 성욕은 피해야 한다. 그것은 정식으로 결혼한 경우이건 그렇지 않은 경우이건 마찬가지지만 특히 정식으로 결혼하지 않은 처녀는 그로 인해 직접 또는 간접으로 불행에 빠지며 남자는 여성의 행복을 희생해서 자신의 쾌락을 만족하는 것이므로 그것은 다른 사람의 의지를 짓밟는 것이다. 따라서 그것은 이중으로 혐오스러운 것이다.

11

사람들은 종종 위대한 인물에게서 볼 수 있는 관용(寬容)의 덕을 칭찬한다. 그렇지만 이 관용의 덕은 인류에 대한 극도의 경멸에서 생긴 것이다. 위대한 정신을 지닌 사람이 다른 사람들을 자신과 동등하게 생각하지 않고 자신에게 요구하는 것과 같은 것을 요구하지 않게 되는 것은 인류에 대한 경멸감을 충분히 체득했을 때이기 때문이다.

그 이후 그들이 다른 사람들에게 관대해지는 것은 당연한 일이며 그것은 인간이 이성이 없는 동물들에게 크게 화를 내지 않는 것과 같다. 그렇지만 그런 상태에 이르기 전에는 마치 표면이 갈라진 거울을 빙 둘러놓은 방 안에 갇혀 있는 사람이 어느 쪽을 향하건 자신과 닮은 일그러진 모습의 얼굴을 보는 것과 같은 상태일 것이다.

천재의 초인적 재능과 신과 같은 위대함에 대해 생각하게 하면서 동시에 이 고뇌에 찬 세계에서 해방되는 것은 타고난 재능이 아니라 순수한 의지——생존을 의욕하지 않는 의지——라고 말한다면 아마도 사람들은 심한 모순을 느낄 것이다. 그렇지만 재능이 구원과 해탈에 얼마만큼 이바지하는가를 생각해 보라.

앞에서도 말했듯이 살고자 하는 의지를 버림으로써 그 의지의 발현(發現)인 이 세계에서 해방될 수 있으며 그것을 가능하게 하는 것은 눈으로 보아 온 고뇌와 체험한 고뇌이다.

그렇게 때문에 눈으로 본 고뇌로 해탈의 경지에 이를 수 있는 것은 완벽한 성자뿐이므로 평범한 사람들은 반드시 스스로 고뇌를 체험해야 하는 것이다.

천재에게는 본질적으로 고독이라는 필연적인 고뇌가 있다. 즉 천재는 디오게네스처럼 이 세상에서 자신과 같은 자를 찾아볼 수 없으며 외관은 비슷하지만 본질적으로는 전혀 다른 사람들에게 둘러싸여 있다. 이 고독의 고뇌야말로 천재가 살고자 하는 의지를 버리게 하고 자신과 같은 사람을 얻을 수 없는 이 황량한 세계를 단념케 하는 원인인 것이다. 그것은 마치 고매한 국사범(國事犯)이 일반 죄인들과 함께 같은 방에 갇혀 있는 것과 같은 상태이다.

그러나 천재는 자신의 고뇌가 고상한 성품으로 인한 것임을 알고 있으므로 그 고통이 완전히 사라지지는 않을지라도 차츰차츰 진정되어 간다. 대체로 천재는 범속한 인간들이 살고자 하는 의지에서 벗어나기 위해 겪지 않으면 안 되는 이 세상에 흔히 있는 고통은 겪지 않는다.

12

저마다 사람들은 자기 자신에게 진심으로 '내가 무한한 시간을 사는 것은 고뇌하기 위해서인가 아니면 내 의지를 버리기 위해서인가?'라고 물어야 한다.

인간은 항상 현재 존재하는 자신, 과거에 존재했던 자신, 미래에 존재하게 될 자신이다. 더구나 자신을 뒤덮고 있는 어둠의 덮개를 제거할 수 있는 것은 오직 자기 자신밖에 없는 것이다.

13

나와 아욕(我慾)은 같은 것이다. 즉 아욕을 버렸을 때 이미 나는 본질적으로 존재하지 않는 것이다. 이에 관해 설명해 보기로 하자. 우리는 먼저 자신의 아욕 또는 아욕에 대한 인식의 노예적 봉사로――즉 자아(自我)의 관심에 따라――사물을 판단한다. 따라서 사물들을 이해하고자 할 때 우리는 사물들의 상호 관계에 의하지 않고 처음부터 사물과 의지와의 관계로 결정지으려 한다.

즉 우리의 인식은 하나의 사물에서 다른 사물로 선을 그으면 간단한 평면 기하학의 도형을 그릴 수 있는데도 모든 사물에서 자신의 의지를 향해 선을 긋는다. 그리하여 많은 반지름을 지닌 구(球)가 형성되고 자신의 의지인 아욕이 그 중심이 되는 것이다.

다시 말해 아욕은 이와 같은 선(線)들의 모임으로 인해 생기는 중심점이며 오직 그로 인해서만 생기는 중심점이다. 즉 자아의 관심은 우리가 사물을 인식하는데 매개체 구실을 하는 것이다.

의지 자체는 분산하여 각 개체 속에 깃들어 있기는 하지만 그것만으로는 자아라고 할 수 없으며 여기에 인식이 따라야만 비로소 자아가 성립한다. 따라서 자아는 인식의 영역에 생긴 하나의 현상이며 인식과는 다른 의지로 주어진 하나의 중심이다. 또한 자아와 인식과의 관계를 제거하면 자아와 인식은 서로 아무 관계도 없는 것이 될 것이다.

더구나 인식이 없는 곳에는 중심도 존재할 수 없으므로 자아 또한 존재할 수 없을 것이다.

즉 자아란 의지와 인식이 합쳐짐으로써 비로소 생기는 것이다. 더구나 이때 의지는 인식에게 어떤 종류의 관심을 일정한 점으로 돌리도록 강요하므로 결국 의지가 인식을 지배하는 형태로 이들 양자가 합쳐져 자아가 형성된다.

그런데 이 일정한 점은 인식에서는 다른 점들과 마찬가지로 아무래도 좋은 것이므로 인식은 어떤 객체를 획득하더라도 항상 이 점에만 견주어 보도록 강요당한다. 그리하여 이 일정한 점이 인식의 한계에 중심이 되고 이 과정을 거쳐 비로소 하나의 구형(球形)을 이루게 되는 것이다.

이처럼 자기 멋대로 형성된 인식 또는 표상——이 속에만 객관적 세계가 존재한다——이라는 구(球)의 중심이 곧 자아이며 이 자아는 '아욕'과 같은 뜻의 말이다.

그러므로 의지의 전환이나 재생으로 아욕이 소멸하면 자신에 대한 관심도 사라지고 동시에 모든 인식을 임의의 한 점에 집중시키는 일도 없어지게 된다. 따라서 원의 중심도 사라지게 된다. 즉 자아의 존재는 사라지고 객관적 세계만이 남게 되는 것이다. 그리하여 우리는 사물과 사물들의 상호 관계를 보면서도 그 사물들을 자신 쪽으로 끌어당기지 않게 된다. 그렇게 되면 인식의 중심은 사라지고 아욕은 완전히 없어지므로 자아는 이미 존재하지 않게 된다.

따라서 아욕을 버림으로써 우리는 삶의 굴레에서 벗어나게 되어 삶의 고뇌도 사라지게 되고 생존의 무거운 짐인 자아를 영원히 떨쳐 버릴 수 있게 되며 인식이 남아 있다 하더라도 그 중심이 없어지고 구형(球形)도 사라진다. 다시 말해 외부 세계는 존속하고 있지만 자아는 존재하지 않는 것이다.

14

일이 끝난 후 우리가 잡으려고 노력했던 것이 실제로는 존재하지 않는 단순한 그림자였음을 분명하게 느낀다.

15

인간이 천성을 부인했을 때——즉 인생을 다른 것보다 더 높이 평가하지 않고 주관적인 만족을 요구하지 않고 객관적인 만족을 요구할 때——비로소 인간의 존엄성이 인정된다. 예를 들면 성욕의 충동을 한 사람에 대한 열정적인 애정으로 변화시킬 때 자신의 내부에 본래부터 있었던 의지가 이차적으로 생겨난 인식으로 극복될 수 있음을 분명하게 깨닫기 시작할 때 비로소 인간의 존엄성은 인정될 수 있는 것이다.

16

발정기(發情期)의 동물이 나타내는 온갖 모습은 바로 살고자 하는 의지의 발현이며 이 의지는 '나는 개체의 생존만으로는 만족할 수 없다. 내게는 자기를 현현(顯現)하는 형식인 무한한 시간을 채우기 위한 종족

보존이 필요하다.' 라고 외친다.

부성(父性)의 기쁨은 매우 특수하고 본능적이다. 그렇지만 그 근원을 캐 보면 그것은 종족의 보존에 의지함으로써 개체는 복종할 수밖에 없는 죽음의 손에서 벗어날 수 있다는 자각이다.

17

나는 사자가 교미할 때는 엄청난 장면을 연출하리라고 기대했다. 하지만 사자는 살고자 하는 의지의 가장 강한 현형(現形)으로써 동물의 왕이다. 따라서 사자의 교미는 살고자 하는 의지의 최고 긍정이기 때문이다. 그런데 생각과는 달리 사자의 교미는 인간의 그것보다 훨씬 조용했다. 그리하여 현상에 주어진 의의(意義)의 크고 작음을 결정하는 것은 의욕의 강약이 아니라 지식의 정도라는 것을 분명히 깨닫게 되었다. 그것은 음향의 크기가 줄[弦]의 굵기로 좌우되는 것이 아니라 공명관(共鳴管)의 크기로 좌우되는 것과 흡사하다.

18

서로 사랑하는 남녀를 지배하고 있는 종족 보존에 대한 마음은 곧바로 본능적인 감정으로 나타나는 것이 아니라 의미 있는 온갖 개념으로 완만하게 나타난다. 따라서 그들이 수다스럽게 나누는 대화는 향기로운 시가 된다. 과장된 찬사와 초자연적인 비유까지 동원해 이[齒]는 진주, 볼은 장미, 눈은 태양 등으로 묘사되며 성격조차 고상하고 순결한 것으로 생각되어 '오, 나의 여신이여!' 운운하게 되는 것이다. 그렇지만 그 참뜻은 다음과 같은 식이 될 것이다.

다프니스——나는 대(代)를 이을 훌륭한 자식을 갖고 싶소. 당신이라면 내게는 없는 점을 보충하여 반드시 훌륭한 자식을 낳아줄 수 있을 것이오.

크로에——저의 소원도 똑같아요. 아기는 제게 없는 당신의 좋은 성품을 반드시 물려받을 거예요. 그럼, 만들어 봅시다.

다프니스——나는 아기에게 큰 키와 굳센 근육을 물려 주겠소. 그건 당신에게는 없는 것이오.

크로에——저는 아기에게 아름다운 살결과 예쁜 발을 물려 주겠어요. 그건 당신에게 없는 것이니까요.

다프니스——난 당신에게 없는 흰 살결을 주겠소.

크로에——전 검은 머리와 검은 눈을 주겠어요. 당신의 머리와 눈은 갈색이니까요.

다프니스——난 매처럼 오뚝한 코를 주겠소.

크로에——전 앵두 같은 입술을 주겠어요.

다프니스——나는 용기와 착한 마음을 주겠소. 그것은 당신한테서 전해지지 않을 것이니.

크로에——전 훤한 이마와 재기(才氣)와 지혜를 주겠어요. 그건 당신한테서 전해지지 않을 테니까요.

다프니스——훌륭한 몸매, 튼튼한 이[齒], 건강한 육체, 우리 두 사람이 합치면 이런 것들을 전해 줄 수 있소. 그러니 우리는 훌륭한 계승자를 만들 수 있을 것이오. 그래서 나는 그 누구보다도 당신에게 마음이 끌리는 것이오.

크로에——저도 역시 똑같은 이유로 당신만을 사모하는 거예요.

19

조국을 위해 죽는 사람의 생존은 자기 일신에 국한된 망집(妄執)을 극복한 사람이다. 그는 자신의 존재를 조국인들 대다수에게 확장해 그들 속에서 영원히 생존하게 된다.

다른 사람을 위한 희생도 본질적으로는 이와 마찬가지이며 희생이 종족의 일부분에만 국한될 때도 마찬가지다. 살고자 하는 의지의 부정은 무엇보다도 종족의 입장에서 생긴다. 그러므로 고행의 스승들은 고행의 길로 들어선 이후에는 선행도 쓸모없는 것으로 여기며 더구나 사원에서 행하는 예배 따위는 더더욱 쓸모없는 것으로 생각한다.

20

성욕의 충동에서 생기는 망상은 도깨비불과 같다. 아름답게 반짝이는 불빛에 현혹되어 그 뒤를 따라가면 도깨비불은 우리를 늪지대에 빠뜨려 놓고 홀연히 사라져 버린다.

21

색욕의 쾌감은 마치 조각상과 같다. 조각상은 앞에서 보면 아름답지만 뒤로 돌아가서 보면 흉측하기 짝이 없다. 애욕의 환영도 이처럼 기대와 희망을 품고 멀리서 바라볼 때는 낙원처럼 보이지만 일단 지나온 뒤 바라보면 비록 역겨운 것은 아닐지라도 무의미한 것임을 알게 된다.

22

지금의 세계 현상을 일으키는 것은 이 현상을 일으키지 않고 조용한 상태에 머물 수도 있으리라는 것을 선험적(先驗的)으로 알 수 있으며 또한 그것은 자명한 일이다. 만일 전자(前者)의 상태가 살고자 하는 의지의 긍정 현상이라면 후자(後者)의 상태는 살고자 하는 의지의 부정 현상일 것이다. 후자의 상태는 본질적으로 베다(Veda)의 가르침인 대숙면위(大熟眠位)[12], 불교의 열반, 플라톤의 피안과 같은 상태일 것이다.

살고자 하는 의지의 부정은 절대로 물체의 소멸을 의미하는 것이 아니라 단지 의욕 하지 않는 행위를 의미할 뿐이다. 즉 이제까지 의욕 해 왔던 것들을 더 이상 의욕 하지 않음을 의미한다.

그런데 물자체로서의 이 의지는 의욕이라는 행위 속에서만이 아니고 그 행위를 통해서만 우리에게 알려져 있으므로 우리는 그 행위가 중지된 후 그것이 무엇이며 무엇을 하고 있는 것인지 말할 수 없으며 이해할 수도 없다. 그러므로 의지의 현상인 우리에게는 살고자 하는 의지의 부정은 무(無)로의 전환이다.

23

그리스인들의 윤리학과 인도인들의 윤리학은 완전히 대조를 이루고 있다. 그리스인들——플라톤은 예외이지만——의 윤리학이 지향하는 바는 행복한 삶을 영위할 수 있도록 하는 것이며 인도인들의 윤리학이 지향하는 바는 이와는 반대로 인생 전체로부터 해탈과 구제다.

만일 당신이 플로렌스 화랑에 있는 정교한 조각으로 장식된 고대의 아름다운 석관(石棺)과 기독교의 관을 비교해 본다면 당신은 이와 유사한

12) magnum sakhepat, 즉 the great and profound sleep.

대조를 발견할 수 있을 것이다.

고대의 석관에는 혼례의 모든 의식, 즉 최초의 구혼에서 혼례의 신(神)인 히멘(Hymen)의 횃불이 신부의 침상을 비추는 데까지 새겨진 조각들이 붙어 있는 것에 반해 기독교의 관은 비애의 상징인 검은 천으로 덮이고 그 위에 십자가가 놓인다. 이 대조에는 매우 깊은 의미가 담겨 있다. 이들은 모두 죽음에 직면하여 위안을 나타내지만 그들은 정반대의 방법을 취하고 있다.

전자는 생명이 아무리 다른 형태를 취할지라도 항상 삶을 긍정함으로써 살고자 하는 의지의 긍정을 나타내고 있으며 후자는 고통과 죽음을 상징함으로써 살고자 하는 의지의 부정 및 죽음과 악마가 지배하고 있는 세계에서의 구원을 나타내고 있다.

그리스 · 로마의 우상 숭배 정신과 기독교 정신의 대조는 본질적으로 살고자 하는 의지의 긍정과 부정의 대조이며 결국 근본적으로는 기독교 쪽이 올바른 근거가 있다고 할 수 있다.

24

나의 윤리학과 유럽의 다른 철학자들 윤리학은 마치 '신약성서' 와 '구약성서'——교회에서 이해되고 있는——의 관계와 같다. '구약성서' 는 인간을 율법의 지배하에 둔다. 그렇지만 율법이 인간을 구제할 수는 없다. 그런데 '신약성서' 는 율법을 불완전한 것이라고 선언하며 인간을 율법에 대한 복종에서 해방하고 있다.

그 대신 '신약성서' 는 은총의 나라를 설교하며 믿음과 사랑과 완전한 자기 부정을 통해 은총의 나라로 들어갈 수 있다고 설교하고 있다. 즉

'신약성서' 는 그것이 악과 세상에서 구원에 이르는 길이라고 말한다. 모든 신교도와 합리주의자들의 왜곡에도 얽매이지 않고 금욕주의적 정신이야말로 '신약성서' 의 참된 정신이다.

그런데 이 금욕주의적 정신은 바로 살고자 하는 의지의 부정이며 '구약성서' 에서 '신약성서' 로의 전환, 율법의 지배에서 신앙의 지배로의 전환, 행위로 의로워지는 것에서 중재자를 통한 구원으로의 전환, 죄악과 죽음의 지배에서 그리스도 안에서 영원한 삶으로 전환, 단순한 윤리적 미덕에서 살고자 하는 의지의 부정으로의 전환을 의미한다.

나 이전의 모든 철학적 윤리학은 '구약성서' 의 정신에 기반을 두고 있다. 이 철학적 윤리학은 근거도 목표도 없는 절대적 도덕률을 설정해 놓고 있으며 윤리적 명령과 금지 사항들을 그 구성 요소로 삼고 있는 이면에는 독재적인 여호와가 나타나 있다. 이 윤리학적 철학이 어떤 형태를 취하며 나타나든 여기에는 변함이 없다.

그렇지만 나의 윤리학은 근거와 목적과 목표를 갖고 있다. 즉 나의 윤리학은 정의와 인간애의 형이상학적 근거를 이론적으로 증명하고 있으며 따라서 정의와 인간애가 완전히 행해졌을 때 이 정의와 인간애가 궁극적으로 인도하는 목표를 지시하고 있다. 동시에 나의 윤리학은 이 세상의 경멸스러움을 솔직히 고백하고 있으며 이 세상에서 구원에 이르는 길로써 의지의 부정을 지적하고 있다.

따라서 나의 윤리학은 '신약성서' 정신에 기반을 두고 있는 반면에 다른 윤리학은 '구약성서' 정신에 기반을 두고 있으며 이론적으로도 유대교 같은 독재에 지나지 않는다. 이러한 의미에서 나의 철학은 진정한 기독교 철학이라고 할 수 있을 것이다. 이 말은 사물의 핵심까지 뚫고 들어가기를 거부하고 겉껍질에 머물러 있으려 하는 사람들에게는 역설적으로 들릴지도 모른다.

25

더욱 깊이 생각할 수 있는 사람과 인간의 욕망은 그들이 서로 우연히 부딪침으로써 해악을 끼칠 때 비로소 죄악이 되기 시작하는 것이 아니라 오히려 인간의 욕망이 근원적 · 본질적으로 죄악으로 가득 찬 것 또는 경멸스러운 것이기 때문에 그런 일들이 일어나는 것이다. 따라서 살고자 하는 의지야말로 경멸스러운 것이라는 것을 곧 이해하게 될 것이다.

이 세상에 가득 차 있는 잔학과 고통은 살고자 하는 의지가 구체화한 상태에서 필연적인 결과이며 살고자 하는 의지의 긍정에 대한 주석(註釋)이다. 우리의 존재 자체가 죄악을 의미한다는 것은 죽음이라는 사실에 의해 증명되고 있다.

26

참으로 고귀한 성품을 지닌 자는 자신의 운명을 경솔하게 한탄하지 않는다. 오히려 그에게는 호레이쇼(Horatio)에 대한 햄릿의 찬사가 어울리리라.

자네는 온갖 괴로움을 겪고 있으면서도
아무런 괴로움도 없는 사람처럼 보이네.

— ≪햄릿≫ 제3막 제2장

이것을 이해하기 위해서는 다음과 같이 생각해야 할 것이다. 즉 이런 사람은 다른 사람들 속에서도 자신의 존재를 인식하고 다른 사람의 운명을 자신의 운명으로 공감한다. 따라서 주위에서 자신의 불행보다 더 가혹한 불행을 항상 보고 있다. 그러므로 그런 사람이 자신의 불행을 한탄할 수 없는 것이다.

이와 반대로 저열한 성품을 지닌 이기주의자는 모든 실재를 자기 자신에게 한정하고 다른 사람들을 단순한 허상이나 환상에 지나지 않는다고 생각하므로 다른 사람들의 운명 따위에 대해서는 아무런 동정도 하지 않고 오직 자신의 운명에만 온 마음을 빼앗긴다. 따라서 그런 사람이 불행에 직면하게 되면 매우 민감해져 끊임없이 한탄하게 되는 것이다.

앞에서 말한 것처럼 다른 사람들 속에서 자기 자신을 재인식하는 일이야말로 정의와 인간애가 솟아나는 원천이며 마침내 그로 인해 의지를 버릴 수 있게 된다. 의지가 나타난 상태로서의 인간이 고뇌 상태에 빠져 있는 것은 극히 당연한 일이며 '자아'를 모든 사람에게 확대하는 사람은 이미 그러한 '자아'를 의욕할 수 없기 때문이다. 그것은 복권을 모두 사들인 자는 반드시 큰 손해를 보게 되는 것과 마찬가지다.

즉 의지의 긍정은 '자아'의 의식을 자신에게 한정하는 것을 전제로 하는 것으로 우연을 기대하며 행복한 생애를 보낼 수 있을지도 모른다는 망상을 하는 것이다.

27

만일 당신이 세계를 이해하는데 물자체, 즉 살고자 하는 의지에서 출발한다면 당신은 생식 행위가 의지의 핵심이며 의지의 초점임을 발견하게 될 것이다.

이 경우에 생식 행위는 출발점이자 세계라는 알의 씨눈이며 중심점인 것이다. 이와는 반대로 세계를 이해하는데 현상으로서 주어져 있는 경험적 세계, 즉 표상으로서의 세계에서 출발한다면 생식 행위는 완전히 개별적이며 특별한 것, 은폐되어야 할 것, 그다지 중요한 의미를 지니지 않는 것, 우스꽝스러운 것으로 보일 것이며 숨은 악마가 사람을 조롱하는 것처럼 생각되기도 할 것이다. 즉 동침은 악마가 바로 착수금이 되며 그 결과 세계는 그의 왕국이 되는 것이다.

성교 직후에 악마의 웃음소리를 느끼지 못하는 자가 있을까? 성욕은 특히 특정한 여인에게 집착하여 빠져 있을 때는 이 고상한 세계의 모든 기만의 전형이라는 사실에 기인한다. 왜냐하면 성욕은 엄청나게 많은 것을 약속하면서도 실제로 이행하는 것은 극히 빈약하기 때문이다.

생식에 있어서 여자의 역할은 어떤 의미에서 남자의 역할보다 죄가 가볍다. 남자는 태어나는 아기에게 해악과 재앙의 근원인 의지——바로 원죄——를 부여하지만 여자가 부여하는 것은 구제의 길을 열어 주는 인식이기 때문이다.

생식 행위는 세상에 대한 긍정이다. 생식 행위는 '살고자 하는 의지는 자기 자신을 새로이 긍정했다.'라는 것을 뜻하기 때문이다. 그런데 수태와 임신은 '의지에 다시 인식의 빛이 부여되었다.'라는 것을 뜻한다. 그래서 의지는 이 인식의 빛에 의해 다시 탈출구를 발견하게 되므로 구제의 가능성이 다시 나타나게 되는 것이다.

이 사실로 생식 행위가 발각되면 여자는 두려움에 떨며 부끄러워서 쥐구멍이라도 찾게 되지만 임신한 여자는 부끄러워하기는커녕 일종의 자부심마저 섞인 태도로 거리를 활보하는 주목할 만한 현상이 해명된다.

앞에서 말했듯이 임신은 어떤 의미에서 성교가 빌린 돈을 갚는 것이거나 적어도 변제(辨濟)의 가능성을 입증한다. 그러므로 성교는 빚과 관련된 모든 수치와 모욕을 뒤집어쓰지만 임신은 순결한 것 또는 신성한 것으로 여겨지는 것이다.

28

수도원은 청빈 · 순결 · 복종――즉 자기 의지의 부정――을 맹세한 사람들이 공동생활을 함으로써 삶이라는 무거운 짐을 가볍게 하고 다른 한편으로는 그러한 체념의 괴로움을 가볍게 하려고 모인 장소이다.

그들은 자신과 같은 생각을 하는 사람들을 봄으로써, 또한 자신과 같은 체념 상태에 있는 사람들을 봄으로써 서로 결심을 굳게 하고 위안을 얻는다. 더구나 한정된 범위 속에서 함께 어울리며 살아가는 것은 인간의 본성에 일치하는 일이며 또 온갖 괴로운 궁핍 속에서 기분 전환도 되는 것이다. 이상이 수도원에 대한 일반적인 개념이다.

도대체 이런 사회단체를 어떻게 어리석은 바보들의 집단이라고 부를 수 있겠는가? 그런데도 나의 철학 이외의 모든 철학에 의하면 이런 사회단체는 그렇게 불릴 수밖에 없다.

참된 수도원 생활의 핵심이 되는 정신과 의의는 모든 금욕 생활과 마찬가지로 자신이 보통 사람의 삶의 방법보다 선한 삶의 방법을 취할 자격이 있으며 또 그러한 삶을 견디어 낼 수 있는 능력을 갖추고 있다고 스스로 인식하고 있으므로 이 확신을 유지하고 한층 더 강화하기 위해 이 세계가 제공하는 것을 멸시하고, 이 세계의 향락을 무가치한 것으로 배척하고, 현세의 공허한 욕망을 버린 생활에 만족하여 평온한 마음으로 생의 종말을 기다리며 죽음이 오면 구원의 순간으로 반갑게 맞이하려는 것이다.

브라만교의 고행도 이와 같은 의미가 있으며 불교의 정사 생활(精舍生活)도 마찬가지이다. 그런데 승려 생활만큼 실천이 이론에 일치하지 않는 것은 없다. 그것은 승직(僧職)의 근본 사상이 지나치게 숭고하기 때문이며 '최선을 악용하면 최악이 된다.' 라는 속담이 이에 적합할 것이다. 참된 성직자야말로 가장 존경해야 할 존재이지만 대부분 승복(僧服)은 단지 가면에 지나지 않는다. 이 가면 속에 참된 성직자가 있는 경우는 가장무도회에서와 마찬가지로 극히 드문 것이다.

29

자신의 의지를 부정하기 위해서는 자기를 완전히 다른 사람의 개체적 의지에 종속하고 내맡기고자 하는 마음가짐이 필요하다. 이것이 심리적 위안을 얻을 수 있는 유일한 길이며 따라서 진리에 도달하는 첩경이다.

30

정규(正規) 수도사(修道士)의 수는 원래 극소수이다. 그런데 인류의 약 절반이 마음에도 없는 수도사가 되어 있다. 즉 빈곤 · 굴종 · 모든 향락의 금지, 그뿐만 아니라 필요 불가결한 오락조차도 있을 수 없는 상태, 강제나 궁핍에 의해 지켜지는 순결, 이 모든 것이 그들이 겪는 운명이다. 그렇지만 정규 수도사는 자기 뜻에 따라 자신의 처지가 더 나아지리라는 기대도 품지 않고 고행을 실천한다. 이것이 이들 양자의 차이점이다.

정규 수도사가 행하는 바는 내가 고행(苦行)과 도(道)의 장(章)에서 말하는 '최선의 길'에 해당하며 세상 사람들이 행하고 있는 바는 '차선(次善)의 길'에 해당한다. 그런데 자연은 사람들이 이 '차선의 길'로 들어서도록 충분히 배려하고 있다.

이 사실은 자연에서 발생하는 궁핍 · 고난 · 재앙 및 인간의 투쟁과 악의가 빚어내는 모든 재앙을 생각해 보면 곧 이해할 수 있을 것이다. 영원한 구원을 얻기 위해서는 뜻에 거슬리는 고뇌가 반드시 필요하다는 것은 성서에도

'부자가 하느님의 나라에 들어가는 것보다 낙타가 바늘구멍을 빠져나가는 것이 더 쉽다.'[13]

라는 말로 나타난다. 그러므로 진심으로 영원한 구원을 얻고자 해도 자신이 부유한 가정에 태어나 빈곤의 고통을 겪어 볼 수 없었던 사람들은 자진해서 빈곤의 생활을 택했다.

불타가 된 석가모니는 왕자의 몸으로 태어났기 때문에 자진해서 고행자가 되었다. 프란체스코 수도회의 창시자인 아시시(Assisi)의 프란체스코(Francesco)[14]는 젊은 멋쟁이 귀공자로서 많은 명문 처녀가 모인 무도회에 참석했을 때 옆에 있던 친구가

13) 마태복음 19장 24절

14) 본명은 Giovanni Bernardon(1182~1226), 이탈리아 앗시지의 상인 아들로서 모든 재산과 가족을 버리고 나병 환자들의 친구가 됨. 사도적(使徒的) 빈궁과 전도를 생활의 이상으로 삼고 실행했다. 그는 자연을 사랑했으며 그 속에서 신의 사랑을 경험했다.

"여보게, 프란체스코. 자네는 머지않아 이 미인 중에서 한 여자를 택하겠지?"
하고 물었을 때 그는 이렇게 대답했다.

"나는 이미 훨씬 더 아름다운 것을 골라 놓았다네!"

"도대체 그것이 누구인가?"

"가난이라네."

얼마 후에 그는 모든 것을 버리고 구걸 행각을 하며 전국을 돌아다니기 시작했다.

이러한 고찰을 통해 곤궁과 고뇌가 우리의 구제를 위해 얼마나 필요한 것인가를 분명히 느낀 사람이라면 부러워해야 할 것은 다른 사람들의 행복이 아니라 그들의 불행이라는 것을 깨닫게 될 것이다.

똑같은 이유로 운명을 거부하는 금욕주의적 기질은 인생의 고통에 대한 훌륭한 갑옷이며 현재를 참고 견디는 데 도움이 되는 것이기는 하지만 참된 구제에는 방해가 된다. 왜냐하면 금욕주의는 인간의 마음을 무감각하게 만들기 때문이다.

만약 마음이 단단한 껍질로 덮여 있어 고통을 느끼지 못한다면 어떻게 고통에서 더욱 향상될 수 있겠는가? 더구나 어느 정도의 금욕주의는 절대로 보기 드문 것도 아니다. 이런 금욕주의는 허세에 지나지 않는 상황도 종종 있으며 '나쁜 패를 잡고 허세를 부리는' 상황에 해당한다.

설령 그 금욕주의가 허세가 아니라 순수한 것이라 하더라도 대부분 그것은 커다란 고뇌를 위해서는 필요한 감각 · 정력 · 활기 · 감수성 · 상상력의 결여에서 오는 것에 지나지 않는다. 무기력하고 둔감한 독일인들은 특히 이런 종류의 금욕주의를 좋아한다.

31

올바르지 못한 행위나 사악한 행위는 그 행위를 하는 자에게 있어서는 살고자 하는 의지의 긍정이 강하다는 표시이다.

따라서 이것은 그 사람이 참된 구제에서 살고자 하는 의지와 이 세상의 해방에서 얼마나 멀리 떨어져 있는가를 나타내는 표시이며 참된 구원을 얻기 위해서 얼마나 긴 인식과 고뇌의 훈련을 겪어야 하는가를 나타내는 표시이다.

그런데 그러한 행위를 참고 견디어야 하는 사람에게 있어서는 형이하학적으로는 악이지만 형이상학적으로는 선이며 근본적으로 유익한 것이다. 그를 참된 구원의 길로 이끌어 가기 때문이다.

32

세계정신——이것이야말로 당신의 노고와 고통의 과제이다. 당신이 존재하는 것은 다른 모든 존재와 마찬가지로 이것을 위해서이다.

인간——생존에서 나는 무엇을 얻을 수 있는가? 생존을 위해 일할 때 나는 고통만을 느낄 뿐이며 그렇지 않을 때는 권태만을 느낄 뿐이다. 그토록 많은 노고와 고통에 대해 당신은 어찌하여 내게 보잘것없는 대가만을 주는가?

세계정신——그것이 당신의 노고와 고통에 대한 적합한 보수이다. 보수가 보잘것없는 것은 바로 존재 자체가 보잘것없기 때문이다.

인간——그럴 리가……. 나로서는 도저히 이해할 수 없다.

세계정신——그럴 테지. (혼잣말로) 인생의 가치는 바로 인생 자체가 인간에게 인생을 욕구하지 않도록 가르치는 것 속에 존재한다는 것을 말해 주어야 할까! 그렇지만 인간이 최고의 지혜를 얻기 위해서는 먼저 인생 자체가 인간을 단련시켜야 해.

33

앞에서도 말했듯이 인간의 일생을 전체로써 보면 비극적인 성격을 띠고 있다. 그러므로 인생은 이루어지지 않는 희망의 연속이며 좌절된 계획의 연속이며 너무 늦게 알아차린 잘못의 연속에 지나지 않는다는 것을 우리는 알고 있다. 다음의 슬픈 시가 그것을 말해 준다.

이윽고 노령(老齡)과 경험이 함께 인간을 죽음으로 끌고 간다.

그때 인간은 깨닫게 된다.

그토록 고통스러웠고 그토록 길었던 전 생애 동안 그는 오류 속에 있었다는 것을.

— 바이런

이 시는 존재 자체는 차라리 없는 편이 나으며 하나의 착오라고 생각하는 세계에 대한 내 견해와 완전히 일치한다. 인간이 존재하는 이상, 그리고 인간인 이상, 이미 오류 속에 있는 것이다.

따라서 인간이 평생 동안 철두철미하게 오류 속에 있었다는 것을 깨닫게 되는 것은 당연한 일이다. 인간이 그것을 깨닫는 것이 바로 구제인 것이다. 그러기 위해서 인간은 자신의 생활 속에서 그것을 인식하는 것에서 시작해야 한다. 왜냐하면 '유(類)에 타당한 것은 종(種)에 대해서도 타당하기' 때문이다.

우리에게 부여된 사고방식이 완전히 다른 방향으로 기울어져 있기 때문에 우리가 왜 그런 심한 수업을 받아야 하는지 이해할 수는 없지만 아무튼 인생은 우리에게 할당된 엄중한 수업이라고 생각해야 한다. 따라서 이미 죽은 우리의 친구들을 회상할 때 그들이 엄중한 수업을 끝마쳤음을 생각하고 그 수업이 그들에게 유익한 것이었기를 진정으로 염원해야 한다.

마찬가지로 우리는 죽음을 두려워하거나 걱정하지 말고 바람직하고 다행한 일로 맞이해야 한다.

행복한 인생이란 절대로 있을 수 없다. 인간이 획득할 수 있는 최선의 삶이란 영웅적인 삶으로서 보잘것없는 대가를 받든가 아니면 아무런 대가도 받지 못하면서도 온 인류에게 유익한 일을 위해 투쟁하여 결국 승리를 거두는 사람의 삶이다.

그런 사람은 이탈리아 시인 고찌의 '까마귀'에 등장하는 왕자처럼 결국 돌로 변해 버리기는 하지만 영원히 고귀하고 위대한 모습을 지니고 있는 것이다.

그에 대한 추억은 영원히 영웅으로 칭송받을 것이다. 온 생애를 통해 노고와 고통과 실패와 세상 사람들의 망은(忘恩)에 의해 억눌린 그의 의지는 마침내 열반 속으로 사라지는 것이다.

7. 종교에 대하여

1

신앙과 지식. 학문으로서의 철학은 무엇을 '믿어야' 할 것인가 하는 문제와는 아무런 관련이 없으며 다만 우리가 '알' 수 있는 것은 무엇인가 하는 문제만 관련이 있을 뿐이다. 만일 철학이 우리가 믿어야 하는 것과는 전혀 다른 것이라면 신앙에 대해서마저 아무런 해악이 되지 않을 것이다. 왜냐하면 우리가 알 수 없는 것을 가르치는 것이 신앙의 본질이기 때문이다.

신앙이 가르치는 것을 우리가 알 수 있다면 신앙은 우스꽝스럽고 쓸모없는 것이 될 것이다. 그것은 마치 수학에서와 같은 믿음의 이론을 세우는 것이다.

그러므로 신앙이 가르치는 것은 철학이 가르치는 것보다 훨씬 더 객관적인 것이 될 것이다. 그러나 철학의 결론과 양립할 수 있는 것은 가르칠 수 없다. 지식은 신앙보다 확고한 것이므로 만일 지식과 신앙이 맞부딪친다면 신앙이 파괴되어 버리기 때문이다.

신앙과 지식은 상호 간의 이익이 항상 엄격하게 분리되어 있어야 하기 때문에 이들 양자는 근본적으로 다르다. 그래서 신앙과 지식은 서로에게 조금도 주의를 기울이지 않고 각기 자신의 길을 간다.

2

계시. 하루살이와 같은 인간이라는 종족은 태어나자마자 이내 사라진다. 인간은 불안과 빈곤과 고통에 짓눌린 채 비틀거리며 죽음의 팔에 안긴다. 그들은 끊임없이 '우리는 어찌하여 이토록 고통을 당하며 광대극과 같은 이 희극은 무슨 의미가 있는가?'라는 의문을 품으며 하늘을 향해 해답을 요구한다. 그러나 하늘은 아무런 대답도 없고 하늘의 목소리 대신 사제와 목사들이 그들의 계시를 내놓는다.

그런데 초인적 존재가 인간에게 인류의 존재 목적과 세계의 목적에 관한 지식을 주워 왔다고 믿을 수 있는 사람은 덩치만 클 뿐 아직도 유아기에 머물러 있다. 마치 모든 사물이 인간의 지배를 받듯이 오류의 지배를 받는 사제와 목사들의 계시는 때로 기이한 우화와 신화라는 옷을 걸치고 있어 종교라고 불리지만 현자들의 사상 이상의 계시는 없다.

그러므로 인간이 자신의 사상 속에서 살다가 죽든 다른 사람들의 사상 속에서 살다가 죽든 그것은 같다. 인간이 신뢰하고 있는 것은 오직 인간의 사상과 견해뿐이기 때문이다. 그렇지만 인간은 약한 존재이며 자기의 정신에 의존하기보다는 초자연적인 근원을 주장하는 다른 사람들의 정신에 의존하기를 좋아한다.

그러므로 우리가 어떤 사람과 다른 사람 사이의 엄청나게 큰 정신적 차이를 주시한다면 한쪽의 사상이 다른 쪽에 의해 계시로 간주하는 것은 당연한 일일 것이다.

모든 성직자——브라만교이건 이슬람교이건 불교이건 기독교이건——의 근본적인 은밀함과 빈틈없음은 언제 어느 곳에서든 다음과 같다. 즉 그들은 인간의 형이상학적 결핍의 불멸성과 강력함을 이해하고 있다. 그리하여 이 커다란 수수께끼의 해답은 특별한 방법으로 자신들에게 전해졌다고 말함으로써 마치 자신들은 인간의 형이상학적 결핍을 만족할 수 있는 수단을 소유하고 있는 것처럼 행동한다.

그리하여 사람들을 설득해 자신들의 사상에 빠지게 하면 사람들을 마음대로 지배할 수 있게 되는 것이다. 그러므로 분별력 있는 지배층의 많은 사람이 그들과 동맹을 맺게 되면 다른 사람들은 스스로 그들의 지배를 받게 된다. 그런데 만일 철학자가 최고의 권좌에 올라가게 되면 그 모든 희극은 혼란을 일으킬 것이다. 그런 일은 절대로 일어날 수 없을 테지만.

3

유신론(有神論). 다신교(多神教)가 자연의 부분과 자연의 힘을 의인화한 것처럼 일신교(一神教)는 자연 전체를 한꺼번에 의인화한 것이다.

그런데 만일 내가 개체적 존재 앞에 서서 그에게

'나를 창조한 이여! 이전에 나는 무(無)였습니다. 그러나 당신이 나를 창조하였으므로 지금 나는 무가 아닌 그 무엇이며 나인 것입니다. 나는 당신의 호의에 대해 당신에게 감사합니다. 만일 내가 아무 쓸모도 없는 무가치한 존재라면 그것은 '나의' 잘못입니다.'

라고 말하는 것을 상상하려 하면 철학 연구 때문에 나의 두뇌는 그런 사상을 신봉할 수 없게 되었다고 고백해야 하리라.

더구나 이 사상은 칸트가 ≪순수 이성 비판≫에서 우리에게 말해 준

'모든 가능한 존재 중에서 우리가 상상할 수 있는 최고의 존재가 자신에게 말하는 사상을 지지할 수도 없고 반박할 수도 없다.'

'나는 영원 전부터 영원 후까지 존재한다. 나의 주위에는 오직 순수하게 나의 의지를 통해 존재하는 것만이 존재한다.'

'그렇다면 도대체 나는 어디서 왔는가?'

라는 말과 상반된다.

나무나 돌이나 금속으로 우상을 만들거나 아니면 추상적 개념으로 우상을 만드는 것은 같은 것이다. 우리가 개체적 존재를 앞에 놓고 제물을 바치고 기도하고 감사하는 것은 곧 우상을 숭배하는 것이다. 우리가 양(羊)을 제물로 바치는 것과 우리의 뜻을 제물로 바치는 것과는 근본적으로 차이가 없다. 모든 형태의 숭배나 기원은 분명한 우상 숭배의 증거이다. 종교의 교파들이 자신의 정통성을 위해 모든 형태의 우상 숭배를 폐지하는 데 동의하는 것은 바로 그 때문이다.

4

인간은 지상(地上)의 악마이며 동물들은 고통을 당하는 영혼이다. 이것은 에덴동산에서 일어났던 사건의 결과이다. 군중들은 오직 힘이나 종교에 의해서만 다스려질 수 있기 때문이다. 그런데 기독교는 파렴치하고 괘씸하게도 우리를 궁지에 버려둔다.

나는 개신교의 어떤 목사가 동물 보호 단체에서 동물에게 잔인한 행위를 하지 말라는 설교를 해 달라는 요청을 받고는 최고의 선의로써

"그렇게 할 수 없습니다. 나의 종교 속에서 그에 대한 아무런 교리도 발견할 수 없기 때문입니다."

라고 대답했다는 말을 들은 적이 있다. 그 목사는 정직했으며 옳았다.

5

학문은 계속해서 존재하며 번창해 가는 종교를 위협하지 않고서도 뻗

어 나아갈 수 있다고 생각하는 사람들은 큰 오류에 빠져 있는 것이다. 물리학이나 형이상학은 본래 종교의 적(敵)이다. 이들 사이의 화해와 일치에 대해 말한다는 것은 참으로 우스꽝스러운 일이다. 이들 사이는 절멸하느냐 절멸시키느냐의 싸움이다.

종교가들은 철부지 어린애이다. 그들은 자신의 어머니보다 더 오래 살기를 원치 않는다. 오마르(Omar)는 알렉산드리아에서 도서관을 불태울 때 이 사실을 이해했다. 그가 도서관을 불태운 것은 그 책들 속에 담긴 지식이 코란에 포함되어 있거나 아니면 불필요한 것들이기 때문이었다. 그의 그러한 행위는 어리석은 행위로 간주하고 있으나 그것을 '한 알의 소금'으로 이해한다면 매우 현명한 행위이다.

만일 학문이 코란을 능가한다면 학문은 종교의 적이 되어 견딜 수 없게 될 것임을 의미한다. 기독교의 지배자들이 오마르만큼 현명했다면 오늘날 훨씬 훌륭한 상태가 되었을 것이다. 그렇지만 이제 서적을 불태우기에는 너무 늦었다.

6

인류는 종교라는 옷을 입지 못할 정도로 성장하고 있다. 그것은 성장하여 어린 시절의 옷을 입지 못하는 것과 마찬가지이다.

신앙과 지식은 한 두뇌 속에서 화목할 수 없다. 한 우리 속에 있는 이리와 양의 관계와 같은 것이다. 물론 지식이 신앙이라는 양을 잡아먹으려고 위협하는 이리이다. 우리는 종교가 죽음의 고통 속에서 윤리성에 매달려 있음을 알고 있다. 종교는 자기 자신이 윤리성의 어머니인 체하기를 좋아한다. 그러나 전혀 그렇지 않다! 종교가 윤리성을 시인하고 지지하고 있기는 하지만 순수한 윤리성은 어떤 종교에도 의존하고 있지 않다.

7

신앙은 사랑과도 같다. 신앙은 강요할 수 있는 것이 아니다. 어떠한 강요로도 사랑을 증오로 바꿀 수 없듯이 어떠한 강요로도 신앙을 불신앙으로 바꿀 수는 없는 것이다.

8

문명이 기독교 민족들 사이에서 그 절정에 이르는 것은 기독교 사상이 그것에 알맞기 때문이 아니라 기독교적 사상이 죽어 더 이상 영향을 주지 못하기 때문이다. 기독교적 사상이 영향을 주는 한 문명은 기독교의 민족들 사이에서 가장 낮은 상태에 있었다.

모든 종교는 문명의 적이다.

9

종교가 얼마나 떳떳지 못한 마음을 지니고 있는가는 형벌의 고통으로써 종교를 조롱하는 것이 금지되어 있다는 사실에 의해 드러난다.

10

인간이 철학적으로 사색하고 이 세계를 형이상학적으로 이해하려고 하는 가장 큰 이유는 인생이 고통과 불행으로 가득 차 있으며 인간은 죽음을 면할 수 없는 존재라는 사실을 인정하지 않을 수 없기 때문이다. 인간이 영원히 생존할 수 있고 인생에 고통과 불행이 없다면 '이 세계는 무엇 때문에 존재하는가?' 하는 따위의 의혹을 품는 사람은 아무도 없을 것이며 인생의 모든 현상은 스스로 명백해질 것이다.

우리가 철학과 종교에 관심을 기울이는 것은 바로 이 때문이며 철학이나 종교에 관한 관심은 주로 우리가 죽은 후에 어떤 형태로든 존속한다는 가르침에 기울어져 있다.

종교는 무엇보다도 신의 존재를 주장하며 그것을 증명하려고 노력하고 있다. 그것은 인간은 멸하지 않는다는 이론을 신과 결부시킴으로써 인간은 신을 통해서만 영원불멸할 수 있다고 주장하기 위해서이다.

종교는 특히 인간의 영원불멸을 강조한다. 그런데 만일 인간의 영원불멸이 신을 통해서가 아닌 다른 방법으로 확인한다면 신에 대한 기성 종교의 열렬한 믿음은 곧 사라지고 말 것이며 반대로 인간은 절대로 영원불멸할 수 없다는 사실이 확인된다면 종교에 관심을 기울이는 사람은 아무도 없을 것이다.

11

인간의 야수성(野獸性)을 길들이고 부정하고 포악하게 하는 것에서 벗어나게 하려면 필요한 것은 무엇인가? 진리는 일반 사람들에게 필요치 않다. 그들은 진리를 이해하지 못하기 때문이다. 따라서 꾸며낸 이야기나 비유를 사용할 수밖에 없으므로 사람들이 기성 종교를 믿게 할 필요성이 생기는 것이다.

12

기독교란 천국에 들어가기가 매우 어렵기 때문에 그것을 구걸하는 종교이며 사제들이란 이 걸인들이 천국에 들어갈 수 있도록 중개하는 중개인이다.

13

종교는 일반 사람들에게 유익한 것이며 꼭 필요한 것이다. 그러므로 설령 종교가 진리에 대한 인식을 방해하고 인류의 발전을 저해한다 하더라도 종교를 비난하는 일은 삼가야 한다. 그렇지만 괴테나 셰익스피어와 같은 위대한 정신을 지닌 사람들이 종교의 교리를 그대로 믿기를 바라는 것은 마치 거인이 난쟁이 구두를 신기를 바라는 것과 같다.

14

종교는 철학의 지위를 빼앗으려 한다. 그러므로 철학자는 종교가 필요악(必要惡)이며 대부분 인간의 병든 정신을 위한 지팡이임을 고려하며 종교와 싸워야 한다.

15

종교들 사이의 근본적인 구별은 일신교 · 다신교 · 범신론적 · 무신론적――불교처럼――에 있는 것이 아니라 낙천주의 · 염세주의에 있다. 이런 이유로 구약성서와 신약성서는 서로 완전히 상반되며 그들이 결합하여 있는 형태는 마치 반인반마(半人半馬)의 괴물처럼 참으로 괴상하다. 왜냐하면 구약성서는 낙천주의적이며 신약성서는 염세주의적이기 때문이다. 그러므로 구약성서는 장조(長調) 가락이며 신약성서는 단조 가락이다.

8. 지성에 대하여

1

외부 물질세계에 대한 빛의 관계는 내부 의식 세계에 대한 지성의 관계와 같다. 왜냐하면 빛은 타는 물질과 그 물질을 타오르게 하는 산소에서 생기듯이 지성은 의지와 객관적으로 의지에 지나지 않는 육체에서 생기기 때문이다.

빛이 순수하면 순수할수록 그만큼 빛에는 타오르는 물체에서 생기는 연기가 적다. 이와 마찬가지로 지성이 순수하면 순수할수록 지성은 그것을 생기게 한 의지에서 그만큼 분리되어 있다. 즉 삶은 연소 과정이며 지성은 그 연소 과정에서 생기는 빛이다.

2

특수한 진리에 대한 보편적 진리의 관계는 은화(銀貨)에 대한 금화(金貨)의 관계와 같다. 한 개의 금화가 수많은 은화로 바뀔 수 있듯이 보편적 진리는 그것에서 생기는 수많은 특수한 진리로 바뀔 수 있기 때문이다.

3

하나의 명제에서는 그 명제에 내포된 것, 즉 그 명제의 의미가 완전히 이해되었을 때 그 명제가 제공하는 것밖에 나올 수 없다. 그렇지만 두 개의 명제부터는 그 두 개의 명제를 연역적(演繹的) 방법으로 결합하면 제각각 내포된 것 이상이 나올 수 있다.

그것은 마치 화학적 결합으로 형성된 물체가 그 구성 성분 중 어떤 것에도 없는 성질을 나타내는 것과 같다.

4

인식은 우리의 눈처럼 외부의 것들만을 볼 뿐 자신의 내면은 보려 하지 않는다. 그리하여 인식하는 자가 자신을 알기 위해 내면으로 눈길을 돌리면 그의 눈길은 캄캄한 암흑만을 응시하다가 완전한 공허 속으로 전락하고 만다. 이것은 다음의 두 가지 이유에 기인한다.

1. '인식의 주체'는 자율적인 어떤 것이 아니며 물자체(物自體, Ding an sich)가 아니다. 즉 독립적 · 본원적 · 실체적 존재를 갖지 못한 단순한 현상에 불과하며 그것도 부차적 · 우발적 현상일 뿐이다.
 그것은 무엇보다도 의지의 현상적 표출인 유기체에 의해 조종된다. 한마디로 말해 인식의 주체는 두뇌의 모든 힘이 한곳에 모여 이루는 초점에 불과하다. 그러니 이 인식의 주체가 어떻게 자기 자신을 인식할 수 있겠는가? 인식의 주체는 그 자체가 무(無) 아닌가? 물론 그것이 자기 내면을 향하는 경우 참된 본질의 기반인 의지를 인식할 수도 있다.
 그런데 '인식하는' 주체 쪽에서 볼 때 그것은 진정한 의미에 있어서의 인식이 아니라 인식의 주체와는 다른 어떤 것에 대한 인식이며 따라서 이미 기지(旣知)의 어떤 것처럼 하나의 현상일 뿐이다. 단지 외계의 사물과는 달리 자신의 형태로서 시간만을 가질 뿐 공간은 갖지 못하는 그런 현상이다.

이것과는 별도로 그 주체는 의지를 인식하되 외계의 사물을 겉모양만으로 인식할 뿐이며 따라서 의지와 욕망 · 감정 · 정열 · 기분 등의 이름으로 이해하는 감정들의 개별적 행위로서 인식할 뿐이다. 그러므로 인식의 주체는 외계 사물의 경우처럼 공간의 한정에서는 아닐지라도 역시 의지를 현상으로써 인식하는 것이다.

그런데 이상의 이유로 해서 인식의 주체는 저 자신을 인식할 수가 없다. 인식의 주체 속에는 그것이 인식하는 자는 절대 아니라는 사실만이 내재하여 있기 때문이다. 그것은 인식 이외에 어떤 다른 표현이나 표출을 지니지 않는 하나의 현상이다. 따라서 그 안에서는 어떤 표출도 인식될 수 없다.

2. 우리 안에 있는 의지는 그 자체로서 존재하며 원초적 · 자율적 존재라는 의미에서 확실히 하나의 물자체(Ding an sich)이다. 의지의 현상은 두뇌를 공간적 · 직관적으로 감지 · 이해한다는 점에서 제 자신을 유기체로서 표출한다.

그런데도 의지는 그 자체가 단지 '의욕하는' 것일 뿐 '인식하는' 것은 아니기 때문에 자기 인식을 할 수가 없다. 의지는 아무것도 심지어는 제 자신마저도 인식할 수가 없기 때문이다. 인식은 직접적으로 의지에 속하지 않는 부차적 · 간접적 기능이며 그 자체 고유의 본질에 있어 원초적인 것만이 직접적으로 의지에 속한다.

5

가장 순수하고 편견 없는 자기 관찰을 해부(解剖)로 얻은 사실들과 종합해서 생각하면 지성이란 지성의 객관적 표현인 두뇌와 그 부수적인 감각 기관들과 마찬가지로 외부의 여러 가지 인상들에 대한 고도로 발달한 감수성에 지나지 않으며 고유한 본질적 존재를 이루지는 않는다는 결론에 도달하게 된다.

따라서 지성은 식물의 생장력이나 바위의 중력과 같은 것이 아니다. 우리에게 이와 같은 힘에 대적하는 것은 오직 의지뿐이다. 지성은 식물에게 외부의 영향, 즉 물리적 · 화학적 작용과 그 식물의 생장을 돕거나 저해하는 것에 대한 감수성이다. 그런데 이 감수성이 고도로 발달한 덕분에 물질계 전체, 즉 표상으로서의 세계가 명백하게 드러나는 것이다. 따라서 지성의 객관화 작용이 이루어지는 것은 이 원리에 의한 것이다.

어떤 동물적 존재도 없는 세상을 상상해 보면 이 모든 것이 더욱 명백해질 것이다. 그렇게 되면 이 세상에는 어떤 종류의 지각도 없을 것이며 객관적으로는 전혀 존재하지 않는다.

이번에는 땅에서 솟아나는 수많은 식물에 대해 상상해 보기로 하자. 그것들은 공기라든가 바람 · 다른 식물에 의한 억압 · 습기 · 추위 · 빛 · 더위 · 전기적 응력 따위로 영향을 받을 것이다. 그리고 이들 식물의 여러 가지 외적 영향들에 대한 감수성이 점점 더 가해진다고 상상해 보라. 그것은 결국 식물의 감각이 되어 외적 영향에 전달할 수 있는 능력을 갖게 될 것이며 최종적으로는 인식 능력까지도 갖추게 될 것이다.

그러나 세계는 저 자신을 시간과 공간과 인과율(因果律) 속에 나타내면서 거기에 존재할 것이다. 그래도 그것은 여전히 식물들의 감수성에 대한 외적 영향의 결과일 뿐이다.

이상에서 내가 사용한 도해식(圖解式) 설명은 외부 세계의 현상적 존재를 명백하게 하여 이해하기 쉽게 하기 위한 의도였다. 왜냐하면 단지 외적 영향과 그에 대한 강력한 감수성 사이의 관계에서 유래하는 여러 가지 직관적 감지력을 이루는 현상이 식물들에 영향을 주는 것으로 생각되는 자연 힘의 객관적 · 내적 · 원초적 본질을 나타내는 것이라는 주장, 즉 그것이 물자체의 세계를 나타내는 것이라는 주장은 누구도 하지 않을 것이기 때문이다.

그러므로 우리는 이 도해를 통해 인간 지성의 영역이 어찌하여 칸트가 ≪순수 이성 비판≫에서 보여 준 것처럼 좁은 한계밖에 가질 수 없는 것인가를 알 수 있다.

6

언뜻 떠오른 우리 자신의 귀중한 사상을 가능한한 빨리 기록해 두어야 한다. 자신이 행한 것까지도 그렇게 쉽게 잊는데 하물며 잠시 떠올랐던 생각들이야 어떻겠는가. 사상들은 떠올리고자 해서 우리에게 오는 것이 아니라 그것들 자신이 원할 때 우리를 찾아오는 것이다.

반면에 외부에서 얻는 기존의 사상이나 남에게서 배운 것과 이런저런 책들 속에서 읽을 수 있는 것들은 차라리 기록하지 않는 편이 더 낫다. 어떤 문장들을 발췌 · 수집하여 기록하는 일은 삼가야 한다. 기록한다는 것은 망각에 넘겨주는 행위나 마찬가지이기 때문이다.

그런데 우리는 기억이 기꺼이 순종하는 방법을 잊지 않게 하려고 그것을 엄격하고 독재적으로 다루지 않으면 안 된다. 가령 어떤 사실이나 시구(詩句)나 말이 기억나지 않는다 해도 책을 뒤적거려 찾아내려 해서는 안 되며 몇 주일을 두고 정기적으로 자신의 기억력을 성가시게 굴어서라도 그것이 제 임무를 수행하도록 해야 한다. 오랜 시간을 두고 기억해 내려고 하면 할수록 그만큼 더 확고하게 기억에 남기 때문이다.

7

여러 가지 사상의 질(質), 즉 여러 가지 사상의 형식적 가치는 내면에서 오며 그것들의 '경향'과 소재는 외부에서 온다. 그러므로 특정한 순간에 우리가 생각하는 것은 근본적으로 서로 다른 두 가지 요인의 산물이다. 따라서 사고의 대상과 정신과의 관계는 수금(竪琴)과 활과의 관계와 같다. 그것은 같은 사물을 보고서도 사람에 따라 제각각 다른 생각을 하는 것을 보면 알 수 있다.

8

일반적인 인간의 지성이 얼마나 천박하고 편협하며 의식의 명료함이 얼마나 미약한가 하는 것은 인간의 수명이 지극히 짧고 우리의 존재가 불안하며 사면팔방에서 수많은 억압이 있어도 개의치 않고 누구나 꾸준히 철학을 하지 않고 극소수의 예외자들만이 철학을 한다는 사실에 의해서도 분명해진다.

그 밖의 사람들은 동물들과 별로 다를 바 없이 몽롱한 꿈속에서 자신의 삶을 흘려보내며 다만 그들이 동물과 다른 점이 있다면 몇 년 앞을 예비(豫備)할 수 있다는 능력뿐이다.

그들이 어떤 형이상학적 욕구를 느낀다 해도 그것은 위에서 말한 여러 종교의 비위를 맞추기 위한 것이며 그 종교가 어떤 것이든 그것으로 족한 것이다.

9

우리는 대체로 사고(思考)의 절반이 무의식적으로 이루어진다고 믿는다. 그리고 어떤 결론에 도달하는 전제들에 대한 명백한 생각도 없이 그 결론에 도달하는 것이다. 이것은 이미 그 결과를 도저히 예측할 수 없는 데다가 그것이 자기 일에 어떤 영향을 줄지 더욱 불분명한 어떤 사건이 그것과는 상관없이 전체 기분에 피치 못할 영향을 주어 우리의 유쾌한 기분을 슬픈 것으로 또는 슬픈 기분을 유쾌한 것으로 변화시킬 것이라는 사실에서도 명백하다.

이것은 다만 무의식적인 반추(反芻)의 결과일 수 있다. 이것은 다음의 사실에서 더욱 명백하다. 즉 나 자신을 이론적 또는 실제적 문제에 관한 사실 자료에 친숙하게 하려고 노력해 왔는데 이제는 그런 생각은 다시 하지 않는다. 그래도 며칠 후면 그 문제에 대한 해답은 저절로 내 마음에 들어올 것이다.

그렇지만 어떻게 해서 그 해답이 내 마음에 들어오게 되었는지는 계산기의 원리만큼이나 신비롭게 보인다. 다시 말해 그것은 무의식적 반추인 것이다. 우리는 의식적인 사고는 두뇌의 표면에서 일어나고 무의식적인 사고는 두뇌 안쪽에서 일어난다는 생리학적인 가설을 감히 주창(主唱)할 수 있기 때문이다.

10

인생의 단조로움과 무미건조함을 생각하면 지식과 통찰력의 부단한 증진도 없이 사물들을 더 자세히 명백하게 이해하는 성과도 없이 아주 오랜 시간을 보낸다면 우리는 인생에 대해 견딜 수 없는 지겨움을 느끼게 될 것이다.

지식이나 통찰력의 증진은 경험의 결과이며 또 한편으로는 우리의 관점을 부단히 변화시키는 삶의 단계를 거쳐 지나가는 여러 가지 변화의 결과인 것이다. 그것에 의해 사물들은 우리가 알지 못했던 면을 보여 준다.

이렇듯 정신력의 쇠퇴에도 그것과는 상관없이 '매일 새로운 진리를 터득한다'는 것은 영원한 진리이며 우리 인생에 늘 신선한 매력을 준다. 그러는 가운데 동일한 것이 우리에게 끊임없이 새로운 것과 또 다른 것으로 나타난다.

11

이미 견해를 확립하고 있는 어떤 사물에 대해 생소한 견해들이 제시될 때 그 새로운 견해들에 대해 배타적이고 부정적인 견해를 취하는 것은 지극히 당연하다. 새로운 견해는 적개심을 품고 이미 봉쇄된 우리의 확신을 침입해 들어와 마음의 평정을 깨뜨리고 새로운 분발을 조장하며 이제까지 우리가 기울여 온 노력을 모두 헛된 것으로 판결하기 때문이다.

따라서 온갖 오류에서 우리를 구원하는 진리란 그 쓰디쓰고 독한 맛에 있어서나 복용하고 나서 잠시 후에 효과가 나타난다는 사실에 있어서나 약(藥)에 비유될 수 있을 것이다.

개개인이 자신의 오류를 완강하게 고집하는 것을 보면 집단의 경우에는 훨씬 더 심할 것이다. 그들이 일단 어떤 견해를 취하면 경험과 교육이 그것을 바꾸려 해도 헛수고로 끝날 뿐이다. 그러므로 무수한 사람들이 매일 만족스러운 태도로 반복하는 보편화된 확고부동의 오류가 있다. 몇 가지만 예로서 기술하겠으나 이 외에도 얼마든지 있다.

1. 자살은 비겁한 행위이다.
2. 남을 믿지 않는 자는 그 자신이 정직하지 못한 자이다.
3. 품위와 재능을 지닌 사람은 진정으로 겸손하다.
4. 미친 사람은 대단히 불행하다.
5. 철학을 하는 것은 남에게서 배울 수 있지만 철학을 배울 수는 없다(사실은 이와 반대이다).
6. 훌륭한 희극을 쓰는 것보다는 훌륭한 비극을 쓰기가 더 쉽다.
7. 철학을 조금 하면 신에게서 멀어지지만, 철학을 많이 하면 다시 신에게로 되돌아간다(프란시스 베이컨).
8. 아는 것이 힘이다. 천만에! 어떤 사람은 엄청난 지식을 지녔으면서도 그 지식에서는 아무 힘도 얻지 못하며 또 어떤 사람은 아는 것이 별로 없으면서도 최고의 권위를 갖는다.

이런 말들은 깊이 음미 되지 않은 채 사람들 사이에서 앵무새처럼 반복되며 사람들은 이런 말들을 처음 듣는 순간 아주 지혜롭고 멋진 말이라고 생각하고는 그대로 받아들인다.

12

지성(知性)은 강도(强度)의 크기이지 양(量)의 크기가 아니다. 그러므로 혼자서도 자신 있게 일만 명을 대적할 수 있는 것이다.

따라서 멍청한 인간 일천 명이 모여도 한 명의 현자가 될 수는 없는 것이다.

13

이 세상은 감상적인 평범한 인간들로 가득한데 그들에게는 서로 긴밀한 관계에 있는 두 가지 능력이 빠져 있다. 그 하나는 판단하는 능력이며 다른 하나는 자신의 사상을 창출(創出)해 내는 능력이다. 그렇지만 그들과 같은 부류에 속해 있지 않은 사람으로서는 그들이 이 두 가지 능력을 갖추지 못하고 있다는 것과 그들 존재의 비참함을 이해하기 어려운 것이다.

그러나 한편으로는 어떤 국민 사이에도 크게는 동시대인들에 대해 그 국민의 문학을 대표한다고 자칭하는 엉터리 작가들의 형편없음이 이 결함에 의해 설명될 수 있고, 또 다른 면에서는 그런 무리 사이에 등장하는 참되고 훌륭한 작가들이 압도당하는 운명도 그 결함에 의해 설명될 수 있는 것이다.

진정한 사상과 예술은 어떤 의미에서는 소인배(小人輩)들에게 훌륭한 정신을 심어 주려는 노력이어야 한다. 그 노력이 반드시 단번에 성공하지 않더라도 이상할 게 없다. 즐거움을 주고자 하는 작가는 자신의 사고방식과 독자들 사이에 어떤 '조화'를 바라는데 그 즐거움이 크면 클수록 이 조화는 그만큼 더 완전한 것이 되기 때문이다. 그러므로 위대한 정신은 또 다른 위대한 정신만을 충분히 그리고 철저하게 즐겁게 해 줄 것이다.

미천한 작가나 평범한 작가가 사려 깊은 사람들에게 불쾌감과 혐오감을 불러일으키는 것도 바로 이 때문이다. 대부분 사람과의 대화도 똑같은 효과가 있다. 즉 대화의 단계마다 우리는 부당함과 '부조화'를 의식하게 되는 것이다.

14

'식물' 의 생활은 단순한 '생존' 에 있다. 그러므로 그들 삶의 즐거움은 오로지 절대적으로 주관적이고 무감각한 안락이다. 반면에 '동물들' 의 경우에는 '인식'이라는 것이 첨가된다. 그렇지만 그 인식이라는 것은 행동의 동기이며 그것도 그들의 가장 즉각적인 행동의 동기를 유발하는 것에 전적으로 국한되어 있다. 따라서 그들 역시 식물처럼 단순한 생존 가운데서 완전한 만족을 찾으며 그것이 전 생애를 일관하는 데 만족하기 때문이다.

그러므로 그들은 주위의 사물을 바라볼 뿐 아무런 사고도 하지 않으면서도 불만을 느끼거나 안절부절못하는 일 없이 전혀 무위(無爲)의 상태에서 많은 시간을 허비할 수 있는 것이다. 또한 개나 원숭이처럼 대단히 영특한 동물들만이 활동하고자 하는 욕구나 무위의 권태를 느끼는데 그들이 놀이를 즐기고 통행인들을 응시함으로써 즐거움을 느끼는 것도 그 때문이다.

이 점에서 그들은 곳곳에서 우리를 응시하는 인간 구경꾼들과 한 부류에 속한다. 그 인간 구경꾼들이 학생이라는 사실을 알아차릴 때만 진정으로 우리의 분노는 동(動)한다.

인간의 경우에만 '인식'——단순한 자아의식과는 다른 사물에 대한 의식——은 고도(高度)에 달하며 이성의 능력이 나타남과 더불어 인식은 사고의 단계에까지 이르게 된다. 이 결과 인간의 생활은 단순한 생존을 넘어 '인식' 자체로 일관될 수 있다. 그것은 어떤 의미에서는 자신에서 탈피하여 다른 생물과 사물 속에 사는 제2의 생존인 것이다.

인간에게 인식은 대체로 자기 행위의 동기를 유발하는 것에 국한된다.

다만 그것이 멀리 떨어진 동기까지도 포함한다는 점에서 동물과 다를 뿐이며 이것들을 폭넓게 포괄한 것을 '실용적 지식'이라 부르고 있다.

반면에 인간은 호기심이나 기분 전환을 하려는 욕구로 유발되는 것보다 더 '자유로운', 즉 무의미한 인식을 가질 수 없는 것이다. 대체로 이런 따위의 인식이 한계를 넘는 일은 없기는 하지만 그런 인식은 모든 인간의 마음속에 깃들어 있다.

시간이 흐르고 행위의 동기가 활동을 멈추면 인간 생활의 대부분이 단순한 '생존'으로 일관되며 오래 계속되는 목적 없는 방황과 대화도 없거나 극히 적은 대화만을 하는 단순한 동질성 따위의 공통된 사회성은 이 사실에 대한 증거가 된다. 실제로 대부분의 사람은――의식적으로가 아니더라도 마음속 깊이――자기 행위의 최고 준칙으로 또는 좌우명으로 '가능한 최소의 사고를 가지고 그럭저럭 생존해 나가려는' 각오를 하고 있다. 그들은 사고하는 일이 어렵고 힘겹기 때문이다. 그들은 자신의 생활상 또는 직업상 절대적으로 필요한 만큼만 사고하며 여러 가지 기분 전환――오락은 물론 대화 등――이 요구하는 만큼만 사고한다. 그런데 이 양자는 아주 질서 정연해야 하므로 그것들은 '최소한의' 사고에 의해서도 장해를 받을 수 있다.

지성이 우리가 살아가는 데 필요한 정도를 넘어서는 경우에만 인식은 그 자체가 목적이 된다. 따라서 일부 사람들에게 지성이 순수하게 객관적으로 인식하기 위해 그 본분――사물들 사이의 단순한 관계만을 파악함으로써 의지에 봉사하는――을 저버린다면 그것은 아주 잘못된 일일 것이다. 그렇지만 예술 · 시 · 철학의 근원이 되는 것은 바로 이것이며 애당초 그것을 목적으로 하지 않았던 어떤 기관(器官)에 의해 생성된다. 지성은 고용주(雇傭主)인 의지에 의해 아침부터 밤까지 철저하게 혹사당하는 공장의 직공이기 때문이다. 그런데 노예처럼 혹사당하는 직공인 지성이 근무 시간이 아닌 동안에 자신의 발의(發意)에 따라——그리고 일 자체만을 목적으로 오직 만족과 즐거움을 위해 자발적으로 일을 하게 된다면——그렇게 해서 이루어진 것이야말로 진짜 예술 작품이며 그것이 극에 이르면 천재적 작품이 되는 것이다.

한층 더 높은 차원의 예술적 · 시적(詩的) · 철학적 업적의 이면(裏面)에 깃들어 있는 순수하게 객관적으로 고용된 지성은 또한 순수한 학문적 업적 뒤에도 깃들어 있게 마련이며 그것은 기존의 순수한 학문적 연구와 배움 속에도 존재한다. 어떤 주제에 관해서든 거기에 깃든 자유로운 성찰——개인적 이해관계를 떠난——에도 깃들어 있는 것이다.

실제로 그 주제가 순수하게 객관적이기만 하다면——즉 어떤 점에서도 이해관계를 떠난 것이며——따라서 그 대화에 참가하는 사람들의 의도가 순수하다면 단순한 대화를 불러일으키는 경우도 마찬가지이다. 이렇듯 지성을 순수하게 객관적으로 고용하는 것은 주관적으로 고용하는——간접적으로라도 개인의 이해관계와 관련해서 고용하는——것과 비교된다. 춤이 보행(步行)과 비교되는 것처럼. 왜냐하면 지성의 객관적 고용은 정력의 무모한 낭비이기 때문이다.

반면에 지성의 주관적 고용은 지성이 오직 의지에 봉사하기 위해 발동한다는 점에서 자연스러운 것이다. 그것은 일이나 개인 생활의 영위뿐만 아니라 개인의 여러 가지 사정 및 물질계 일반에 관한 모든 회화(會話) 속에도 깃들어 있다. 이를테면 음식을 먹고 마시는 일, 그 밖의 여러 가지 즐거움, 또 생계를 위해 돈을 버는 일에 관련된 것과 모든 종류의 실리적(實利的)인 관심사에도 대부분 사람은 그들의 지성을 달리 고용할 수 없는 것이다.

그들에게 있어 지성은 의지에 봉사하는 도구에 불과하며 또 그것은 조금도 남김없이 이 봉사로 소모되어 버리기 때문이다. 그들을 그렇게 메마르고 그렇게 어리석을 만큼 진지하고 객관적인 대화도 할 수 없게 만드는 것이 바로 이 지성이다. 마치 지성을 의지에 연결하는 짧은 끈이 그들의 표정에 역력한 것처럼. 흔히 그 표정에서 나오는 마음의 표현이 그렇게 의기소침한 것은 사실상 인식 총화(總和)의 좁은 한계를 그들 의지의 관심사에 국한하는 것의 외적 표현에 불과하다.

우리는 거기에 주어진 의지가 목적 이상의 것은 요구하지 않는 꼭 그만큼의 지성이 깃들어 있음을 볼 수 있다. 즉 그들 표정의 속됨을 볼 수 있으며 또한 그들의 의지가 지성을 부려 먹는 행위를 멈추는 그 순간에 지성은 무위(無爲)의 상태로 빠져 버리고 만다는 사실을 알 수 있는 것이다.

그들은 어떤 사물에 대해서도 '객관적인' 관심을 품을 수 없다. 정신은 말할 것도 없고 관심마저도 자신과 아무런 관계도 맺지 않는 것에 대해서는 눈길을 돌리는 일이 없는 것이다. 즉 관심이 동하지 않는 것이다. 심지어 위트나 유머에마저도 대단한 자극을 받지 않는다.

그들은 약간의 사고(思考)라도 필요로 하는 것은 모두 회피한다. 기껏해야 천박한 익살에 의해서만 웃음을 터뜨린다. 이것마저도 배제한다면 그들은 본심(本心)만을 지닌 야수(野獸)와 같아서 오직 '주관적인' 관심밖에 품을 수 없게 될 것이다.

그런 사람들에게 돈내기 카드놀이가 가장 어울리는 오락인 것은 바로 이 때문이다. 놀음은 무대 연극이나 음악 · 회화(會話) 따위처럼 인식의 영역에 속하지 않고 어디에나 편재하는 제1요소인 '의지' 그 자체를 작동하기 때문이다.

이를 제외하면 그들은 태어나서 죽을 때까지 숙련공이며 천부적인 인생 운반부다. 그들의 즐거움은 모두가 관능적이다. 다른 즐거움에 대해서 무감각한 사람들에게는 실용적인 용건만을 말하되 그 밖의 것은 일체 말하지 말라. 그들과 사귀기 위해서는 자신을 낮추어야 한다.

반면 자신의 지성을 순수하게 '객관적으로' 고용할 수 있는 두 사람 사이의 대화는 비록 그 내용이 그다지 공허하지도 않고 농담 이상의 중요한 것일지라도 지적 에너지의 자유로운 장난에 불과하다. 그런 대화는 사실상 두세 명이 함께 어울려서 추는 춤과도 같다. 반대의 경우, 즉 자신의 지성을 '주관적으로' 고용하는 두 사람 사이의 대화는 어깨를 나란히 하거나 한 사람은 앞에서 다른 사람은 뒤에서 목적지를 향해 함께 걸어가는 행진과도 같다.

그런데 지성을 자기 마음대로 비정상적으로 고용하려는 이 경향은 그렇게 할 수 있는 능력과 연관되어 그 '천재성' 속에 인식이 제1의 것이 되는 그 지점을 포함하며 전 생애의 '목적'을 포함한다. 반면에 그 자신의 생존은 부수적이고 단순한 '수단'으로 전락하게 된다. 따라서 정상적인 관계가 완전히 전도되어 버리는 것이다. 그러므로 천재들은 대체로 개인 속에 산다기보다는 세계를 인식하고 이해함으로써 자기 자신 이외의 세계에 산다고 해야 할 것이다.

그의 인식 능력의 아주 비정상적인 신장(伸長)은 그에게서 시간을 단순한 '생존'과 그 목적으로 채워 버릴 가능성을 앗아간다. 그의 정신은 무슨 일에든 부단히 정력적으로 몰두할 필요가 있다. 그리하여 일상생활의 폭넓은 분야를 두루 고찰할 때 침착성을 결(抉)하지 않으며 평범한 사람들이 흔히 빠져드는 것들 속에 쉽게 빠져들지 않는다. 그러므로 천부적 재능은 보통의 정신력, 즉 빈약한 능력에 적합한 피상적인 실생활 또는 비정상 따위의 장해를 지향한다.

지적 능력이 이렇게 강해짐에 따라 외계에 대한 직관적 이해는 객관적으로 크게 향상되며 의지에 봉사하는 데 필요한 것보다 훨씬 더 많은 힘을 주므로 그 힘이 오히려 봉사에 방해 요인으로 작용할 뿐 아니라 그 힘 자체 내부에서 생기는 여러 가지 현상을 심사숙고하는 데에도 방해가 된다. 그러므로 이들 지적 힘은 개인적 의지와 자신과의 관계 및 상호 간의 관계를 깊이 고찰하는 일에서 부단히 물러섬으로써 이들 관계를 분명하게 이해하는 것을 서로 방해하게 된다.

따라서 의지의 봉사를 위해서는 사물들을 오직 피상적으로만 고찰하는 것으로 족하며 우리가 어떤 목적을 가지며 이들 목적과 관련 있는 것이 무엇인가에 대한 여러 가지 관계만을——가능한 한 그 밖의 것들에는 아예 눈을 감아 버리고——고찰하는 것으로 족하다. 사물의 본질에 대한 객관적이고도 완전한 파악은 이런 종류의 인식을 약하게 만들며 혼란 속으로 밀어 넣는다.

15

천재(天才)와 평범한 사람들 사이의 차이는 그것이 정도의 차이라는 점에서 보면 '양적(量的)' 인 것일 뿐이다. 그런데도 평범한 사람들이 개인적인 차이를 갖고 있으면서도 한결같이 공통적인 흐름에 따라 사고하므로 그들이 빈번히 그릇된 판단에 대해서까지도 의견이 일치하는 것을 볼 때 그것을 '질적(質的)' 인 것으로 생각하게 된다.

그러므로 진리를 바탕 삼지 않으면서 아무리 시대가 바뀌어도 끝내 고집하는 그들 판단의 빈번한 일치는 끊임없이 반복되고 새로이 제기되는 것에 반해 시대의 위대한 정신들은 이들의 견해에 공공연히 또는 은밀하게 반대한다.

16

천재란 그의 머릿속에서 '표상으로서의 세계' 가 한층 더 월등히 큰 명료성을 얻어 선명하게 나타나는 그런 인간이다. 그런데 중요하고 심오한 통찰력은 낱낱의 사물에 대한 세심한 관찰에 의해서가 아니라 전체를 파악하는 강도(强度)에 의해 주어지므로 인간들은 천재에게서 깊은 교훈을 기대할 수 있는 것이다.

그러므로 천재란 사물들에 대한 극히 명료한 의식과 동시에 사물의 반대편인 자신의 자아에 대한 아주 명료한 의식으로 정의될 수 있다. 인류가 이런 능력을 타고난 사람——천재——을 존경하는 것은 그에게서 사물 및 인간 자신의 본질에 대한 해명을 구할 수 있기 때문이다.

17

동시대인들에게 존경을 받고자 한다면 당신은 자신의 시대에 보조를 맞추어 살지 않으면 안 된다. 그런데 당신이 그렇게 산다면 절대로 위대한 것을 이룩해 내지는 못할 것이다.

당신이 위대한 사상을 지니고 있다면 그것을 후세 사람들에게 전해야 한다. 그럴 때 틀림없이 당신은 동시대인들에게 알려지지 않게 될 것이다. 즉 당신은 평생을 무인도에서 지내면서 먼 장래에 항해자가 당신이 옛날의 거기에 살았음을 증명할 수 있게 하려고 온갖 고역을 치르며 자신의 기념비를 세우도록 강요받은 사람과 같을 것이다.

18

'재능 있는 사람'은 돈과 명성을 위해서 일한다. 반면에 '천재'에게 시켜서 창조 활동을 하게 하는 것이 무엇인지를 단정하는 것은 그리 쉬운 일이 아니다.

그것은 돈이 아니다. 천재가 돈을 버는 일은 드물기 때문이다. 명예도 또한 아니다. 명예란 너무나 덧없는 데다가 가치 있는 것도 아니기 때문이다. 그렇다고 해서 자신의 쾌락을 위해서도 아니다. 그의 활동 속에 포함된 노력은 쾌락을 거의 압도하기 때문이다.

그것은 천부적 재능을 지닌 개인이 본 것 · 느낀 것을 그 이상의 동기를 의식하지 않고 불후(不朽)의 작품 속에 표현하지 않을 수 없는 그 사람 특유의 본능이다. 그것은 대체로 수목(樹木)이 결실을 보고 자신이 성장할 수 있는 만큼의 토양(土壤) 이상은 세상에 요구하지 않는 것과 같은 필연성에 따라 행해진다.

좀 더 자세히 고찰해 보면 마치 인간이라는 종족의 정신처럼 개인 속에서 살려는 의지가 어떤 희한한 우연에 의해 극히 짧은 순간보다 명백한 지성에 도달하여 지금은 그 결과를 획득하고자 애쓰는, 즉 그들의 빛이 평범한 인간 의식의 암흑과 무감각을 끊임없이 비춰 줄 수 있도록 인류 전체——개인의 본질적인 존재이기도 한——를 위해 이 분명한 사고와 통찰의 산물(産物)을 획득하고자 애쓰는 것을 의식함과도 같다.

천재가 보상이나 갈채나 동정도 염두에 두지 말며 더구나 자신의 행복 따위는 무시하고 동시대인들보다는 후세대를 생각하면서——동시대인들은 그를 그릇된 길로 인도할 수 있을 뿐이므로——그의 작품을 완성하는 일에 고군분투하도록 강요하는 본능을 일게 하는 것도 여기에 기인한다.

자기 작품을 신성한 수탁물(受託物)로, 존재의 참된 결실로, 그리고 인류의 공동 소유물로 완성하기 위해 기록하는 것이야말로 천재에게 다른 어떤 것보다도 더 중요한 목표가 된다. 그 목표를 이루기 위해 천재는 가시관을 쓰지만 언젠가는 월계관으로 피어날 것이다.

자기 작품을 완성하고 보존하려는 그의 노력은 삶을 지켜보지도 못할 제 후세들을 위해 알을 지키고 부화(孵化)하도록 준비하는 곤충만큼이나 결사적이다. 곤충은 장차 제 알이 영양을 섭취하여 유충(幼蟲)으로 자랄 수 있는 곳에 알을 낳아 놓고는 안심하고 죽어가는 것이다.

9. 사색(思索)에 대하여

1

아무리 큰 서재(書齋)라도 잘 정돈되어 있지 않으면 정돈된 작은 서재만도 못 한 것처럼 아무리 다양한 지식을 갖고 있다 하더라도 사고(思考)에 의해 자세히 검토된 것이 아니라면 깊이 사색한 적은 지식보다 무가치한 것이다.

하나하나의 진리를 다른 진리들과 비교함으로써 우리가 알고 있는 것을 잘 정돈해야만 비로소 그것들을 완전히 자신의 지식으로 흡수할 수 있으며 우리 자신의 힘으로 만들 수 있기 때문이다. 우리는 오직 알고 있는 것에 대해서만 숙고할 수 있다. 그러므로 우리는 학문을 넓히지 않으면 안 된다. 그런데 우리는 숙고한 것만을 알 뿐이다.

우리는 의지에 따라 독서하기도 하고 학문을 넓힐 수도 있다. 그렇지만 우리는 의지에 따라 사색할 수는 없는 것이다.

다시 말해 사색은 바람에 의해 불이 댕겨지고 타오르듯이 사색의 대상에 관한 관심——주관적인 관심이건 객관적인 관심이건——에 의해 불이 댕겨지고 타오른다.

주관적인 관심은 개인적으로 영향을 미치는 것에 대해서 가능하지만 객관적인 관심은 천성적으로 사색이 호흡만큼 자연스러운 사람들에게만 가능하며 그런 사람들은 극히 드물다.

이와 같이 대부분 학자가 풍부한 사색을 하지 못하는 것은 바로 그 때문이다.

2

사색으로 정신이 받는 영향과 독서로 정신이 받는 영향에는 엄청나게 큰 차이가 있다. 따라서 사색에 알맞은 정신과 독서에 알맞은 정신 사이의 근원적인 차이는 점점 더 벌어진다.

독서하는 순간 정신의 상태 및 방향과는 전혀 다른 이질적인 사상들을 정신에 강제로 주입(注入)하기 때문이며 그것은 마치 밀랍 위에 도장을 찍는 것과 마찬가지이다. 이때 정신은 그렇게 생각하고 싶지 않은 때도 그렇게 생각하게 하는 외부의 압력에 전적으로 따르게 마련이다.

그런데 사색의 경우에는 현재의 환경이나 과거의 회상으로 그 방향이 더욱 직접적으로 결정되므로 정신은 자신의 의향에 따른다. 눈에 보이는 환경은 독서와는 달리 정신에 그 본성과 그때의 기분에 맞는 방향으로 사색할 기회와 소재를 제공해 줄 뿐 어떤 '유일한' 사상도 강요하지 않기 때문이다.

중력이 계속 가해진 용수철이 탄력성을 잃듯이 많은 독서는 정신의 사상에서 탄력성을 완전히 빼앗아 가 버린다. 그러므로 자신의 사상을 갖지 않는 가장 확실한 방법은 틈나는 대로 책을 읽는 것이다. 박식(博識)이 대부분 사람을 타고난 상태보다 더 우둔하고 어리석게 만들며 그들의 글에서 효력을 빼앗아 가는 것도 바로 지나친 독서 때문이다. 이것은 포프(Pope)[15]의 말 속에도 나타나 있다.

항상 읽고 있지만 절대로 읽히지 않는다.

---

15) Pope, Alexander(1688~1744), 영국의 시인.

학자란 책을 많이 읽은 사람들이다. 그런데 사상가 · 천재 · 계몽가 · 개혁가들은 세계라는 책을 진실로 탐독한 사람들이다.

3

근본적으로 진리와 생명을 지닌 것은 오직 우리 자신의 근원적인 사고뿐이다. 진정으로 철저하게 이해하는 것은 오직 우리 자신의 사고뿐인 것이다. 책 속에서 읽는 다른 사람의 사상은 다른 사람이 먹다 남긴 음식 찌꺼기이며 다른 사람이 벗어 던진 헌 옷에 불과하다.

우리 자신의 정신 속에서 싹트는 사상이 봄철에 피어나는 꽃이라면 책에서 읽은 다른 사람들의 사상은 태고 때 돌에 남겨진 꽃의 자취와 같다.

4

독서는 사색의 대용품에 지나지 않는다. 독서하는 것은 다른 사람에게 우리의 사고를 이끌어 가도록 위임하는 것이다. 더구나 대부분의 책들은 그릇된 길들이 얼마나 많으며 만일 우리 자신을 이끌고 가도록 내버려 둔다면 길을 잃고 얼마나 방황하게 될 것인가를 제시해 줄 뿐이다. 그렇지만 재능에 의해 인도되는 사람들——즉 사색하는 사람들——은 자유분방하게 사고하며 자기 자신에 따라 사고하며 올바르게 사고한다. 다시 말해 그런 사람들은 올바른 길을 찾을 수 있는 나침반을 갖고 있는 것이다.

그러므로 우리는 사고의 원천이 완전히 고갈되었을 때만——이런 일은 훌륭한 정신을 지닌 사람에게도 종종 일어난다——독서해야 한다. 그런데 독서하기 위해 자신의 강력한 사상을 내동댕이치는 것은 성령을 거역하는 죄를 범하는 것이다. 그것은 마치 식물 표본첩을 보기 위해 또는 동판화의 풍경을 보기 위해 구속되지 않은 아름다운 자연에서 도망치는 것과 같다.

설령 우리가 사색을 통해 힘겹게 찾아낸 진리나 견해를 책 속에서 손쉽게 발견할 수 있는 경우가 종종 있다 하더라도 자신의 사색을 통해 도달한 진리나 견해는 책 속에서 얻은 진리나 견해보다 백배나 더 가치 있는 것이다.

자신의 사색을 통해 도달한 진리라야 살아 있는 것 · 필요 불가결한 것으로서 전체적인 자신의 사고 체계 속으로 들어와 완전하고 견고하게 결합하며 자신의 사고 전체의 색조와 특색을 띠게 되는 것이다. 또한 사색을 통해 도달한 진리는 간절히 구하고 있을 때 얻어진 것이므로 정신 속에 확고하게 자리 잡고 영원히 머물게 된다.

다음 괴테의 시는 그것을 아주 정확하게 표현하고 있다.

당신의 조상에게 물려받은 것은 빌린 것이다.
그러므로 그것을 새로이 얻어 진정으로 그것을 소유하라!

스스로 사색하는 사람은 먼저 자신의 견해를 세우고 그 견해를 확고하게 하기 위해 다른 사람들의 학설을 익힐 뿐이다. 그런데 독서를 통해 철학 하는 사람은 다른 사람들의 학설에서 출발하여 그들의 견해를 긁어모아 자신의 견해를 만든다. 후자(後者)의 정신과 전자(前者)의 정신 사이에는 로봇과 인간과의 차이만큼 엄청난 차이가 있는 것이다.

다른 사람들에게 배운 진리는 의족(義足)이나 틀니 혹은 밀랍으로 붙인 코 아니면 기껏해야 이식된 피부처럼 우리에게 부착되어 있을 뿐이다. 그렇지만 사색으로 얻어진 진리는 의족이 아닌 진짜 다리처럼 진정으로 우리의 것이다. 사상가와 단순한 학자의 차이는 바로 여기에 있다.

5

독서하는 것은 자기 머리로 생각하는 대신 다른 사람의 머리로 생각하는 것과 같다. 독서를 계속하게 되면 다른 사람의 사상이 우리 머릿속으로 가차 없이 흘러 들어온다. 그러므로 조그만 결함도 없을 정도로 완전무결한 체계는 아니라고 할지라도 정리된 사상을 형성하고자 하는 사색가에게 이보다 더 해로운 것은 없다.

다른 사람들의 사상은 모두 다른 사람의 정신에서 생겨난 것이며 다른 사상의 체계에 속해 있고 다른 색채를 띠고 있어 자신의 사상 · 지식 · 통찰 · 확신과 조화를 이루지 못하고 오히려 바빌로니아 언어를 연상케 하는 혼란을 일으키며 결국 다른 사람의 사상이 지나치게 많이 주입된 정신은 밝은 통찰력을 빼앗겨 거의 파괴되어 버리기 때문이다.

이런 상태는 많은 학자들에게서 볼 수 있으며 그들이 상식이나 올바른 판단력 · 실제적인 통찰력에 있어서 학식이 없는 사람들보다 뒤떨어지는 것은 바로 이 때문이다. 학식이 없는 사람들은 항상 경험과 대화와 얼마 안 되는 독서를 통해 얻은 적은 지식을 자기 생각에 종속시키고 통합시킨다.

체계적인 사상가도 이와 같은 절차를 밟으면서 그 도(度)는 훨씬 더 크다. 즉 사상가는 자료로서 다양한 지식이 필요하며 많은 독서를 해야 한다. 그렇지만 매우 강력한 그의 정신은 독서를 통해 얻은 지식을 지배하고 소화하여 자신의 사상 체계에 통합시킨다. 그리하여 그 모든 지식을 광대하고 끊임없이 성장하는 통찰력이라는 유기적으로 일관된 통일체 속에 종속시키는 것이다.

이때 그의 사색은 마치 오르간의 기초 저음(基礎低音)처럼 모든 음(音)을 지배하되 절대로 다른 음이나 가락에 의해 제거되는 일이 없다. 그러나 박학다식할 뿐인 자의 경우에는 건반에서 나오는 음조가 서로를 방해하여 기본을 이루는 가락은 더 이상 찾아볼 수 없게 된다.

6

평생을 독서하며 책 속에서 지혜를 흡수한 사람은 마치 많은 기행문들을 읽고 그 나라에 대한 정보를 얻는 사람과 같다. 그 나라의 풍물에 대해 정보는 많이 알고 있지만 그 나라의 본질에 대한 일관성 있고 명확하고 철저한 지식은 갖고 있지 못하는 것이다.

그런데 평생을 사색하며 보낸 사람은 실제로 그 나라에 가 본 적이 있는 사람과 같다. 진실로 그 나라를 알고 있으며 그 나라의 본질에 대해 일관성 있고 명확한 지식을 갖고 있다.

7

스스로 사색하는 사람과 독서를 통해 철학 하는 사람과의 관계는 실제로 목격한 사람과 역사 연구가와의 관계와 같다. 전자(前者)는 자신이 직접 체험한 것을 토대로 말한다. 스스로 사색하는 사람들의 견해가 근본적으로 일치하는 것은 바로 그 때문이며 그들 사이의 차이점은 처해 있는 입장이 서로 다르므로 생겨난 것일 뿐이다.

만일 처해 있는 상태가 같다면 그들은 똑같은 말을 할 것이다. 오직 객관적으로 이해하고 있는 것만을 말하기 때문이다. 실제로 나는 역설적이라고 생각되어 공공연하게 발표하기를 망설였던 나의 견해가 예전의 위대한 사람들의 저서에 기록되어 있음을 발견하고는 기쁨과 놀라움을 느끼는 일이 흔히 있다.

그렇지만 책을 통해 철학 하는 사람은 이 사람 저 사람의 견해 또는 그에 대한 반론 등을 전달할 뿐이다. 그는 여러 견해를 비교하여 조심스럽게 저울질하고 평가하며 진리를 얻으려 노력한다. 이 점에 있어서 그는 역사 비평가나 같다.

우리는 사상가가 겪는 극심한 고통에 놀랄지도 모른다. 만일 그가 물자체에 주의를 기울이기만 하면 그는 약간의 사색을 통해 곧 목표에 도달할 수 있다고 생각하기 때문이다. 하지만 사색은 의지에 따라 할 수 있는 것이 아니므로 사상에 도달하는 것은 그렇게 간단하지 않다.

독서하는 것은 언제든지 가능하지만 사색은 그렇지 않은 것이다. 즉 사상은 마음대로 불러낼 수 있는 것이 아니라 그것이 올 때까지 기다려야 한다. 어떤 대상에 대한 사색은 외적인 원인이 우리의 내적인 기분 또는 관심과 일치할 때 저절로 생긴다.

그러나 그런 기회가 모든 사람에게 찾아오는 것은 아니다. 아무리 위대한 정신의 소유자라 하더라도 항상 사색할 수 있는 것은 아니므로 적당한 때를 기다려야 하는 것이다. 따라서 그는 여가를 독서로 선용한다.

그런데 내가 말한 바가 있듯이 독서는 사색의 대용물이며 우리의 정신에 자료를 제공해 줄 뿐이다. 책은 다른 사람이 다른 방법으로 우리를 대신하여 생각한 것이기 때문이다. 그러므로 우리의 정신이 대용물에 익숙해져 물자체에 대한 인식을 중지하는 일이 없도록——즉 다른 사람이 닦아 놓은 길에 익숙해져 그 뒤를 따르는 나머지 자신만의 사색의 길에서 멀어지지 않도록——지나친 독서를 해서는 안 된다.

독서 때문에 현실 세계를 주시하지 못하는 일이 있어서는 절대로 안 된다. 현실 세계에 대한 주시는 독서보다 훨씬 더 많은 사색의 기회를 제공하기 때문이다. 실제로 우리가 지각할 수 있는 실존하는 사물은 본질적으로 힘을 갖고 있어 사색적 정신에는 알맞은 대상이며 사색적 정신에게 가장 쉽게 깊은 감동을 줄 수 있다.

8

단순한 경험은 독서와 마찬가지로 사색의 대용물에 지나지 않는다. 단순한 경험과 사색과의 관계는 먹는 행위와 소화 · 흡수와의 관계와 같다. 만일 단순한 경험이 자기 혼자서 여러 가지 발견을 통해 인간의 지식을 증대해 왔다고 우쭐한다면 그것은 마치 입이 자기 혼자서 육체를 존속시켜 왔다고 우쭐하는 것과 마찬가지이다.

9

참으로 훌륭한 정신에서 나온 작품은 단호함과 확고함 그리고 거기에서 나오는 명백함에서 다른 작품들과 구별된다. 훌륭한 정신을 지닌 사람들은 항상 자신이 표현하고자 하는 것이 무엇인지를 분명하고 확실하게 알고 있기 때문이다. 그것이 산문(散文)이건 시(詩)이건 또는 음악이건 모두 그러하다. 그렇지만 다른 작품에서는 이 단호함도 명백함도 빠져 있다. 그러므로 이 점에서 그 작품이 훌륭한 정신에서 나온 것이 아니라는 사실이 곧 분별되는 것이다.

10

최고의 정신을 지닌 사람들의 특성은 판단과 견해를 다른 사람들에게 의존하지 않고 자신이 직접 얻는다는 것이다. 그들이 표현하고 주장하는 모든 것은 자기 사색의 결과이다. 따라서 진실로 사색하는 사람은 마치 군주와 같다. 정신세계의 영역에서 그는 황제적 권력을 가지고 있으며 다른 사람들은 그에게 예속되어 있다. 그의 판단은 마치 군주의 명령처럼 절대적 권력에서 직접 나온다.

마치 군주가 다른 사람들의 권위를 인정하지 않듯이 그는 다른 권위를 인정하지 않는다. 그는 자신이 직접 확인한 것이 아니면 어떤 것에 대해서도 그 정당성을 인정하지 않는다. 이에 반해 대중적 정신을 지닌 사람들은 세간(世間)의 모든 편견이나 권위의 지배를 받고 법이나 명령에 묵묵히 복종하는 군중과 같다.

11

현실 세계에서는 아무리 아름답고 행복하고 쾌적한 생활이 우리에게 주어진다고 하더라도 항상 끊임없이 극복해 나가지 않으면 안 되는 중력 아래에서 살아갈 뿐이다. 그런데 사상계(思想界)에서는 중압도 궁핍도 걱정도 없으며 우리는 육체가 아닌 정신이다. 그러므로 지상의 어떤 행복도 자신의 내부에서 발견하는 아름답고 풍요로운 정신의 행복에는 비견될 수 없다.

12

마음속에 사상을 지닌 것은 가슴에 연인을 품고 있는 것과 흡사하다. 연인을 잃게 되는 일은 없을 것이며 사상도 절대 잊히지 않을 것이라고 생각한다. 그런데 보지 않으면 마음에서 사라지는 법이다! 그러므로 아무리 사랑하는 애인일지라도 결혼하여 잡아두지 않으면 떠나가 버리며 아무리 훌륭한 사상일지라도 기록해 두지 않으면 잊히게 된다.

13

사고하는 사람에게 귀중한 가치를 지니는 사상은 많지만 그 사상들이 글로 표현되었을 때 독자의 관심을 끄는 힘을 지닌 사상은 극히 드물다.

14

'자기 자신을 위해' 사고해 낸 사상만이 진정한 가치를 지닌다. 우리는 사상가들을 '자기 자신을 위해' 사고하는 사상가와 '다른 사람을 위해' 사고하는 사상가로 분류할 수 있다. '자기 자신을 위해' 사고하는 부류에 속하는 사상가는 이중적(二重的) 의미에서 진정한 '자아 사상가'이며 진정한 철학자이다. 사물을 진지하게 생각하는 것은 그들뿐이며 그들 존재의 기쁨과 행복은 바로 사고하는 데에 있기 때문이다.

반면에 '다른 사람들을 위해' 사고하는 부류에 속하는 사상가들은 소피스트(sophist)이다. 그들은 다른 사람들에게 사상가로 보이고자 애쓰며 세상 사람들에게 받는 명성 속에서 행복을 찾는다. 그들이 염원하는 것은 바로 명성이다.

사상가가 이들 두 부류 중 어느 쪽에 속하는가는 그의 전반적인 사고

유형과 방법에 의해 드러난다. 리히텐베르크[16]는 전자에 속하며 헤르더[17]는 후자에 속한다.

15

'존재의 문제'는 우리에게 매우 중대하고 절실한 문제이다. 모호하고 괴롭고 덧없고 꿈과 같은 이 존재의 문제는 너무도 중대하고 절실하여 그것을 의식하자마자 다른 모든 문제와 목표들을 뒤덮어 버리고 만다.

그런데도 극소수를 제외한 거의 모든 사람은 이 문제를 분명하게 의식하지 못하고 있다. 그러므로 존재의 문제에 대해 아무런 의식도 없는 것처럼 보인다. 그러면서도 그 밖의 다른 문제들에 대해서는 지대한 관심을 기울인다.

그들은 그날그날의 일이나 자신의 가까운 장래에 대해 생각하며 하루를 살아갈 뿐이다. 즉 그들은 존재의 문제를 깊이 생각하기를 거부하거나 자기 마음에 드는 대중적인 형이상학과 타협하려 하는 것이다.

만일 이상의 것들을 깊이 생각해 본다면 우리는 한층 더 넓은 의미에서만 인간은 '사고하는 존재'라고 불릴 수 있다는 결론에 도달하게 될 것이다. 따라서 인간에게서 무사고(無思考)나 우둔함을 발견하더라도 놀라지 않고 오히려 일반적인 인간의 지적(知的) 수준이 동물의 그것보다 높기는 하지만——동물은 오직 현재에만 국한되어 있으며 과거나 미래에 대해서는 아무런 의식도 없다——실제로는 일반적으로 생각하는 것만큼 큰 차이가 있는 것은 아니라는 사실을 깨닫게 될 것이다.

---

16) Georg Christoph Lichtenberg(1742~1799), 독일의 풍자 작가이며 경구 작가.
17) Johann Gottfried von Herder(1744~1803), 독일의 신학자이며 철학자.

10. 독서에 대하여

1

무지(無知)는 부(富)와 결부되었을 때만 인간의 품위를 떨어뜨린다. 가난한 사람이 빈곤과 재난에 억눌려 있듯이 그의 노동은 지식의 자리를 빼앗고 그의 생각들을 점령한다. 그런데 매일 목격할 수 있듯이 무지한 부자는 오직 쾌락만을 위해 살며 동물과 같은 생활을 한다. 더욱 비난받아야 할 점은 부(富)와 여가가 그것에 최대의 가치를 부여하는 것을 위해 사용되지 않았다는 점이다.

2

독서한다는 것은 다른 사람이 우리를 위해 생각한 것을 읽는 것이다. 그러므로 독서는 다른 사람의 정신적 과정을 더듬어 나아가는 것에 지나지 않는다. 그것은 마치 글씨 쓰는 법을 배우는 학생이 연필로 쓴 선생의 글자를 따라 그대로 쓰는 것과 같다.

따라서 독서할 때 우리는 대체로 사색하지 않는다. 사색을 중단하고 독서를 할 때 마음이 훨씬 가벼워지는 것은 바로 그 때문이다. 그런데 독서를 하는 동안 우리의 정신은 다른 사람의 사상의 운동장에 있는 것에 지나지 않는다. 그러므로 때때로 아무 생각 없이 즐기는 것 이외에 거의 하루 종일 독서하는 사람은 차츰 스스로 생각할 능력을 잃게 된다. 그것은 항상 탈것을 타고 다니는 사람은 걷는 법을 잊어버리는 것과 흡사하다.

그런데 대다수 학자가 그러하다. 즉 대다수 학자는 지나친 독서로 인해 바보가 된 것이다. 틈만 있으면 독서하는 것은 육체노동만 하는 것보다 훨씬 더 정신을 마비시키지만 육체노동을 하는 동안에는 생각에 잠길 수도 있기 때문이다.

어떤 물체의 압력을 끊임없이 받는 용수철은 결국 탄력을 잃게 된다. 이와 마찬가지로 우리의 정신도 다른 사람의 사상에 의해 끊임없이 압력을 받게 되면 탄력을 잃게 된다. 음식을 지나치게 많이 먹으면 위장이 상하고 결국 몸 전체가 상하게 된다. 이와 마찬가지로 정신적인 음식도 지나치게 많이 섭취하면 질식하게 된다.

독서를 많이 하면 할수록 정신에 남아 있는 흔적은 그만큼 적어지게 되며 우리의 정신은 마치 많은 글자가 겹쳐 쓰인 칠판처럼 되는 것이다. 그리하여 우리가 읽은 내용들을 결코 숙고할 수 없게 된다.

그렇지만 음식을 먹음으로써가 아니라 먹은 음식을 소화함으로써 영양을 흡수할 수 있듯이 우리가 읽은 내용들을 되새기고 숙고함으로써 비로소 그것들을 흡수할 수 있는 것이다. 만일 우리가 항상 독서만 하고 읽은 내용을 깊이 생각하지 않는다면 그것들은 우리의 정신 속에 뿌리를 내리지 못할 것이며 그 대부분은 잊혀 버리고 말 것이다. 일반적으로 정신적 음식도 육체적 음식과 마찬가지로 흡수되는 것은 기껏해야 섭취한 양의 오십 분의 1 정도이며 나머지는 증발 · 호흡 등의 작용을 통해 사라져 버린다.

또 하나 첨가해야 할 것은 종이 위에 압축된 사상들은 모래 위를 걸어간 사람의 발자국에 지나지 않는다는 사실이다. 우리는 그가 걸어간 길을 볼 수는 있다. 그렇지만 그가 도중에서 무엇을 보았는가를 알기 위해서는 우리 자신의 눈으로 직접 보지 않으면 안 되는 것이다.

3

우리는 문학적 특성, 즉 설득력 · 풍부한 상상력 · 비유의 재능 · 대담성 · 날카로움 · 간결함 · 우아함 · 표현력 · 위트 · 대조법 · 솔직성 등의 재능을 독서로 통해 얻을 수는 없다. 그렇지만 잠재적 재능을 갖고 있을 경우에 독서로 우리 내부에 있는 재능을 불러일으킬 수 있으며 그 재능들을 인식할 수 있게 된다.

우리는 독서로 그러한 재능을 사용하고 싶다는 기분뿐만 아니라 용기도 북돋울 수 있다. 또한 우리는 독서를 통해 그런 재능의 효과를 판단할 수 있으며 재능의 올바른 사용법을 배울 수 있다.

이렇게 함으로써 비로소 우리는 그런 재능을 소유하게 되는 것이다. 그러므로 우리가 그런 재능을 갖고 있을 때만 독서는 우리에게 타고난 재능을 사용하는 방법을 가르쳐 준다. 그러나 재능을 갖고 있지 않을 경우 우리는 독서에서 생명이 없는 싸늘한 매너리즘(mannerism)만을 배우게 되어 천박하고 깊이가 없는 모방자가 될 뿐이다.

4

지층(地層)이 과거의 생물들을 시대의 순서에 따라 보존하고 있듯이 도서관의 서가(書架)도 과거의 그릇된 설(說)과 시대에 뒤떨어진 설(說)을 순서대로 보존하고 있다. 그 설(說)들도 과거의 생물들처럼 그 당시에는 매우 활발히 작용했으며 큰 소동을 일으켰다. 그러나 이제는 화석이 되어 겨우 문헌 학자들의 눈길을 끌 뿐이다.

5

문학은 인생과 같다. 우리가 어디를 향하건 곳곳에서 여름날의 파리 떼처럼 모든 것을 더럽히고 구제할 수 없는 수많은 인간쓰레기와 마주치게 된다. 이와 마찬가지로 우리는 곳곳에서 밀의 영양분을 빨아먹고 말라 죽게 하는 문학의 잡초인 수많은 악서와 마주치게 된다.

이들 악서는 사람들에게서 양서와 함께 고귀한 목적을 위해 사용되어야 할 시간과 주의력을 빼앗아 간다. 악서들은 인간에게 무익할 뿐만 아니라 적극적으로 해독을 끼치는 것이다.

오늘날 서적의 구십 퍼센트는 오직 사람들의 주머니에서 돈을 빼내는 것만을 목적으로 하며 저자와 출판업자 그리고 비평가들은 이 목적을 위해 서로 굳게 손잡고 있다.

현대의 문필가들──즉 빵을 얻기 위해 글을 쓰는 문필가들과 글을 함부로 써 대는 엉터리 문필가들──은 시대의 좋은 취미와 참된 교양을 희롱하는 데 성공했다. 그것은 교활하고도 저열한 계략이었다. 왜냐하면 그들은 상류사회 사람들에게 시대에 뒤떨어지지 않는 독서를 가르침으로써──즉 사회적 모임에서 화제에 끼어들 수 있도록 새로운 책 최고의 책을 읽어야 한다고 가르치고 훈련함으로써──상류 사회의 고삐를 잡는 데 성공했기 때문이다.

슈핀들러(Spindler) · 불워(Bulwer) · 유진 슈(Eugene Sue)와 같이 한때 인기를 끌었던 자들의 저열한 소설들 및 그와 유사한 작품들은 바로 이러한 목적을 위한 것이다. 고귀하고 뛰어난 정신에서 나온 작품들에 대해서는 대충 아는 것만으로 만족하면서 범용하고 저속한 정신을 지닌 채 오직 돈만을 위해 글을 써 대는 작가들의 수많은 신간 서적을 읽을 수밖에 없는 대중들의 운명보다 더 불행한 것이 어디 있겠는가?

특히 통속적인 일간 신문들은 교활하게도 대중들에게 뛰어난 정신에서 나온 작품들을 읽는 데에 사용되어야 할 시간을 빼앗을 계략을 꾸며 그 시간을 범용하고 저속한 정신에서 나온 엉터리 작품들을 읽는 데에 소비되도록 했다.

사람들은 시대를 초월한 뛰어난 작품을 읽는 대신 저열한 신간 서적들만을 읽기 때문에 저자들은 통속적인 사상의 좁은 세계 속에 머물러 있으며 시대는 점점 더 수렁 속으로 빠져들게 되는 것이다.

그러므로 그러한 악서(惡書)를 읽지 않는 기술이 매우 중요하다. 그 기술이란 많은 사람에 의해 읽히고 있는 서적, 즉 출판되자마자 중판을 거듭하며 선풍을 일으키는 수명이 1년에서 몇 년밖에 안 되는 정치적 · 문학적 팸플릿 · 소설 · 시 등에 손을 내밀지 않는 것이다.

바보들을 위해 글을 쓰는 사람은 항상 대중과 영합한다는 사실을 명심해야 한다. 우리는 독서를 위한 짧은 시간을 마련하여 그 시간은 뛰어난 정신에서 나온 작품과 시대와 민족을 초월한 뛰어난 정신에서 나온 작품만을 읽어야 한다는 것을 잊지 말아야 한다.

악서(惡書)를 아무리 적게 읽어도 지나치지 않으며 양서를 아무리 자주 읽어도 지나치지 않는다. 악서는 정신의 독약이며 정신을 파멸시킨다.

양서를 읽기 위해서는 악서를 읽지 말아야 한다. 인생은 짧고 시간과 정력은 한정되어 있기 때문이다.

6

옛날의 위대한 정신을 지닌 사람들을 논한 서적들이 오늘날 출판되고 있다. 그런데 사람들은 이런 서적들을 읽을 뿐 그들이 쓴 작품은 읽지 않는다. 그 이유 중 하나는 그들을 논한 서적들이 신간 서적이기 때문에 대중들은 끼리끼리 어울리는 서적들을 읽으려 한다는 것이며 다른 하나는 우둔한 사람들이 쓴 천박하고 무미건조한 헛소리들이 위대한 정신의 소유자들의 사상보다 훨씬 더 마음에 들기 때문이다.

다행스럽게도 나는 일찍이 청년 시절에 K. W. 슐레겔(Schlegel)의 다음과 같은 훌륭한 경구를 읽게 되었으며 그 이후 그 경구는 나를 인도하는 별이 되었다.

옛사람들의 작품을 읽기에 힘쓰라
참되고 뛰어난 옛사람들의 작품을.
현대인들이 그들에 대해 하는 말은 중요시하지 말라.

오, 평범한 정신은 서로 얼마나 닮았는가. 그들은 모두 하나의 주형(鑄型)에서 나온 것처럼 너무도 닮았다! 각자에게 동시에 똑같은 생각만이 떠오를 뿐 다른 생각은 떠오르지 않는다니! 그뿐만 아니라 모두 똑같은 저열하고 더러운 사욕(私慾)을 갖고 있다. 가련한 자들의 무가치한 헛소리들은 출판되기만 하면 어리석은 대중들에 의해 읽히면서 위대한 정신에서 나온 서적들은 읽히지 않은 채 서가(書架)에 사장(死藏)된다.

대중의 어리석음과 완고함은 그야말로 놀라울 정도이다. 그들은 모든 시대와 모든 민족의 고귀하고 뛰어난 정신에서 나온 서적들은 거들떠보지도 않고 매일 출간되어 나오는 평범한 정신에서 나오는 악서(惡書) 다시 말해 파리 떼처럼 무수히 쏟아져 나오는 악서들을 읽기 때문이다.

대중은 오직 그 서적들이 새로이 출간된 서적이라는 이유만으로 그 악서들을 읽는다. 그렇지만 그러한 서적들은 출간된 즉시 무시되고 경멸을 받아야 할 것이다. 왜냐하면 불과 몇 년 이내에 그런 대우를 받게 될 것이 틀림없기 때문이다.

7

어느 때를 막론하고 문학에는 두 가지가 있다. 이 둘은 병행하지만 각기 독자적인 길을 간다. 하나는 참된 문학이며 다른 하나는 사이비 문학이다. 참된 문학은 '영원한 문학'으로 성장하며 학문과 시(詩)를 '위해' 사는 사람들에 의해 추구된다.

또한 참된 문학은 진지하고도 조용히 그러나 극히 느리게 자신의 길을 간다. 1세기 동안 유럽에서 나온 작품은 열두 개도 채 되지 못한다. 그렇지만 참된 문학은 지속된다.

사이비 문학은 학문과 시를 '생계 수단으로 하여' 살아가는 사람들에 의해 추구된다. 하지만 사이비 문학은 그것에 흥미를 느끼는 사람들과 영합하여 요란한 소리를 내며 질주하며 매년 수천의 작품들을 시장에 쏟아 놓는다.

그러나 몇 년 후에 사람들은 '그 서적들은 어디로 갔는가? 그토록 선풍을 일으켰고 그토록 칭찬받았던 그 서적들의 명성은 다 어디로 갔는가?'라고 묻는다.

우리는 이러한 사이비 문학을 '흘러 가는 문학' 또는 '떠내려가는 문학'이라고 부를 수 있으며 참된 문학을 '움직이지 않는 문학' 혹은 '영원한 문학'이라고 부를 수 있다.

8

만일 서적을 읽을 시간과 그리고 구매할 수 있다면 서적을 구매하는 것은 훌륭한 일일 것이다. 그런데 우리는 종종 서적 구매 자체를 그 서적의 내용 흡수 또는 정복으로 잘못 생각한다.

이제까지 읽은 모든 것이 자기의 내부에 간직되기를 기대하는 것은 마치 이제까지 먹은 모든 음식이 자기의 체내(體內)에 머물기를 기대하는 것과 같다.

육체적으로는 음식을 먹음으로써 이제까지 살아왔으며 정신적으로는 독서함으로써 살아왔다. 그리하여 오늘날의 우리가 된 것이다. 육체가 육체와 동질(同質)의 것을 흡수하듯이 우리는 제각각 흥미를 끄는 것과 사상 체계나 목적에 맞는 것만을 자신의 내부에 머물게 한다.

목적이 있지 않는 사람은 없다. 그러나 사상 체계를 갖고 있는 사람은 극히 적다. 그런 사람들은 어떤 것에서도 객관적으로 흥미를 느끼지 못하며 그들이 읽은 어떤 것도 정신 속에 뿌리를 내리지 못한다. 그러므로 그들은 자신의 내부에 아무것도 머물게 할 수 없다.

'반복은 학습의 어머니이다.' 중요한 서적은 반복해서 읽어야 한다. 왜냐하면 서적을 반복해서 읽게 되면 그 서적 속에서 다루어지는 문제들의 관계가 보다 잘 이해될 뿐만 아니라 결말을 알아야만 비로소 발단을 이해할 수 있기 때문이다.

그리고 또한 서적을 반복해서 읽을 때 처음과는 다른 인상, 다른 기분으로 한 문장 한 문장의 참된 의미에 접근해 갈 수 있기 때문이다. 반복해서 읽을 때 우리가 받는 인상이 달라지는 것은 마치 하나의 물체를 다른 조명 속에서 바라보는 것과 같다.

9

작품은 저자만의 정신의 정수(精髓)이다. 그러므로 어떤 사람이 아무리 위대한 정신을 지니고 있다 하더라도 그의 작품들은 그와 사귀는 것보다 비교할 수 없을 정도로 가치가 있다. 더욱 엄밀하게 말하면 그가 쓴 서적들은 그와의 사귐을 대신하며 그와의 사귐을 훨씬 능가하는 것이다.

심지어 열등한 정신의 소유자가 쓴 서적들마저도 교훈적이고 재미있고 읽을 가치가 있을 수 있다. 왜냐하면 그 작품들은 그의 정수(精髓)이며 그의 사색과 연구의 결과이며 결실이기 때문이다. 그러나 그와의 교제는 우리를 만족시키지는 못한다.

그런 교제에서 아무런 즐거움도 발견하지 못할 때도 그의 저서들은 읽을 수 있으며 위대한 정신적 교양은 우리가 그러한 서적에서 즐거움을 발견하되 사람들에게서는 더 이상 즐거움을 발견하지 못하게 한다.

고전(古典)을 읽는 것보다 우리의 정신을 위로해 주는 것은 없다. 짧은 시간일망정 고전 중 어떤 것을 읽게 되면 마치 나그네가 샘물을 마셨을 때처럼 곧 기운을 얻고 위안을 받고 순수해지며 우리의 정신은 고양된다.

그것은 고대 언어의 완벽함 때문일까 아니면 수천 년의 세월 동안에도 손상되지 않는 작품들을 낳은 정신의 위대함 때문일까? 어쩌면 이 두 가지 모두에 기인한 것인지도 모른다.

그런데 만일 인간이 고대 언어를 배우기를 포기하게 된다면——현재 고대 언어는 그런 위협을 받고 있다——전례 없이 야만적이고 천박하고 무가치한 작품들로 이루어진 새로운 문학이 생기리라는 것을 나는 분명히 알고 있다.

역사에는 두 가지가 있다. 하나는 정치적 역사이며 다른 하나는 문학과 예술의 역사이다. 정치적 역사는 '의지'의 역사이며 문학과 예술의 역사는 '지성'의 역사이다.

전자(前者)는 우리가 경악과 공포를 느끼게 한다. 즉 정치적 역사는 공포 · 재앙 · 끔찍스러움 · 기만 · 잔인한 살인 등으로 가득 차 있다. 그러나 후자(後者)는 오류를 묘사할 때마저도 마치 고독 속에 싸여 있는 지자(智者)처럼 즐겁고 평온하다.

후자(後者)의 주류를 이루는 것은 철학사이다. 철학사는 문학과 예술의 역사의 기반이며 문학 역사의 견해를 인도할 뿐만 아니라 세계를 지배한다. 그러므로 참된 의미의 철학은 비록 그 작용이 느리기는 하지만 가장 강력한 유형(類型)의 힘이다.

11. 여성에 대하여

1

훌륭한 대구법(對句法)과 대조법을 사용한 실러의 〈여성의 가치〉라는 시는 요즘 사람들에게 많은 사랑을 받고 있지만 실러의 시보다는 쥬이(Jouy)[18]의

'여성이 없었다면 우리는 인생의 초기에 아무런 도움도 받지 못했을 것이며 중년의 즐거움도 없었을 것이며 만년의 위안도 없었을 것이다.' 라는 몇 마디의 말이 여성에게 찬미 되어야 할 점을 매우 잘 표현하고 있다고 생각한다. 바이런[19]은 〈사다나폴리스(Sardanapolis)〉라는 작품에서 한층 더 감동적으로 표현하고 있다.

우리의 생명은 여성의 가슴에서 생기며
우리가 맨 처음 배우는 몇 마디 말은 여성의 입술에서 배우며
우리가 흘리는 첫 번째 눈물은 여성에 의해 닦이며
우리의 마지막 숨결 또한 대체로 여성의 곁에서 끝난다.

남자들은 자신을 이끌어 온 사람의 마지막 순간을 지켜보는 것을 비천한 일이라고 피하지만 위의 두 시인은 여성의 가치를 평가하는데 정확한 견해를 나타내고 있다.

---

18) Jouy, Victor(1764~1846), 프랑스의 시인.
19) Byron, George Gordon(1788~1824), 영국의 시인.

2

여성의 형태를 보기만 해도 정신적으로나 육체적으로나 큰일을 해 낼 수 있도록 만들어지지 않았음을 알 수 있다. 여성은 활동을 통해서가 아니라 수난과 해산의 고통을 통해 그리고 아이들을 보살피고 남편에게 복종함으로써 인생의 죄에 대해 속죄한다. 여성은 남편에 대해 인내심 크고 기쁨을 주는 친구가 되기도 해야 한다.

커다란 고통 · 환희 · 노고 등은 여성에게 어울리지 않는다. 그러므로 여성의 일생은 본질적으로 행복하다든가 불행함이 없이 남성의 일생보다 더 조용하고 평탄하고 부드럽게 흘러가야 한다.

3

여성은 유아기의 보호자나 교사에 알맞다. 그들은 유치하고 어리석고 근시안적이기 때문이다. 여성은 평생토록 덩치가 큰 어린아이이다. 여성은 어린아이와 남자——남자만이 실제적인 인간적 존재이다——의 중간적 존재이다. 남성들이여 여성이 온종일 어린아이와 함께 놀고 춤추고 노래하는 것을 바라보며 당신이 여성 대신에 무엇을 할 수 있겠는가를 최고의 선의(善意)를 가지고 당신 자신에게 물어보라.

4

자연은 여성에게 연극의 무대 효과와 같은 것을 주었다. 긴 여생을 대가로 몇 년 동안의 풍요로운 아름다움과 매력을 주었기 때문이다. 그리하여 여성은 그 몇 년 동안 한 남성의 상상력을 사로잡아 그 남성이 어떻게 해서든 나머지 자기 여생을 훌륭하게 돌보게 할 수 있는 것이다.

단순한 이성적 사고만으로는 남성이 그렇게 할 수 없으므로 다른 피조물들에 그렇게 해 주었듯이 자연은 여성에게도 생존의 안전을 위해 필요한 무기와 도구가 있어야 하는 기간만 제공해 주었다. 왜냐하면 암개미가 교미 후 더 이상 필요치 않고 가족을 돌볼 때 오히려 해가 되는 날개를 잃듯이 여성도 한두 명의 자녀를 낳게 되면 아름다움을 잃게 되기 때문이다.

젊은 여성들은 집안일이나 직업을 부차적인 것 또는 심심풀이로밖에 생각하지 않으며 그들의 진정한 관심사는 사랑 · 남성 정복 그리고 이에 관계되는 옷치장 · 화장 · 춤 등이다.

5

고귀하고 완전한 사물일수록 그만큼 늦게 성숙하는 법이다. 남성은 이십팔 세가 되어야 비로소 이성과 정신이 성숙하는 데 비해 여성의 경우는 십팔 세만 되면 성숙한다. 그런데 여성의 이성 기능은 극히 빈약하고 제한되어 있다. 따라서 여성은 평생을 어린아이 상태로 머물러 있으며, 눈에 보이는 것밖에 보지 못하며, 오직 현재에만 집착하며, 사물의 겉모습을 참모습이라고 생각하며, 가장 중요한 것들보다는 하찮은 것들을 좋아한다.

남성은 이성 기능에 의해 동물들처럼 현재 속에서만 살지 않고 과거를 바라보고 미래를 생각하며 살아간다. 그리하여 남성에게는 미래에 대한 통찰력과 근심 · 고뇌 · 불안이 생기는 것이다. 그런데 여성의 경우는 이성의 기능이 빈약하므로 이러한 것들과 함께 생기는 좋은 점과 나쁜 점은 조금밖에 맛보지 못한다.

여성은 직관적 이해력을 통해 가까이에 있는 것밖에 보지 못하는 좁은 시야를 가졌다는 점에서 정신적인 근시안이다. 따라서 여성은 남성보다 현존하지 않는 것, 지나간 것, 앞으로 다가올 것 등에 의해 훨씬 적은 영향을 받는다. 그것이 그들의 커다란 낭비 성향——이 낭비 성향은 때로는 광기에 가까워지기도 한다——의 근원이다.

여성들은 남성들이 해야 할 일은 돈을 벌어 오는 것이며 자기들이 해야할 일은 가능하다면 남편이 살아 있는 동안에 또는 남편이 죽은 후에 그 돈을 쓰는 것으로 생각한다. 남편이 벌어온 돈을 아내에게 살림을 꾸려가라고 건네주는 행위는 여성들의 그러한 신념을 더욱 굳게 해 준다.

이 모든 행위가 많은 단점을 일으키더라도 다음과 같은 이점(利點)도 있다. 여성은 남성들보다 더 현재에 몰두하며 만일 현재가 견딜만하다면 남성들보다 더 현재를 즐긴다. 이것이 여성 특유의 쾌활함을 만들어 주며 여성은 이 쾌활함으로 걱정에 찌든 남편을 위로해 주는 것이다.

고대 튜턴족(Teutons)처럼 남성이 곤경에 처했을 때 여성들과 상의하는 것은 절대로 나쁜 일이 아니다. 여성들이 사물을 보는 방법은 남성들과는 전혀 다르기 때문이다. 특히 설정된 목표에 이르는 지름길을 발견하는 것과 코끝에 바짝 붙어 있는 남성들이 발견하기 어려운 것을 발견하는 데는 더욱 그러하다.

또한 여성은 남성들과는 비교할 수 없을 정도로 실제적이다. 따라서 남성들은 곧잘 흥분하여 사물을 실제보다 과장해서 보거나 상상에 빠지지만 여성들은 사물을 실제 있는 그대로 바라본다. 여성이 남성보다 더 큰 동정심을 나타내고 불행한 사람들에게 사랑과 연민의 정을 나타내는 것도 이 때문이다.

그러나 여성은 정의·정직·양심적인 면에 있어서는 남성보다 열등하다. 빈약한 이성 기능으로 인해 추상적인 관념·확고한 행동 지침·확고한 결의 등 눈에 보이지 않는 것보다는 현존하는 것·눈에 보이는 것·현실적인 것에 의해 더 큰 영향을 받기 때문이다.

이처럼 여성은 최선의 미덕을 소유하고 있지만 그 최선의 미덕에 도달하기 위해 필요한 차선(次善)의 미덕을 결(缺)하고 있다. 따라서 우리는 여성의 근본적인 결함을 '정의감의 결핍'이라고 말해야 할 것이다. 이 '정의감의 결핍'은 무엇보다도 이성과 사고(思考)의 부족에서 기인한 것이며 이것은 그들이 천성적으로 나약한 존재이므로 힘이 아닌 교활함에 의존한다는 사실로 입증된다.

즉 자연이 사자를 발톱과 이빨로, 코끼리를 상아로, 황소를 뿔로, 꼴뚜기를 먹물로 무장시켰듯이 자연은 여성을 공격과 방어의 수단으로 위장술로 무장시켰다. 자연은 남성에게 준 육체적 힘과 이성적 힘을 위장술의 형태로 변화시켜 여성에게 부여해 주었다. 그러므로 위장술은 여성에게 천부적이며 아무리 우둔한 여성이라도 영리한 여성에게서 볼 수 있는 것과 거의 같은 정도의 위장술이 발견되는 것이다.

여성들이 기회가 닥칠 때마다 위장술을 사용하는 것은 마치 동물들이 공격을 받게 되면 방어 수단으로서 자신의 무기를 사용하는 것처럼 당연한 일이다. 여성은 위장술을 사용할 때 단지 자신의 권리를 행사하고 있을 뿐이라고 생각한다. 그러므로 위장술을 사용하지 않는 철저하게 진실한 여성은 있을 수 없다. 여성에게 위장술을 사용하는 것은 현명하지 못한 일이다. 왜냐하면 여성은 다른 사람들의 위장술을 쉽게 꿰뚫어 보기 때문이다.

그런데 여성이 지닌 위장술이라는 이 근본적인 결함은 그것과 관련된 모든 결함과 더불어 거짓 · 불성실 · 배신 · 배은망덕 등을 야기 한다. 여성은 남성보다 훨씬 더 자주 위증죄를 범한다. 도대체 여성에게 맹세 따위를 하게 해야 하는지 의문이다.

6

자연은 인류가 퇴화하지 않고 번식하도록 젊고 건장하고 잘생긴 남성들을 선택했다. 이것은 인류의 번식에 대한 자연의 굳은 의지이며 그 의지의 표현이 여성의 욕정이다. 이 법칙은 다른 모든 법칙보다 먼저 생겼으며 다른 법칙보다 앞선다.

그러므로 이 법칙에 거역하여 자신의 권리와 이익을 주장하는 자에게는 화가 뒤따르며 그의 모든 언행은 이 법칙에 부딪히자마자 즉시 무참히 분쇄되어 버린다. 왜냐하면 여성의 천성적인 윤리관은 다음과 같기 때문이다.

'우리에게는 약간의 경제적 도움을 주었다는 이유로 종족을 지배할 권리를 획득했다고 생각하는 남성들을 기만할 권리가 있다. 대를 이어 갈 종족과 종족의 안녕은 우리 손에 맡겨져 있다. 우리는 맡겨진 임무를 성실하게 수행해 나아갈 것이다.'

그런데 여성은 이 최고의 법칙을 추상적으로 이해하지 못하고 단지 구상적(具象的)으로만 이해할 뿐이다. 그러므로 기회가 온다고 하더라도 그들의 행동 방식으로밖에 그것을 표현할 수 없는 것이다.

따라서 그들은 생각보다 양심에 의한 고통을 훨씬 적게 받는다. 개인에 대한 의무를 저버림으로써 그 권리가 훨씬 더 큰 종족에 대한 그들의 의무를 더욱 성실하게 수행하고 있다는 것을 마음속 깊은 곳에서 인식하고 있기 때문이다.

근본적으로 여성은 오직 종족의 번식을 위해서만 존재하며 그들도 여기에서 그들의 직분을 찾기 때문에 개인 속에서보다는 종족 속에서 살고 있으며 개인의 문제보다는 종족의 문제를 더 중요하게 생각한다. 이러한 사실이 본성과 행위에 일종의 경박함을 부여하고 남성의 본성이나 행위와는 근본적으로 다른 성향을 부여해 주는 것이다. 또한 결혼한 부부 사이에 불화가 자주 생기고 그것이 일상적인 것으로 생각되는 것은 바로 이 때문이다.

7

남성은 천성적으로 서로에 대해 무관심할 뿐이지만 여성은 천성적으로 서로에 대해 적의를 품고 있다. 그것은 남성의 경우 상호 혐오가 동일 업종이라는 특정 조합의 범위에 제한되어 있지만, 여성의 경우 모두 같은 일에 종사하고 있으므로 상호 혐오가 여성 전체를 포괄하기 때문이다. 심지어 여성들은 길에서 서로 스쳐 지나갈 때도 프(Guelph) 당원[20]과 기벨린(Ghibelline) 당원[21]처럼 서로를 노려보며 지나간다.

여자 두 사람이 첫 대면을 하는 경우는 남자 두 사람이 첫 대면을 하는 경우보다 더 부자연스럽고 가식적이다. 따라서 두 여자가 나누는 첫인사는 두 남자가 인사를 나눌 때보다 훨씬 더 우스꽝스럽게 들린다. 또 남성은 자신보다 열등한 사람들과 대화할 때도 어느 정도의 사려와 인간미를

20) 12C~15C의 이탈리아의 교황 당원.

21) 12C~15C의 이탈리아의 황제 당원.

지니지만 귀족의 여성이 자신보다 신분이 낮은——하녀를 의미하는 것이 아님——여성들과 대화할 때 취하는 오만하고 경멸적인 태도는 정말 참고 보아 줄 수가 없다.

여자들이 그런 태도를 보이는 것은 신분 차이가 남자들보다 훨씬 더 불확실하여 더 빨리 변하거나 사라질 수 있기 때문일 것이다. 남자들의 경우에는 그 신분을 결정짓는 것이 수없이 많지만 여자들의 경우에는 오직 한 가지 어떤 남자를 매혹하느냐에 따라 결정되기 때문이다.

여자들이 자신보다 신분이 낮은 여자들에 대해 오만하고 경멸적인 태도를 취하는 또 다른 이유는 종사하는 일이 서로 같으므로 남자들의 경우보다 서로 긴밀히 신분의 차이를 강조하려 하기 때문일 것이다.

8

성적 충동으로 이성이 흐려진 남자들만이 키가 작고 어깨가 좁고 엉덩이가 크고 다리가 짧은 이 여자라는 존재를 아름다운 존재라고 부른다. 왜냐하면 여성의 모든 아름다움은 성적 충동과 관련되어 있기 때문이다. 여자는 미적(美的) 존재라고 불리기보다는 오히려 비미적(非美的) 존재라고 불려야 옳을 것이다.

여자들은 음악이나 시나 조형 미술에 대해서 참된 감정이나 이해력도 갖고 있지 않다. 만일 그들이 그런 능력을 갖추고 있는 것처럼 행동한다면 그것은 남자들의 마음을 끌려는 의도에서 나온 꾸밈일 뿐이다.

이것은 여자들이 '완전히 객관적인 관심'은 가질 수 없다는 사실에서 나오는 것이며 나는 그 이유를 이렇게 생각한다. 즉 남자는 모든 것에 대해서 이해하거나 정복함으로써 직접적으로 지배하려 하지만 여자는 남자가 지배한 것을 통해 간접적으로 지배하려 한다. 따라서 여자가 직접 지배할 수 있는 것은 남자뿐이다. 그러므로 여자가 모든 사물을 남자를 사로잡기 위한 수단으로 간주하는 것은 본능이며 그 이외의 다른 것에 대한 관심은 단지 위장된 것이고 교태와 같이 남성 지배를 위한 우회로에 지나지 않는다.

극장이나 오페라나 음악회에서 여자들이 어떻게 행동하는가를 주시해 보라. 훌륭한 작품 중에서도 가장 훌륭한 부분이 연주되는 동안에도 여자들은 그 음악에는 무관심한 채 마치 어린애들처럼 재잘거린다. 그리스인들이 여자들을 극장에 입장시키지 않은 것이 사실이라면 그것은 참으로 썩 잘한 일이다. 그렇게 함으로써 남자들은 적어도 공연 내용을 들을 수 있을 것이다. 오늘날은 '여자들은 교회에서 침묵하라.' 또는 '여자들은 극장에서 침묵하라.'라는 글을 교회나 극장의 커튼에 크게 써 붙여야 할 것이다.

가장 뛰어난 여성마저도 예술에서 참으로 위대하고 독창적인 작품을 남긴 일이 없으며 영원한 가치를 지닌 어떤 것도 창조해 낸 적이 없다는 것을 상기한다면 우리는 여성에게서 그 밖의 아무것도 기대할 수 없을 것이다.

이 사실은 미술과 관련지어 생각할 때 이해가 가장 잘 된다. 여자들도 남자들과 마찬가지로 그 기술을 익힐 수 있는데도 개의치 않고 열심히 그림을 그리면서도 단 하나의 훌륭한 작품도 남기지 못한다. 그것은 미술에서 요구하는 객관성이 여자들에게는 빠져 있기 때문이다. 특별하게 예외가 있다고 하여 이 사실은 변하지 않는다.

전체적으로 볼 때 여자는 구제할 수 없는 철저한 속물(俗物)이다. 그리하여 여자는 남편의 지위와 신분을 공유하려는 극히 어리석은 처신을 하며 남편이 비천한 야망을 향하도록 끊임없이 채찍을 가한다. 그들은 모든 면에서 남성보다 열등한 존재이다. 따라서 남자는 여자들의 열등함에 대해 너그러워야 하지만 여성에게 경의를 표하는 것은 참으로 우스꽝스러운 짓이며 여성들 앞에서 품위를 떨어뜨리는 일이다.

고대인들과 동양인들은 여성의 위치를 이해하는 데 우리 현대인들이나 서양인들보다 훨씬 더 정확했다. 고대 프랑스의 여성 존중과 숭배는 기독교적 게르만족의 어리석음의 극치이며 여자들을 무례하고 오만하게 만들었을 뿐이다. 그리하여 여자들의 오만함은 자기 자신을 신성불가침의 존재로 생각하여 무엇이든지 마음 내키는 대로 할 수 있다고 생각한 베나레스──Benares, 인도 갠지스강에 임한 힌두교 성도(聖都)──의 신성한 원숭이를 생각나게 한다.

서양의 여성들 소위 '숙녀'는 스스로가 그릇된 위치에 놓여 있음을 알고 있다. 여자는 절대로 남자들의 존경의 대상이 될 수 없을 뿐만 아니라 남자들보다 더 높이 고개를 치켜들 수도 없으며 동등한 권리를 누릴 수도 없기 때문이다.

우리는 여자들의 그릇된 위치로 인해 생긴 결과들을 수없이 알고 있다. 따라서 유럽에서도 인류의 열등한 존재인 여성이 본연의 위치로 되돌아간다면 매우 바람직한 일이며 여자들이 '귀부인'이라고 불리는 데 대한 아시아인들의 비웃음도 그칠 것이다. 만일 그리스인들과 로마인들이 이 사실을 안다면 비웃음을 금치 못할 괴이함도 끝날 것이다.

그렇게 되면 유럽의 정치와 사회생활에 헤아릴 수 없을 만큼 많은 이점(利點)이 생길 것이다. 유럽의 '귀부인'은 존재해서는 안 될 존재이며 있어야 할 것은 가정주부와 신부 수업을 받는 가정적이고 고분고분한 처녀들이다. 유럽 여성의 대부분을 차지하는 신분 낮은 여성들이 동양보다 훨씬 더 불행한 것은 바로 '귀부인들'이 존재하기 때문이다.

9

일부일처(一夫一妻) 제도가 행해지는 곳에서 결혼한다는 것은 권리는 줄어들고 의무는 두 배로 증가한다는 것을 의미한다. 그런데 법률이 남자와 같은 권리를 여자에게도 주었다면 동시에 남자와 같은 이성의 능력도 여자에게 주었어야 했다.

그런데 실제로는 법률이 여성에게 타고난 것보다 더 많은 권리와 특권을 줄수록 그 혜택을 누릴 수 있는 여성의 수는 그만큼 감소한다. 그러므로 혜택을 누리지 못하는 나머지 사람들의 타고난 권리는 소수의 여자들이 자신의 몫을 초과해서 누리는 것만큼 박탈당하게 된다.

그리하여 일부일처제와 그에 따르는 결혼법──이 결혼법은 여성을 남성과 완전히 동일시한다──의 결과로 생긴 부당한 특권적 여성의 지위로 인해 현명하고 분별력 있는 남자들은 가끔 커다란 희생이 내포된 불공평한 계약──결혼──맺기를 망설이는 것이다.

그래서 일부다처제의 나라에서는 모든 여자가 보호받지만 일부일처제의 나라에서는 결혼한 여자의 수가 한정되어 있어 보호받지 못하는 여자가 많이 남게 된다.

그리하여 결혼하지 못한 여자들은 상류층에서는 무위도식하는 쓸모없는 노처녀로 남게 되며 하류층에서는 적합하지 않은 힘든 일에 종사하거나 아니면 매춘부가 된다. 매춘부가 된 여자들은 아무런 즐거움도 명예도 없이 살아가고 있다. 그들은 남자들의 쾌락을 만족하게 하는 것으로 운 좋게 부양해 줄 남자를 찾거나 여자들의 정절을 지켜 주는 특수한 임무를 떠맡는 공인된 계급을 형성하게 된다.

현재 매춘부는 런던에만도 팔만 명이나 있다. 이들이야말로 일부일처제의 희생물이 아니고 무엇이겠는가? 이 가련한 여자들은 오만과 허위에 찬 유럽의 귀부인들에게 필연적인 상대이며 자연적인 보충물이다. 그러므로 전체 여자들을 위해서는 일부다처제가 유익하다. 일부일처의 제도 하에서는 아내가 만성적인 고질병에 걸려 있는 남자나 아기를 낳지 못하는 아내를 둔 남자 또는 늙은 아내를 가진 남자가 두 번째 아내를 맞이해서는 안 된다는 아무런 합리적인 근거도 없는 것이다.

일부다처제에 대해서는 아무런 시비도 있을 수 없다. 세계 어느 곳에서도 적합한 제도이다. 다만 한 가지 문제는 이 제도를 어떻게 운용하느냐 하는 것이다. 사실 진정한 일부일처주의자는 존재하지 않기 때문이다. 우리는 적어도 어느 기간은 일부다처제 속에서 살고 있으며 대부분의 경우 항상 일부다처제 속에서 살고 있다.

남자는 많은 여자를 필요로 한다. 그러므로 남자는 마음대로 또는 의무적으로 많은 여자들을 부양해야 한다는 것보다 더 정당한 일은 없다. 이것은 여자가 정당한 본래 위치를 되찾아 종속적 존재가 되는 것을 의미하며 존경받기를 요구하는 우스꽝스러운 여자의 주장이 소위 '귀부인' 의 세계에서 폐지되는 것을 의미하는 것이다. 그렇게 되면 오직 '여자들' 만이 존재할 뿐 오늘날 유럽에 가득 차 있는 '불행한 여자들' 은 더 이상 존재하지 않을 것이다.

12. 인생의 세 가지 근본적 규정

아리스토텔레스는 인생의 재보(財寶)를 외적(外的)인 재보 · 정신적인 재보 · 육체적인 재보 이 세 가지로 분류했다. 그런데 죽을 수밖에 없는 인간의 운명에 차이를 가져오는 것은 다음의 세 가지 근본적 규정으로 귀착될 수 있다고 나는 말하고 싶다.

1. 인간이 갖추고 있는 것――즉 넓은 의미에서의 인격. 여기에는 건강 · 힘 · 아름다움 · 성격 · 도덕적인 성품 · 지성이 포함된다.
2. 인간이 소유하고 있는 것. 즉 모든 의미에서의 소유물.
3. 인간이 표상(表象)하는 것. 이것은 물론 다른 사람들의 생각 속에 차지하고 있는 지위――즉 그가 다른 사람들에 의해 어떻게 평가되고 또 다른 사람들의 견해에서 생겨나는 명예 · 지위 · 명성 등이 포함된다.

제1항의 사항들 차이는 자연에 의해 결정되는 것이므로 자연이 인간의 행 · 불행에 주는 영향은 인간에 의해 결정되는 제2항 및 제3항의 사항들의 차이보다 본질적이고도 근본적이다. 정신의 위대함 · 성품의 고귀함 같은 천성적 이점을 타고난 사람이 실제의 왕이라면 지위가 높다든가 왕족(王族)으로 태어났다든가 돈이 많다든가 하는 등의 이점을 타고난 사람은 무대 위에서 상연되는 연극 중의 왕과 같다.

일찍이 에피쿠로스의 제1의 제자였던 메트로도로스는

"인간의 행복은 외적인 원인보다는 내적인 원인에 의해 훨씬 크게 좌우된다."

라고 말했다.

인간의 행복이나 삶 전체의 근본적인 것은 분명 인간의 내부에 존재하며 인간 내부에서 일어난다. 그리고 그 사람의 기쁨과 불쾌감이 생기는 곳도 바로 자신의 내부에서이다. 기쁨과 불쾌감은 인간이 느끼고 의욕하고 생각하는 활동의 결과이기 때문이다. 그렇지만 외부의 것들은 기쁨과 불쾌감에 간접적인 영향을 줄 뿐이다.

그러므로 같은 외적 환경 속에서도 사람마다 느끼는 바는 저마다 다르며 같은 상황 속에서도 사람들이 살고 있는 세계는 제각각 다른 것이다. 각자가 관계하는 것은 자신의 관념 · 감정 · 의지의 활동을 불러일으키는 것으로써 간접적인 영향을 줄 뿐이기 때문이다.

각자가 살고 있는 세계는 무엇보다도 세계에 대한 견해에 의해 좌우되며 각자 지력(知力)의 차이에 의해 달라진다. 지력에 따라 세계는 무의미하고 고통스러운 것이 되기도 하고 상당한 의미를 지닌 즐거운 것이 되기도 한다.

이를테면 많은 사람이 다른 사람의 생활에서 일어나는 즐거운 일을 부러워하고 있다. 그렇지만 오히려 그 사람의 뛰어난 이해력을 부러워해야 할 것이다. 왜냐하면 뛰어난 이해력을 지닌 두뇌에게 그토록 아름답게 느껴지는 일도 우둔한 두뇌나 평범한 두뇌에게는 매우 평범한 일로 보이기 때문이다.

이 사실이 가장 잘 나타나 있는 것은 현실의 일을 소재로 한 괴테와 바이런의 시들이다. 우둔한 독자는 그들의 시를 읽으면서 평범한 소재에서 그토록 아름다운 것을 느낀 그들의 뛰어난 이해력을 부러워하지 않고 그들이 경험한 황홀해 보이는 일을 부러워하는 것이다.

같은 사물도 우울한 사람에게는 비극으로 보일 것이며 낙천주의자에게는 흥미 있는 일로 보일 것이며 냉담한 사람에게는 무미건조한 일로 보일 것이다.

이런 일이 일어나는 것은 마치 물이 산소와 수소로 긴밀하게 결합하여 있듯이 현실은 주관과 객관이라는 두 개의 요소로 이루어져 있기 때문이다. 그러므로 객관적인 면이 같다 하더라도 주관적인 면이 같고 객관적인 면이 다른 경우처럼 현실은 완전히 달라져 버리는 것이다.

객관적인 면이 아무리 아름답고 훌륭해도 주관적인 면이 우둔하고 열등하면 마치 아름다운 경치를 나쁜 날씨 속에서 바라보는 것처럼 또는 상태가 나쁜 카메라의 렌즈를 통해 바라보는 것처럼 현실은 나쁜 상태로 보인다. 바꿔 말하면 인간은 피부에 싸여 있듯이 자신의 의식 속에 갇혀 있으며 자신의 의식 속에서만 살아갈 뿐이다. 그러므로 인간은 외부에서 구원의 손길이 뻗쳐 와도 구원될 수 없는 것이다.

무대 위에서 어떤 사람은 왕이 되기도 하고 또 어떤 사람은 고문관(顧問官)이 되기도 하며 또 어떤 사람은 하인과 병사와 장군이 되기도 하지만 이러한 차이는 외면적일 뿐 내면적으로는 모두 고통과 괴로움을 지닌 가련한 희극 배우이다.

인생도 또한 이와 같다. 지위와 부(富)의 차이가 사람들에게 제각각 다른 배역을 맡게 하지만 사람들의 행복은 그 배역에 비례하는 것이 아니다. 이 경우에도 그들은 내면적으로 모두 똑같이 가련하고 어리석은 자들이며 고통과 괴로움을 지닌 자들이다.

고통과 괴로움은 사람마다 제각각 다르지만 본질적으로는 모두 같다. 다시 말해 고통과 괴로움은 사람에 따라 정도의 차이가 있기는 하지만 그것은 절대로 지위와 부(富) 또는 인간이 연출하는 역할에 따라 생기는 것이 아니다.

현재 존재하고 흘러가는 모든 사물은 직접적으로 인간의 의식 속에 존재할 뿐이며 따라서 의식 자체의 상태가 무엇보다도 중요하다. 그러므로 문제가 되는 것은 의식 속에 나타나는 사물의 형상이 아니라 의식 그 자체의 상태이다.

아무리 아름답고 훌륭한 것이라 할지라도 그것이 어리석은 자의 우둔한 의식 속에 나타나게 되면 어둠침침한 감옥에서 돈키호테를 썼던 세르반테스의 의식보다도 빈약하다. 현재와 현실의 객관적인 면은 운명의 손아귀에 있기 때문에 변하기 쉬운 것이다. 그렇지만 주관적인 면은 바로 우리들 자신이므로 본질적으로는 변하는 일이 없다. 그러므로 인간의 삶은 외부의 변화가 있더라도 같은 성격을 지니고 있으며 따라서 같은 주제를 토대로 삼은 일련(一連)의 변주곡에 비유될 수 있다.

인간은 절대 자신의 개성에서 벗어날 수 없다. 그것은 동물이 어떤 상황에 놓여도 자연에 의해 정해진 본성――변화시킬 수 없는 협소한 범위――을 한 발짝도 벗어날 수 없는 것과 마찬가지이다. 그러므로 우리가 사랑하는 동물을 행복하게 해 주려고 아무리 노력하더라도 그 동물의 본성과 의식에는 한계가 있으므로 그 동물은 좁은 범위 내에 머물러 있을 뿐이다.

인간도 마찬가지이다. 인간에게 주어지는 행복의 한계는 자신의 개성에 의해 이미 결정되어 있으며 특히 그의 정신적 능력의 한계에 의해 고상한 즐거움을 누릴 수 있는 능력의 정도는 분명히 결정되어 있다. 정신적 능력의 한계가 좁은 사람은 주위 사람들이 그를 위해 아무리 노력하고 행복의 신(神)이 아무리 도와주어도——즉 외부에서 어떤 도움이 있어도——감각적 쾌락 · 즐거운 가정 생활 · 저속한 사교와 유흥 등 동물적 쾌락 이상의 행복을 누릴 수가 없다.

그런 사람은 교양을 습득함으로써 선천적으로 타고난 정신적 능력의 범위를 다소 넓힐 수는 있지만 한계가 있다. 왜냐하면 가장 고상하고 가장 다양하며 가장 오랫동안 지속되는 즐거움은 정신적인 즐거움이며 그것은 선천적인 정신적 능력에 좌우되기 때문이다.

그러므로 행복은 우리가 갖추고 있는 것, 즉 우리의 개성에 의해 좌우된다는 것이 분명하다. 그런데 대부분 사람은 행복이 우리의 운명이나 소유하고 있는 것 또는 표상(表象)하는 것에 좌우된다고 생각한다. 그러나 운명이나 외적인 요소들은 개선될 수 있는 것이며 내적인 부(富)를 지닌 사람은 운명에 그다지 큰 기대를 하지 않는다.

이에 반해 어리석은 자는 항상 어리석으며 우둔한 자는 항상 우둔하다. 그런 자들은 천국의 미녀들에게 둘러싸여 있어 변함없이 어리석고 우둔한 상태로 머물러 있게 되는 것이다. 그러므로 괴테는 이렇게 노래하고 있다.

평민에게 있어서도 노예에게 있어서도 정복자에게 있어서도 어느 시대 누구에게 있어서도 최고의 행복은 오직 자기 자신의 개성에 있다.

행복과 즐거움이 객관적인 것보다 주관적인 것에 의해 훨씬 더 크게 좌우된다는 것은 굶주렸을 때 먹는 하찮은 음식이 배부를 때 먹는 훌륭한 음식보다 훨씬 더 맛있다는 사실과 젊은이들에게는 매혹적인 젊은 여성이 노인들에게는 흥미 없다는 사실이 천재와 성자(聖者)들의 삶의 방법 등에 의해 확증되고 있다.

특히 건강은 행복에 있어서 어떤 외적인 요소보다도 훨씬 더 중요하므로 건강한 거지는 병든 왕보다 행복할 수 있다. 그러므로 완전한 건강과 신체의 조화에서 생겨나는 명랑한 성격 · 활달함 · 투철한 지성 · 절도 있는 온화한 의지 · 올바른 양심 등은 어떤 지위나 부(富)로도 대신할 수 없는 장점이다.

인간이 스스로 갖추고 있는 것——즉 혼자가 되었을 때도 함께 있는 것——누구에게서도 얻을 수 없고 누구에게도 빼앗길 수 없는 것이야말로 그 사람이 소유하고 있는 어떤 사물이나 다른 사람들의 눈에 비치는 명예 · 지위 · 명성보다 본질적이기 때문이다.

정신적 능력이 풍부한 사람은 아무리 고독하게 되었다 하더라도 자신이 지닌 사상과 사색으로 즐거움을 누릴 수 있다. 그러나 우둔한 인간은 사람들과의 교제 · 연극 구경 · 여행 · 오락 등을 전전하며 변화를 추구하지만 자신의 뒤를 따라다니는 권태를 떨쳐 버릴 수는 없다.

선량하고 절도가 있으면서도 온화한 성격의 소유자는 가난한 환경 속에서도 만족을 얻을 수 있지만 탐욕스럽고 질투심 많고 악의에 가득 찬 사람은 엄청난 부(富) 속에서도 만족을 얻지 못한다. 또 정신적으로 비범한 개성을 지닌 사람에게는 일반 사람들이 추구하는 쾌락의 대부분이 불필요한 것일 뿐만 아니라 번거로운 것이다.

그러므로 호라티우스[22]는 자신에 대해 이렇게 노래했다.

---

22) B. C. 65 ~ B. C. 8 사이의 로마 시인.

보석 · 대리석 · 상아(象牙) · 티레니아[23]의 조상(彫像)과 회화(會畵) · 은기(銀器) · 붉은 염료로 채색된 게도우리[24]의 옷 등이 없는 사람은 많지만 그것들을 추구하지 않는 사람은 적다.

또 소크라테스는 상점에 진열된 사치품들을 보고

"내게 필요하지 않은 것이 많기도 하구나."

라고 말했다. 따라서 행복에 있어서는 우리가 갖추고 있는 것, 즉 인격이 첫째 요건이며 가장 본질적인 것이다. 인격은 어떤 상황에서도 항상 활동한다는 사실만으로 그 중요성이 인정되지만 다른 두 가지 재보(財寶)와는 달리 인격은 운명에 의해 좌우되는 것이 아니므로 탈취당하는 일이 없다. 그런 의미에서 다른 두 가지 재보는 상대적인 가치를 지니고 있지만 인격은 절대적인 가치를 지니고 있다.

그러므로 인간이 외부의 힘으로 좌우되는 일은 생각보다 훨씬 적다는 것은 자명한 일이다. 다만 시간이라는 외부의 힘만은 절대적인 힘을 갖고 있으며 인간의 육체적 · 정신적 능력은 시간이라는 외부의 힘에 예속되어 있을 뿐이다. 그렇지만 인간의 도덕적 성격만은 시간의 힘에 의해서 쇠퇴하거나 파멸하지 않는다.

이 점에 있어서 다른 두 가지 재보(財寶)는 시간의 힘으로 직접적으로 탈취당하는 일이 없으므로 첫 번째 재보보다 우월하다. 또한 두 가지 재보는 객관계(客觀界)에 속해 있으므로 그 본질상 획득할 수 있으며 누구라도 손에 넣을 수 있다는 것이다.

23) 고대 이탈리아의 에토리아 지방.
24) 고대 아프리카 북서부 지방.

이에 반해 주관계(主觀界)에 속해 있는 것은 우리 인간의 힘이 미치지 못하는 우리가 태어날 때 신(神)이 부여해 준 것으로 평생을 통해 변하지 않는다. 괴테는 다음과 같이 노래함으로써 이 점을 잘 표현하고 있다.

그대가 이 세상에 태어나던 날처럼 태양은 행성들을 향해 인사한다.
그대를 세상에 태어나게 한 그 법칙에 따라 그대는 차츰 성장해 왔다.
그대는 그 법칙에 따를 수밖에 없다.
그대는 그대 자신에게서 도망칠 수 없다.
무녀(巫女)도 예언자도 항상 그렇게 말해 왔다.
시간도 권력도 형태를 갖추고 성장해 가는 생명을 파괴할 수는 없는 것이다.

그러므로 우리가 할 수 있는 것은 오직 자신에게 주어진 인격을 최대한 활용하여 인격과 일치하는 일에만 온 노력을 집중하고 자신의 인격으로 수행(修行)의 길을 가는 데 힘쓰되 그 이외의 모든 길을 피하며 자신의 인격에 알맞은 지위와 직업 · 생활 방법을 선택하는 일뿐이다.

헤라클레스처럼 뛰어난 체력을 갖고 태어난 인간이 외적 환경으로 인해 어쩔 수 없이 하루 종일 앉아서 섬세한 신경을 쓰는 일에 종사한다거나 타고난 재능과는 전혀 다른 재능이 필요로 하는 연구나 정신 노동에 종사함으로써 자신의 뛰어난 재능을 활용하지 못한다면 그는 평생 자신을 불행하다고 생각할 것이다.

또한 지적(知的) 능력이 뛰어난 사람이 지적 능력이 필요하지 않은 일에 종사하거나 또는 그의 체력으로는 감당하기 어려운 육체노동에 종사해서 자신의 뛰어난 지적 능력을 계발하고 활용하지 못한다면 그는 자신을 불행하다고 생각하며 한탄할 것이다. 그러므로 특히 젊은 시절에는 자기에게 있지도 않은 능력을 과신(過信)하는 위험을 피해야 한다.

재보(財寶) 중 첫 번째 재보가 다른 두 가지 재보보다 비교할 수 없을 정도로 중요하다는 사실을 생각한다면 부(富)를 얻으려고 노력하는 것보다는 건강 유지와 자신의 재능을 갈고닦는 것을 목표로 노력하는 편이 현명한 일이다. 그렇다고 해서 자기에게 필요한 물품——즉 생활에 필요한 물품——까지도 경시해야 한다는 말은 아니다. 그러나 필요 이상의 부(富)는 행복에 아무런 기여도 하지 못한다.

부유한 사람 중에 불행하다고 느끼는 사람이 많은 것은 바로 그 때문이다. 그러한 자들에게는 참된 정신적 교양도 없고 지식도 없으며 정신적 활동의 기초가 되는 객관적 관심도 빠져 있다. 따라서 자연적인 욕망을 만족시켜 줄 수 있는 부(富) 이상의 부는 우리의 참된 행복에 아무런 도움도 주지 못할 뿐만 아니라 오히려 많은 재산을 보호하기 위해서 반드시 따르는 수많은 근심 걱정으로 우리의 행복은 침해를 받는다.

아무튼 인간이 갖추고 있는 인격이 소유한 재산보다도 인간의 행복에 훨씬 더 크게 이바지한다는 것은 분명하다. 그런데도 사람들은 정신적 교양을 쌓으려 하기보다는 부(富)를 쌓으려 하며 교양을 쌓기 위해 기울이는 노력의 수천 배 노력을 기울이고 있다.

수많은 사람이 마치 개미처럼 아침부터 밤늦게까지 잠시도 쉬지 않고 재산을 증식시키기 위해 활동하는 것을 볼 수 있다. 그들은 재산을 증식시키는 수단으로서의 세계 이외에는 아무것도 알지 못하며 그들의 정신은 텅 비어 있다. 그러므로 그들에게는 재산 증식 이외에는 아무것도 받아들일 능력이 없는 것이다.

최고의 정신적 즐거움은 그들에게 통용되지 않는다. 그들은 돈에 의한 순간적이고 감각적인 쾌락으로 정신적인 즐거움을 대신하는 것이다. 다행히 그 재산을 지킬 수 있었다 하더라도 마침내 죽음에 이르게 되면 그들은 산더미처럼 쌓인 재산을 더 증식시킬지 물 쓰듯 낭비해 버릴지 모르는 상속인에게 물려 주게 된다. 그러한 삶은 아무리 거드름을 피우며 일생을 보냈다 하더라도 방울 달린 빨간 모자를 쓴 어릿광대로서 이 세상을 거쳐 간 별만큼이나 많은 인간들의 삶처럼 어리석은 것이다.

그러므로 인간이 본래 갖추고 있는 것, 즉 인간의 인격 · 건강 · 성격 · 도덕적 성품 · 지성 등이야말로 인생의 행복에 있어서 가장 본질적이다. 그런데 인간이 본래 갖추고 있는 것은 일반적으로 너무 미미한 것이어서 삶의 괴로움과의 투쟁에서 벗어난 많은 사람도 결국은 삶의 괴로움과 싸우고 있는 사람들처럼 자신의 삶을 불행하다고 생각하게 된다.

그들은 내면의 공허 · 의식의 희박 · 정신의 빈곤으로 사교계에 들어서는데 그 사교계는 동류(同類) 인간의 집합체이다. 왜냐하면 동류 인간은 동류 인간끼리 어울리기 때문이다. 그리하여 함께 어울려 쾌락과 위안을 찾아다닌다. 처음에는 각종 쾌락과 감각적인 즐거움을 찾아다니지만 나중에는 결국 방탕에 탐닉하게 된다.

부(富)를 누리며 살아온 집안의 자식이 아버지에게 물려받은 엄청난 재산을 믿을 수 없을 만큼 짧은 기간 동안 탕진하는 것은 앞에서 말한 정신의 빈곤 또는 내면의 공허가 일으키는 권태에 기인한 것이다.

그러므로 그런 자들은 외면적으로는 부유하게 살지만 내면적으로는 빈곤하게 살아가는 것이며 모든 것을 외부에서 취함으로써 외면적인 부

(富)로 내면적인 빈곤을 대신하려 하나 절대로 그렇게 되지 않는다. 그것은 마치 젊은 여인이 발산하는 향기를 맡음으로써 백발노인이 젊음을 되찾으려는 것과 같다. 결국 그들은 내면적인 빈곤으로 인해 외면적으로도 빈곤해지는 것이다.

인생에서 두 번째 재보(財寶)인 소유물의 중요성에 대해서는 새삼스럽게 강조할 필요도 없을 것이다. 오늘날에는 재산의 가치가 누구에게나 잘 알려져 있기 때문이다. 그리고 세 번째 재보(財寶)인 명예 · 지위 · 명성 등은 두 번째 재보의 가치에 비하면 공허하기 짝이 없다. 그것은 오직 다른 사람들의 견해 속에만 존재하는 것이기 때문이다.

누구나 좋은 평판을 얻고자 노력하지만 지위는 공직자(公職者)만이 얻을 수 있는 것이며 명성은 극소수의 참된 인간만이 얻을 수 있다. 그런데 명예는 무한한 가치를 갖고 있는 재보(財寶)이며 명성은 인간이 획득할 수 있는 것 중 가장 귀한 것으로써 선택된 인간만이 얻을 수 있는 최고의 재보이다.

이와 반대로 지위를 재산보다도 귀중하다고 생각하는 것은 어리석은 자들뿐이다. '부유한 자는 사람들에게 존경을 받는다.' 라는 베트로니우스[25]의 말은 옳으며 또 역(逆)으로 사람들에게 존경을 받는 것은 재산을 얻게 되는 실마리가 되는 일이 많다는 의미에서 두 번째 재보와 세 번째 재보는 서로 인과 관계(因果關係)에 있다.

---

25) 로마의 문필가. 네로 황제 통치 때인 B. C. 67년에 자살했음.

13. 인간이 본래 갖추고 있는 것에 대하여

인간이 본래 갖추고 있는 것——즉 인격·성품 등이 소유하고 있는 재산——이나 다른 사람들에게 받는 명예·명성보다 인간의 행복에 이바지하는 바가 훨씬 크다는 것은 이미 일반적으로 인정되고 있다. 그러므로 어떤 경우에도 가장 중요한 것은 인간이 지닌 것——즉 인간이 본래 갖추고 있는 각각의 개성——은 항상 그 사람에게 영향을 주며 체험하는 모든 것은 그 사람의 개성에 의해 채색되기 때문이다.

모든 점에서 또는 모든 것에 대해서 인간은 무엇보다도 자기 자신을 즐기는 것이다. 육체적인 즐거움에서도 그러하지만 정신적인 즐거움에서는 더욱더 그러하다. 그러므로 '자기 자신을 즐긴다(to enjoy one's self)'라는 영어의 표현은 매우 적절하다. 이를테면 영어에서는 '그는 파리를 즐긴다(He enjoys Paris)'라고 하지 않고 '그는 파리에서 자신을 즐긴다(He enjoys himself in Paris)'라고 표현한다.

그러나 저열한 개성은 마치 쓸개즙을 바른 입이 달콤한 포도주의 맛을 느끼지 못하듯이 어떤 즐거움도 느끼지 못하는 것이다. 따라서 특별한 재앙을 제외하고는 선량한 사람과 악한 사람 모두에게 문제가 되는 것은 그 사람의 인생행로에서 어떤 일이 일어나는가가 아니라 일어난 일에 대해 어떻게 느끼는가 하는 것이다. 즉 그 사람 감수력(感受力)의 성격과 정도가 문제가 된다.

그가 본래 지닌 것——즉 그가 본래 갖추고 있는 것——다시 말해 그 사람의 인격과 가치가 행복의 유일한 직접적인 원인이며 그 이외의 것들은 그 행복의 간접적인 원인일 뿐이다. 그러므로 다른 모든 것들의 작용은 소멸할 수 있지만 인격의 작용만은 절대로 소멸하는 일이 없는 것이다. 그러므로 뛰어난 인격에 대한 부러움은 그중에서도 가장 은밀하게 감추어져 있는 부러움이면서도 가장 진정시킬 수 없는 부러움이다. 더구나 의식(意識)의 상태는 절대로 변하지 않으며 개성은 항상 지속적이고 계속 작용한다.

그런데 다른 모든 것들은 일시적이고도 단속적(斷續的)으로 작용할 뿐이며 게다가 세상의 변화에 따라 변화한다. 그러므로 아리스토텔레스는 '모든 자연은 신뢰할 수 있지만 재물은 신뢰할 수 없다.'라고 말하고 있다. 우리가 자신의 죄로 인해 유발한 불행보다 완전히 외적인 원인으로 초래한 불행을 더욱 쉽게 견디어 낼 수 있는 것은 바로 그 때문이다. 왜냐하면 운명은 변하는 일이 있지만 자신의 본성은 절대로 변하는 일이 없기 때문이다. 따라서 주관적인 재보——즉 고상한 성격 · 뛰어난 지력(知力) · 낙천적인 기질 · 명랑한 마음 · 건강한 육체——다시 말해 건강한 육체에 깃든 건전한 정신은 우리의 행복을 위한 가장 중요한 요소이다. 그러므로 외적인 재산이나 명예를 얻으려 하기보다는 우리의 주관적 재보——즉 내적인 재보——를 유지하고 신장하기 위해 온 노력을 기울여야 할 것이다.

그런데 내적인 재보 중에서도 행복에 가장 직접적인 영향을 주는 것은 명랑한 마음이다. 다른 재보를 가지고 있지 않아도 이 명랑한 마음만 가지고 있으면 그 자체로 즐거워지기 때문이다.

명랑한 사람들에게는 항상 명랑할 만한 원인이 있다. 그 원인이란 바로 그가 명랑하다는 것이다. 명랑한 마음이라는 재보(財寶)는 다른 어떤 재보로도 대신할 수 없다는 점에서 명랑한 마음에 필적할 수 있는 것은 없다.

젊고 미남이고 부유하며 세상 사람들의 존경을 받는 인간을 생각해 보자. 이 남자가 행복한지 아닌지를 판단하려면 그가 명랑한 인간인지 아닌지를 판단해야 한다. 명랑한 정도가 바로 행복의 정도가 되기 때문이다. 그가 만일 명랑한 인간이라면 젊었는가, 늙었는가, 꼽추인가 아닌가, 가난한가, 부유한가 따위는 문제되지 않는다. 따라서 유쾌하고 활발해야 행복한 인간이다.

언젠가 내가 옛날 서적을 뒤적거리다 '많이 웃는 자는 행복하고 많이 우는 자는 불행하다.'라는 글을 본 적이 있다. 이 말은 극히 단순하고도 평범한 말이었지만 그 속에 진리가 내포되어 있으므로 나는 그 말을 잊을 수가 없었다. 우리는 명랑함이 들어올 수 있도록 항상 문을 활짝 열어 놓지 않으면 안 된다. 명랑함이 들어와서는 안 되는 때란 없기 때문이다.

과연 모든 점에서 참으로 만족할 수 있는 원인을 가졌는지 어떤지를 알고자 하는 마음에서, 또는 깊은 생각이나 중요한 배려(配慮)가 명랑함 때문에 방해받지 않을까 하는 염려에서 명랑한 기분이 되는 것을 주저하는 일이 흔히 있는데 이런 태도는 좋지 않다.

우리가 여러 가지로 고민하는 것으로 그 고민거리가 얼마만큼 개선될 수 있는가는 매우 의심스럽다. 반면 명랑함은 그 자체가 직접적인 이익이 된다. 명랑함만이 이른바 행복의 진정한 화폐이며 다른 것은 은행권(銀行券)에 지나지 않는다. 명랑함만이 직접적으로 사람을 행복하게 해 주기 때문이다.

따라서 명랑함은 과거와 미래라는 두 개의 무한한 시간 사이에 있는 지금의 인간에게는 최고의 재보이다. 이런 점에서 보아도 우리는 이 재보를 얻고 그것을 신장시키기 위해 노력하지 않으면 안 된다.

그런데 이 명랑함이라는 재보를 얻기 위해서는 부(富)만큼 쓸모없는 것이 없고 건강만큼 유익한 것이 없다. 우리는 신분이 낮은 노동자 특히 농부들에게서는 명랑하고 만족스러운 표정을 볼 수 있는 데 반해 부유하고 신분이 높은 사람들에게서는 우울한 표정을 엿볼 수 있다. 그러므로 건강함에서 명랑함이 생겨나는 이상 무엇보다도 먼저 건강을 획득하고 유지하는 일에 노력해야 한다.

건강을 획득하고 유지하기 위해서는 지나친 행위나 방종함 · 격렬하고 불쾌한 마음의 동요 · 극단적이며 지속적인 긴장을 피해야 하며 적어도 매일 두 시간씩 운동하고 냉수마찰을 하는 등 활력을 기르기에 힘써야 한다. 매일 적당한 운동을 하지 않으면 우리는 건강을 유지할 수 없다. 모든 생리적 과정이 순조롭게 진행되기 위해서는 그 과정이 일어나는 각 부분의 운동과 전체의 운동이 필요하기 때문이다.

'생명은 운동으로 유지되며 생명의 본질은 운동에 있다.' 라는 아리스토텔레스의 말은 참으로 옳은 말이다. 유기체(有機體)의 내부에서는 활발한 운동이 끊임없이 일어나고 있다. 즉 수축 운동과 확장 운동을 되풀이하는 심장은 활발하게 고동침으로써 혈액이 온몸을 순환하게 하며, 폐는 증기 기관처럼 쉬지 않고 작동하며, 장(腸)은 벌레처럼 꿈틀거리며 쉴 새 없이 운동하며, 모든 샘[腺]은 끊임없이 흡수하고 분비하며, 뇌(腦) 또한 심장이 고동치고 폐가 작동할 때마다 이중의 운동을 한다.

따라서 앉아서만 생활을 하는 사람들의 경우 운동을 하는 일이 거의 없으므로 외적으로는 매우 평온해 보이지만 체내(體內)에서는 매우 큰 혼란이 일어나 해로운 부조화가 발생한다. 끊임없는 체내의 운동도 외적 운동으로 지탱되기 때문이다. 이 부조화는 어떤 격정(激情)으로 인해 마음속은 부글부글 끓고 있으면서도 그것을 겉으로 표현해서는 안 될 때 볼 수 있는 부조화와 흡사하다. 심지어 나무들마저도 자라기 위해서는 바람에 의해 흔들리는 운동이 필요하다.

행복이 명랑함에 의해 얼마나 크게 좌우되며 또 명랑함이 건강 상태에 의해 얼마나 크게 좌우되는가는 똑같은 외적 상황이나 사건이 건강하고 원기 왕성할 때 우리에게 주는 인상과 병에 걸려 기분이 좋지 않고 안정되지 않을 때 주는 인상을 비교해 보면 쉽게 알 수 있을 것이다.

이 두 인상을 비교해 보면 행복하게 만들기도 하고 불행하게 만들기도 하는 사물의 객관적 · 현실적 상태가 아니라 우리 자신에 대한 사물의 상태, 즉 우리 주관(主觀)에 비친 사물의 상태라는 것을 알 수 있다.

에픽크테토스[26]는 이러한 의미를 '사물 자체가 인간을 불안하게 하는 것이 아니라 사물에 대한 견해가 인간을 불안하게 한다.'라는 말로 표현했다. 일반적으로 행복의 구십 퍼센트는 건강에 의해 좌우된다. 우리가 건강하면 모든 것이 기쁨이 될 수 있지만 건강하지 않으면 아무리 많은 외적 재보를 갖고 있더라도 기쁨을 느낄 수 없을 뿐만 아니라 주관적 재보——정신적 능력 · 인품 · 성품 등——도 현저하게 위축된다.

사람들이 만나면 무엇보다도 먼저 서로의 건강 상태를 물으며 상대방이 건강하기를 바라는 것은 건강이 인간의 행복에 가장 중요한 역할을 한다는 사실에 기초를 둔 것이다.

26) 50년경~138년경 그리스 스토아학파 철학자.

결국 어리석은 짓 중에서도 가장 어리석은 짓은 자신의 건강을 희생하는 일이다. 이익을 얻기 위해서건 명예를 얻기 위해서건 학문을 성취하기 위해서건 어떤 일을 위해서건 건강을 해치며 희생하는 것은 바람직하지 않다.

더구나 육체적인 욕망이나 순간적인 향락을 위해 건강을 희생하는 것은 매우 그릇된 일이다. 그러므로 우리는 건강을 제일 먼저 생각하고 그 이외의 것들은 그다음에 생각해야 한다.

그런데 행복의 본질적 요소인 명랑함은 육체적 건강에 의해 크게 좌우되기는 하지만 그렇다고 해서 오로지 육체적인 건강에 의해서만 좌우되는 것은 아니다. 육체적으로는 매우 건강하면서도 우울한 성품을 가진 사람도 있으며 언제나 어두운 기분으로 지내는 사람도 있기 때문이다.

명랑함이나 우울함은 말할 나위도 없이 근본적인 성격에 의해 좌우되며 대부분은 자극에 대한 감수성과 그 감수성의 회복 능력이 정상적인 균형을 이루고 있는지 아닌지에 의해 그가 명랑한 사람인지 우울한 사람인지가 결정된다.

감수성이 지나치게 예민한 사람은 기분의 균형을 유지하지 못하며 그들은 항상 우울한 상태에 있지만 주기적으로 지나치게 명랑해진다. 천재는 대체로 지나치게 예민한 신경, 즉 지나치게 예민한 감수성을 가지고 있다. 그러므로 아리스토텔레스의 '철학 · 정치 · 문학 · 예술 등의 방면에서 뛰어난 사람들은 모두 우울증을 앓고 있다.' 라는 지적은 매우 올바른 지적이다.

인간의 근본적 성품이 얼마나 다른가를 셰익스피어는 매우 적절하게 묘사하고 있다.

신(神)은 그 옛날

참으로 기묘한 존재를 만드셨다.

일 년 내내 눈을 가늘게 뜨고 마치 앵무새처럼 바람 소리에도 배꼽이 빠질 듯이 웃는 인간이 있는가 하면

무엇이 그리도 불쾌한지 얼굴을 잔뜩 찌푸리고 있는 인간도 있다.

이런 인간은 절대로 웃는 법이 없다.

설령 현자(賢者) 레스터가 농담이나 재담을 들으면 꼭 웃어야 한다고 충고한다고 하더라도 아무 소용도 없는 것이다.

바로 이와 같은 차이를 플라톤은 '불쾌(듀즈코로스)'와 '유쾌(에우코로스)'라는 말로 구별하여 표현했다. 이 차이는 쾌(快)·불쾌(不快)의 인상에 대한 감수성이 사람에 따라서 현저하게 다르다는 것을 의미한다. 그러므로 어떤 사람은 절망할 일에 대해서도 태연히 웃을 수 있는 것이다. 더욱이 불쾌한 인상에 대한 감수성이 강하면 강할수록 유쾌한 인상에 대한 감수성은 약하다.

또 그 역(逆)도 성립한다. 어떤 사건이 행복한 결말에 이를 가능성이 반이며 불행한 결말에 이를 가능성이 반일 때 우울한 인간은 그 사건이 불행한 결말에 이르면 화를 내거나 슬퍼하며 행복한 결말에 이르러도 기뻐하지 않지만 명랑한 인간은 그 사건이 불행한 결말에 이르러도 화를 내거나 슬퍼하지 않으며 행복한 결말에 이르면 크게 기뻐한다.

우울한 인간은 열 가지 계획 중 아홉 가지에 성공해도 아홉의 성공을 기뻐하지 않고 하나의 실패에 화를 내지만 명랑한 인간은 열 가지 계획 중 한 가지만 성공하고 아홉 가지를 실패해도 한 가지의 성공으로 마음

을 달래 명랑한 기분이 된다.

그런데 우울한 인간들, 즉 음울하고 언제나 사소한 일로 걱정하는 사람들은 쾌활하고 무사태평한 성격의 사람들에 비해 상상(想像)의 재난이나 고뇌를 많이 경험하기는 하지만 현실적인 재난이나 고뇌를 겪는 일은 오히려 적다.

모든 일을 비관적으로 보고 항상 최악의 경우를 생각하여 적당한 대비책을 마련하는 인간은 모든 일을 밝게 보고 밝은 계획만을 세우는 인간보다 오산(誤算)하는 일이 적기 때문이다.

그렇지만 신경 조직이나 소화 기관의 병적(病的)인 증상이 선천적인 '우울증'에 박차를 가하게 되면 그 사람의 우울증은 점점 심해져 염세주의자(厭世主義者)가 되고 마침내 그는 자살을 원하게 된다.

그렇게 되면 그에게는 아주 작은 불쾌한 일도 자살의 충분한 동기가 되는 것이다. 그뿐만 아니라 이러한 증상이 극도에 달하면 자살의 동기마저 필요하지 않게 된다. 즉 단순히 불쾌한 기분이 계속되고 있다는 이유만으로 자살하겠다는 결심을 하고 냉정하고 단호한 태도로 자살을 실행하게 되는 것이다.

그러므로 위험한 인물로 간주하여 감시받는 환자들은 잠깐이라도 감시가 소홀한 틈이 있으면 아무런 주저도 고민도 두려움도 없이 지극히 타당하고 바람직스러운 해결책으로 보이는 자살을 실행하는 것이다.

에스키롤[27]은 그의 저서(著書) ≪정신병에 대하여≫에서 이와 같은 상태를 상세히 기술하고 있다. 그런데 사정 여하에 따라서는 지극히 건강

27) Jean Etienne Dominique Esquirol(1772~1840), 프랑스 정신병리학자.

한 사람이나 명랑한 사람도 자살을 결행하는 일이 있다. 그것은 고뇌나 피할 수 없이 바짝 다가오는 불행이 죽음의 공포를 압도하는 경우이다.

양자(兩者)의 차이는 자살 동기(動機)의 크고 작음에 있다. 자살 동기의 크고 작음은 우울한 정도에 반비례한다. 우울한 정도가 심할수록 자살 동기는 작아지며 우울한 정도가 극에 달하면 자살 동기는 눈에 띄지 않게 된다.

이에 반(反)하여 성격이 매우 명랑하고 그 성격을 뒷받침하는 건강이 좋을수록 자살 동기는 커진다. 그러므로 선천적인 우울증이 병적으로 심해진 것의 원인인 자살과 몸도 건강하고 성격도 명랑하지만 객관적인 여러 이유에 의한 자살의 양극단 사이에는 수많은 단계가 있다.

건강과 부분적으로 흡사한 것은 아름다움이다. 아름다움이라는 주관적인 장점은 행복에 직접적으로 이바지하는 것이 아니라 타인에게 주는 인상을 통하여 간접적으로 행복에 이바지할 뿐이지만 아름다움은 행복의 매우 중요한 요소이다.

아름다움은 남자에게도 행복을 위한 매우 중요한 요소이다. 아름다움은 사람의 마음을 사로잡으며 그것은 공개 추천장과도 같은 것이기 때문이다. 아름다움에 대해서는 다음의 호메로스 시구가 잘 말해 주고 있다.

신들이 내려 준 훌륭한 보물을 소홀히 생각하지 말라,
그것은 신들만이 줄 수 있는 것이며 사람의 뜻대로 얻을 수 없는 것이니…….

얼핏 생각해 보아도 인간의 행복을 방해하는 두 적(敵)은 고통과 권태라는 것을 알 수 있다. 우리는 이 두 적 중 하나의 적에게서 멀어지면 멀어진 그만큼 다른 적에 가까워진다. 우리의 생활은 정도의 차이는 있지만 이 두 적(敵) 사이를 왕복하는 움직임이다. 그 이유는 무엇인가?

이 두 적(敵), 즉 고통과 권태는 어느 한쪽이 외적(外的)인 것 · 객관적인 것이면 다른 쪽은 내적(內的)인 것 · 주관적인 것이라는 이중의 상반(相反) 관계에 있기 때문이다. 한편으로는 재난과 궁핍이 고통을 초래하며 다른 한편으로는 안전과 풍요가 권태를 초래하는 것이다.

따라서 낮은 계급의 사람들은 가난, 즉 고통과 끊임없이 싸우고 있는데 반해 높은 계급의 사람들은 권태라는 적을 상대로 절망적인 싸움을 계속한다. 가장 낮은 문명 생활인 유랑(流浪) 생활이 가장 높은 문명 생활에서 볼 수 있는 관광 여행을 통해 재현되고 있다. 유랑 생활은 빈곤으로 생겨났으며 관광 여행은 권태로 생겨난 것이다.

한편 고통과 권태의 내적(內的) 상반(相反), 즉 주관적 상반(相反)은 고통과 권태에 대한 감수력(感受力)이 정신적 능력의 대소(大小)로 결정된다는 점과 한쪽에 대한 감수성이 다른 한쪽에 대한 감수성에 반비례한다는 점을 기초로 하고 있다. 즉 정신이 열등한 사람은 감수성이 둔하기 때문에 자극에 대하여 둔감하다.

정신이 열등한 사람은 여러 가지 재난과 슬픔의 고통을 적게 받지만 그의 열등한 정신으로 인해 그의 내부에는 공허——많은 사람의 얼굴에 뚜렷이 나타나 있는 내면의 공허와 외적인 모든 사소한 사건에까지 끊임없이 관심을 기울이는 것과는 상관없이 그의 말에 드러나는 저 내면의 공허——가 생겨난다. 이 내면의 공허가 바로 권태의 근원이다.

사람들은 이 내면의 공허 때문에 부단히 외적인 자극을 구한다. 그들은 외적인 자극으로 정신이나 감정을 활동시키려고 하는 것이다. 이와 같은 사람들은 외적 자극으로써 무엇을 선택할 것인가에 대해서는 별로 까다롭지 않다.

그것은 일부 사람들이 선택하는 오락의 저열함과 그들의 사교나 담화의 질(質) 등을 보면 쉽게 알 수 있다. 온갖 종류의 사교나 오락 · 유흥 · 사치에 대한 욕망은 바로 이 내면의 공허에서 생겨나는 것이다. 그리하여 많은 사람이 낭비를 일삼고 마침내 빈곤에 빠지게 되는 것이다.

이와 같은 불행에 빠지지 않기 위해서는 내면이나 정신의 부(富)를 이루는 것만큼 안전한 것이 없다. 뛰어난 정신의 부를 지닌 사람일수록 권태를 느낄 여유가 없는 것이다. 언제나 정신이 활발히 움직이면 외부 세계 또는 자신의 내부 세계의 다양한 현상(現象)을 늘 새롭게 느끼게 되므로 그 현상들을 끊임없이 다른 결합으로 만들어 내는 능력과 그것을 만들어 내지 않고는 견딜 수 없는 충동이 생기기 때문이다.

그러므로 탁월한 정신의 소유자는 긴장이 풀린 순간을 제외하고는 전혀 권태를 느끼지 않는다. 그런데 고도의 지성(知性)은 직접 주어진 갖가지 조건에 대해 매우 민감하여 그 밑바탕에 격렬한 의지, 즉 정열을 남보다 갑절이나 더 숨기고 있다. 이러한 지성과 격렬한 의지의 결합으로 감정이 더욱 격렬해지고 정신적인 고통뿐만 아니라 육체적인 고통에 대해서도 한층 더 민감해진다.

이런 일은 모두 왕성한 상상력에 의해 생긴다. 상상력이 왕성할 때 모든 상념이 강렬해지기 때문에 불쾌한 상념도 강렬해지는 것이다. 여기에서 이야기한 것은 가장 우둔한 사람에서 천재 중의 천재에 이르기까지 모든 사람에게 적용될 수 있다.

그러므로 누구나 주관적으로든 객관적으로든 인간의 생활에 있어서 고통의 한쪽 원천(源泉)에 가까울수록 다른 쪽의 원천으로는 멀어지는 것이다. 따라서 이 점에서는 객관적인 면을 가능한 한 주관적인 면에 맞추려고 하는 것이 인간의 자연스러운 경향이다.

즉 인간은 고통 중에서도 자신이 가장 예민하게 느끼는 고통에 대해 한층 더 철저한 예방책을 마련한다. 따라서 정신이 탁월한 사람은 무엇보다도 고통이 없고 평온하고 한가로우며 되도록 남에게서 비난받지 않는 생활을 원한다. 이런 사람은 평범한 사람들과 조금 가까워지면 속세를 떠난 은둔(隱遁)생활을 원하게 되며 위대한 정신의 소유자일수록 고독을 선택하게 된다.

그것은 본래 지닌 것이 풍부하면 풍부할수록 밖에서 구하는 것이 그만큼 적어지고 또 그만큼 외부의 사물에 의해 영향받지 않기 때문이다. 따라서 탁월한 정신의 소유자는 비사교적일 수밖에 없는 것이다. 만약 사교의 질(質)이 양(量)으로 메워질 수 있는 것이라면 화려한 사교계에서 생활하는 것도 보람이 있을 것이다. 그러나 유감스럽게도 어리석은 사람 백 명이 현자(賢者) 한 사람에 미치지 못한다.

이에 반(反)해 그 반대쪽의 극점(極點)에 서 있는 인간, 즉 정신이 빈곤한 인간은 고통에서 벗어나게 되면 곧바로 오락과 사교에 정신을 몰두함으로써 자기 자신에게서 도망치려 한다. 그러나 홀로 있게 되어 자신의 본래 모습으로 돌아가게 되면 그 사람이 본래 지닌 정체가 확실히 드러나게 된다.

어리석은 자는 고독해지면 아무리 훌륭한 옷을 걸치고 있다 하더라도 빈곤한 개성의 중압감에서 벗어나지 못해 한숨을 쉴 뿐이지만 풍부한 정신의 소유자는 삭막한 환경도 자신의 풍부한 정신으로 풍요롭고 생기 있는 환경으로 바꾼다.

그러므로 '어리석은 사람은 자기 자신에 대한 혐오로 괴로워한다.' 라는 세네카[28]의 말이나 '어리석은 자의 삶은 죽음보다도 고통스럽다.' 라는 실라하[29]의 격언은 그야말로 진리이다.

우리는 정신적으로 빈곤하고 열등한 인간일수록 사교적이라는 사실을 알 수 있다. 이 세상에서 인간이 선택할 수 있는 생활 방법에는 고독한 생활과 속악(俗惡)한 생활 이외의 다른 방법은 없기 때문이다.

흑인들이 사교적이라고 일컬어지는데 확실히 그들은 지성이 열등하다. 북아메리카에서 발행되는 프랑스어 신문――르 코메루스지 1847년 10월 19일 자――은 '흑인은 자유인이건 노예이건 좁은 장소에 모여 함께 살고 있는데 그것은 자신들의 열등한 모습을 자주 보지 않도록 하기 위해서이다.' 라고 보도한 일이 있다.

각자가 노력하여 얻은 자유로운 여가는 자신의 의식(意識)과 개성을 자유롭게 즐길 기회이며 노동과 고통뿐인 현실 생활의 결실이며 수확이다. 그렇지만 대부분 사람에게 자유로운 여가는 그 여가를 대신하기 위한 감각적 향락이나 위안거리가 없을 때 권태와 백치 상태를 가져다줄 뿐이다.

그들에게 여가가 얼마나 무가치한 것인가는 그들이 여가를 보내는 방법을 보면 알 수 있다. 이것이 아리오스토[30]가 말한 '무지(無知)한 인간

---

28) Seneca, Lucius Annaeus, B. C. 4년경~A. D. 65년경 스토아학파 사상가.

29) B. C. 200년경에 태어난 유대인으로 구약성서의 위전(僞典)에 속하는 도덕적 격언을 수집했다.

30) Ariosto, Lodovico(1474~1533), 이탈리아 시인.

의 권태'이다. 자유로운 여가 시간에 정신적 능력이 없는 사람은 그 시간을 대신할 방법을 생각하고 정신적 능력이 있는 사람은 그 시간을 활용할 방법을 생각한다. 정신적 능력이 없는 사람들이 권태에 시달리는 것은 그들의 지성이 의지를 움직이게 하는 '동기(動機)의 중개' 역할밖에 하지 못하기 때문이다.

의지를 움직일 아무 동기도 없는 경우 의지는 휴식하고 지성――정신적 능력――은 휴지(休止)한다. 지성의 휴지란 지성이 의지와 마찬가지로 혼자서는 활동하지 않는 것을 의미한다. 그 결과 그 사람의 능력은 정체(停滯)되며 권태를 느끼게 되는 것이다. 그리하여 이 권태를 물리치기 위해 임시방편으로 사소한 동기를 제공하여 의지를 자극하고 지성이 그 동기를 포착하게 함으로써 지성을 활동시키려고 한다.

이러한 동기는 임의로 정해진 것이므로 그 가치는 자연적으로 생겨난 동기에 비하면 은화(銀貨)에 대한 지폐와 같다. 이런 동기에 속하는 것은 앞에서 이야기한 목적을 위해 고안된 카드놀이 같은 갖가지 놀이다. 지성이 모자란 인간은 이러한 놀이가 뜻대로 되지 않으면 마구 트집을 잡고 불평하며 소란을 피우기도 한다. 이러한 인간에게는 엽권연(葉卷煙) 등도 사상을 대신하는 좋은 대용품이 되는 것이다.

이와 같은 이유로 카드놀이가 모든 사교계의 중요한 행사가 되었다. 카드놀이는 사교계의 가치를 재는 척도이며 사상(思想)의 부재(不在)를 선언하는 것이다. 결국 그들은 서로 교환할 수 있는 아무런 사상도 가지지 못했기 때문에 대신 카드를 교환하며 서로의 돈을 빼앗으려 애쓰는 것이다. 아아, 얼마나 가련한 무리인가!

이 문제에 대해서 공정하게 하려고 나는 '카드놀이도 나쁜 것만은 아니다.' 라는 것을 증명하려는 생각을 무시하지는 않겠다. 그 설(說)에 의하면 사람들은 카드놀이에서 우연에 의해 주어진 어쩔 수 없는 상황——분배 받은 패——을 잘 이용하는 방법을 배울 수 있으며 패가 나쁠 때도 목적을 위해서는 밝은 표정을 유지하거나 태연한 태도를 보이는 습관을 익힐 수 있다는 것이다.

다른 한편으로는 그렇게 할 수 있다는 바로 그 점 때문에 카드놀이는 도의심을 잃게 한다. 카드놀이의 정신은 모든 수단과 방법을 가리지 않고 상대의 것을 빼앗는 것이다. 게임을 통해 이런 습관을 익히게 되면 실생활에서도 점차 자신의 소유물과 타인의 소유물에 대해서 게임을 할 때와 같은 생각을 가지게 된다. 그리하여 법률이 허용하는 한 자신이 취할 수 있는 이익이라면 어떤 이익을 취해도 좋다고 생각하게 된다.

앞에서 이야기한 것처럼 자유로운 여가가 있으므로 인간은 자기 자신으로 돌아갈 기회가 생기고 자유로운 여가는 인간 생활의 꽃이며 결실이다. 그러므로 자유로운 여가의 무엇인가를 자신의 것으로 만들 수 있는 사람은 행복한 사람이다.

그런데 대부분 사람은 자유로운 여가에 자기 자신을 주체하지 못하고 심한 권태를 느껴 저급한 오락 따위에 빠져든다. 그들에게 자유로운 여가는 오히려 해가 될 뿐이다.

외국에서 물품을 수입할 필요가 거의 없거나 전혀 없는 나라가 가장 행복한 나라인 것처럼 내면의 부(富)를 충분히 쌓아 자아를 지켜 나아감에 있어 외부에서 거의 아무것도 받아들일 필요가 없는 인간이 가장 행복한 인간이다.

외부에서 무엇인가를 받아들이려면 비용도 많이 들 뿐만 아니라 외부의 것에 속박되면 불만을 품게 될 위험이 있다. 우리는 외부에서 받아들인 것으로 자신을 채울 수는 없다. 타인이나 외부에서 자신을 완전히 채울 수 있을 만큼 많은 것을 기대할 수 없기 때문이다.

다른 사람 대신 무언가를 해 줄 수 있는 범위는 매우 좁다. 결국 인간은 누구나 혼자이다. 그러므로 중요한 것은 혼자인 당신이 어떤 인간인가 하는 점이다. 이 점에 대해서는 ≪시(詩)와 진실≫ 제3권에서 '인간은 누구나 결국 자기 자신으로 되돌아가게 된다.' 라고 한 괴테의 말과 올리버 골드스미스[31]가 노래한 다음의 시구가 잘 말해 주고 있다.

언제 어디서나 의지할 수 있는 것은 자신뿐이다.
자기 행복은 자신이 만드는 것이며 자신이 발견하는 것이다(≪여행자≫ 제4권).

항상 자기 자신일 수 있으며 혼자의 힘으로 살아가는 사람이 가장 행복한 인간이다. 인간은 참된 자기 자신으로 돌아가는 일이 많으면 많을수록——즉 자기 자신 속에서 즐거움의 근원을 발견하는 일이 많으면 많을수록——그만큼 행복하다.

아리스토텔레스의 '자신에게 만족하는 사람은 행복하다.'라는 말은 참으로 옳은 말이다. 행복과 즐거움의 모든 외적 근원은 불확실하기 짝이 없으며 다루기 어렵고 일시적이며 우연에 의해 좌우되기 때문이다.

외적 상황이 아무리 유리하다 하더라도 그 근원은 머지않아 고갈(枯

---

31) Goldsmith, Oliver(1728~1774), 아일랜드 태생의 영국 작가.

渴)되어 버리고 만다. 즉 행복과 즐거움의 모든 외적 근원은 결국 고갈되어 버리며 특히 우리가 나이를 먹게 되면 모든 외적 근원은 필연적으로 말라 버린다. 나이를 먹으면 사랑도 농담도 여행의 즐거움도 말을 기르는 기쁨도 사라질 뿐만 아니라 죽음이 친구나 친척을 데려간다.

그렇게 되면 우리가 본래 지닌 지성 · 인격 · 성품 등이 더욱 더 중요해진다. 그것만이 언제까지나 확실하고 변치 않는 것이기 때문이다. 우리가 본래 지닌 것이야말로 나이와 관계없이 유일하고도 영속적인 행복의 참된 원천이다. 인간 세계의 어디에서도 그토록 소중한 것은 얻을 수 없다는 것이 그 증거이다.

인간 세계에는 곤궁과 고통이 넘치고 있다. 곤궁과 고통에서 벗어난 인간이 있다면 그가 가는 곳은 어디에나 권태가 기다리고 있다. 그리고 이 세상에서는 대부분 악(惡)이 위세를 떨치고 있으며 어리석고 열등한 것이 강한 발언권을 가지고 있다. 또한 운명은 잔혹하고 인간은 비참하다. 이러한 세상에서 본래 지닌 것이 많은 인간은 마치 온 세상이 눈과 얼음으로 덮인 십이월 밤 크리스마스 장식이 되어 있는 아름답고 밝고 따뜻한 방과 같다. 이렇게 생각해 볼 때 뛰어나고 풍부한 개성과 풍요로운 정신을 지닌다는 것은 가장 행복한 일임이 틀림없다.

당시 십구 세였던 스웨덴의 크리스티나 여왕이 단지 한 편의 논문과 소문으로만 알았을 뿐인 그 무렵 네덜란드에서 이백이십 년 동안의 고독한 생활을 보내고 있던 데카르트에 대해

"데카르트는 모든 인간 중에서 가장 행복한 인간이다. 그의 생활 방법이 부럽다."

라고 한 말은 매우 현명한 말이다. 자신 속에서 살고 자신을 즐길 수 있

으려면 데카르트의 말처럼 유리한 외적 상황이 필요하다. 구약의 '전도서' 제7장 12절의 '현명함에 돈이 더해지면 더욱더 유익하다'라는 말도 이것을 의미하는 것이다.

자연과 운명에서 이런 은혜를 받은 사람은 자신의 내부에 있는 행복의 샘이 마르지 않도록 조심하지 않으면 안 된다. 그러기 위해서는 독립과 여가가 필요하다. 그러므로 이런 사람은 다른 사람들과는 달리 즐거움의 외적 근원에 의지할 필요가 없으므로 절도와 절약으로 독립과 여가를 획득하려 한다.

이들은 관직(官職)이나 돈과 세상의 인기와 갈채를 얻을 수 있다 해도 자신을 내팽개치면서까지 세상 사람들의 저열한 의도나 기호에 영합하려 하지는 않는다. 어쩔 수 없는 경우 그들은 호라티우스가 마이케나스[32]에게 보낸 편지에서 볼 수 있는 것 같은 행동을 취할 것이다.

외면적인 이익을 얻기 위해 내면적인 손실을 초래하는 일, 즉 영화(榮華) · 영달(榮達) · 호사(豪奢) · 명예 따위를 위해 자신의 평온과 여가와 독립을 완전히 또는 그 대부분을 희생시키는 일처럼 어리석은 짓은 없다. 괴테마저도 그런 어리석은 짓을 했다. 나의 경우는 자신의 본성(本性)에 따라 단호히 다른 길을 취해 왔다.

행복의 중요한 근원은 자신의 내부에 존재한다는 사실은 아리스토텔레스가 ≪니코마코스 윤리학≫에서 언급한 '모든 즐거움은 적당한 능력의 활동을 전제로 한다. 그러므로 능력의 활용 없이는 즐거움도 없다.'라는 말로 더욱 확실해진다.

32) Maecenas(B. C. 74년~B. C. 8년), 로마 문예 보호자로 알려짐.

소요학파(逍遙學派)인 스토바이오스도 ≪윤리학 발췌≫라는 저서 속에서 '인간의 행복은 자신의 뛰어난 능력을 마음껏 발휘하는 데 있다.'라는 아리스토텔레스의 설(說)을 인용하여 '행복이란 자기의 의지에 따라 성공할 수 있는 일에 종사하며 덕(德)에 맞는 활동을 하는 것이다.' 라고 기술하고 있으며 '여기서 덕이란 뛰어난 능력을 의미한다.' 라는 주(註)까지 붙여 놓고 있다.

자연이 인간에게 여러 가지 능력을 부여해 준 것은 자기에게 닥쳐오는 난관에 대항하여 싸울 수 있도록 하기 위함이다. 그런데 일단 이 싸움이 끝나게 되면 사용할 데가 없게 된 이 능력은 귀찮은 존재가 된다. 그리하여 이 능력은 놀이, 즉 아무런 목적도 없는 일에 기울어진다. 그렇지 않으면 인간은 고뇌의 다른 근원인 권태의 포로가 되어 버리기 때문이다.

권태로 가장 괴로움을 받는 사람들은 부유한 자들이다. 부유한 자들의 비참한 권태에 대해 루크레티우스[33]는 다음과 같은 시구를 남겼는데 그것이 얼마나 적절한 묘사인지는 오늘날 대도시의 일상생활에서 증명되고 있다.

때때로 그는 궁전을 버리고 야외로 나가곤 했다.

그는 집을 싫어했지만 이내 다시 집으로 돌아오곤 했다.

야외에서도 조금의 즐거움을 느낄 수 없었기 때문이었다.

그는 마치 별장에 불이 나서 그 불을 끄기 위해 달려가기라도 하듯이 말을 타고 전속력으로 별장을 향해 달려갔다.

---

33) Lucretius(B. C. 95년~B. C. 51년), 로마시인.

그러나 별장에 도착하자마자 그는 권태로 인해 하품했다.
마을로 돌아가기가 싫을 때
그는 잠에 빠져듦으로써 자기 자신을 잊으려 했다.

이런 사람들의 젊을 때는 근육의 힘과 생식 능력에 의해 모든 것을 해결할 수 있다. 그러다 나이를 먹으면 남는 것은 정신 능력뿐이므로 정신 능력이 부족하거나 정신 훈련이 충분하지 않아서 정신 활동을 위한 재료가 충분히 축적되어 있지 않을 때 고통은 매우 심해진다. 그렇게 되면 이미 의지만이 마르지 않는 유일한 힘의 원천이 되었으므로 정열의 흥분으로──예를 들면 인간이 도의심을 잃게 하는──도박에 대한 정열 등에 의해 의지가 생기게 된다.

일반적으로 그런 사람들은 각자 가진 능력에 따라 장기 · 사냥 · 그림 · 경주 · 음악 · 카드놀이 · 시(詩) · 문장학(紋章學) · 철학 등의 놀이를 일로써 선택한다. 우리는 인간의 모든 능력을 발현(發現)하는 근원(根源)으로 거슬러 올라가 이 문제를 계통적으로 검토할 수도 있다. 그 근원이란 생리학적(生理學的)인 세 가지 근본 능력으로서 이것은 세 가지 즐거움의 원천이 된다.

이 세 가지 근본 능력 가운데 어느 것이 내면의 주류(主流)를 이루느냐에 따라 인간은 그에게 맞는 즐거움을 선택하는 것이다. 첫째는 재생 능력에 의한 즐거움이다. 이것은 식사 · 음주(飮酒) · 소화 · 휴식 · 수면의 즐거움을 말한다. 놀라운 것은 어떤 나라에서는 국민 전체가 이런 종류의 즐거움을 이른바 국민적 쾌락으로 삼고 있다는 사실이다.

둘째는 자극에 의한 즐거움이다. 이것은 방랑 · 도약 · 격투(格鬪) · 무용 · 펜싱 · 기마(騎馬) 등 각종 스포츠나 사냥 등의 즐거움이다. 자극의 즐거움이 때로는 전쟁마저 즐거움으로 삼는 일이 있다.

셋째는 정신적 감수성에 의한 즐거움이다. 이것은 고찰 · 사유(思惟) · 감상(鑑賞) · 시작(詩作) · 회화(繪畫) · 조각 · 음악 · 연구 · 독서 · 명상 · 발명 · 철학적 사색 등의 즐거움이다. 이 세 종류의 즐거움이 갖는 각각의 가치 · 정도 · 지속성에 대해 다양한 고찰을 할 수도 있지만 그것은 독자에게 맡기기로 한다.

어쨌든 즐거움은 반드시 자기 능력을 사용한다는 것을 전제 조건으로 하며 이 즐거움이 되풀이되는 데에 행복이 있으므로 즐거움의 전제 조건인 능력이 고상한 종류의 것일수록 우리의 즐거움과 나아가서는 우리의 행복이 그만큼 커진다는 것은 누구나 명백히 알 수 있을 것이다.

이런 점에서 인간이 다른 동물보다 우수한 점이며 다른 동물과는 비교할 수 없을 정도로 많이 지닌 정신적 감수성이 동물의 그것과 동등하거나 동물의 그것보다 열등한 다른 두 종류의 생리학적 근본 능력에 비해 우위(優位)를 차지하고 있다는 사실은 아무도 부인할 수 없을 것이다.

정신적 감수성은 우리의 인식(認識) 능력 속에 존재한다. 따라서 정신적 감수성이 탁월하면 인식을 본질로 하는 즐거움——즉 정신적 즐거움——을 얻을 수 있게 되며 정신적 감수성이 탁월하면 탁월할수록 그만큼 더 큰 정신적 즐거움을 얻을 수 있다.

일반 사람들이 어떤 사물에 강렬한 관심을 나타내는 것은 그 사물이 그 사람의 의지를 자극하기 때문이다. 즉 그의 관심을 불러일으키기 때문이다. 그런데 의지의 지속적인 흥분에는 고통이 따른다. 그렇지만 의지를 자극하는 방법 중에는 심한 고통을 수반하지 않고 일차적으로 가벼운 관심을 불러일으키는 의지를 간질이는 정도의 것도 있다. 그것은 바로 상류 사회를 풍미하는 카드놀이이다.

이에 반(反)하여 탁월한 정신 능력의 소유자는 의지를 전연 개입하지 않고도 인식으로 강렬한 관심을 가질 수 있을 뿐만 아니라 오히려 이런 관심이 필요하다. 이와같이 그는 관심으로 고통과는 본질적으로 다른 영역, 즉 고통을 모르는 경지에 이르게 된다. 그것은 자유롭게 사는 신(神)의 경지와도 같은 것이다. 그런데 세상의 보통 사람들은 일신(一身)의 안위(安危)에 얽힌 사소한 이익 추구에만 급급하므로 일단 어떤 목적——부를 이루는 것 등——이 이루어져 그것을 이루기 위한 이제까지의 활동이 정체(停滯)되고 자기 자신으로 되돌아가지 않을 수 없게 되면 견딜 수 없는 권태에 사로잡힌다. 그들의 정열이 불타올라 어떻게 할 수 없을 정도로 정체된 거대한 덩어리를 조금이라도 움직여 주기를 기다리면서 그날그날을 살아갈 뿐이다.

이에 반하여 탁월한 정신 능력을 지닌 사람은 사상적으로 내용이 풍부하고 신선한 인생을 보낸다. 이와 같은 사람은 물론 고상하고 흥미 있는 일에 자신을 집중시킬 기회를 얻으면 그 일에 종사하지만 그런 일이 없을 때라도 자신의 내부에 고귀한 즐거움의 근원을 지니고 있는 것이다.

그들은 자연이 만들어 낸 여러 사물과 인간의 활동을 관찰함으로써 외부에서 자극을 받는다. 그리하여 시대와 나라를 불문하고 천부적 재능을 지닌 사람들은 빛나는 업적을 이루는 것이다.

그런데 이 빛나는 업적을 완전히 이해하고 감득(感得)할 수 있는 사람은 오직 자신뿐이므로 그런 업적을 즐길 수 있는 사람 역시 그 업적을 이룬 자신뿐이다. 즉 그 업적은 그 사람에게만 현실적으로 살아 있는 것이며 그 사람이야말로 그 일을 기다리고 있었다.

다른 사람들은 그 사람 업적의 일부를 어설프게 이해할 뿐인 방관자에 지나지 않는다. 물론 뛰어난 천부적 재능을 지닌 사람들도 보통 사람들 이상의 욕구가 있다. 그들의 욕구는 배움과 관찰 · 명상 · 연마(鍊磨)에 대한 욕구이며 또한 자유로운 여가에 대한 욕구이다. 볼테르가 정확히 지적했다.

'참된 욕구가 없는 곳에는 참된 즐거움도 없다.'

따라서 정신력이 풍부한 사람에게 참된 욕구는 다른 사람들이 누릴 수 없는 즐거움의 조건이다. 예를 들면 자연의 아름다움과 예술의 아름다움과 모든 종류의 정신적 소산(所産)이 그것이다.

그러나 다른 수많은 속악(俗惡)한 사람에게는 설령 그런 것들이 주위에 산처럼 쌓여 있다 하더라도 백발노인의 유녀(遊女)에 지나지 않는다. 그러므로 정신 능력이 뛰어난 사람은 일상생활 외에 또 하나의 다른 생활인 지적(知的) 생활을 갖는다.

평범한 인간은 천박하고 공허하고 비참한 일상생활 자체가 그들의 목적인 데 반하여 정신 능력이 뛰어난 사람은 지적(知的) 생활이 차츰차츰 그들 본연의 목적이 되고 일상생활은 단지 지적 생활을 위한 수단에 지나지 않게 된다.

마치 예술 작품이 끊임없이 깊어지는 인식과 통찰로 완성되어 가듯이 지적 생활은 끊임없는 통합과 향상으로 완성되어 간다. 다른 많은 사람들의 단순히 일신의 안녕만을 목적으로 하는 생활이나 깊은 의미의 진보 없이 연장적(延長的)인 진보만이 있는 생활은 이와 같은 지적(知的) 생활과 완전한 대조를 이룬다. 탁월한 정신 능력을 지닌 사람들에게 단순한 수단에 지나지 않는 생활을 평범한 사람들은 삶의 목적으로 삼고 있는 것이다.

현실 생활은 정열에 의해 영위되지 않으면 권태롭고 무미건조해진다. 그런데 일단 정열에 의해 생활이 흔들리게 되면 현실 생활은 고통스러워 진다. 그러므로 자신의 의지가 의욕 하는 일을 하는 데에 필요한 풍부한 지성을 갖춘 사람만이 행복하다. 그런 사람만이 현실 생활 외에 또 하나의 생활인 지적(知的) 생활을 영위할 수 있기 때문이다. 지적 생활은 그것을 영위하는 사람에게 아무 고통 없이 활기 있게 할 수 있는 일과 즐거움을 제공한다.

지적 생활을 영위하기 위해서는 단지 자유로운 여가가 있는 것만으로는, 즉 의지가 하고자 하는 일에서 지성이 해방되는 것만으로는 충분치 않다. 지적 생활을 위해서는 실생활에 필요한 이상의 능력이 있어야 한다. 그래야만 순수한 정신적인 활동에 몰두할 수 있기 때문이다. 세네카는 '자유로운 여가 때 정신적 활동을 하지 않는 사람은 죽은 것과 같으며 산 채로 매장당한 것과 같다.' 라고 말하고 있다.

그런데 이와 같은 능력의 많고 적음에 따라 지적(知的) 생활의 내용에는 무수한 단계――곤충이나 조류 · 광물 · 화폐 등을 수집하고 기록하는 일에서부터 문학이나 철학처럼 가장 뛰어난 일에 이르기까지――가 생긴다. 이러한 지적 생활은 권태를 방지해 줄 뿐만 아니라 권태로 인해 생겨나는 해로운 결과를 방지해 주기도 한다. 즉 지적 생활은 현실 속에서 행복을 찾으려 할 때 직면하기 쉬운 속악(俗惡)한 사교 · 갖가지 위험 · 불행한 사건 · 손실 · 낭비 등을 예방해 준다.

보통 사람들은 인생의 즐거움을 자기 자신 이외의 것――즉 재산이나 지위 · 여자 · 자식들 · 친구 · 사교 등——에서 찾으려고 노력하며 또 그들의 행복은 그런 것들에 의해 좌우된다. 따라서 그런 것들을 잃거나 또는 환멸을 느끼게 되면 그들의 행복은 완전히 무너져 버린다. 우리는 그러한 상태에 대해 '그런 인간의 중심(重心)은 그 인간 외부에 존재한다.'라고 말할 수 있을 것이다. 그러므로 평범한 사람의 욕망과 기분은 항상 변하기 쉽다.

그들은 재력(財力)이 허용하기만 하면 별장을 사고 말을 사고 파티를 열고 여행하는 등 엄청난 사치를 하는 것은 외부에서 만족을 구하려 하기 때문이다. 그것은 참된 건강과 체력은 자신의 활동에서 나오는 것과는 상관없이 허약한 인간이 야채즙이나 약(藥)에 의해 건강과 체력을 얻으려는 것과 같다.

앞에서 이야기한 뛰어난 정신을 지닌 인간만큼 정신적 능력이 탁월하지는 않지만 보통 사람들보다 정신적 능력이 많은 사람에 대해 생각해 보기로 하자. 그런 사람들은 취미로서 미술을 공부하거나 식물 · 광물 · 물리 · 천문 · 역사 등의 실용적인 학문을 연구하거나 하여 거기에서 많은 즐거움을 찾아낸다. 그리하여 그들은 즐거움의 외적 근원이 말라 버리거나 또는 외적 근원에서 만족을 얻을 수 없게 되면 미술이나 학문으로 마음을 달래서 기운을 되찾는다. 이때 '그 사람의 중심(重心)은 부분적으로 그 사람 내부에 있다.'라고 말할 수 있을 것이다.

그렇지만 취미로 하는 예술(dilettantisme)은 창조적인 예술 활동에는 미치지 못하며 단순한 실용적인 학문은 여러 가지 현상(現象)의 상호 관련성을 관찰하는 데 그칠 뿐이다. 그러므로 그들은 그런 활동에 깊이 빠져들 수도 없고 완전히 몰두할 수도 없으며 더구나 다른 것들에 대한 관심이 사라질 정도로 취미로 삼고 있는 예술이 자신과 혼연일체가 될 수는 더더욱 없는 것이다.

자신과 자기가 하는 일이 혼연일체의 경지에 도달할 수 있는 자는 오직 뛰어난 정신의 소유자——즉 천재들——뿐이다.

왜냐하면 천재만이 사물의 존재와 본질을 그대로 자신의 주제로 받아들여—— 즉 자신의 개성에 따라 또는 예술과 문학과 철학을 통해서——그것을 철저히 해석하고자 노력하기 때문이다.

뛰어난 정신의 소유자인 천재들은 어떤 것에도 구애됨이 없이 자신과 자신의 사상과 자기 작품에 몰두하고자 한다. 그리하여 그들은 고독을 사랑하고 자유로운 여가를 최고의 재보로 생각하며 그 밖의 모든 것은 쓸데없는 것이나 귀찮은 것으로 생각한다. 따라서 이러한 인간에 대해서는 '중심(重心)이 완전히 자신의 내부에 존재한다.' 라고 말할 수 있는 것이다.

이처럼 매우 특별한 인간은 그가 아무리 선량하다 하더라도 친구 · 친척 · 사회에 대해 보통 사람들이 품고 있는 절실하고도 무한한 관심을 갖고 있지 않다. 그들은 오직 자신만 잃지 않으면 어떤 일이 닥치더라도 위안을 얻을 수 있는 것이다.

따라서 이런 종류의 인간에게는 다른 사람들보다 갑절이나 많은 고립적 요소가 잠재되어 있다. 그들은 타인에게서 완전한 만족을 얻을 수 없으며 타인을 자신과 동등한 인간으로 생각할 수 없을 뿐만 아니라 어떤 사람을 만나든 항상 자신과는 질적으로 다르다는 것을 느끼기 때문에 사람들 사이에 있을 때도 이질적인 존재가 된다. 또한 다른 사람들에 대해 일인칭 복수인 '우리' 가 아니라 삼인칭 복수인 '그들' 로 생각하는 습관이 자신도 모르는 사이에 몸에 배어 있으므로 그만큼 고립적인 요소가 강하게 작용하게 된다.

그런데 모든 객관계(客觀界)는 그것이 어떤 종류의 것이든 주관계(主觀界)를 통하여 매개된 것, 즉 이차적인 것에 지나지 않는다. 그러므로 주관계(主觀界) 쪽이 객관계보다 긴밀하게 관계한다. 따라서 자연에서 풍부한 지적(知的) 은혜를 받은 사람이 가장 행복하다고 할 수 있다.

영혼의 부(富)야말로 진정한 부(富)이다.

그 이외의 것들은 이익보다는 해악을 초래한다.

— 루키아노스[34)]

이 시구도 그 사실을 증명하고 있다. 이처럼 내면이 풍부한 인간이 외부에 요구하는 것은 매우 소극적이다. 그들은 자신의 정신적인 능력을 연마하고 내면의 부(富)를 즐길 수 있는 자유로운 여가만을 원할 뿐이다. 따라서 평생을 언제나 완전한 자기 자신으로 있을 수만 있다면 그들은 외부에 대해 아무것도 원하지 않는다.

자신의 정신을 전 인류에게 남기는 것을 사명으로 생각하는 사람의 행(幸) · 불행(不幸)을 좌우하는 것은 오직 하나뿐이다. 그것은 자기 소질을 완전히 발휘하여 작품이나 일을 완성할 수 있는가 그렇지 않으면 방해를 받아 완성할 수 없는가 하는 것이다.

그 외의 것은 그에게 하찮은 것에 지나지 않는다. 모든 시대의 위대한

---

34) 125년경~180년, 그리스 풍자 작가.

정신의 소유자들은 자유로운 여가에 최고의 가치를 부여했다. 사람들에게 자유로운 여가는 자신의 가치와 똑같은 가치를 지니기 때문이다.

아리스토텔레스는 '행복은 여가에 있다.' 라고 말했으며 디오게네스 라에르티우스[35]도 '소크라테스는 여가를 인간의 소유물 중에서 가장 훌륭한 것으로서 찬양했다.' 라고 말한 바 있다. 아리스토텔레스의 '철학적인 생활이야말로 가장 행복한 생활이다.' 라는 주장도 이러한 의미이며 아리스토텔레스가 ≪정치론≫에서 '행복한 생활이란 활동을 방해받지 않는 생활이다.' 라고 한 말――바꿔 말하면 '자신의 특기를 아무것에도 방해받지 않고 발휘할 수 있는 것이야말로 최고의 행복이다.' 라는 뜻이 될 것이다――도 역시 같은 의미이며 괴테가 ≪빌헬름 마이스터≫에서 '재능을 부여받고 태어난 인간은 그 재능을 위해 사는 것이 가장 훌륭한 생활이다.' 라고 한 말 또한 같은 의미이다.

그러나 자유로운 여가를 가진다는 것은 인간의 일반적인 운명으로 보나 인간 본래의 성질로 보나 매우 어려운 일이다. 인간은 자신과 가족의 생존에 필요한 것을 획득하기 위해 시간을 소비하지 않을 수 없기 때문이다.

인간은 곤궁의 자식이므로 인간의 본질이 자유로운 지력(知力)에 있다고 말하기는 어렵다. 따라서 갖가지 가공(架空)의 목적을 목표로 한 모든 유희나 오락 · 도락(道樂) 등으로 시간을 보내지 않으면 자유로운 여가는 보통 사람에게는 무거운 짐이 되고 고통이 된다. 또한 '여가 동안에 할 일이 없다는 것은 위험한 일이다' 라는 말처럼 여가는 오히려 위험을 초

35) 220년경에 열 권의 철학사를 쓴 그리스 저술가.

래하기도 한다.

한편 뛰어난 지성을 지닌 사람들도 있다. 물론 뛰어난 지성은 비정상적이며 부자연스러운 것이긴 하지만 아무튼 뛰어난 지성을 지닌 사람들, 즉 그들의 행복을 위해서는 다른 사람들에게 무거운 짐이 되거나 해로운 자유로운 여가가 필요한 것이다. 그런 사람들에게 자유로운 여가가 없으면 그들은 마치 구름을 타지 못한 용처럼 또는 굴레 씌워진 천마(天馬)처럼 불행하다.

그런데 자유로운 여가라는 외적 비정상 상태와 정상을 초월한 뛰어난 지성이라는 외적 비정상 상태가 결합하는 경우는 극히 드물다. 이 두 가지의 비정상 상태를 모두 얻은 사람은 매우 뛰어난 삶——즉 인간 고뇌의 상반된 두 원천인 곤궁과 권태에서 해방된 삶——다시 말해 생존을 위해 허덕거리는 삶과 여가——자유로운 생존 그 자체——를 주체하지 못하는 삶 모두에서 해방된 삶을 영위한다.

보통 사람들의 경우에는 이 두 가지 고통, 즉 곤궁과 권태에서 벗어나기 위해서 이들 양자(兩者)를 서로 중화함으로써 상쇄(相殺)시키는 방법을 마련할 수밖에 없는 것이다.

또한 위대한 정신적 재능의 소유자는 정신 활동이 매우 활발하기 때문에 고통에 대한 감수성이 극도로 예민하며 정열적인 기질을 가지고 있어 다른 평범한 인간들이 지닌 관념보다 생생하고 완전한 상태의 관념을 지니고 있다. 그래서 그런 관념으로 일어나는 그들의 희로애락(喜怒哀樂)의 감정——유쾌한 감정보다는 불쾌한 감정 쪽이 많이 일어나지만——도 다른 평범한 인간들이 느끼는 그것과는 비교할 수 없을 정도로 강렬하다.

자신의 내부에 본래 지닌 것이 많으면 많을수록 그가 다른 인간에게서 얻을 수 있는 것이 적을 수밖에 없는 것은 당연하다. 그리하여 위대한 정신적 재능의 소유자는 자신 이외의 인간과는 멀어지게 되는 것이다. 세상 사람들이 크게 만족하는 갖가지 사물도 그들에게는 천박하고 시시하게만 느껴진다.

우리는 이제까지 정신적으로 저열한 인간이 행복하다는 말을 싫증 날 만큼 들어 왔으며 사실 그럴지도 모른다. 그러나 아무도 그 행복을 부러워하지 않는다는 것만은 확실하다.

이 문제에 대해서는 소포클레스마저도 완전히 모순된 두 가지 말을 하고 있으므로 내가 이 문제에 대해 최종 판결을 하는 주제넘은 짓을 할 생각은 없다. 소포클레스[36]는 '행복의 첫째 조건은 사고(思考)이다.' 라고 말했는가 하면, '의식(意識) 없이 멍청하게 사는 것이 가장 행복하다.' 라고 말하기도 했다.

구약성서에 나오는 철인(哲人)들 역시 서로 의견을 달리하고 있다. 즉 구약 위전(僞典)에는 '어리석은 자의 삶은 죽음보다 괴롭다.' 라고 되어 있는데 구약 전도서에는 '지혜가 많으면 괴로움도 많다.' 라고 되어 있다.

여기서 한마디 언급해 둘 것은 지적 능력이 전혀 없거나 저열하기 때문에 '지적 욕망' 이라는 것을 전혀 갖고 있지 않은 인간이야말로 독일어로 필리슈터툼(Philistertum, 속물)이라고 불린다는 사실이다. 필리슈터툼은 독일어 특유의 말로 본래 시정배(市井輩)라는 뜻이었으며 오늘날 좀 나은

36) B. C. 496~B. C. 406, 그리스 비극 시인.

의미로 사용되고 있지만 시신(詩神) 뮤즈의 아들과는 반대되는 인간을 가리킨다는 점에서 여전히 본래의 의미와 통하고 있다. 결국 필리슈터툼은 시신(詩神) 뮤즈와는 전연 동떨어진 인간이다.

그런데 나는 한 걸음 더 나아가 '필리슈터툼(속물)' 이라는 말은 '현실만을 열심히 사는 사람' 이라고 정의하고 싶다. 앞의 정의에 의하면 속물(Philistertum)이란 정신적인 욕망이 없는 인간이다. 그리고 이 정의에서 그야말로 여러 가지 결론이 나온다. 첫째로 속물이라 불리는 사람은 앞에서 이야기한 '참된 욕망이 없으면 참된 즐거움도 없다.'라는 말처럼 정신적인 즐거움을 느끼는 일이 없다.

또한 그들에게는 인식과 통찰 자체를 위해 그것을 구하려는 강한 충동이 일어나는 일이 없고 참된 아름다움 자체를 위해 그것의 즐거움을 구하려는 강한 충동이 일어나는 일도 없으므로 그들의 생활은 정신적 즐거움에 의해 활기를 띠는 일도 없는 것이다.

그들이 유행 등으로 그러한 즐거움을 즐길 것을 강요받게 되면 다만 즐기는 체한다. 속물적 인간에게 즐거움은 오직 감각적 즐거움뿐이며 그들은 감각적 즐거움으로 자신의 내적 빈곤을 메우려고 한다. 그들은 굴, 조개, 샴페인 같은 것을 인생의 목적으로 삼고 있으며 육체적 쾌락에 도움이 되는 것이라면 무엇이건 손에 넣으려 하는 것이다. 그들에게는 이런 목적을 이루기 위해 분주한 것이 행복이다.

만일 그들이 목표로 하는 재보가 일찌감치 그들에게 주어진다면 그들은 필연적으로 권태에 빠지게 되어 사교 댄스 · 연극 · 카드놀이 · 도박 · 말(馬) · 여자 · 술 · 여행 등 닥치는 대로 체험해 보면서 권태를 잊으려 할 것이다. 그렇지만 어떤 짓을 하던 그들에게는 정신적 욕망이 없기 때문에 정신적 즐거움을 얻을 수 없다. 따라서 절대 권태에서 벗어날 수 없는 것이다.

속물적 인간에게는 동물에게서 볼 수 있는 진지함과 흡사한 무감각하고 무미건조한 진지함이 있다. 그러므로 어떤 일도 그들을 기쁘게 하거나 자극할 수 없으며 그들의 관심을 불러일으킬 수도 없다. 그들은 자신들과 똑같은 속물들이 모이는 사교에 곧 싫증을 느끼게 되며 카드놀이에도 곧 싫증을 느끼게 되어 감각적 즐거움은 곧 사라져 버린다.

그러나 속물적 인간에게는 여전히 그 나름대로 허영의 즐거움 이를테면 부(富)·지위·권력·힘 따위로 다른 사람들을 억압함으로써 사람들에게 존경을 받고자 하는 허영 또는 속물 중에서도 뛰어난 사람과 사귐으로써 호랑이의 위세를 등에 업은 여우가 되고자 하는 허영——영어의 snob은 바로 이런 사람을 의미——따위의 즐거움이 있다.

속물의 정의에서 두 번째 결론은 속물적 인간에게는 정신적 욕망이 없고 오직 육체적 욕망만이 있으므로 다른 사람들과의 관계에 있어서 그들이 원하는 사람은 정신적 욕망을 만족시켜 주는 사람이 아니라 육체적 욕망을 만족시켜 주는 사람이라는 사실이다.

따라서 속물적 인간은 타인에게 정신적 능력을 요구하는 일이 없을 뿐만 아니라 오히려 상대방에게서 정신적 능력을 발견하면 혐오감을 느끼며 심지어 증오심을 품기도 한다. 그것은 그들이 심한 열등감에 사로잡혀 있으며 마음속에 잠재한 질투심이 고개를 쳐들기 때문이다. 그들은 그러한 열등감과 질투심을 숨기려 애씀으로써 그런 감정을 오히려 심화(深化)한다.

그들은 사람을 존경하거나 평가하는 데 정신적 특성을 기준으로 삼는 일이 없다. 그들은 부(富)와 권력 · 지위 따위만을 미덕으로 생각하며 또 그들 자신도 그런 면에서 뛰어나기를 원하므로 오직 부(富)와 권력과 지위를 기준으로 사람을 존경하고 평가하는 것이다.

이상으로 미루어 볼 때 '필리슈터툼(속물)'이란 '아무 정신적 욕구도 갖고 있지 않은 인간' 이라는 것을 확실히 알 수 있다. 속물적 인간들의 가장 큰 고민은 이상(理想)이 그들에게 아무런 즐거움도 보증해 주지 않으며 권태에서 벗어나기 위해서는 반드시 현실이 필요하다는 것이다.

그러나 현실은 곧 바닥을 드러내는 샘처럼 사람에게 즐거움을 주기는 커녕 오히려 사람을 피곤하게 할 뿐만 아니라 온갖 화(禍)를 초래하기도 한다. 이에 반(反)해 이상(理想)은 절대로 바닥을 드러내는 일이 없는 샘이며 화(禍)를 초래하는 일도 없다.

이제까지 우리는 행복에 이바지하는 것 중에서도 우리가 본래 지니고 있는 것을 고찰해 왔으며 그중에서도 육체적 특성과 지적(知的) 특성에 대해 고찰했다. 이 밖에도 도덕적 특성이 행복에 얼마나 크게 이바지하는가에 대해 도덕에 관한 나의 수상(受賞) 논문에서 다루었다. 그 주제에 대해서는 그 논문을 참조하기를 바란다.

14. 인간이 소유하는 것에 대하여

위대한 행복론자인 에피쿠로스는[37] 현명하게도 인간의 욕망을 세 가지로 분류했다. 첫째는 자연적이고 필연적인 욕망으로 이 욕망을 만족시키지 못하면 고통의 원인이 된다. 여기에 속하는 것은 의(衣)·식(食) 등의 욕망으로 이들은 쉽게 만족시킬 수 있다. 두 번째는 자연적이기는 하지만 필연적이 아닌 욕망으로 성적(性的) 만족에 대한 욕망이다. 두 번째 욕망은 첫 번째 욕망보다 만족시키기가 어렵다. 세 번째 욕망은 자연적도 아니고 필연적도 아닌 욕망으로 사치·탐닉·부귀영화 등의 욕망이 여기에 속한다. 이것은 끝이 없는 욕망으로 이것을 만족시키는 것은 극히 어려운 일이다.

소유에 대한 욕망은 어디까지가 합리적인가 하는 한계를 결정하는 것은 불가능하다고까지는 할 수 없지만 매우 어려운 일이다. 소유에 대한 만족은 절대적인 양(量)에 기인하는 것이 아니라 상대적인 양――즉 그 사람이 필요로 하는 양과 그가 소유하고 있는 양――과의 관계에 기인하기 때문이다. 그러므로 소유하고 있는 것만을 따로 떼어 생각하는 것은 마치 분모가 없는 분자처럼 무의미한 것이다.

만일 어떤 사람이 사물을 갖고 싶다고 생각하지 않는다면 그 사물은 그에게 모자란 것이 아니다. 왜냐하면 그는 그 사물이 없어도 충분히 만족할 수 있기 때문이다. 반면에 그 사람보다도 백 배나 재산이 많이 있는

37) Epicurus(B. C. 270), 그리스 철학자.

사람이 자신이 원하는 것 중 단 하나만 빠져 있어도 저 스스로 불행하다고 생각하는 예도 있다.

이 점에서 사람들에게는 저마다 자신의 시야에 들어오는 사물의 범위가 정해져 있다. 이 시야의 범위가 바로 그의 욕구 범위이다. 그리고 이 범위 안에 있는 어떤 대상이 획득될 수 있다고 생각될 때 그는 행복하다고 느끼지만 장애로 인해 그 대상을 획득하기가 어렵다고 생각될 때 그는 불행하다고 느끼게 된다.

시야의 범위 밖에 있는 것은 그 사람에게 아무런 영향도 주지 못한다. 그러므로 가난한 사람은 부유한 자의 막대한 재산을 보고도 마음이 흔들리지 않으며 또 부유한 자는 어떤 계획이 실패하면 자기가 갖고 있는 엄청난 재산으로도 위로받지 못하는 것이다——부(富)는 바닷물과 같아서 마시면 마실수록 갈증이 더욱 심해진다——이처럼 명성도 이 점에서는 마찬가지이다.

부(富)와 재산을 잃었을 때 처음의 고통을 극복하고 나면 부와 재산을 소유했던 때의 기분과 별반 다르지 않게 되는 이유는 운명에 의해 소유하던 것이 축소되면 욕구를 스스로 그와 같은 정도로 끌어내리기 때문이다. 또한 재난을 당하면 그 상처는 그야말로 고통스럽지만 그 상처가 아물게 되면 고통은 점점 작아져 마침내는 전혀 느껴지지 않게 된다.

반대로 행운을 얻으면 욕구를 억누르는 압착기(壓搾機)가 위로 올려져 우리의 욕구는 확장된다. 우리는 여기서 기쁨을 느낀다. 그렇지만 위로 향하는 압착기 운동이 완료되면 기쁨 또한 그 이상 지속되지 않는다. 즉 확장된 욕구의 범위에 익숙해져 그 범위에 합치하는 재산에 대해 무관심하게 되어 버리는 것이다.

지상(地上)에 사는 인간의 마음은 인간과 신(神)의 아버지가 베풀어 준 그날과 변함이 없도다.

호메로스의 이 시구는 그러한 의미를 표현한 것이다. 욕구는 끊임없이 확장하려고 하는 데 반해 그것을 방해하는 요소는 꼼짝도 하지 않는다는 데서 우리의 불만이 생겨난다.

너무 궁핍하고 오직 온갖 욕망으로만 이루어진 인간이라는 종족에게 부(富)가 다른 어떤 것보다도 주목(注目)되고 있거나 존경받고 있으며 권력마저도 부를 위한 수단이 되어 있는 것은 기이한 일이 아니며 부를 위해 다른 모든 것이 무시되거나 버려지는 것처럼 철학이 철학 교수라는 자들에 의해 버림을 받는 것 또한 기이한 일이 아니다.

인간의 욕망이 주로 돈에 기울어져 있는 것과 인간이 다른 무엇보다도 돈을 사랑하는 것은 종종 비난받지만 변하기 쉬운 욕구와 다양한 욕망을 그때그때 즉시 만족시켜 주는 돈을 사랑하는 것은 당연한 일일 뿐만 아니라 불가피한 일이다. 왜냐하면 다른 재화(財貨)는 제각각 일정한 하나의 욕망 · 하나의 욕구밖에 만족시켜 주지 못하기 때문이다.

이를테면 음식은 굶주린 자에게만, 술은 건강한 자에게만, 의약품은 환자에게만, 모피는 겨울에만, 여자는 젊은 남자에게만 필요한 것이다. 이러한 것들은 모두 일정한 목적을 위한 재화이며 오직 상대적으로 바람직한 것일 뿐이다. 다만 돈만은 절대적인 재화(財貨)이다. 돈은 추상적으로 모든 욕망을 만족시켜 주기 때문이다.

우리는 재산을 이 세상의 쾌락을 얻을 수 있는 자격증으로 생각해서는 안 되며 닥쳐올지도 모르는 온갖 재난이나 불운에 대비한 방어벽으로 생각해야 한다. 아무 재산도 물려받지 않은 사람들이 자신의 재능으로 많은 돈을 벌어들이게 되면 그들은 대체로 재능은 고정 자본이며 버는 돈은 그 고정 자본에서 생겨난 이자라고 생각한다.

그래서 그들은 버는 돈의 일부를 남겨 고정 자본을 쌓으려 하지 않고 벌어들이는 만큼 지출해 버린다. 그런데 거의 모든 예술품을 보아도 알 수 있듯이 재능이란 특별한 조건이나 상황에서만 주목을 받는 공허한 것이므로 그 재능이 통용되지 않게 되었을 때 그들의 수입은 크게 감소하거나 사라져 버린다.

수공업자는 그 재능이 쉽사리 사라지는 것이 아니며 또 고용된 직공의 손을 빌릴 수도 있을 뿐만 아니라 제품은 세상 사람들의 욕망 대상이므로 언제든지 판매할 수 있다. 그런 점에서 '수공업은 황금이 열리는 나무이다.' 라는 속담은 옳은 말이다.

그러나 음악가나 미술가 그리고 이와 비슷한 방면의 명인(名人)들은 그렇지 못하다. 그들이 많은 대가를 받는 것은 그들의 재능이 오랫동안 지속되지 못하기 때문이다. 그러므로 그들의 수입은 고정 자본이 되어야 한다.

그런데도 오만하게도 그들의 수입을 재능이라는 고정 자본의 이자라고 착각하기 때문에 파멸을 초래한다. 그렇지만 상속받은 재산을 유지하고 있는 사람들은 어떤 것이 자본이며 어떤 것이 이자인가를 분명히 알고 있으므로 대부분은 자본을 확보하려고 노력하며 자본에는 절대로 손을 대려 하지 않을 뿐만 아니라 장래의 불황에 대비하여 가능한 이자의 8분의 1 이상을 저축한다. 그러므로 그들은 파멸 상태에 놓이는 일이 없다.

그런데 앞에서 말한 것들은 상인들한테 적용되지 않는다. 상인들에게는 수공업자들의 공구(工具)처럼 돈 자체가 이익을 얻기 위한 수단이기 때문이다. 그러므로 그들은 자력(自力)으로 돈을 모았어도 그 돈을 이용함으로써 그 돈을 유지하거나 증식시키려고 노력한다. 상인 계급만큼 부가 확고하게 자리 잡은 계급이 없는 것은 바로 그 때문이다.

일반적으로 빈곤에 시달린 경험이 있는 사람들은 빈곤의 고통을 사람들에게 들어 알고 있을 뿐인 사람들보다 빈곤을 훨씬 덜 두려워하기 때문에 낭비하는 경향이 한층 심하다. 전자(前者)에 속하는 것은 특별한 재능에 의해 비교적 빨리 빈곤에서 벗어나 부자가 된 사람들이며 후자(後者)에 속하는 것은 부유한 집안에 태어나 부유한 환경 속에서 살아온 사람들이다. 일반적으로 후자는 전자에 비해 장래에 대해 많이 생각하며 경제를 보다 중요시한다.

이런 점으로 보아도 빈곤은 밖에서 바라보는 것만큼 고통스러운 것이 아니라는 결론을 얻을 수 있을 것이다. 그러나 그보다 더 본질적인 이유는 부유한 집안에서 태어나 많은 재산을 물려받은 자들은 부를 없어서는 안 되는 공기와 마찬가지로 삶을 가능케 하는 유일한 요소로 생각하기 때문에 자기의 생명만큼이나 부를 아끼고 지키며 검약에 세심한 주의를 기울인다. 하지만 빈곤한 집안에서 태어난 사람에게는 빈곤이 자연스러운 상태이기 때문에 그 후 손에 굴러들어 온 부는 여분의 향락과 낭비를 위해 존재하는 것으로 여겨 설령 부가 자신에게서 달아나 버리더라도 전과 같이 빈곤이라는 자연스러운 상태에 안주할 수 있을 뿐만 아니라 걱정거리가 없어지는 것이기 때문이다.

그들의 생활 방법은 '거지가 말을 타면 말이 죽을 때까지 몰아친다.' 라는 셰익스피어의 말과 일치한다. 더구나 이런 사람들은 운명에 대해 그리고 빈곤에서 자신을 구원해 준 수단에 대해 머릿속으로 뿐만 아니라 가슴속으로도 확고한 신념을 갖고 있으므로 부유한 집안에서 태어난 사람들과는 달리 빈곤의 고통은 끝이 있으며 그 고통의 맨 밑바닥에 닿게 되면 다시 높은 곳으로 떠오른다고 생각한다.

가난한 집안에 태어나 자란 후 결혼한 부인이 부유한 집안에 태어나 결혼할 때 거액의 지참금을 가지고 간 부인보다 낭비벽이 심한 것도 앞에서 말한 인간의 본성으로 설명될 수 있다. 즉 대부분 부유한 집안의 딸은 가지고 온 지참금을 포함한 재산을 유지하려는 열의가 가난한 집안의 딸보다 강하다. 만일 이런 나의 주장에 반박하려는 사람이 있다면 아리오스토[38]의 풍자시를 근거로 삼아야 할 것이다.

또한 존슨[39] 박사는 "부유한 집안의 주부는 돈을 취급하는 것에 익숙하므로 낭비하지 않지만 결혼으로 비로소 부유해진 주부는 돈을 쓰는 일에 흥미를 느껴 마구 낭비하게 된다."라고 말함으로써 나의 견해에 찬성하고 있다. 아무튼 나는 가난한 여자와 결혼하는 남자에게 이렇게 충고하고 싶다. 아내에게 고정 자본은 주지 말고 이자만 줄 것이며 특히 자식들의 재산이 아내의 손에 넘어가지 않도록 조심하라고.

여기서 내가 사람들에게 스스로 모은 재산이건 부모에게서 물려받은 재산이건 자기 재산을 유지하도록 노력하라고 권한다고 해서 나의 펜이 더러워진다고는 생각하지 않는다. 왜냐하면 설령 가족을 제외한 자신만

38) Ariosto, Lodovico(1474~1533), 이탈리아 시인.
39) Johnson, Samuel(1709~1784), 영국 저술가.

의 생활을 해 나가기에 족할 만큼의 재산이라 할지라도 그 정도의 재산을 갖고 아무 구애 없이 일하지 않고 유유히 살아갈 수 있다는 것은 큰 장점이기 때문이다.

그것은 빈곤과 고난에서 해방과 인간의 운명인 노역에서의 해방을 의미한다. 이러한 상태에 있는 사람만이 참된 자유인으로서 살아갈 수 있어 비로소 자기 자신의 주인이 되고 자신의 시간과 능력의 주인이 될 수 있으므로 아침마다 '오늘은 나의 것이다.'라고 말할 수 있다.

또 이와 똑같은 이유에서 일천 타알레르의 연금을 받는 사람과 십만 타알레르의 연금을 받는 사람과의 차이는 일천 타알레르의 연금을 받는 사람과 한 푼의 연금도 받지 못하는 사람과의 차이보다 훨씬 작다. 그러나 부모에게 물려받은 재산일 때는 그 재산을 물려받은 사람이 고귀한 정신의 소유자이며 또 그가 돈벌이와는 아무 관계도 없는 일에 종사하는 경우에 최고의 가치를 발휘한다.

그는 운명에서 이중의 은혜를 받은 것이며 타고난 재능을 발휘하며 살아갈 수 있기 때문이다. 그는 다른 사람이 할 수 없는 일을 하여 전 인류의 이익과 명예가 되는 업적을 이룸으로써 그가 사회에서 받은 은혜에 백배로 보답하거나 또는 자선 사업을 함으로써 인류를 위해 봉사하게 될 것이다.

그렇지만 이런 고귀한 일들에 대해 아무런 기미도 보이지 않는 자 또는 인류를 위해 학문을 발달시킬 아무런 가능성도 없는 자가 재산을 물려받았을 때 그는 경멸스러운 게으름뱅이가 될 뿐만 아니라 조금도 행복해지지 않는다. 그런 자가 빈곤에서 해방되면 인간 고통의 또 다른 극(極)인 권태에 빠져버리기 때문이다.

그런 자는 오히려 빈곤에 쫓겨 바쁘게 일하지 않으면 안 되는 처지에 놓이는 편이 보다 행복할 것이다. 왜냐하면 권태로 인해 방종과 방탕에 빠지게 되며 그 결과로 인해 그에게 있어서는 안 될 예(例)의 장점, 즉 그의 모든 재산을 잃어버리게 되기 때문이다. 실제로 재산으로 인해 생겨난 권태의 압력에서 일시적으로 벗어나기 위해 재산을 탕진해 버리고 빈곤에 허덕이는 자들이 수없이 많다.

그런데 그의 목적이 관리로서의 출세에 있다면 사정은 다르다. 이 경우처럼 그는 목적을 달성하기 위해 사람들의 호의와 친구 또는 연고를 얻어 차츰차츰 승진하여 최고의 지위에 오르도록 노력하지 않으면 안 된다. 즉 이때는 아무 재산도 없이 살아온 편이 유리하다.

특히 가난한 집안에서 약간의 재능을 타고난 사람의 경우에는 가난하다는 것이 장점이며 바람직한 미점(美點)이다. 단순한 오락에서도 그렇지만 특히 직업에 있어서 상대방이 자기보다 열등한 것을 사람들은 좋아하기 때문이다.

그런데 가난하다는 것은 결정적이고도 절대적인 열등성을 의미한다. 자신이 열등하고 완전히 무가치하고 무의미한 인간이라는 것을 확신하고 또 그렇게 느끼고 있는 사람은 누구에게나 무릎을 꿇고 고개를 숙이며 허리를 구십 도로 굽혀 정중한 인사를 하게 된다.

이런 사람은 어떤 대우를 받아도 굽실거리며 비굴한 웃음을 짓는다. 이들은 상관이나 권력 있는 사람이 쓴 졸렬한 문장을 걸작이라고 공공연하게 큰소리로 떠들어대기도 하고 대문짝만하게 써서 세워 놓기도 한다. 이런 사람들은 또한 걸식(乞食)하는 방법도 완전히 터득하고 있다. 그러므로 청년 시절부터 괴테가 저속함을 비난하지 말라. 사람들이 무어라 해도 저속함은 강하기 때문이다.

— 〈서동 시집(西東詩集)〉

라는 시에서 밝힌 저 숨겨진 진리를 체득(體得)할 수 있는 자들이다.

이에 반해 부유한 집안에서 태어난 사람들은 대체로 비굴한 태도를 취하지 않는다. 그들은 머리를 높이 쳐들고 걷는 것에 익숙해 있으며 가난한 집안에서 태어난 자들처럼 여러 가지 기술을 습득하려 하지 않을 뿐만 아니라 자신의 재능을 뽐내면서 상관이 자기보다 열등한 인간이라는 사실을 깨닫게 된다.

그리하여 만일 그들이 경멸받게 되면 분노를 느끼고 오만한 태도를 취하게 된다. 그러나 그의 오만한 태도는 용납되지 않으므로 마침내 그들은 볼테르처럼 '우리의 수명은 이틀뿐이다. 그러므로 경멸스러운 자들에게 머리를 숙일 필요가 없다.' 라고 말하게 된다. 하지만 유감스럽게도 이 세상은 '경멸스러운 자들' 로 가득 차 있다.

유베날리스[40]의 '가난 속에서는 재능이 발휘되지 못하며 높이 오르기 어렵다.' 라는 말은 세속적인 활동가보다는 일기일예(一技一藝)의 뛰어난 재능을 가진 사람들에게 어울리는 말이다.

나는 인간이 소유하는 것에 아내와 자식을 포함하지 않았다. 그 이유는 우리가 그들을 소유하고 있는 것이 아니라 오히려 그들이 소유하고 있기 때문이다. 인간이 소유하는 것에는 친구도 포함할 수도 있을 것이다. 그런데 우리가 친구를 소유하는 만큼 우리도 친구가 소유하고 있다.

40) 60~140년경의 로마 시인.

15. 인간이 표상(表象)하는 것에 대하여

인간이 표상(表象)하는 것——즉 인간이 다른 사람들의 생각 속에 점유하고 있는 지위——다시 말해 다른 사람들에 의해 어떻게 보이고 있는 것——명예 · 지위 · 명성 등——은 인간 본성의 특수한 약점으로 인해 일반적으로 지나치게 높이 평가된다. 그런데 조금만 생각해 보면 다른 사람들이 우리에 대해 어떻게 생각하고 있는가는 행복에 있어 본질적인 것이 아니라는 것을 알 수 있다.

그런데도 다른 사람들에게 칭찬을 받거나 하여 자신의 허영심이 만족하게 되면 사람들은 기뻐하는데 그것은 참으로 이해할 수 없는 일이다. 등을 어루만져 주면 좋아하는 고양이처럼 인간은 다른 사람들에게 칭찬을 듣게 되거나 특히 자기가 자랑으로 여기고 있는 영역에 대해 칭찬받게 되면 그것이 거짓임을 알면서도 매우 기뻐한다.

아무리 큰 불행에 빠진 사람이라 할지라도——즉 앞서 언급한 행복의 두 가지 근원[41]이 아무리 빈약한 사람이라 할지라도——다른 사람들에게 칭찬을 받으면 그것으로 마음의 위안을 얻게 된다. 반대로 자신의 공명심이 손상당하거나 멸시되거나 무시되면 심한 모욕을 느낄 뿐만 아니라 심한 고통을 받게 된다. 명예라든가 체면은 이러한 특성에 바탕을 두고 있으므로 도덕적 성품의 대용물로서 그 사람의 올바른 태도에 큰 영향을 미친다.

---

41) 13장에서 말한 인간이 본래 갖추고 있는 것, 즉 인격 · 건강 · 성품 · 지성 등과 14장의 인간이 소유하고 있는 것, 즉 재산을 포함한 모든 소유물.

그렇지만 우리 자신의 행복에 대해서는——즉 행복의 본질적 요소인 마음의 안정과 독립에 대해서는——'다른 사람들이 어떻게 생각할까?' 하는 따위의 생각은 이익이 되기보다는 장해와 해독이 된다. 그러므로 사물의 참된 가치가 무엇인가를 숙고하여 올바르게 평가함으로써 다른 사람들의 견해에 대해 지나치게 민감한 반응을 억제해야 한다.

그것은 다른 사람들의 견해로 우리의 기분이 좋아질 때든 나빠질 때든 마찬가지이다. 어느 쪽이든 언동(言動)은 같은 계통의 것이기 때문이다. 그러므로 남들의 견해로부터 해방되지 못할 때 우리는 그들의 견해와 생각의 노예에 지나지 않는 것이다.

다른 사람들에게 찬사를 받고자 하는 것은 무가치한 일이다.

더욱이 행복에 영향을 주는 것은 우리가 다른 사람들의 눈에 어떻게 비치고 있는가가 아니라 우리 자신의 가치를 올바르게 평가하는 일이다.

우리 자신의 가치란 생존 기간에 포함된 모든 내용과 우리 존재의 내적 실질 내용, 즉 '우리가 본래 갖추고 있는 것'에 대한 장(章)과 '우리가 소유하는 것'에 대한 장(章)에서 언급한 모든 재보(財寶)를 의미한다.

이 모든 것들이 활동하는 무대는 우리 자신의 의식 속이기 때문이다. 그러나 다른 사람들의 눈에 비친 우리와 그 우리가 존재하는 장소는 다른 사람들의 의식 속이다. 즉 다른 사람들의 눈에 비친 우리의 존재는 다른 사람들의 의식 속에 나타나는 우리의 표상(表象)이며 이 표상에 적용된 개념이다. 그런데 그것은 직접적으로 존재하는 것이 아니라 간접적으로 존재하는 것일 뿐이며 우리에 대한 다른 사람들의 언행(言行)은 이것에 의해 규정된다.

앞에서 언급한 인간의 두 가지 재보인 우리가 갖추고 있는 것과 소유하는 것에서 자기 행복을 구하지 않고 세 번째 재보인 인간이 표상하는 것에서 자기 행복을 구하는 사람은 실제로 자신에게 있는 것에서 행복을 추구하지 않고 다른 사람들의 표상 속에 존재하는 것에서 행복을 추구하는 사람은 매우 빈약한 재원을 갖고 있는 사람이다.

일반적으로 본질의 기초와 행복의 기초를 이루는 것은 우리의 동물적 자연성이기 때문이다. 따라서 행복을 위해 가장 중요한 것은 건강이며 그다음으로 중요한 것은 생존을 유지할 수 있는 수단으로 생활하기에 걱정이 없는 수입이다.

아무리 많은 사람이 명예 · 영광 · 지위 등에 절대적인 가치를 부여한다고 하더라도 그런 것들은 본질적인 재보와는 절대로 비견될 수 없으며 그 대용물도 될 수 없다. 오히려 그런 것 들은 때에 따라 본질적인 재보를 위해 가차 없이 희생되어야 한다.

인간은 누구나 현실적으로 다른 사람들의 견해 속에서 살고 있는 것이 아니라 자기 자신 속에서 살고 있다. 따라서 건강 · 성격 · 능력 · 수입 · 처자식 · 친구 · 주거 등으로 규정되는 현실적 · 개인적 상태가 다른 사람들이 우리에 대해 어떻게 생각하고 있는지보다 백배나 더 중요하다는 단순한 사실을 일찍 깨닫는 것이 우리의 행복에 크게 이바지할 것이다.

만일 이와 정반대의 생각을 한다면 우리는 반드시 불행에 빠질 것이다. '생명보다 명예가 더 소중하다.'라고 말하는 사람들도 있는데 그 말은 결국 '안락하게 살아가는 것은 무가치한 일이다. 우리에 대한 다른 사람들의 견해가 중요하다.'라는 의미가 된다.

이 말은 이 세상에서 더 훌륭하게 살기 위해서는 우리에 대한 다른 사람들의 견해, 즉 명예가 필요하다는 사실에 대한 과장된 표현에 지나지 않는다(이 문제에 대해서는 뒤에서 다시 언급하기로 하겠다).

사람들이 평생토록 온갖 위험과 어려움을 무릅쓰고 끊임없이 노력하며 추구하는 것은 대부분 다른 사람들의 견해 속에서 자신의 위치를 향상시키고자 하는 것이며 관직이나 지위뿐만 아니라 부(富) · 학문 · 예술 등도 주로 이러한 목적을 위해 추구되고 있다.

다른 사람들에게 조금이라도 더 존경받고자 하는 것이 그들 노력의 궁극적인 목적임을 생각할 때 그러한 생활이야말로 인간이 얼마나 어리석은가를 증명해 주는 것이다.

자신에 대한 다른 사람들의 견해에 그토록 커다란 가치를 부여하는 것은 세상 사람들의 일반적인 미망(迷妄)이다. 이 미망이 본성에서 생겨난 것이건 사회와 문명에서 생겨난 것이건 우리의 언행(言行)에 엄청난 영향을 미치며 우리의 행복에 해로운 영향을 미치고 있다.

이러한 미망은 비르기니우스[42]로 하여 '사람들이 뭐라고 할까?' 하는 다른 사람들의 견해에 불안한 나머지 딸의 심장에 비수를 꽂게 했으며 많은 사람이 사후(死後)의 명성을 위해 자신의 평온 · 부(富) · 건강 심지어 생명까지도 희생하게 한다.

오늘날 대부분의 사람이 다른 사람들의 견해에 의존하며 자신의 의식 속에서 일어나는 것, 즉 자신에게 실제로 존재하는 것보다 오히려 다른

42) 로마 전설상의 인물로 그에게는 아름다운 딸이 있었다. 그런데 아피우스 크라우티우스라는 한 고위 관리가 그녀의 아름다움에 빠져 식객(食客) 중의 한 사람이 그녀를 체포하여 노예로 삼게 했다. 그 후 아피우스가 식객에게 유리한 판결을 하려 하자 비르기니우스는 자기의 딸을 비수로 찔러 죽였다.

사람들의 의식 속에 존재하는 것을 중요시한다.

그리하여 사람들은 다른 사람들의 견해를 자신에게 실제로 존재하는 것으로 생각하고 자신에게 실제로 존재하는 것을 단순히 관념적인 것으로 생각한다. 그 결과 파생적이고 이차적인 것을 더 중요시하며 자신의 본질 자체보다 다른 사람들의 두뇌에 비친 자기 본질의 영상에 주의를 기울이는 것이다. 이처럼 실제로는 전혀 존재하지 않는 것을 존재하는 것으로 평가하는 이 어리석음을 '허영' 이라는 말로 불러왔으며 '허영' 이란 이러한 노력의 공허함, 즉 내용의 공허함을 나타내는 말이다. 그러므로 '허영' 은 '탐욕' 과 마찬가지로 수단을 위해 목적을 망각하는 어리석은 행위의 하나임을 알 수 있다.

실제로 우리가 다른 사람들의 견해에 지나치게 높은 가치를 부여하고 긍긍하는 것은 일반적으로 널리 퍼져 있는 광기(狂氣)라기보다는 인간 생래(生來) 광기의 일종이라고 할 수 있다. 어떤 행위를 함에 있어서 우리는 항상 다른 사람들이 어떻게 생각할까를 생각한다.

더욱더 자세히 검토해 보면 우리가 이제까지 경험한 노고와 근심의 절반은 '다른 사람들이 어떻게 생각할까?' 에 대한 걱정으로 생겨난 것임을 알 수 있다. 이것은 병적이라고 할 수 있을 정도로 예민한 것으로 자존심 · 허영 · 허세의 근저에는 이런 걱정이 깔린 것이다. 또한 이런 걱정 이런 광기(狂氣)가 없다면 사치는 현재의 십분의 1로 줄어들 것이다. 자존심 · 허영 · 허세 등 종류는 다양하지만 모두 이러한 걱정에 기초를 두고 있으며 이것은 때때로 우리에게 엄청난 희생을 강요하기도 한다.

'다른 사람들이 어떻게 생각할까?'라는 걱정은 어린 시절부터 나타나기 시작하여 전 생애에 걸쳐 지속되지만 가장 강하게 나타나는 것은 노년 이후이다. 노년 이후에는 감각적 쾌락을 즐길 수 있는 능력이 고갈되어 버리고 허영과 오만이 탐욕과 함께 지배하기 때문이다.

걱정 · 번민 · 고뇌 · 분노 · 불만 · 초조 등의 대부분은 다른 사람들의 견해에 대한 우리의 지나친 관심에서 생겨나는 것이며 질투 · 증오 또한 마찬가지이다. 따라서 행복은 마음의 안정과 만족에 기초를 두고 있으므로 행복해지기 위해서 우리는 허영심을 억제하고 끌어내려야 한다. 즉 우리를 끊임없이 괴롭히는 허영심이라는 가시[棘]를 우리의 육체에서 제거해 버려야 한다. 그리하여 허영심을 이성적(理性的)으로 타당한 정도까지 끌어내리게 되면 걱정 · 번민 · 고뇌 · 분노 · 불만 · 초조는 현재의 오십분의 1로 줄어들 것이며 세상의 광태(狂態)에서 벗어나 안정과 평화를 얻을 수 있게 될 것이다. 따라서 마음의 안정에 좋은 영향을 주는 은거 생활(隱居生活)을 하게 되면 다른 사람들의 견해에 관해 관심을 기울일 필요가 없으므로 자기 자신에게로 되돌아갈 수 있다.

인간 본성의 어리석음에서 생기는 중요한 세 가지는 명예욕 · 허영심 · 자부심이다. 허영심과 자부심에는 다음과 같은 차이가 있다. 즉 자부심은 자신이 탁월한 가치를 갖고 있다는 것에 대한 확신임에 반해 허영심에는 다른 사람들의 마음속에 그러한 확신을 불러일으킴으로써 그들의 확신을 자신의 확신으로 삼고자 하는 은밀한 욕망이 수반된다.

자부심은 내부에서 생겨나는 자신에 대한 직접적인 높은 평가임에 반해 허영심은 그러한 평가를 외부에서 간접적으로 획득하고자 하는 노력이다. 따라서 허영심은 사람이 말을 많이 하게 하며 자부심은 과묵하게 한다. 그런데 말을 많이 하는 것보다는 과묵한 것이 다른 사람들의 높은 평가를 가져다준다는 사실을 잊지 말아야 한다.

자부심의 최대 장애물은 허영심이다. 자부심은 자신에 대한 확고한 높은 평가를 전제 조건으로 삼고 있지만 허영심은 먼저 다른 사람들의 호평을 얻은 다음 그 호평을 토대로 자신에 대한 높은 평가를 확립하기 때문이다. 세간(世間)에서 자부심을 비난하고 배격하는 것은 자부할 만한 것을 아무것도 갖고 있지 않은 사람들뿐이라고 생각한다.

대다수 사람의 뻔뻔스러움과 우둔함에 대항하기 위해서 뛰어난 특질을 지닌 사람은 잊히는 일이 없도록 자신의 뛰어난 점을 항상 염두에 두어야 한다. 자신의 뛰어난 점을 무시하고 너그러운 마음으로 어리석은 대중과 동류(同類)라는 태도로 그들과 어울리게 되면 정말로 자기들과 동류로 생각해 버리기 때문이다.

특히 훌륭한 특질——즉 그 사람의 인격에 속하는 순수한 특질——을 지닌 사람은 항상 자신의 그런 특질을 염두에 두어야 한다. 그렇지 않으면 '돼지가 미네르바(Minerva)[43]에게 설교하는' 일이 일어나기 때문이다. 그러므로 겸양(謙讓)의 미덕은 저열한 자들이 자신과 같은 낮은 수준으로 끌어내리기 위해 창안해 낸 발명품이다. 따라서 모든 사람이 겸양의 미덕을 따르게 되면 이 세상에는 그런 저열한 자들만이 존재하게 될 것이다.

또한 지위는 대중이나 속물들에게는 훌륭한 것으로 보이며 또 국가 기관을 운영하기 위해서도 필요한 것이기는 하지만 행복의 요건이라는 점에서 보면 그렇지 않다. 지위는 인습적이며 그 가치는 본질적으로 허구적(虛構的) · 외면적이다. 그러므로 지위가 가져다주는 것은 외면적인 존

43) 로마 신화에 나오는 지혜의 여신.

경뿐이며 지위가 연출하는 것은 어리석은 대중에게 보여 주기 위한 희극인 것이다.

명예에 관해 이야기하는 것은 지위보다 훨씬 더 어렵고 복잡하다. '명예는 외면적인 양심이며 양심은 내면적인 명예이다.' 라고 정의를 내린다면 수긍할 독자들도 있을지 모르지만 그것은 명료하고도 본질적인 설명은 되지 못한다. 그러므로 나는 '명예란 객관적으로는 우리의 가치에 대한 다른 사람들의 견해이며 주관적으로는 다른 사람들의 견해에 대한 두려움이다.' 라고 정의하고 싶다. 이 정의의 후반부, 즉 주관적 의미에 있어서 명예는 절대로 순수하게 도덕적인 효과는 없지만 명예를 중요시하는 사람에게 매우 유익한 효과가 있는 경우가 적지 않다.

완전히 타락한 자를 제외한 인간의 내부에 있는 명예나 치욕에 대한 감정——특히 명예에 대해 일반적으로 인정되는 높은 가치에 대한 감정——의 근원을 살펴보면 다음과 같을 것이다. 즉 '혼자서는 아무것도 할 수 없는 인간은 누구나 고도(孤島)에 떨어진 로빈슨 크루소(Robinson Crusoe)와 같다. 인간은 다른 사람들과 공동의 관계 속에서 살아갈 때 비로소 많은 일을 성취할 수 있으며 상당한 의의가 있을 수 있다' 라는 것이 될 것이다.

의식이 어느 정도만 발달해도 누구나 이 사실을 깨닫게 된다. 그에게는 사회의 유용한 일원(一員)으로 또는 '완전한 자격을 갖춘 인간' 으로 사회에 협력하는——그렇게 함으로써 사회의 이익을 함께 누릴 수 있는 권리가 그에게 주어진다——노력이 생겨나는 것이다.

그런 인간이 되기 위해서는 사회가 모든 사람에게 요구하고 기대하는 일을 행해야 할 뿐만 아니라 특별한 지위를 차지하고 있는 인간으로서 자신에게 요구하고 기대하는 일 또한 훌륭히 행하지 않으면 안 된다.

그러는 동안 자신이 어떤 인간인가에 대해 주의를 기울이지 않고 자신이 다른 사람들 견해 속에 어떤 모습으로 비치고 있는가에 관심을 집중시키게 된다. 그리하여 사람들에게 호평을 받으려고 노력하며 다른 사람들의 견해를 중요시하게 된다. 이런 노력과 이런 감정이 곧 명예심 또는 수치심이다. 그러고 자신에게는 잘못이 없다는 것을 알고 있는 것과는 상관없이 다른 사람들의 견해 속에서 자신의 지위가 떨어졌음을 느끼게 되면 얼굴을 붉히는 것은 이 사실에 기인한다.

한편 다른 사람들에게 호평을 받고 있다는 확신만큼 삶의 용기를 북돋아 주는 것은 없다. 그 확신은 모든 사람이 힘을 합해 그 사람을 보호해 주고 도와준다는 것에 대한 보증이며 인생의 여러 가지 재앙에 대해서도 자기 혼자 힘보다 훨씬 강력한 방벽(防壁)이 되기 때문이다.

인간관계에는 여러 종류가 있으며 명예에도 여러 종류가 있다. 그중에서도 자기와 다른 사람들과의 관계에는 나의 것과 너의 것이라는 소유관계 · 의무 수행의 관계 · 성적(性的) 관계가 있으며 명예에도 이에 대응하는 시민적 명예 · 직무상의 명예 · 성(性)의 명예가 있다.

그중에서도 가장 범위가 넓은 것은 시민적 명예로서 각 개인의 권리를 절대적으로 존중하고 자신의 이익을 취하기 위해 부정(不正)하고 불법적인 수단을 절대 쓰지 않는다는 전제 조건을 그 본질로 하고 있다. 시민적 명예는 평화적 사회에 참여할 수 있는 조건이다. 그러므로 단 한 번이라도 이 조건을 위반하게 되면 시민적 명예를 상실하게 된다. 형법상의 처벌――공정성이 인정되는 경우――을 받게 되면 명예를 상실하게 되는 것은 그 때문이다.

명예는 그 근저에 '도덕적 성격은 불변의 것이다' 라는 확신에 기초를 두고 있으므로 단 한 번이라도 악행을 저지르게 되면 그 후 그와 흡사한 상황에서의 행위는 도덕적으로 동질(同質)의 것으로 단정된다. '성격'이라는 의미의 영어 단어인 '캐릭터(character)'가 '평판'·'명성'·'명예'의 의미로도 사용되는 것은 이 사실을 나타내는 것으로 한번 실추(失墜)된 명예는 회복할 수 없는 것이다.

시민적 명예라는 이름은 시민 계급에서 생겨난 것이지만 시민적 명예는 모든 계급에 똑같이 적용된다. 즉 최고의 지위에 있는 사람도 제외될 수 없다. 누구도 시민적 명예 없이는 살아갈 수가 없다. 그러므로 시민적 명예는 누구도 소홀히 취급될 수 없는 매우 중대한 문제이다.

한번 신뢰와 신의를 파기한 사람은 누구를 막론하고 영원히 신뢰와 신의를 상실하게 되며 그 상실이 가져다주는 쓰디쓴 결과는 항상 그를 따라다니기 때문이다.

명성이 적극적임에 반해 명예는 소극적이다. 명예란 뛰어난 사람들만이 지닌 특별한 자격——성질——에 대한 세상 사람들의 평가가 아니라 누구나 마땅히 지녀야 하는 여러 가지 자격에 대한 세상 사람들의 평가이기 때문이다. 따라서 명예를 지니고 있다고 해서 그 사람이 예외적인 인물은 아니다.

그러나 명성을 얻고 있는 사람은 예외적인 인물이다. 그러므로 명성이 노력으로 획득되는 것임에 반해 명예는 잃어버리지 않도록 노력하기만 하면 되는 것이다. 그래서 명성이 없다는 것은 유명하지 않음을 의미하며 소극적일 뿐이지만 명예가 없다는 것은 치욕이며 적극적인 것이다.

여기서 '소극적'이라는 말을 '수동적'이라는 말과 혼동해서는 안 된다.

명예는 수동적이지만 완전히 능동적인 특질을 갖고 있다. 즉 명예는 그 것을 지닌 그 사람에게서 생겨나며 그 사람의 행위에 기반을 두고 있는 것이지 다른 사람의 행위나 그 사람의 신상(身上)에 일어나는 일에 기반을 두고 있는 것이 아니다.

다시 말해 명예는 우리 자신에 의해 좌우된다. 참된 명예를 기사도적(騎士道的) 명예나 거짓 명예와 구분 짓는 것은 바로 이 점이다. 명예는 외부에서 침해당할 수도 있는데 그것은 다른 사람들의 중상모략에 의해서다. 이에 대한 유일한 대항책은 명예를 지키며 공공연하게 비방자의 가면을 벗김으로써 그 비방을 논파(論破)하는 것이다.

우리가 노인을 존경하는 것은 젊은 사람들의 명예는 실증된 것이 아니라 당연히 전제(前提)로 인정되는 것으로서 신용 위에 성립된 것이다. 하지만 노인의 경우에는 그때까지 살아오는 동안 그의 행위를 통해 명예를 유지할 수 있었는지 아닌지가 분명하게 실증되기 때문이다. 즉 사회에 대한 풍부한 지식에 지나지 않는 경험이 많다는 이유만으로는 존경을 받을 수 없으며 또한 노쇠했다는 이유로 보호는 받을 수 있지만 존경은 받을 수 없는 것이다.

명예의 가치는 간접적인 것에 지나지 않는다. 이미 앞에서 말한 바가 있듯이 다른 사람들의 견해는 우리에 대한 그들의 행동을 규정하는 한에 있어서만 가치를 지닐 뿐이기 때문이다.

우리가 다른 사람들과 함께 또는 사람들 사이에서 살아가는 한 다른 사람들의 견해가 가치를 지닌다는 것은 사실이다. 문명사회 속에서 우리의 안전과 재산은 사회에 의존하고 있으며 무엇을 하든 우리는 다른 사람들을 필요로 하며 그들과 협력하기 위해서는 신뢰를 얻지 않으면 안 되므로 다른 사람들의 견해는 우리에게 간접적임에도 불구하고 매우 큰 가치를 지니기 때문이다.

그러나 나는 여기의 직접적인 가치를 인정할 수 없다.

키케로(Cicero)[44]는

"크리시포스(Chrysippos)[45]와 디오게네스(Diogenes)[46]는 좋은 평판에 관해 '그 효용을 도외시한다면 좋은 평판을 얻기 위해 아무도 손가락 하나 까딱하지 않을 것이다.' 라고 말했는데 나도 그에 대해 전적으로 동감이다."

라고 말했으며 엘베시우스(Helvetius)[47]는 그의 명저(名著)인 ≪정신에 대하여≫에서 '우리가 명예를 사랑하는 것은 명예 자체 때문이 아니라 명예가 가져다주는 이익 때문이다.' 라고 말했다. 수단이 목적보다 더 가치 있는 것일 수는 없다. 따라서 '명예는 생명보다 귀중하다.' 라는 그럴듯한 격언은 과장된 말이다.

인간이 표상(表象)하는 것——즉 인간이 세상 사람들의 눈에 비치고 있는——것 중 마지막은 명성이다. 이제부터 명성에 대해 고찰해 보기로 하자. 명성과 명예는 쌍둥이다. 주피터(Jupiter)의 쌍둥이 아들 중 폴룩스(Pollux)[48]는 불사신(不死神)이고 카스토르(Castor)[49]는 사신(死神)이었던 것처럼 명성과 명예는 쌍둥이면서도 명성은 불사신이고 명예는 사

44) B. C. 106~B. C. 43 로마의 철학자.

45) B. C. 281~B. C. 208 그리스인으로 스토아학파의 한 사람.

46) B. C. 412~B. C. 322 그리스의 철학자.

47) 1715~1771, 프랑스의 유물론 철학자.

48) 그리스 신화에서 주피터와 레다(Leda) 사이에 태어난 쌍둥이의 하나로서 천상(天上)의 신(神). 지하(地下)의 형제인 카스토르와 하루씩 번갈아 가며 천상과 지하에서 생활했다고 함.

49) 폴룩스와 함께 주피터의 쌍둥이 아들.

신이다.

물론 이렇게 말할 수 있는 것은 최고의 명성, 즉 진정한 명성에 대해서뿐이다. 명성에도 공허한 명성이 많기 때문이다. 명예는 같은 상태에 있는 사람들에게 요구되는 여러 가지 특성에 관한 것이지만 명성은 누구에게나 요구할 수 없는 특성에 관한 것이다. 명예는 누구나 자기 자신에게 줄 수 있지만 명성은 아무도 자기 자신에게 줄 수 없다.

명예는 우리에 대해 알려질 수 있는 범위 이내로 제한되지만 명성은 우리에 대해 알려지는 것보다 더 빨리 전파되며 명성이 알려지게 되면 우리에 대해서도 알려지게 된다. 누구나 '나는 명예를 지니고 있다'라고 주장할 수 있지만 '나는 명성을 갖고 있다'라고 주장할 수 있는 사람은 예외적인 인물뿐이다. 명성은 비범한 공적(功績)에 의해서만 얻어질 수 있기 때문이다.

그런데 이러한 공적에는 선행(善行)에 의한 공적과 작품에 의한 공적이 있을 수 있다. 따라서 명성을 얻을 수 있는 길은 선행(善行)이나 작품에 의한 방법 두 가지가 있다. 선행의 길로 나아갈 수 있는 것은 주로 훌륭한 마음에 의해서이며 작품의 길로 나아갈 수 있는 것은 뛰어난 두뇌에 의해서이다.

이 두 가지 길은 제각각 장단점을 갖고 있다. 중요한 차이는 선행은 일시적으로 나타났다가 사라지는 것임에 반해 작품은 영속적으로 남는다는 것이다. 즉 아무리 훌륭한 선행이라 할지라도 일시적인 영향을 가질 뿐임에 반해 천재적인 작품은 모든 시대를 통해 살아 움직이며 사람들의 마음을 감동하게 한다.

선행의 경우 남는 것은 선행에 대한 추억뿐이다. 이 추억은 점점 희미해져 마침내 아무런 감흥도 불러일으키지 못하게 된다. 그러므로 역사가 그것을 화석화(化石化)하여 후세에 전하지 않으면 추억은 점점 희미해져 마침내 사라져 버리는 것이다.

그렇지만 작품은 불멸하며 특히 문자에 의한 작품은 모든 시대를 통해 살아 있다. 알렉산더(Alexander) 대왕에 대해서는 이름과 기억만이 살아있을 뿐이지만 플라톤(Plato) · 아리스토텔레스(Aristotle) · 호머(Homeros) · 호라티우스(Horatius)[50] 등의 경우에는 아직도 그대로 살아 움직이고 있다. 그런데 베다(Veda) 또는 베다에서 생겨난 우파니샤드(Upanishad)는 지금도 살아 있지만 베다가 만들어졌던 시대의 선행에 대해서는 아무것도 전해지지 않고 있다.

선행의 또 하나의 단점은 그 선행을 일으킬 수 있는 상황에서만 행해질 수 있다는 것――즉 그런 기회가 없으면 선행은 일어나지 않는다는――것이다. 그러므로 선행의 명성은 선행 자체의 내적 가치에만 기인하는 것이 아니라 선행에 중요성과 영광을 더해 주는 주위 상황에도 기인하는 것이다.

또한 전쟁에서처럼 선행이 완전히 개인적인 것일 경우 그로 인한 명성은 소수 목격자의 진술에 좌우되며 더구나 목격자가 항상 있을 수 없고 설령 있다 해도 항상 올바르게 진술한다고는 할 수 없다.

한편 선행은 실제적인 것으로서 일반 사람들의 판단 능력의 범위 내에서 일어난다는 장점을 갖고 있다. 따라서 선행을 구성하는 요소가 판단 능력에 올바르게 전달되기만 하면 그 선행은 올바른 평가를 받게 된다.

50) B. C. 65~B. C. 8, 로마 서정시인.

그렇지만 선행의 동기는 시간이 흐른 후에야 비로소 올바르게 인식되고 평가된다. 모든 행위를 올바로 이해하기 위해서는 그 행위의 동기를 알 필요가 있기 때문이다.

작품의 경우에는 이와는 정반대이다. 즉 작품이 만들어지는 것은 주위의 상황에 의해 좌우되는 것이 아니라 오직 작품을 만드는 사람에 의해서만 좌우된다. 그리고 그 작품이 존속하는 한 본래의 모습을 잃지 않는다. 그런데 작품의 경우 그것을 어떻게 판단하고 평가할 것인가 하는 것이 어려운 일이며 작품이 훌륭하면 훌륭할수록 그 작품을 판단하고 평가하는 것은 그만큼 더 어렵다. 때로는 그 작품을 판단할 유능한 심판자가 없는 경우도 있으며 공정하지 못한 경우도 있다.

그뿐만 아니라 작품의 명성은 단 한 번의 심판으로 결정되는 것이 아니라 몇 번의 심판에 의해 결정된다. 앞에서도 말했듯이 선행은 그 추억만이 후세에 전해지며 그것도 선행이 행해졌던 당시 사람들이 전해 준 것밖에 전해지지 않지만 작품은 일부가 손상된 경우를 제외하면 작품 그대로 후세에 전해지기 때문이다.

그러므로 작품의 경우에는 내용이 왜곡되는 일이 없으며 오히려 그 작품이 만들어졌던 당시 상황의 불리한 영향도 세월이 흐르면서 사라져 버린다. 또 세월의 흐름과 함께 그 작품을 올바로 판단할 수 있는 참된 능력을 지닌 심판관들이 순서에 따라 제각각 그 위대한 작품을 올바르고도 공정하게 판단한다. 그래서 위대한 작품에 대해서는 몇 세기가 지나야만 비로소 완전한 심판이 행해지는 것이다.

위대한 작품이 명성을 얻게 되는 것은 확실하고도 필연적인 일이지만 작품을 만든 사람이 살아있는 동안에는 명성을 얻을 수 있느냐 없느냐하는 것은 여러 가지 외적 상황과 우연에 의해 좌우된다. 특히 위대하고 난해한 작품일수록 그 작품을 만든 사람이 살아있는 동안 명성을 얻기 어렵다.

세네카(Seneca)는 "육체에 그림자가 따르듯이 공적(功績)에는 반드시 명성이 따른다. 육체와 그림자의 관계처럼 명성이 공적보다 먼저 오는 일도 있으며 명성이 나중에 오는 일도 있다."라고 말한 후 "설령 당신과 같은 시대에 살고 있는 사람들이 질투심으로 당신 작품에 대해 침묵을 지킨다고 하더라도 나중에 질투심과 악의를 지니지 않은 심판관이 나타나 당신의 작품을 올바르고 공정하게 심판할 것이다."라고 덧붙였다.

우리는 세네카의 이 말에서 그 시대의 속물(俗物, Philistertum)들도 현대의 속물들과 마찬가지로 대중에게 악을 권장하고 선을 숨기기 위해 악의(惡意)에 찬 침묵과 무시로써 다른 사람의 공적을 억누르려 했다는 것과 예나 지금이나 속물들은 질투심에 침묵을 지킨다는 것을 알 수 있다. 훌륭한 것일수록 서서히 성숙하듯이 명성 또한 오랜 세월 계속되는 것일수록 그만큼 서서히 나타난다.

후세에까지 떨칠 명성은 씨앗에서부터 아주 서서히 성장해 가는 떡갈나무와 같으며, 일시적이며 공허한 명성은 성장이 빠른 1년생 초목과 같으며, 거짓 명성은 성장이 매우 빠르지만 눈 깜짝할 사이에 뽑혀 버리는 잡초와 같다. 후세에 속하면 속할수록——즉 인류 전체에 속하면 속할수록——그의 작품은 그가 살고 있는 시대와는 그만큼 거리가 먼 것이며 시대 자체로서가 아니라 인류의 일부라는 의미에서 그 시대에 속할 뿐으로 시대가 그 사람의 작품을 간과해 버리기 때문이다.

명성을 획득하기는 매우 어렵지만 유지하기는 쉽다. 이와는 반대로 명예는 누구나 얻을 수 있지만 그것을 유지하기는 어렵다. 한 번이라도 그릇된 행위를 하게 되면 명예를 잃게 되며 그렇게 되면 명예를 회복할 수 없기 때문이다.

그런데 명성은 잃어버릴 수 없는 것이다. 명성을 얻게 해 준 선행(善行)이나 작품은 영원히 변치 않으며 새로운 명성을 더해 주지 않아도 그 선행이나 작품에 대한 명성은 그대로 지속되기 때문이다. 세월이 흐르기 전에 사라져 버리는 명성이 있다면 그것은 진정한 명성이나 참된 가치의 명성이 아니라 단지 그 당시 과대평가 되어 얻어진 명성일 뿐이다.

본래 명성은 그것을 얻은 사람과 얻지 못한 다른 모든 사람과의 비교에 그 기초를 두고 있다. 명성은 본질적으로 상대적인 가치만을 지닐 뿐이다. 만일 명성을 얻은 사람 이외 모든 사람이 똑같은 명성을 얻게 된다면 그의 명성은 사라져 버릴 것이다.

절대적인 가치가 있는 것은 어떤 상황에서도 그 절대적인 가치를 잃지 않는 것이며 인간이 본래 갖추고 있는 인격 · 건강 · 성품 · 지성뿐이다. 그러므로 위대한 정신의 가치 또는 위대한 두뇌의 가치에 의한 행복은 여기에 있다. 따라서 명성 그 자체에 가치가 있는 것이 아니라 명성을 얻게 해 준 선행(善行)이나 작품이 가치가 있다는 것이야말로 실체(實體)이며 명성은 부수적인 것에 지나지 않는 다는 것이다.

16. 늙음에 대하여

볼테르는

'자신의 나이에 상응하는 정신이 있지 않은 자는
자신의 나이에 상응하는 여러 가지 재난을 당하게 된다.'

라는 명언을 남겼다. 우리는 나이에 따라 우리에게 일어나는 여러 가지 변화를 살펴볼 필요가 있을 것이다.

전 생애를 통해 우리가 의식하는 것은 항상 현재뿐이다. 그렇다면 똑같은 현재에 차이를 생기게 하는 것은 무엇인가? 생애 초기에는 우리 앞에 긴 미래가 펼쳐져 있지만 생애 말기가 되면 긴 과거가 우리 뒤에 있게 된다. 또한 성격은 변하지 않지만 기질은 수없이 변한다. 일생을 통해 현재의 색채가 달라지는 것은 바로 그 때문이다.

나의 주저(主著)인 ≪의지와 표상으로서의 세계≫에서 유년기에는 의욕적인 태도보다는 인식적인 태도를 보인다는 것과 그 이유에 대해 설명했다. 생애의 처음 4분의 1이 행복한 것은 바로 여기에 기인한 것이다. 그래서 나이를 먹은 후에는 이 시기가 잃어버린 낙원처럼 보이는 것이다.

유년기에는 사람들과의 교제가 거의 없고 욕망도 적기 때문에 의지는 자극을 받는 일이 거의 없다. 따라서 유년기의 본질은 대부분 인식과 결부되어 있다.

7세가 되면 두뇌가 이미 완전히 자라듯이 지성은 유년기에 발달——성숙이라고는 할 수 없지만——한다. 그리하여 아이들은 모든 것이 신기하고 매력적인 세계 속에서 끊임없이 영양을 섭취한다. 그러므로 어린 시절은 모두가 시(詩)가 된다. 시의 본질은 모든 예술의 본질과 마찬가지로 플라톤적인 이데아(Idea), 즉 본질적인 개체 속에서 모든 것에 공통되는 것을 파악하는 데에 있다. 따라서 개체는 그 종(種)을 대표하게 되며 개개의 사건은 그 유(類)를 대표하게 된다.

유년기에는 오직 하나의 개체 혹은 하나의 사건만을 그 대상으로 삼고 있는 것처럼 생각되며 그것도 순간의 욕망과 관계가 있는 범위로 한정된 것처럼 보이지만 근본적으로는 절대 그렇지 않다.

즉 유년기에는 인생의 모든 의미가 새롭고 신선한 모습으로 나타나므로 아무리 반복되어도 생(生)에 대한 인상은 줄어들지 않는다. 따라서 어린이의 유치한 행위 속에는 비록 의도적으로 그렇게 했을 리는 없지만 인생의 본질 그 자체, 인생이 엮어내는 여러 가지 형상이나 표현의 기본적인 형(型)을 파악하는 활동이 반드시 내포된 것이다.

스피노자가 말했듯이 우리는 모든 사물 · 모든 인간을 '영원한 상(相)'으로 보고 있다. 젊으면 젊을수록 각각의 사물은 그만큼 그것이 속하는 유(類) 전체를 대표하게 되며 이런 경향은 나이 들수록 감소한다. 유년기에 사물이 주는 인상과 노년기에 사물이 주는 인상이 그토록 다른 것은 바로 이 때문이다.

따라서 유년기에 얻은 경험과 지식은 그 이후의 인식과 경험의 고정적 유형(類型에 따른 법칙이 되며 그 이후의 모든 것은 이 유형에 따른 법칙의 범주에 포괄되며 종속된다. 그러므로 세계관의 확고한 기초는 유년기에 만들어지며 세계관의 깊고 얕음 또한 유년기에 결정되는 것으로 그 후 세계관은 나이가 들수록 완성되어 가지만 그 본질적인 부분은 절대로 변하지 않는다.

이처럼 유년기에는 본질적이고도 순수하게 객관적이므로 모든 것을 시적(詩的)으로 보며 또한 의지가 아직 온 힘을 발휘하지 못하므로 유년기의 태도는 의욕적이라기보다는 인식적이다. 많은 아이들 눈의 표정이 관조적(觀照的)인 것은 바로 이 때문이며 라파엘은 그가 그린 천사 특히 시스티나의 성모상[51]의 천사에서 이를 잘 묘사하고 있다.

유년기가 매우 행복하고 동경에 가득 찬 것으로 생각되는 것은 바로 이러한 사실에 기인한다. 유년기에는 사물을 직관적으로 이해하려고 하는 반면에 개념을 가르치려는 교육이 행해진다. 그러나 개념은 본질적인 것을 주지 못한다. 본질적인 것, 인식의 기초가 되는 참된 내용은 세계에 대한 직관적 파악 속에 존재한다. 그 직관적 파악은 오직 자신에 의해서만 얻어질 수 있으며 교육이나 그 밖의 다른 방법에 의해서는 얻어질 수 없는 것이다.

지성적 가치도 도덕적 가치와 마찬가지로 외부에서 내부로 들어오는 것이 아니라 자기 본질의 깊이에서 솟아난다. 그러므로 선천적으로 어리석은 자는 페스탈로치의 교육법에 따라 교육을 받는다 하더라도 사고(思考)하는 인간이 될 수는 없으며 그것은 불가능한 일이다. 그러한 사람은 어리석은 자로 살다가 어리석은 자로 죽어갈 수밖에 없다.

유년기의 환경과 경험이 그토록 깊이 기억 속에 새겨져 있는 것도 앞에

51) 이탈리아 시스티나 성당에서 독일의 드레스덴 박물관으로 옮겨진 라파엘 작품의 성모상.

서 말한 바와 같이 외계에 대한 최초의 깊은 직관적 파악으로 설명될 수 있다. 즉 유년기에는 아무런 자기 분열도 없이 주위의 환경과 경험에 빠져들었다. 다시 말해 교란하는 것은 아무것도 없었다.

유년기에는 눈앞에 있는 사물을 그 종(種)에 속하는 유일한 것으로 보았으며 각각의 사물을 그것밖에 없는 유일한 것으로 생각했다. 그 후 나이가 들어감에 따라 알게 되는 대상(對象)의 수는 증가하게 되며 그로 인해 용기와 인내를 잃게 된다.

그런데 내가 ≪의지와 표상으로서의 세계≫에서 '사물의 객관적인 존재, 즉 단순한 표상 속에서의 사물의 존재는 매우 즐거운 것이다. 이와는 반대로 욕망 속에 존재하는 사물의 주관적인 존재는 고통과 슬픔으로 가득 차 있다'라고 서술한 것을 기억하는 사람이라면 이것을 간결하게 '사물은 오직 인식의 눈으로 보면 아름답게 보이지만 의지의 눈으로 보면 고통스럽게 보인다.' 라고 표현해도 이의를 제기하지 않을 것이다.

유년 시절에는 의지의 측면에 있어서 사물의 존재보다는 표상, 객관성의 측면, 다시 말해 보는 측면에서의 사물의 존재를 훨씬 더 많이 알게 된다. 그런데 보는 측면은 사물의 즐거운 측면이며 유년기에는 주관적으로 두려워하는 면은 아직 모르기 때문에 어린 지성은 현실과 예술이 눈앞에 펼쳐 보이는 모든 사물과 형상(形象)을 행복으로 가득 차 있는 것으로 생각한다. 따라서 아이의 눈앞에 있는 세계는 에덴동산이며 우리 모두의 고향인 아르카디아[52]인 것이다.

그러나 좀 더 나이가 들면 우리를 이 세상의 광란 속으로 휘몰아 가는

52) 펠로폰네소스 반도의 산지(山地)로서 목자(牧者)들이 살던 곳.

현실 생활에 대한 갈망이 생겨난다. 그리하여 그 후 이 광란 속에서 사물의 또 하나의 측면——즉 한 발짝 내디딜 때마다 우리의 앞길을 가로막는 욕망의 측면——을 알게 된다. 그렇게 되면 우리는 사물에 대하여 조금씩 환멸을 느끼게 된다. 마침내 모든 사물에 대하여 환멸을 느끼게 되면 '꿈을 꾸는 나이'는 지나가 버리는 것이다. 그 환멸은 점점 커지고 심해진다. 인생이라는 무대 장식을 유년기에는 멀리서 본 것과 같으며 노년기에는 아주 가까이에서 본 것과 같다.

유년 시절을 행복하게 하는 것으로서 마지막으로 다음과 같은 이유를 들 수 있다. 새로 나온 나무의 잎사귀가 색도 같고 모양도 거의 같은 것처럼 우리도 어릴 때는 개인 차가 없으며 서로 잘 조화한다. 그러다 소년기를 지나면서부터 개인 차가 나타나기 시작하며 그 차이는 마치 원(圓) 두 개의 반지름 사이의 거리가 점점 더 커지듯이 점점 더 벌어진다.

그런데 생애의 후반보다는 훨씬 많은 장점이 있는 생애 전반 중 유년기를 제외한 부분, 즉 청년기가 어두워질 뿐만 아니라 불행해지는 것은 행복의 실재(實在)를 믿고 온 힘을 다해 행복을 추구하기 때문이다.

행복을 추구하는 데서 끊임없이 환멸을 느끼게 되고 환멸을 느끼는 가운데 불만이 생겨난다. 그러므로 청년기의 눈앞에서는 꿈같은 행복의 그림자가 막연한 모습으로 흔들리고 있으므로 헛되이 그 그림자를 잡으려고 애쓴다.

따라서 청년기에는 처한 어떠한 상황이나 어떠한 환경에 대해서도 불만을 품는다. 그것은 완전히 다른 것을 기대하고 있었기 때문에 생겨난 인간 생활에 대한 공허함이나 비애를 자신이 처한 상황이나 환경 탓으로 생각하기 때문이다.

만일 교육으로 현실 세계에서 많은 것을 얻을 수 있으리라는 망상을 조기에 없앤다면 우리는 더 많은 것을 얻을 수 있을 것이다.

그런데 대부분은 현실을 통해 알기 전에 문학을 통해 인생을 알게 되므로 실제로는 그 반대의 현상이 일어나게 된다. 즉 문학에 따라 묘사된 수많은 장면이 청춘의 여명기(黎明期)에 있는 우리 눈앞에 찬란히 펼쳐진다. 그렇게 되면 우리는 그 장면의 실현을 갈망하게 된다. 다시 말해 무지개를 잡고 싶은 동경에 번민하게 되는 것이다.

청년은 자신의 인생이 재미있는 소설과 같기를 기대한다. 그리하여 내가 ≪의지와 표상으로서의 세계≫에서 서술한 것 같은 착각이 생겨난다. 문학에서 묘사된 여러 가지 모습들이 매력적으로 보이는 것은 그 모습들이 단순한 상상으로 생긴 것이었으며 또 그러므로 그것을 감상하면서 순수 인식의 평온함과 만족감에 잠길 수 있는 것이다.

소설에 묘사된 매력적인 모습들을 현실화하려고 애쓰는 것은 자신이 그런 것들에 대한 욕망으로 가득 차 있다는 것을 의미한다. 그런데 바로 이 욕망이 피할 수 없는 고통을 초래하는 것이다. 이 문제에 대해 흥미를 느끼는 독자는 ≪의지와 표상으로서의 세계≫를 읽어 보기 바란다.

생애의 전반을 잡을 수 없는 행복에 대한 동경의 시기라고 한다면 생애의 후반은 불행에 대한 두려움과 걱정의 시기라고 할 수 있다. 인생의 후반에 들어서면 행복은 가공적(架空的)이며 그에 반(反)해 고통은 현실적임을 확실히 인식하게 되기 때문이다. 따라서 어느 정도 이성이 있는 사람은 인생의 후반기에 이르면 즐거움을 원하기보다는 고통과 위험이 없는 상태를 원하게 된다.

나는 청년 시절에 문에서 초인종이 울리면 '무슨 좋은 소식이라도 왔나!' 하는 기대감으로 인해 즐거움을 느꼈다. 그러다 나이가 들자 똑같은 초인종 소리를 들어도 '무슨 나쁜 소식이라도 온 것은 아닐까?' 하는 불안감으로 두려움 비슷한 감정을 느끼게 되었다.

뛰어난 재능과 정신 능력의 소유자들은 그 능력이 뛰어나면 뛰어날수록 인간 사회에 속하지 못한다. 뛰어난 정도에 따라 차이는 있지만 그들은 고립된다.

그들은 청년기에는 인간 사회에서 버림받고 있다고 느끼지만 후년이 되면 인간 사회에서 벗어났다고 느낀다. 인간 사회에서 버림받고 있다고 느끼는 감정은 불쾌한 감정이며 이것은 인간 사회를 모르기 때문에 생겨난다. 그런데 인간 사회에서 벗어났다고 느끼는 감정은 유쾌한 감정이며 이것은 인간 사회를 알게 된 다음에 생겨날 수 있는 것이다.

그 결과 인생 후반에는 음악 악절(樂節)의 후반과 마찬가지로 전반에 비해 야심이 적어지고 안주(安住)를 원하는 경향이 강해진다. 그 이유는 무엇일까? 청년기에는 현실에서 행복이나 즐거움을 얻을 수 있는데 단지 좀 어려울 뿐이라고 생각하는 반면 노년기가 되면 현실에서는 아무것도 얻을 수 없다는 것을 알게 되고 이러한 통찰에 완전히 안주하여 그런대로 참을 수 있는 현재에 만족하며 지극히 작은 일에서도 기쁨을 느끼기 때문이다.

성년이 된 사람이 그때까지의 경험을 통해 얻는 것은 '편견을 가지지 않고 사물을 보는 태도'이며 그는 청소년기와는 다른 눈으로 이 세상을 보게 된다. 청소년기에는 습관적인 편견이나 상상으로 생기는 환영(幻影)이 진실의 세계를 덮어 버리거나 왜곡하거나 하는 데 반(反)하여 성년이 되면 사물을 단순하게 바라보고 있는 그대로 모습으로 받아들인다.

왜냐하면 경험으로 청년기 때 만들어진 환상이나 잘못된 개념에서 해방되기 때문이다. 이러한 환상이나 잘못된 개념에서 청년을 보호하는 것이——그렇게 할 수 있다면——소극적이지만 최선의 교육일 것이다.

그렇지만 쉽지 않은 일이다. 그렇게 하려면 어릴 때부터 청년기까지 다음과 같은 방법으로 교육해야 한다. 즉 처음에는 아이의 시야를 되도록 좁혀 그 범위 내에서 명료하고 바른 개념만을 가르쳐야 한다.

그리하여 아이가 그 좁은 범위에 내포된 모든 것을 바르게 인식하게 되면 그때부터 조금씩 아이의 시야를 넓혀 가도록 해야 한다. 그러고 아이가 어설프게 이해한다거나 잘못 이해하는 것이 없도록 세심한 관심을 기울여야 한다.

이렇게 하면 사물 또는 인간에 대하여 아이가 가지는 개념은 범위가 좁고 단순한 대신 명료하고 바르므로 끊임없이 확장할 필요는 있지만 정정할 필요는 없다. 이러한 교육 방법은 아이들에게 소설 읽히는 것을 허락하지 않는다. 소설 대신 ≪프랭클린 자서전≫이라든가 모리츠[53]의 ≪안톤 라이저≫와 같은 전기(傳記)를 읽히도록 해야 한다.

젊을 때는 생애에 큰 영향을 미칠 중요한 인물이나 사건은 큰북이나 나팔 소리를 요란스럽게 울리면서 등장할 것이라고 기대한다. 그러나 나이가 든 다음에 회고해 보면 그러한 사건이나 인물은 아무도 눈치챌 수 없도록 뒷문으로 살짝 숨어들어 왔다는 것을 깨닫는다.

이제까지 고찰해 온 점으로 보아 우리는 인생을 수(繡)놓은 천에 비유할 수도 있다. 누구나 인생의 전반기에는 그 겉을 보고 후반기에는 그 안

---

53) 1757~1793 독일의 저술가, ≪안톤 라이저≫는 그의 자전적 소설.

쪽을 보게 된다. 안쪽은 실의 연결된 모습이 있어 아름답지는 않지만 우리에게 많은 것을 가르쳐 준다.

정신적인 탁월성은 설령 그것이 최고의 것이라 하더라도 사십 세가 지나서야 비로소 다른 사람과의 대화에서 확실히 압도할 만한 가치를 발휘한다. 정신적인 탁월성이 나이와 경험을 능가하는 일은 흔히 있지만 나이와 경험을 대신하는 일은 없다.

아무리 평범한 인간이라도 원숙한 나이와 풍부한 경험을 갖추면 상대가 젊은이일 경우 그가 정신적으로 뛰어나다 하더라도 그 정신 능력에 대항할 수 있는 어떤 종류의 무게를 지니게 된다. 이것은 인격에 대해서 말하는 것이지 일에 대한 능력에 대해서 말하는 것은 아니다.

어떤 점에서든 뛰어난 재능이 있는 사람――즉 인류의 6분의 5를 차지하는 재능이 빈곤한 무리에 속하지 않는 사람――은 사십 세를 넘으면 인간을 혐오하지 않을 수 없다. 자기 자신을 기준으로 타인을 비교해 볼 때 정신 능력 면으로나 감각 면으로나 양면(兩面) 모두 자신이 훨씬 월등하다는 것을 깨닫기 때문이다.

따라서 그는 타인과의 교제를 피하게 된다. 이를테면 인간은 그 내면적인 가치에 따라서 고독을, 즉 자신과 교제하기 좋아하기도 하고 싫어하기도 한다. 칸트도 ≪판단력 비판≫의 제1부 제29절의 끝부분에서 이 인간 혐오에 대해 논하고 있다.

매우 일찍부터 세상의 처세술에 능하며 그 세계에서 활개를 치는 젊은이들은 지성이나 덕성에 있어서는 속물에 지나지 않는다. 이와는 반대로 사회생활에 서툴고 둔하며 번번이 실수만 저지르는 젊은이는 오히려 한층 더 고귀한 천성을 지닌 인간이다.

죽음은 산 저편 기슭에 있으므로 산에 오를 때는 죽음의 모습이 보이지 않는다. 이렇게 죽음이 보이지 않는 것이 인생의 산을 오르는 중인 청년기에는 명랑하고 활력 넘치는 부분적인 이유가 된다. 그러나 일단 산꼭대기에 이르면 그때까지 말로만 듣던 죽음을 실제로 보게 되며 그 나이를 정점으로 서서히 생명력이 감퇴하기 시작한다. 이런 사실을 인식하게 되면서 청년기의 오만함은 사라지고 엄숙한 진지함이 표정이나 태도에 나타나게 된다.

젊을 때는 다른 사람이 뭐라고 하던 인생을 무한한 것으로 생각하며 시간을 마구 낭비한다. 그러다 나이가 들수록 시간을 아끼게 된다. 나이가 들면 하루하루를 살아가는 감회는 사형당하기 위해 처형장으로 끌려가는 죄수가 한 발짝 한 발짝 걸을 때마다 느끼는 감회와 비슷하기 때문이다.

젊은 사람의 처지에서 보면 인생은 무한히 긴 미래이며 노인의 입장에서 보면 인생은 극히 짧은 과거이다. 인생이란 처음에는 쌍안경의 대물(對物)렌즈를 통해 보았을 때처럼 보이지만 나중에는 접안(接眼)렌즈를 통해 본 것처럼 보인다.

인생이 얼마나 짧은가는 나이가 들어야 비로소 알게 된다. 나이가 들수록 인간 세계의 모든 사물이 작게 보인다. 청년기에는 확고하게 버티고 있는 것으로 보이던 인생이 나이가 들면 덧없이 나타났다가 곧 사라지는 현상으로 보이며 모든 것의 허망함이 드러난다.

시간의 흐름 자체도 청년기에는 훨씬 늦다. 인생의 처음 4분의 1은 가장 행복한 시기일 뿐만 아니라 가장 긴 시기이다. 그래서 다른 시기에 대한 추억보다 이 시기에 대한 추억을 많이 가지게 되며 이 시기의 추억에 대해서는 그 후의 추억을 합친 것보다 훨씬 더 많은 것을 이야기할 수 있는 것이다. 인생의 봄인 이 시기에는 해가 너무 길어서 지루할 때가 있을 정도이다. 그러다 인생의 가을이 되면 낮의 길이가 짧아지는 대신 맑은 날씨가 이어진다.

그러면 어째서 나이가 들면 이제까지 살아온 생애가 그렇게도 짧게 느껴지는 것일까? 그것은 남은 추억이 적기 때문이다. 인생에 있어서 하찮은 일이나 불쾌했던 일은 대부분 기억 속에서 사라지고 추억으로 남는 것은 극히 적다. 인간의 지성이 지극히 불완전한 것처럼 기억력도 불완전한 것이기 때문이다.

배운 것이나 체험한 것들을 잊어버리지 않으려면 그것들을 되풀이하여 연습하거나 상기(想起)해 보지 않으면 안 된다. 그런데 우리는 대개 하찮은 일은 되풀이하지 않으며 불쾌했던 일도 다시 생각하지 않는다. 아무튼 지나간 일들을 잊어버리지 않으려면 되풀이와 상기(想起)가 필요하다.

그런데 처음에는 중대하게 생각되던 일도 반복이 거듭됨에 따라 어느 사이에 하찮은 일로 보인다. 그리하여 하찮은 일이 나이 들수록 점점 늘어 간다. 따라서 모든 것이 신기하고 자극적이던 처음 시기의 일이 나중 시기의 일보다 잘 기억되는 것이다.

또한 오래 살수록 나중에 다시 생각해 보아야 할 만큼 중요하게 느껴지는 일이 적어진다. 이런 일은 다시 생각하지 않으면 기억에 새겨질 리가 없다. 따라서 지나면 곧 잊어버리게 된다. 이렇게 시간은 점점 흔적을 남기지 않고 지나가게 된다.

더구나 우리는 불쾌한 일은 다시 생각해 보려 하지 않는다. 특히 그것이 허영심을 손상하는 일일 때는 더욱 그렇다. 자신의 탓이 아닌 고뇌가 우리를 덮치는 일은 거의 없으므로 대개 불쾌한 일은 허영심을 손상하는 것이라고 말할 수 있다. 그 까닭에 불쾌한 일도 대부분 잊어버린다.

하찮은 일과 불쾌한 일에 대한 기억이 점차 사라지기 때문에 추억이 그토록 적어지는 것이다. 추억의 소재가 되는 인생의 경험이 많을수록 추억은 상대적으로 적어진다. 배를 타고 멀리 가면 해안에 있는 물체의 모습이 점차로 작아지고 흐려져 나중에는 식별조차 어렵게 되는 것처럼 당시의 체험이나 행위도 지나간 세월을 따라 기억이 희미해진다.

그런데 때때로 먼 옛날의 한 장면이 마치 어제 일처럼 생생하게 기억 속에 재생되는 일이 있다. 어째서 이런 일이 일어나는 것일까? 그것은 현재와 그 당시 사이의 지나간 세월의 장면을 기억 속에 재생된 장면처럼 단일(單一)한 상(像)으로 상기할 수 없고 더구나 지나간 세월의 사건은 대부분 잊어버려 그에 대해서는 추상적인 형태의 전반적 인식, 즉 단순한 개념만이 남아 있을 뿐 직관이 남아 있지 않기 때문이다.

그렇게 되면 먼 과거의 일이 마치 어제 일처럼 생생히 기억되는 한편 그 사이의 세월이 사라져 전 생애가 매우 짧게 느껴진다. 그뿐만 아니라 노년기에는 그토록 긴 세월을 살아왔다는 사실 때문에 지금 자신이 노년기에 있다는 사실이 거짓말처럼 생각되는 일이 있다. 이런 일이 일어나는 것은 나이가 들어도 여전히 언제나 같은 현재만을 바라보고 있기 때문이다.

이와 같은 내면적인 움직임은 결국 인간의 본질 자체가 아닌 그 현상만이 시간의 흐름 속에 있으며 현재는 주관과 객관의 접촉점(接觸點)이라는 사실에 기인한다.

그런데 다른 한편으로 청년기에 자신의 앞에 펼쳐져 있는 인생을 그토록 끝없이 길게 보는 것은 어째서일까? 청년이 인생에 거는 그 한없는 희망을 실현하기 위해서는 므두셀라[54]마저도 요절했다고 생각될 만큼 오랜 세월이 필요하기 때문이다.

청년기에는 이제까지 살아온 짧은 세월을 인생의 척도로 삼는데 이 기간의 일은 모두 신기했었기 때문에 매우 중대하게 생각되고 추억 속에서 몇 번이나 반복됨으로써 기억 속에 새겨지게 된다. 그리고 이 짧은 세월에 대한 추억은 언제나 풍부하여 그 후의 삶이 오랜 시간에 상응하기 때문이다.

때로 우리는 추억의 장소에 가보고 싶어 하는 일이 있는데 그것은 단순히 그곳에서 지낸 젊은 '시절'을 동경하는 것에 지나지 않는다. 이런 때는 시간이 공간의 가면을 쓰고 우리를 속이고 있다. 여행을 해 보면 이와 같은 사실을 잘 알 수 있다.

결함이 없는 완벽한 체질을 가진 사람이 오래 사는 방법에는 두 가지가 있다. 기름은 조금밖에 없지만 심지가 가는 램프 불과 심지는 굵지만 기름이 많은 램프 불이 있다고 하자. 두 램프 불은 모두 오래 탈 수 있다. 사람도 마찬가지이다. 기름은 생명력에 비유할 수 있고 심지는 모든 방법에 의한 생명력의 소모에 비유할 수 있다.

생명력이란 삼십육 세까지는 마치 이자만으로 살아가는 것과 같아서 오늘 소모한 생명력이 내일이면 회복된다. 그러나 그 후에는 원금을 까먹는 것과 같은 상태가 된다. 처음에는 사태의 변화가 두드러지게 나타

54) 구약성서 〈창세기〉 제5장 27절에 나오는 인물로 969세를 살았다고 함.

나지 않으며 우리도 작은 적자(赤字)는 문제 삼지 않는다. 그러나 적자는 점점 늘어 마침내 상당히 커지게 되며 적자 증가액(增加額) 자체도 날마다 는다. 그것은 나날이 심해져 오늘은 어제보다 가난해진다.

물체가 낙하할 때처럼 생명력 감소의 속도는 점점 빨라져 마침내는 아무것도 남지 않게 된다. 이 이야기에서 비유로 든 생명력과 재산이 실제로 둘 다 함께 사라지기 시작했다면 그것이야말로 비애의 극치이다. 그렇기 때문에 나이가 들어갈수록 소유욕은 더욱 강해진다.

이에 반(反)하여 태어나서부터 성년이 될 때까지, 그리고 그 후 잠깐은 생명력이라는 이자에서 얼마간을 떼어 원금에 더해 가는 사람과 비슷하다. 그때는 지출한 것이 저절로 돌아올 뿐만 아니라 원금 그 자체도 늘어가기 때문이다.

오오, 행복한 청춘이여! 오오, 슬픈 노년이여! 청년기의 체력은 소중히 하는 것이 좋다. 올림피아 경기[55]에서 우승한 사람 중 소년일 때 한 번 우승하고 다시 장년이 되어 우승한 사람은 두세 명밖에 없었다고 아리스토텔레스는 말했는데 그것은 너무 일찍부터 체력을 소모하여 장년기에는 영(零, zero)이 되기 때문이다. 체력도 그러한데 지적(知的)인 업적으로 나타나는 정신력이야 말할 필요도 없다.

조숙한 아이 · 신동(神童) · 온실에서 자라는 화초처럼 완벽한 보호 아래 공부했던 아이들이 소년기에 사람들을 놀라게 했다가 나중에는 그저 평범한 인간이 되는 것은 그 때문이다. 그뿐만 아니라 많은 학자가 말년에 무능해지고 판단력을 잃는 것은 일찍부터 고어(古語) 습득을 강요받

55) 고대 그리스의 경기.

은 탓인지도 모른다.

대부분 사람의 성격이 어느 시기에 특별히 잘 맞는 것 같다는 것은 앞에서 이야기했다. 그러므로 어떤 사람이 자신의 성격과 잘 맞는 연령기(年齡期)가 되면 다른 연령기일 때보다 호감을 사는 사람이 된다.

청년기에는 사랑스러운 청년이었는데 그 후에는 평범한 사람이 되는 경우도 있으며 장년기에는 믿음직스러운 활동가였는데 노년기에는 아무런 가치도 없어지는 사람이 있다. 풍부한 경험으로 정서적으로 안정되고 온화해져 노년기에 좋은 인상을 주는 사람도 있는데 프랑스인 중에는 이런 사람들이 많다.

이와 같은 현상은 애초에 인간의 성질 자체가 청년적인 요소나 장년적인 요소 또는 비교적 노년적인 요소 중의 한 요소를 갖추고 있어서 각각의 연령기가 이 요소에 일치하는 일도 있는가 하면 반대로 교정적(矯正的)인 기능을 가지고 이 요소에 대항적으로 작용하는 일도 있다는 것에 기인한다.

배를 타고 있으면 바닷가에 있는 물체의 모습이 뒤로 물러나 점점 작게 보임으로써 비로소 자신이 전진하고 있다는 것을 아는 것처럼 자신의 눈으로 보아 젊다고 생각되던 사람의 나이가 점점 많아지는 사실에 의해 자신이 나이 든다는 것을 알게 된다.

앞에서 말한 바와 같이 나이 들수록 행하고 보고 경험하는 모든 것이 정신에 점점 그 흔적을 남기지 않게 된다. 그러므로 충분한 자의식(自意識)을 가지고 살아가는 것은 청년기뿐이며 노년기가 되면 의식적인 생활의 반은 상실한다고 볼 수 있다. 다시 말해 인간의 생존 의식은 늙어 갈수록 긴장을 풀게 된다.

아무리 훌륭한 미술품이라도 몇천 번 보는 동안에 아무런 감흥도 일어나지 않는 것처럼 모든 사물은 점차로 의식의 표면을 스쳐 지나갈 뿐 별로 인상을 남기지 않으며 우리는 단지 눈앞에 닥친 필요에 의해 일을 할 뿐으로 나중에는 자기가 무슨 일을 했는지조차 잊어버린다.

그러므로 의식이 감퇴함에 따라 세월의 흐름도 점점 빨라진다. 유년기에는 모든 사물과 사건이 신기하기만 하여 그 모든 것이 의식 속에 들어오므로 그 무렵의 하루는 대단히 길다. 여행할 때도 이와 같은 일을 경험한다. 그래서 여행 중의 한 달은 집에 있을 때의 넉 달보다 더 길게 느껴진다.

그렇지만 몇 번이고 같은 사물을 접하고 경험하는 동안의 지성(知性)이나 지각(知覺)이 점차 둔해지므로 모든 사물은 의식 속에 들어오지 않고 그대로 지나가 버린다. 즉 나이가 들어감에 따라 어떤 것에서도 자극을 받지 않게 되는 것이다. 그렇게 되면 하루하루가 점점 더 무의미해지고 짧아진다. 노인의 하루가 소년의 한 시간보다도 짧게 생각되는 것은 그 때문이다.

이처럼 일생의 시간은 마치 비탈길을 굴러 내려가는 공처럼 가속도 운동(加速度運動)을 하는 것이다. 회전하는 원반(圓盤) 위의 중심에서 멀리 떨어져 있을수록 빠른 속도로 회전하는 것과 마찬가지로 생애의 출발점에서 멀어지면 멀어질수록 세월은 점점 더 빨라진다.

실제로 우리가 느끼는 1년의 길이는 1년을 나이로 나눈 몫에 반비례한다고 할 수 있다. 예를 들면 1년이 나이의 5분의 1을 차지할 때——나이가 5세——는 나이의 오십 분의 1밖에 차지하지 않을 때에 비해 1년의 길이가 열 배로 느껴지는 것이다. 세월이 흐르는 속도의 이와 같은 차이는 각각의 나이에 있어서 생활 방법 전체의 결정적인 영향을 미친다.

이러한 차이에서 생기는 결과로써 첫째로 아동기는 십오 년간에 지나지 않지만 일생 중 가장 긴 기간이며 따라서 추억이 가장 많은 시기라는 것을 들 수 있다. 둘째로는 전반적으로 권태로 인한 고통은 나이에 반비례한다는 것을 들 수 있다.

아이들에게는 놀이라든가 일이라든가 아무튼 심심하지 않게 하는 무엇인가가 끊임없이 필요하며 그런 것이 사라지면 금방 심심해서 어쩔 줄을 모른다. 그들은 청년이 되어도 권태 탓에 고통당하므로 남는 시간을 두려워한다.

그러나 장년이 되면 권태로움은 차츰 사라지게 된다. 그리하여 마침내 노인이 되면 세월이 너무나 짧게 느껴지며 하루하루가 화살처럼 지나가 버린다. 이처럼 시간의 흐름에 가속도가 붙기 때문에 노년이 되면 대개는 권태가 사라져 버린다. 그리고 고통을 동반하는 정욕도 잠잠해지므로 건강만 유지한다면 전체적으로 인생의 무거운 짐은 청년기보다는 가벼워진다.

따라서 너무 나이 들어 몸이 약해지고 질병에 시달리게 되기 전의 시기를 생애의 가장 좋은 때라고 할 수 있는데 그것은 심신의 안정을 얻고 있기 때문이다.

이에 반(反)하여 모든 것에서 감명받고 모든 것이 의식 속에 새겨지는 청년 시대는 정신의 수태기(受胎期)이며 정신의 꽃을 피우기 시작하는 봄이라는 장점을 가지고 있다.

생각해보면 깊은 진리는 직관으로 포착되는 것이지 합리적인 추리로 포착되는 것이 아니다. 즉 깊은 진리의 최초의 인식은 직접적인 인식으로 순간적인 인상(印象) 때문에 환기(喚起)된다. 따라서 이와 같은 인식은 순간적인 인상이 강렬하고 생생하며 깊을 때만 생겨난다. 이러한 점을 생각할 때 모든 것은 청년기를 어떻게 활용하느냐에 달려 있다.

나이가 들면 그 나름대로 완성된 존재로서 굳어져 외부 세계에서 받는 인상에 좌우되지 않으므로 타인이나 외부 세계에 영향을 미치는 일은 있어도 외부 세계에서 영향을 받는 일은 거의 없다. 장년기 이후는 활동하고 실천하는 시기이며 이에 대(對)해 청년기는 모든 것을 본원적으로 파악하고 인식하는 시기이다.

청년기에는 직관이 노년기에는 사고(思考)가 지배적이다. 따라서 청년기는 시(詩)를 위한 시기이며 노년기는 철학을 위한 시기이다. 또 실제적으로도 청년기에는 자신의 눈에 비친 인상으로 좌우되지만 노년기가 되면 오직 사고(思考)에 의해서만 좌우된다. 이것은 노년기에 이르러서야 비로소 직관한 것——자기 눈으로 본 것——의 수가 충분히 많아지고 이런 것들의 풍부한 의미 · 내용 · 신뢰감을 줄 수 있을 만큼의 관념이 갖추어지며 동시에 자신이 직관한 것의 인상을 경험으로 적당히 제어할 수 있게 되기 때문이다.

이에 반(反)하여 청년기에는 특히 상상력이 풍부한 두뇌의 소유자일 때는 직관한 것의 인상, 즉 사물의 외면에서 받는 인상이 너무나도 강하기 때문에 현실 세계를 하나의 그림으로 본다. 따라서 그들은 이 그림을 배경으로 했을 때 자신이 어떤 모습으로 보일까에 많은 관심을 가진다. 이 외면에 관한 관심은 자신의 내면에 관한 관심보다 강렬하다. 이것은 청년의 허영심과 허세에서 엿볼 수 있다.

정신 능력의 활동이 가장 활발하며 정신이 가장 긴장해 있는 시기는 의심할 나위 없이 청년기에서 늦어도 삼십오 세까지이며 그 후에는 서서히 감퇴한다. 그렇지만 한편으로 이와 같은 정신 능력의 감퇴를 보충해 주는 것이 있다. 그것은 풍부한 경험과 지식이다.

중년기 · 노년기가 되면 사물을 측면에서 고찰 · 숙고하여 상호 간의 관련성을 찾아보고 그에 대한 종합적인 지식을 얻게 됨으로써 사물을 근본적으로 이해하게 되는데 이는 명확하고 올바른 개념을 청년기보다 훨씬 더 많이 가지고 있기 때문이다.

노년기에 이르러서야 청년기에 알고 있었다고 믿던 것들을 진정으로 알게 된다. 그리고 중 · 노년기에 얻는 인식은 모든 면에 걸쳐 숙고(熟考)한 후의 인식이기 때문의 근본적이고도 종합된 인식이다. 그에 반(反)하여 청년기의 인식은 단편적이고 미숙하다.

장수한 사람은 인생의 전모와 그 자연적인 과정을 인생의 입구 쪽에서가 아니라 인생의 출구 쪽에서 대관(大觀)한다. 따라서 인생의 허무함을 충분히 인식하게 되므로 장수한 사람이 아니면 인생에 대해 완전하고 올바른 관념을 얻을 수 없다. 그렇지 않은 사람은 언제까지나 '본무대(本舞台)는 이제부터' 라는 망상에 사로잡혀 있다.

중년 · 노년기와 달리 청년기에는 구상력이 풍부하다. 따라서 청년기는 지식은 많지 않지만 그것을 구상력(構想力)에 의해 풍부하게 할 수 있다는 점에서는 다른 시기보다 우월하다. 다른 한편으로 노년기는 사물의 근저까지 파헤치는 철저함과 판단력에서 다른 시기보다 우월하다.

독자적(獨自的)인 인식, 즉 독창적인 아이디어의 기본이 되는 소재는 이미 청년기에 모인다. 뛰어난 정신의 소유자가 사명에 따라 세상에 이바지하는 것의 소재는 모두 청년기에 수집되는 것이다. 그러나 자기가 가진 소재를 마음대로 활용할 수 있는 것은 노년이 된 다음이다. 그러므로 뛰어난 저술가가 걸작을 발표하는 것은 대개 오십 세 전후이다. 그렇다고 하더라도 청년기가 인식의 나무의 뿌리라는 사실에는 변함이 없다. 그러나 뿌리만 있어서는 열매는 열리지 않는다.

오늘의 시대가 아무리 빈약하다 하더라도 과거의 어느 시대보다 훨씬 진보된 시대로 보이는 것처럼 인간의 생애에서도 자신이 당면한 시기를 가장 좋은 시기라고 믿는데 이것은 그릇된 생각이다.

육체의 성장기에는 정신 능력이 발달하고 지식도 날로 증가하므로 '오늘'의 자기가 '어제'의 자기를 멸시하기 쉬우며 이런 버릇이 점차 굳어져 '오늘'의 자기가 '어제'의 자기를 존경하게 될 정신의 쇠퇴기에 이르도록 그 버릇이 사라지지 않는 일이 있다. 우리가 때로 청년 시절의 업적이나 판단을 지나치게 과소평가하는 것은 그 때문이다.

여기서 전반적으로 지적해 두고 싶은 것이 있다. 인간의 성격이나 마음과 마찬가지로 지성(知性)도 근본적인 특성으로 보면 천성적이긴 하지만 절대로 성격이나 마음처럼 변하지 않는 것은 아니라는 점이다. 오히려 지성은 많은 변화를 할 뿐만 아니라 전체적으로 보아도 규칙적으로 이루어진다.

지성이 변화하는 것은 한편으로는 지성이 육체적인 기반을 가진다는 사실, 또 한편으로는 지성이 경험적인 소재를 가진다는 사실에 기인한다. 따라서 지성 그 자체의 힘은 정점에 달할 때까지 계속해서 성장하지만 그다음부터는 점차 쇠퇴하여 정신적 허약에 빠진다.

한편으로는 이와 함께 모든 능력을 활동시키는 소재——사고나 지식의 내용을 비롯하여 경험 · 견식 나아가서는 그러한 것들에 의해 얻어지는 통찰의 완전함──는 성장을 계속하여 절정에 이르며 그 후 약화하기 시작하여 마침내 완전히 사라져 버린다.

이처럼 인간은 절대로 불변하는 요소와 규칙적으로 변화하는 요소의 상반(相反)되는 이중의 요소로 이루어져 있으므로 필연적으로 나이에 따라 외적으로나 내적으로 여러 가지 변화를 거치게 된다.

넓은 의미로 생애 최초의 사십 년간은 본문(本文) 자체이며 그 후의 삼십 년간은 본문의 참뜻과 맥락 및 본문에 포함된 교훈의 묘미를 바르게 이해하도록 해 주는 해설서(解說書)라고 할 수 있다.

가면무도회의 마지막 장면에 이르면 모두 가면을 벗어 진짜 모습을 드러내는 것처럼 인생의 마지막에 이르면 이 세상의 모든 사물이 그 참모습을 드러낸다.

그러므로 노년이 되면 자신이 접촉해 온 인간들뿐만 아니라 모든 사물의 참모습을 알게 되며 자타(自他)를 막론하고 행위는 그 결과에 따라 판단되며 모든 업적에 대한 정당한 평가를 받게 된다. 결국 그렇게 되기까지는 시간이 필요한 것이다.

그런데 이상한 일은 생애가 끝날 무렵에야 비로소 자신의 목표나 의도를 자신과 세상 또는 자신과 타인과의 관계 하에 인식하고 이해한다는 사실이다. 그때 생각했던 것보다 자신을 열등하게 생각하는 일이 물론 많지만 언제나 그렇지는 않다. 생각보다 자신을 월등하게 평가하는 일도 있다. 이 세상이 허무한 것임을 충분히 알지 못하고 세상보다 높은 곳에 목표를 두었기 때문이다.

흔히 청년기는 인생의 행복한 시기이며 노년기는 불행한 시기라고 말한다. 만약 정욕이 인간을 행복하게 할 수 있는 것이라면 이 말도 맞는 말이다. 그러나 정욕에 의해 지배되는 청년기에는 기쁨보다는 번뇌가 더 많다. 노년기에 이르면 정욕에 의해 지배되는 일이 없게 되어 사물을 관조하는 태도를 갖추게 된다. 그것은 인식이 의식에서 자유로워져 의식 속에서 우위를 차지하게 되기 때문이다.

그런데 인식 자체는 고통을 수반하지 않으므로 의식 속에서 인식이 우위를 차지할수록 그만큼 우리는 더 행복해진다. 쾌락은 소극적이며 고통은 적극적이라는 사실을 깊이 생각해 보면 정욕이 인간을 행복하게 할 수는 없다는 것과 쾌락을 잃었다고 해서 노년기를 한탄할 이유가 없다는 것을 이해할 수 있다.

모든 쾌락은 결국 욕망의 만족이다. 욕망의 소멸과 함께 쾌락도 없어진다는 것은 배부르게 먹은 다음에는 먹고 싶어도 먹을 수 없고 충분히 자고 난 다음에는 자려 해도 잘 수 없는 것과 마찬가지이므로 즐거움이 없어진다고 해서 한탄할 일은 없다.

플라톤은 ≪국가≫의 머리말에서 '노인이 되면 그때까지 끊임없이 우리를 괴롭혀 오던 성욕에서 해방된다는 점에서 행복하다.'라고 말하고 있는데 이 견해는 매우 타당하다.

그뿐만 아니라 성욕, 즉 인간에게 달라붙어 떨어지지 않는 이 악마의 지배 아래에 있는 동안은 성욕 때문에 일어나는 갖가지 변덕과 그로인해 생겨나는 희로애락(喜怒哀樂)에 의해 늘 가벼운 정신 착란 상태에 있게 되므로 성욕이 소멸한 뒤에야 비로소 완전히 이성적인 인간이 된다고 주장할 수도 있을 것이다.

아무튼 개인적인 사정을 완전히 도외시한다면 청년기에는 일종의 우울과 비애가 따르고 노년기에는 일종의 명랑함이 따른다. 청년기에는 인간을 덮치고 위협하며 재앙을 초래하는 성욕이라는 악마에게 지배될 뿐만 아니라 그에 의해 혹사당하고 있으므로 자유로운 시간을 가질 수 없는 반면에 노년기에는 오랫동안 자신을 구속하던 질곡(桎梏)에서 벗어나 자유롭게 움직일 수 있게 되기 때문이다.

한편 성욕이 사라질 때는 인생의 본원적인 핵(核)도 다 소모되어 인생의 겉껍질만이 남는다고 말할 수 있다. 또는 인생은 막이 오르고부터 얼마 동안 인간이 연출하지만 나중에는 막을 내릴 때까지 인간의 옷을 입은 로봇이 연출하는 희극 같은 것이라고 말할 수 있다.

청년기는 동요(動搖)의 시기이며 노년기는 평온의 시기이다. 이런 점만을 보더라도 청년기는 청년기대로 노년기는 노년기대로 각각의 즐거움이 있다는 것을 미루어 생각할 수 있다. 어린아이는 양팔을 뻗어 눈앞에 있는 갖가지 색과 형태를 가진 모든 것을 필사적으로 잡으려 한다. 아이의 감각은 매우 신선하므로 그러한 것에 의해 자극받기 때문이다.

청년이 되면 이와 같은 일이 더욱 활발히 나타난다. 청년도 다채로운 세상과 갖가지 모습에 자극되며 상상력에 의해 실제 이상의 아름다운 것들로 만들어 낸다. 청년은 허망하고 잡을 수 없는 것들을 붙잡으려고 하며 그것들을 동경한다. 이러한 욕망과 동경 때문에 청년은 행복의 본질적인 요소인 마음의 안정을 잃어버린다.

이에 반하여 노년기에는 정신의 안정을 찾는다. 한편으로는 피의 열기(熱氣)가 식어 예민했던 감각이 둔해졌기 때문이며 다른 한편으로는 사물의 가치와 향락의 실체가 어떤 것인지를 경험을 통해 알게 된 결과로 사물의 관조를 방해하던 환상 · 미망 · 편견 따위에서 점차 해방되어 모든 것을 한층 더 바르고 확실하게 인식하고 있는 그대로를 인정하며 거기에 많든 적든 모든 사물의 허무함에 대한 통찰을 얻었기 때문이다.

그러므로 거의 모든 노인이 설령 지극히 평범한 능력의 소유자라 하더라도 어딘지 모르게 영지(英智)의 품격을 갖추게 되고 그 품격에 의해 청년들보다 뛰어난 인상을 가지게 된다. 아무튼 이러한 이유로 노인은 정신의 안정을 찾는 것이다.

그런데 정신의 안정은 행복의 큰 구성 요소이다. 또한 행복의 가장 중요한 조건이며 본질이라 할 수 있다. 따라서 청년은 그것이 있는 곳만 알면 무언가 굉장한 것을 현실 세계에서 얻을 수 있으리라고 생각하지만 노인은 '전도서'에 씌어 있는 것같이 '모든 것이 헛되다'라는 생각을 가지고 있으며 아무리 도금(鍍金)이 되었다 하더라도 호둣속이 비어 있다는 것을 깨닫고 있다.

호라티우스의 '어떤 일에도 놀라지 않는다'라는 정신——즉 만물의 공허와 현세의 아름다운 것의 허무함에 대하여 직접적이고 흔들리지 않는 확신——을 얻는 것은 나이가 상당히 든 후이다. 그때에야 비로소 환영(幻影)은 사라지며 궁전이나 오두막집 또는 어딘가에 특별한 행복이 있을 것이라는 망상도 사라진다. 세상의 척도로 잰 대소(大小)라든가 귀천(貴賤)은 노인에게 이미 아무런 차이도 없는 것이다.

그리하여 노인은 마음의 평정을 얻고 평온한 마음으로 미소로써 세상의 기만(欺瞞)을 내려다본다. 노인은 인생에 환멸을 느끼고 있다. 인생은 어떤 방법으로 위장하고 치장해 봐도 그런 허식의 틈 사이로 빈약함이 엿보이며 아무리 채색하고 꾸며 봐도 마찬가지로서 인생의 가치는 결국 얼마나 고통을 줄일 수 있느냐에 의해 측정될 수 있을 뿐 향락이라든가 명예 · 영화 등을 얼마나 얻을 수 있느냐에 의해 측정될 수 없다는 사실을 노인은 깨닫고 있다. 노년기의 근본적인 특징은 환멸감을 품고 있다는 점이다.

노년에는 이제까지 인생을 매력적인 것으로 보이게 하던 환상이 사라져 버리고 세상의 아름다운 것과 특히 명예 · 영화 · 권세 따위의 허무함을 깨닫게 되며 동경하던 향락의 대부분이 실체가 없는 것이라는 것을 이미 경험을 통해 알게 된다.

그리하여 인생은 매우 빈약하며 속이 텅 빈 것임을 점차 깨닫게 되며 칠십 세가 되어서야 비로소 '전도서' 제1장 2절의 '헛되고 헛되며 헛되고 헛되니 모든 것이 헛되도다.'를 완전히 이해할 수 있게 된다. 그래서 노년기에는 앞에서 이야기한 영지(英智)와 함께 얼굴에 비애의 그림자가 나타나게 된다.

보통 노년기에는 병과 권태가 숙명적으로 따라다닌다고 생각한다. 그러나 특별히 노년기에 병에 걸리는 것은 아니다. 특히 장수하는 사람의 경우에는 그러하다. 그러면 권태 쪽은 어떠한가? 노년기에는 청년기보다 권태에 빠질 가능성이 적은데 그 이유는 앞에서 이야기한 바가 있다. 그런데 노년기에 고독해지는 것은 사실이지만 이 고독에 필연적으로 권태가 수반되는 것은 아니다.

권태에 빠지는 것은 평생을 관능적 · 사교적인 향락밖에 몰랐던 사람들과 정신을 풍부하게 하지도 않고 정신적 능력을 연마하지도 않았던 사람들뿐이다. 나이가 들면 정신적 능력이 감퇴하지만 본래 풍부한 정신적 능력을 갖추고 있었다면 권태를 물리칠 만한 정신 능력은 남았을 것이다.

노년기에는 앞에서 지적한 바가 있듯이 경험 · 지식 · 사색 등에 의한 올바른 통찰은 여전히 계속 증대하고 판단력이 예리해지며 사물과의 관련성을 명백히 알게 된다. 또한 노년기에는 무슨 일에 대해서나 전체를 개괄적으로 대관(大觀)하게 된다. 이때 축적한 인식을 끊임없이 새롭게 통합함으로써 그 인식을 더욱 풍부하게 할 수 있으므로 정신은 만족과 위안을 얻게 되며 앞에서 말한 것처럼 노년기에는 시간이 훨씬 빨리 가므로 권태를 느낄 겨를도 없다.

직업상 체력이 필요하지 않은 노년기의 체력 감퇴는 특별히 손실이라고 할 수 없다. 단 노년기의 가난은 큰 불행이다. 가난하지 않고 건강하다면 노년기는 일생 중에서 가장 고통이 없는 시기이다. 노인은 편안함과 안전을 바란다. 그래서 노인이 되면 젊었을 때보다 더 돈을 사랑한다. 부족한 능력을 돈이 보충해 주기 때문이다.

사랑의 여신 비너스의 곁에서 물러난 노년기에는 주신(酒神) 바쿠스의 곁에서 즐거운 기분이 되고 싶어지기도 하며 견문 · 여행 · 학습에 대한 욕망 대신 남을 가르치고 남들과 이야기해 보고 싶은 욕망이 생긴다. 노인이 되어서도 여전히 연구욕이 있고 음악이나 연극을 좋아하며 외부의 자극에 대한 일종의 감수력(感受力)이 남아 있는 사람은 행복한 사람이다. 이렇게 늦게까지 감수력을 가지고 있는 사람들도 물론 있다.

'인간이 본래 지닌 것' 이 노년기만큼 중요해지는 때는 없다. 물론 평생을 우둔하게 살아온 대부분의 인간은 나이를 먹을수록 점점 더 로봇화하여 언제나 같은 것만을 생각하고 말하고 행동하기 때문에 외부에서 어떤 강한 자극이 주어져도 이미 그가 생각하고 말하고 행동하던 것을 조금도 바꿀 수 없으며 또 그러한 자극으로도 그들이 바뀌기를 바랄 수도 없다.

이러한 노인에게 외적인 자극을 주는 것은 모래 위에 글자를 쓰는 것과 같아서 그 자극은 곧 소멸하여 버린다. 이런 노인은 완전히 인생의 폐물이다.

나이가 아주 많아지면 세 번째의 이[齒]가 나는 것을 가끔 볼 수 있는데 이런 현상은 제2의 유년기가 왔다는 것을 대자연이 상징적으로 나타내 보여 주는 것으로 생각된다. 나이가 들어감에 따라 모든 능력이 점점 감퇴해 가는 것은 아무튼 슬픈 일이다. 그러나 그것은 필연적인 일이다. 어쩌면 오히려 자연의 자비로운 은혜이다.

그것은 죽음을 위한 준비라고도 할 수 있으며 그것이 없으면 죽음은 참으로 견디기 어려워진다. 따라서 나이가 아주 많아짐으로써 얻는 가장 큰 이익은 자연사(自然死)이다.

자연사는 병을 동반하는 일도 없고 경련을 동반하지도 않으며 아무런 느낌도 없는 지극히 평안한 죽음이다. 자연사에 대해서는 나의 주저(主著)인 ≪의지와 표상으로서의 세계≫에 다루어져 있으니 그것을 참고하기 바란다.

베다의 우파니샤드에는 '천수(天壽)는 백 세'라고 씌어 있다. 그것은 일리 있는 말이라고 생각된다. 구십 세를 넘은 사람이 아니면 자연사를 할 수 없다는 것을 알기 때문이다. 즉 병(病) · 졸중풍(卒中風) · 경련 · 천명(喘鳴)을 일으키는 일이 없고 안색이 창백해지는 일도 없이 앉은 채로 식사한 다음에 죽는 것이 아니라 단지 사는 것을 중지하는 것처럼 죽을 수는 없다는 것을 알기 때문이다. 따라서 그 이전에 죽는 것은 병으로 죽는 것이기 때문의 요절(夭折)이다.

사람의 일생은 길다고 할 수도 없고 짧다고 할 수도 없다. 일생이라는 것은 결국 다른 모든 시간의 길이를 재는 척도가 되기 때문이다. 청년기와 노년기의 근본적인 차이는 전자(前者)의 앞길에는 삶이 있고 후자(後者)의 앞길에는 죽음이 있다. 따라서 전자는 짧은 과거와 긴 미래를 후자는 긴 과거와 짧은 미래를 가지고 있다는 것이다.

물론 늙은 사람의 앞길에는 죽음이 있으며 젊은 사람의 앞길에는 삶이 있지만 문제는 삶과 죽음 어느 쪽이 더 중대한가 하는 것이다. 즉 삶이란 미래의 것으로 보기보다는 과거의 것으로 바라보는 편이 더 나을지도 모르는 일이다.

'전도서' 제7장 1절에도 '죽는 날이 출생하는 날보다 낫다'라고 씌어 있지 않은가. 아무튼 지나치게 오래 살기를 바라는 것은 지나친 욕망으로 스페인에는 '오래 살면 재앙이 많다'라는 속담도 있다.

점성술에서 각 개인의 운명은 별들 속에 미리 정해져 있다고 말한다. 이 말은 분명 옳지 않다. 그렇지만 인간의 각 연령기(年齡期)는 별들에 차례로 대응하며 인간의 삶은 연속적으로 별들에 의해 지배된다는 의미에서 개인이 아닌 총체로서 인간의 삶은 별들 속에 미리 정해져 있다고 할 수 있다.

십 대(代)에는 수성(水星, Mercury)[56]에 의해 지배된다. 십 대의 아이들은 수성처럼 가장 좁은 원 안에서 경쾌하게 움직이며 사소한 일에 쉽게 영향을 받으며 재능과 능변의 신(神)의 보호 아래에서 많은 것을 쉽게 배운다.

이십 대가 되면 금성(金星, Venus)[57]의 지배를 받게 된다. 그리하여 이십 대의 청년들은 사랑의 포로가 되어 버린다. 삼십 대에는 화성(火星,

56) Mercury는 그리스 신화 사자신(使者神). 웅변가 · 장인(匠人) · 상인 · 도둑의 수호신
57) Venus는 그리스 신화 사랑의 여신.

Mars)[58]의 지배를 받는다. 그러므로 삼십 대의 인간은 열정적이며 대담하고 전투적이며 지지 않으려는 정신이 있다.

사십 대에는 네 개의 소혹성(小惑星)의 지배를 받는다. 그래서 인간 생활에 폭이 생기게 된다. 즉 케레스(Ceres)[59]의 힘을 받아 생산적으로 되고 세상을 위해 유익한 일을 하게 되며, 베스타(Vesta)[60]의 힘을 받아 가정의 기반을 이루게 되며, 팔라스(Pallas)[61]의 힘을 받아 필요한 모든 것들을 습득하게 되며, 가정의 여주인인 아내가 주노(Juno)[62]의 힘을 받아 가정을 지배하게 된다.

오십 대가 되면 목성(木星, Jupiter)[63]의 지배를 받게 된다. 이 나이가 된 사람은 오래 살고 있는 셈이 된다. 그들은 현재 활동하고 있는 세대보다 자신이 뛰어나다는 것을 자각하고 있다. 그들은 자기 능력을 충분히 즐길 수 있을 뿐만 아니라 경험과 지식도 충분히 갖추고 있다. 따라서 주위 사람들에 대하여 권위를 가진다. 그들은 남에게서 명령받으려 하지 않고 남에게 명령하려 한다. 이 시기야말로 자신의 분야에서 지도자가 되고 지배자가 되기에 가장 적당한 시기이다. 목성이 어느덧 남중(南中)함에 따라 오십 대의 인간도 인생의 정점에 달한다.

다음의 육십 대에는 토성(土星, Saturn)[64]의 지배를 받게 되어 납[鉛] 특유의 무게와 느긋함과 끈질긴 성격이 나타나게 된다.

58) Mars는 그리스 신화 군신(軍神).
59) Ceres는 곡물의 여신.
60) Vesta는 불과 부엌의 여신.
61) Pallas는 지혜의 여신.
62) Juno는 Jupiter의 아내, 즉 Hera.
63) Jupiter는 모든 신의 우두머리로서 하늘의 지배자, 즉 Zeus.
64) 고어(古語)로 '납'이라는 뜻.

저세상 사람인가 하고 자세히 보니
저세상 사람은 아닌데
마치 납처럼 창백한 안색과 무겁고 둔한 노인의 육체

— ≪로미오와 줄리엣≫ 제2막 5장

마지막으로 우리를 지배하는 것은 천왕성(天王星, Uranus)이다. 별 이름대로 이 시기의 사람은 하늘로 올라간다. 해왕성(海王星, Neptune)에 대해서는——솔직히 말해 별에 이런 이름을 붙인 것을 나는 유감으로 생각한다——언급 하고 싶지 않다. 왜냐하면 이 별의 진짜 이름인 에로스(Eros)[65]라고 부르는 것이 용납되지 않기 때문이다.

만약 이 별을 에로스라는 이름으로 부를 수 있다면 나는 종말(終末)과 시작이 어떻게 연결되는가 하는 점에 대해서 언급해 보고 싶다. 즉 사랑(Eros)은 죽음과 긴밀한 관계를 맺으며 이 관계로 하계(下界)의 신(神)인 오르쿠스 또는 아멘테스는 '빼앗는 동시에 주는 자'이므로 다시 말해 '빼앗을 뿐만 아니라 주기도 하는 자'가 되어 죽음(Orcus)은 생(生)의 커다란 용기(容器)라는 점을 이야기하고 싶다.

이러한 점에서 살펴보면 죽음(Orcus)에서 모든 것이 생겨나며 지금 생을 누리고 있는 모든 것은 죽음의 나라(Orcus)에서 살았던 적이 있는 것이다. 만약 우리에게 이런 과정을 일어나게 하는 조화(造化)를 파악할 능력이 있다면 모든 것이 명백해질 것이다.

---

65) 사랑의 남신(男神).

17. 삶의 지혜를 위한 아포리즘

1

삶의 지혜 가운데 최고의 원칙은 아리스토텔레스가 ≪니코마코스 윤리학≫에서 말한 '현자(賢者)는 쾌락을 원하지 않고 고통없는 상태를 원한다.' 라는 말일 것이다. 이 명제(命題)의 진실성은 향락과 행복은 소극적임에 반해 고통은 적극적이라는 데에 그 기초를 두고 있다.

육체의 작은 부분에 통증이 있을 때 우리는 거의 온몸이 건강함에 대해서는 별로 의식하지 않고 통증이 있는 작은 부분의 고통에만 주의가 집중되어 삶의 즐거움을 잃게 된다. 이와 마찬가지로 단 한 가지가 뜻대로 되지 않을 때 우리는 뜻대로 되어 가는 중요한 일들에 대해서는 생각하지 않고 뜻대로 되지 않는 그 한 가지만을 끊임없이 머리에 떠올린다.

어느 때라도 침해를 당하는 것은 의지이며 전자(前者)의 예는 육체로 객관화된 의지가 침해받은 것이고 후자(後者)의 예는 인간의 노력으로 객관화된 의지가 침해받은 것이다.

어느 때에도 의지의 만족은 항상 소극적으로 작용하며 따라서 직접적으로 느껴지지 않는다. 설령 느껴진다 해도 반성(反省)이라는 길을 통해 의식되는 것이다. 그런데 의지의 불만족은 적극적이며 따라서 의지의 장애는 그대로 인식된다. 향락은 이런 의지의 장애가 없는 상태에 지나지 않으며 그런 상태는 잠깐만 지속될 뿐이다.

우리의 목표를 향락이나 쾌락에 두지 말고 인생의 무수한 재앙을 가능한 한 피하도록 해야 한다는 아리스토텔레스의 가르침은 앞에서 설명한 점을 기초로 하고 있다. 만일 이 삶의 방법이 그릇된 것이라면 '행복은 환상에 지나지 않으며 고통은 실재다.' 라는 볼테르의 말도 그릇된 것일 것이다. 그러나 이 말은 진리다.

행복론적인 견지에서 인생을 결산해 보려 할 때 자신이 누렸던 향락에 의해서가 아니라 자신이 피했던 재앙에 의해 헤아려야 한다. 그뿐만 아니라 행복론이라는 이름 자체가 미화적(美化的)인 표현으로 '행복하게 산다' 라는 것은——'가능한 불행이 적은 상태'——즉 겨우 참고 견딜 수 있는 정도로 산다는 것의 의미로 이해해야 한다.

인생은 본래 향락을 누리기 위한 것이 아니라 극복하기 위한 것이다. 각국어의 많은 표현이 그것을 설명하고 있다. 라틴어의 degere vitam(생활을 보낸다) · vita defungi(삶을 극복한다) · 이탈리아어의 si scampa cosi(삶에서 빠져나온다) · 독일어의 Mann muss suchen durchzu kommen(인간은 빠져나오려 해야 한다) · Er wird schon durch die Welt kommen(그는 이 세상을 빠져나올 것이다)라든가 또는 그 밖의 많은 표현이 그런 의미를 나타내고 있다.

그뿐만 아니라 생의 고통을 뒤로해 온 것이 노년의 위안이 된다. 그러므로 가장 행복한 운명을 타고난 사람은 정신적으로도 육체적으로도 극심한 고통을 받지 않고 일생을 보낸 사람일 뿐 가장 많은 즐거움과 가장 큰 향락을 누린 사람이 아니다. 즐거움과 향락으로 생(生)의 행복을 측정하려는 사람은 측정 기구를 잘못 선택한 것이다. 왜냐하면 쾌락은 소극적이기 때문이다.

쾌락이 사람을 행복하게 한다는 사고방식은 질투심이 내포된 미망(迷妄)이며 이러한 미망은 질투심이 당연히 받게 되는 형벌이다. 반대로 고통은 적극적으로 느껴지는 것이므로 고통이 없는 것이 행복의 척도이다. 따라서 고통이 없고 권태가 없는 그러한 상태야말로 지상(地上)의 행복이며 그 밖의 것들은 모두 망상이다.

그러므로 고통을 당할 위험을 무릅쓰고 순간의 쾌락을 추구하는 것은 어리석은 짓이다. 또한 쾌락이라는 소극적이며 망상에 지나지 않는 것을 위해 고통이라는 적극적이며 실재적인 것을 대가로 지급할 필요가 없기 때문이다. 반대로 고통을 피하고자 그 대가로 쾌락을 희생시키는 것은 유익한 일이다.

고통으로 가득 찬 이 세상의 삶을 쾌락으로 가득 찬 것으로 만들려고 한다든가 가능한 한 고통이 없게 만들어 즐거움과 쾌락을 목표로 하는 것은 참으로 터무니없는 짓이다. 그런데도 대부분 사람은 즐거움과 쾌락을 목표로 한다.

오히려 염세적인 태도로 이 세상을 지옥이라고 생각하고 이 세상에 살면서 지옥의 불길에 견딜 수 있는 집을 짓는 데 전념하는 사람들이 훨씬 미혹에 빠져 있지 않은 사람들이다.

어리석은 자는 쾌락에 현혹되어 그것을 추구하지만 현명한 자는 재앙을 피한다. 만일 재앙을 피할 수 없다면 그것은 운명이며 어리석음의 책임이 아니다. 다행히 재앙을 피할 수 있다면 그는 기만당하지 않고 극히 현실적인 재앙에서 구제된 것이다.

설령 필사적으로 재앙을 피하고자 희생시키지 않아도 될 쾌락을 희생시켰다 하더라도 그는 본질적으로 아무것도 잃지 않은 것이다. 쾌락은 비실재적이므로 쾌락을 잃었다고 한탄하는 것은 저열한 짓이며 우스꽝스러운 일이기 때문이다.

이 진리를 오해하고 낙천주의에 빠지게 되면 많은 불행이 뒤따르게 된다. 우리가 고통에서 해방되면 욕망은 실제로 존재하지 않는 행복의 환영(幻影)으로 유혹하여 우리가 그것을 추구하게 한다.

그리하여 실재적인 고통을 스스로 불러들이며 그 결과 고통이 없던 상태를 천국으로 생각하고 그 상태를 상실했음을 한탄하며 다시 돌아가려 하지만 이미 되돌아갈 수 없는 것이다.

그들은 욕망의 환상으로 우리를 유혹하여 최고의 실재적 행복인 고통이 없는 상태에서 우리를 끌어내리려는 악마가 있는 것이 아닌가 생각하게 된다.

젊은이들은 깊이 생각해 보지도 않고 세계는 쾌락을 누리기 위해 존재하는 것이고 세상에는 적극적인 행복이 존재한다고 보며 그런 행복을 손에 넣지 못하는 것은 능력이 없기 때문이라고 생각한다. 그래서 적극적인 행복은 적극적인 쾌락에 있다고 생각하며 적극적인 행복을 추구하는 생활을 한다.

이때 그들은 위험 속에 자신을 드러내어 생명을 걸고 도박하지 않으면 안 되는 것이다. 하지만 적극적인 행복의 추구는 존재하지 않는 짐승을 뒤쫓는 것과 같아 극히 비현실적인 것이며 불행을 자초하게 된다. 따라서 그들은 고통 · 고뇌 · 질병 · 손실 · 걱정 · 빈곤 · 치욕 등 수많은 재앙에 직면하게 되며 마침내 그것이 미혹임을 느꼈을 때는 이미 늦은 것이다.

이와는 반대로 앞에서 언급한 원칙에 따라 인생의 계획을 세워 고통의 원인을 제거하는 것을 목표로 삼는다면 그것이야말로 현실적인 목표이며 그 목표에 도달할 수 있다. 더구나 적극적인 행복이라는 환영을 뒤쫓는 노력으로 인해 이 계획이 방해받지 않는다면 더욱더 많은 결과를 얻을 수 있는 것이다.

견유학파(犬儒學派) 철학자들의 근본 사상도 여기에 바탕을 둔 것으로 그들이 쾌락을 경멸한 이유는 정도의 차이는 있지만 쾌락에는 고통이 연관되어 있음을 알고 쾌락을 얻기보다는 고통을 피하는 편이 훨씬 바람직하다고 생각했기 때문이다. 견유학파 철학자들은 쾌락의 소극성과 고통의 적극성을 깊이 깨닫고 있었으므로 재앙을 피하는 데 온 힘을 기울였으며 그러기 위해서는 우리를 고통 속으로 빠뜨리는 쾌락을 완전히 부정해야 한다고 생각했다.

실러의 말처럼 우리는 모두 저 목가적(牧歌的)인 아르카디아 땅에 태어난 것이다. 즉 이 세상에 태어났을 때 우리는 행복과 쾌락에 대한 욕망에 부풀어 있었으며 그 욕망을 이루려는 어리석은 희망을 품고 있었다. 그러다 운명이 모습을 드러내 우리를 마구 휘두르게 모든 것이——재산 · 아내 · 자식 · 손 · 발 · 귀 · 눈 · 코조차도——우리 것이 아니라 운명의 손아귀에 달려 있다는 것을 깨닫게 된다.

시간이 지나고 많은 경험을 얻게 되면 행복과 쾌락은 멀리서는 보이지만 가까워지면 사라져 버리는 신기루와 같은 것이며 고뇌와 고통은 실재적이라는 사실을 깨닫는다. 그렇게 되면 행복과 쾌락을 추구하는 것을 중지하고 오히려 고통과 고뇌가 다가오지 못하도록 온 노력을 기울이게 되며 우리가 이 세상에서 얻을 수 있는 최고 삶의 형태는 고통 없는 상태로 겨우 견딜 수 있는 정도의 삶이라는 것을 알게 되어 우리의 모든 욕망을 이러한 삶에 국한하게 된다. 불행해지지 않기 위해서는 행복해지기를 바라지 않는 것이 가장 확실한 방법이기 때문이다.

행복 · 영화 · 쾌락을 추구하는 노력과 고투야말로 재앙의 큰 원인이다.

그러므로 쾌락 · 재산 · 지위 · 명예 등에 대한 욕망을 줄이는 것이 가장 현명한 일이다. 또 심한 불행에 빠지기는 매우 쉽지만 큰 행복을 손에 넣기는 극히 어려울 뿐만 아니라 불가능하다는 점을 생각하더라도 욕망을 최소한도로 줄이는 것은 현명하다. 시인 호라티우스는 이렇게 노래했다.

중용의 미덕을 사랑하는 자는 빈곤에 빠지지 않으며
사람들이 부러워하는 궁전의 호화로움을 좋아하지 않는다.
높은 소나무는 거친 폭풍에 시달리기 쉽고
산꼭대기는 벼락을 맞기 쉬우며
높은 탑은 무너지기 쉽다.

나의 철학이 가르치는 바를 완전히 이해하여 인간의 존재는 차라리 없는 편이 나으며 우리의 존재를 부정하는 것이 최고의 지혜라는 것을 알게 되면, 어떤 사물이나 일에 대해서도 큰 기대를 하는 일이 없으며 이 세상의 어떤 것도 열정적으로 추구할 일이 없으며 어떤 것을 잃는다 하더라도 크게 슬퍼할 일이 없을 것이다. 그런 사람은 플라톤의 '이 세상에는 열심히 추구할 가치가 있는 것은 하나도 없다.'라는 말과 다음의 페르시아 시인 안바리 조헤리의 시에 공감할 것이다.

그대 세계를 잃는다 해도 슬퍼하지 말라
세계는 본래 무(無)이니.
그대 세계를 얻는다 해도 기뻐하지 말라
세계는 본래 무(無)이니.

고통도 기쁨도 곧 사라지니
이들은 모두 무(無)이다.

2

행복의 정도를 측정하기 위해서는 그 사람이 어떤 것을 즐기고 있는지를 살피기보다는 어떤 것을 슬퍼하고 있는지를 살펴야 한다. 그 사람을 슬프게 하는 것이 사소한 것일수록 그만큼 행복한 상태에 있는 것이기 때문이다. 불행한 상태에 있는 사람은 사소한 슬픔을 전혀 느끼지 못하는 법이다.

3

인간은 욕망이라는 넓은 기반 위에 행복이라는 건물을 세우려 해서는 안 된다. 그런 건물은 쉽게 무너지며 많은 재앙을 일으키기 때문이다. 일반 건물은 기반이 넓어야 튼튼하고 견고하지만 행복이라는 건물은 그와 반대이다. 따라서 자신의 욕망을 최소한도로 줄이는 것이 큰 불행에 빠지지 않는 가장 확실한 방법이다.

사람들은 보통 일생에 대해 지나치게 큰 설계를 하는데 그것은 가장 어리석은 짓이다. 그런 설계는 천수(天壽)를 다 사는 것을 전제로 한다. 하지만 자신의 수명을 다 사는 사람은 극히 한정되어 있으며 설령 장수(長壽)한다고 하더라도 설계를 이루기에 그의 삶은 너무 짧다. 왜냐하면 그러한 설계에는 생각하지 못한 많은 장애물이 있어 그 계획을 세울 당시에 생각했던 시간보다 훨씬 많은 시간이 필요하기 때문이다.

그뿐만 아니라 그 계획은 다른 일들과 마찬가지로 수많은 실패 · 위험 · 장애에 부딪혀 목표에 도달하는 일이 거의 없다. 또한 모든 것이 달성된다고 하더라도 시간의 흐름에 의한 자신의 변화는 전혀 고려되지 않았다. 즉 목표가 달성되었을 때는 이미 자기 두뇌와 체력이 쇠퇴하여 그 성과를 유지할 수도 향락할 수도 없는 것이다.

그리하여 수많은 세월을 노력하고 많은 위험에 직면하면서 얻은 부(富)를 향락하지도 못하고 결국 다른 사람들을 위해 피땀을 흘린 꼴이 되며, 그 밖에 더 노력하여 얻은 지위를 훌륭하게 유지할 수도 없다.

그것은 염원하던 목표 달성이 지나치게 늦게 찾아온 때이지만 반대로 목표를 달성한 사람이 뒤떨어지는 일도 있다. 무언가를 만들어 내려고 했는데 시대의 조류가 변하여 그것에 흥미를 느끼지 않는 새로운 세대들이 생겨났든가 다른 사람이 먼저 그 목표에 도달했든가 하는 때이다.

어찌하여 그대는 광대한 계획을 세워
그대의 연약한 정신을 피로하게 하는가.

호라티우스의 이 시도 위에서 설명한 것들을 염두에 둔 것이었다. 세속을 떠난 고귀한 성품의 소유자들은 앞에서 말한 운명에 대한 가르침을 이해하고 이를 지켜 나간다. 그들은 이 세상에서 얻을 수 있는 것은 행복이 아니라 예지라는 것을 깨닫고 스스로 만족하는 것을 유일한 즐거움으로 삼으며 예지를 위해서는 어떤 희망도 기꺼이 버리고 마침내 페트라르카처럼 '이 이상의 즐거움은 원치 않는다.' 라고 말하게 된다. 그래서 고귀한 성품의 소유자는 명상적이고 천재적인 거룩한 특징이 얼굴에도 나타나게 된다.

4

건축 공사의 보조적인 일을 하는 사람이 설계 전체에 대해 알지 못하며 또 그것을 알려고도 하지 않듯이 인간은 매일 매시간을 보내면서도 자신의 생(生) 전체에 대해서는 아무것도 생각하지 않는다. 자신의 생애가 의미 있고 계획적이고 개성적일수록 가끔 생(生)의 계획을 검토하는 것이 필요하며 유익한 일이기도 하다. 즉 자신이 진실로 원하는 것은 무엇이며 행복에 있어서 가장 본질적인 것은 무엇인가——그리고 두 번째 세 번째 것은 무엇인가——를 알 필요가 있는 것이다.

등산가가 높은 곳에 올라야 비로소 이제까지 자신이 걸어온 굽은 길의 전체를 볼 수 있듯이 우리도 생(生)의 어떤 시기나 끝에 이르러야 비로소 우리의 행위 · 업적 · 노력 등의 참된 가치를 알 수 있다. 왜냐하면 우리가 무언가를 하는 동안에는 오직 자신의 성격과 능력에 따라 움직이기 때문이다. 즉 필연성에 따라 그때그때 적당한 것을 실행할 뿐이다. 그리하여 마침내 결과가 나타나게 되면 비로소 그것의 가치를 알고 전체의 연관성을 알게 되는 것이다.

아무리 훌륭한 행위나 불멸의 노작(勞作)도 그것을 행하거나 제작하는 동안에는 그것을 훌륭한 행위나 불멸의 노작으로 인식하지 않으며 다만 그 당시의 목적과 의도에 따라 올바르다고 생각된 것을 행했을 뿐이다.

5

삶의 지혜 중 가장 중요한 것의 하나는 현재와 미래 어느 한쪽이 다른 쪽을 해치지 않도록 현재와 미래 양쪽에 적당한 주의를 기울이는 것이다. 그런데 분별력 없는 사람들은 현재에 치우쳐 살며 소심하고 걱정하기 잘하는 사람들은 미래에 치우쳐 살고 있다.

항상 미래를 바라보며 행복은 오직 미래에만 존재하는 것으로 생각하여 현재를 보지 않는 사람들은 마치 머리 앞에 달린 풀을 응시하며 한 걸음만 나아가면 그 풀을 먹을 수 있으리라 기대하고 부지런히 걷는 이탈리아 당나귀 같다. 이런 사람들은 항상 이런 식으로 기대 속에서 자신을 기만하며 죽음에 이른다.

우리는 미래의 계획이나 미래에 대한 걱정에만 빠져 있다든지 또는 과거에 대한 동경에만 사로잡혀 있으면 안 되며 현재야말로 실재적이고도 확실하며 유일한 것이라는 사실과 함께 미래는 대부분 우리가 예측하고 있는 것과는 전혀 다른 모습으로 나타난다는 것을 잊어서는 안 된다.

우리는 진실이고 실재이며 사실인 현재를 과거에 대한 추리나 미래에 대한 걱정으로 우울하게 만들어서는 안 된다. 현재를 즐기기 위해서 오늘이라는 하루는 오직 한 번밖에 없다는 것을 명심해야 한다. 오늘과 같은 날은 내일 또 온다고 생각하지만 내일은 오늘과는 다른 내일이다. 사실 하루하루는 생(生)의 피이며 살이다.

6

제한(制限)은 인간을 행복하게 해 준다. 시야(視野) · 활동 범위 · 접촉 범위가 좁으면 좁을수록 우리는 그만큼 행복해지며 반대로 그 범위가 넓으면 넓을수록 그만큼 우리는 고통을 받고 불안해지며 걱정 · 욕망 · 공포가 증가하는 것이다.

장님이 보통 생각하는 것처럼 그렇게 불행하지 않은 것은 그 때문이며 그들의 얼굴에 나타나는 명랑하고 평온한 표정만으로도 알 수 있다. 또 인생의 후반부가 전반부보다 더 슬픔에 찬 것도 이 사실을 나타낸다. 나이를 먹음에 따라 욕망과 사람들과의 교제 범위가 넓어지기 때문이다.

정신적 제한을 포함한 모든 제한이 우리를 행복하게 해 주는 것은 의지를 자극하는 일이 적으면 적을수록 고통이 그만큼 적어지는 데다가 고통은 적극적이지만 행복은 소극적이기 때문이다. 활동 범위를 제한하면 의지를 자극하는 외적 원인이 그만큼 적어지며 정신을 제한하면 의지를 자극하는 내적 원인이 그만큼 적어진다.

7

인간의 행·불행은 마음의 움직임에 의해 좌우된다. 인생은 활동과 노고의 연속이며 성공과 실패의 연속에 지나지 않으므로 순수한 지적 생활이 인간을 훨씬 행복하게 해 준다. 그런데 지적 생활을 영위하기 위해서는 뛰어난 정신적 소양이 있어야 한다.

외부 세계에 대한 활동적 생활이 우리에게서 학구적 태도와 사색을 빼앗아 마음을 불안정하게 하고 자신에게 성실하지 못하게 하듯이 지나친 지적 활동은 우리가 실제 생활에서 비롯되는 혼란과 소란을 감당치 못하게 한다. 그러므로 활동적인 실제 생활이 요구될 때는 내면생활을 중단해야 한다.

8

현명하고 안정된 마음을 기르기 위해서는 또한 자신의 경험에서 여러 가지 교훈을 얻기 위해서는 때때로 지난 일을 회상하고 반성해야 한다.

왜냐하면 경험은 삶의 본문(本文)이며 회상과 반성은 이에 대한 주석(註釋)이기 때문이다.

회상과 반성만 풍부하고 경험이 적은 삶이란 한 페이지에 본문은 두 행뿐인데 주석이 사십 행이나 되는 책과 같으며 반대로 회상과 반성은 거의 없고 경험만 있는 삶이란 본문만 있고 주석이 없어 뜻을 알 수 없는 책과 같다.

'잠자리에 들기 전에 그날의 일을 반성하라.' 라는 피타고라스의 가르침은 앞에서 내가 설명한 것이다.

9

자기 자신에게 만족하며 '나는 모든 것을 지니고 있다' 라고 말할 수 있다면 그것이야말로 행복을 위해 가장 필요한 특성이다. 우리는 '자기 자신에게 만족하는 자만이 행복할 수 있다' 라는 아리스토텔레스의 말을 항상 명심해야 한다. 왜냐하면 다소라도 신뢰할 수 있는 것은 자신뿐이며 사람들과의 교제는 수많은 위험 · 불쾌 · 혐오 등을 일으키기 때문이다.

상류 사회의 생활만큼 행복에서 멀어져 가는 삶은 없다. 그러한 생활은 우리의 비참한 존재를 기쁨과 쾌락과 안락의 지속으로 바꾸는 것을 목적으로 하지만 반드시 환멸과 비애를 불러일으키기 때문이다.

사교계는 필연적으로 인간이 서로에게 순응하고 자신을 억제하기를 요구한다. 따라서 규모가 큰 사교계일수록 무미건조하며 완전히 자기일 수 있는 것은 오직 혼자 있을 때뿐이다. 고독을 사랑하는 자는 자유를 사랑하는 자이다. 인간은 오직 혼자 있을 때만 자유롭기 때문이다.

인간은 자신의 가치에 비례하여 고독을 멀리하기도 하고 참고 견디기도 하며 사랑하기도 한다. 고독 속에 있을 때 저열한 인간은 자신의 저열함을 느끼며 위대한 인간은 자신의 위대함을 느낀다. 이를테면 저마다 가지고 있는 그대로의 모습을 느끼게 되기 때문이다. 따라서 인간은 성품이 고귀하면 고귀할수록 그만큼 고독하다.

그때 정신적으로 고독한 만큼 육체적으로도 고독하면 가장 바람직한 상태이다. 그런데 정신적으로는 고독한데 육체적으로 고독하지 않으면 그는 자신과 질적으로 전혀 다른 사람들에게 둘러싸여 그들에 의해 거추장스러운 존재나 적대(適對)적으로 되어 자신을 빼앗길 뿐 아무런 이득도 없다.

뛰어난 정신적 능력의 소유자가 범속한 자들 사이에 끼면 그들의 광태(狂態)와 사악과 무지에 대해 인종(忍從)하기를 강요당하며 그들이 자신의 뛰어난 정신적 능력을 간과하기를 바라거나 스스로 자신의 뛰어난 정신을 덮어두지 않으면 안 된다. 뛰어난 정신을 표면에 노출하지 않고 지니고만 있어도 우매한 사람들에게 질투와 반감을 사기 때문이다.

그러므로 사교계에서는 천성에 따라 자기 자신으로 존재하는 것마저도 용납되지 않으며 다른 사람들과 보조를 맞추기 위해서는 억지로 자신의 크기를 줄이고 자신을 속여 본래 자기와는 전혀 다른 사람이 되어야 하는 것이다.

사람들과의 교제 속에서 만족을 느끼는 것은 평범한 사람들뿐이며 고귀한 성품을 지닌 사람들은 그렇지 못하다. 왜냐하면 타인들과 교제하기 위해서는 자신을 그들과 같은 상태로 끌어내려야 하며 자신의 4분의 3을 잃어야 하기 때문이다.

인간은 누구와도 친구나 애인과도 완전히 융합할 수 없으며 오직 자기 자신과만 완전히 융합할 수 있다. 개성과 성품의 차이로 인해 필연적으로 부조화가 일어나기 때문이다. 따라서 마음의 근본적인 참된 평화와 건강 못지않게 소중한 마음의 평정은 오직 고독 속에서만 가능하다. 그러므로 젊은 시절부터 고독만이 참된 행복과 마음의 평화를 가져다준다는 사실을 이해하고 고독을 사랑하는 것을 배우는 것이 무엇보다 중요한 일이다.

이러한 사실로 오직 자신만을 의지하고 자신이 만물의 척도임을 깨닫는 자가 가장 많은 행복에 접하게 된다는 것은 자명한 일이며 키케로도 '자기 자신이 되어 내부의 모든 것을 간직한 자야말로 가장 행복한 사람이다' 라고 말했다. 내부에 지닌 것이 많을수록 다른 사람에게 의지할 것이 적은 법이다.

자신에게서 만족을 느끼지 못하는 자가 사교적인 것은 당연하며 공허한 자신과 마주치기보다는 다른 사람들과 접촉하는 편이 훨씬 마음이 편한 것이다. 그들은 고독을 감당치 못하여 자신을 주체할 수 없으므로 사교적으로 되며 그들의 질적(質的) 부족을 양적(量的)으로 보충하려 한다.

사람들과의 교제는 추울 때 서로 몸을 비벼 추위를 견디듯이 서로의 정신적 마찰에 의한 온기(溫氣) 유지라고 볼 수 있다. 그런데 자신의 정신 속에 충분한 온기(溫氣)를 지닌 사람은 그러한 마찰을 필요로 하지 않는다.

사교적인 사람은 오직 하나의 음만을 내는 나팔임에 반해 정신이 풍부한 사람은 혼자서도 연주할 수 있는 피아노와 같다. 즉 피아노가 작은 관현악을 연주하는 것처럼 스스로 작은 우주를 형성하는 것이다.

청년기에 사람들에게 불만을 느껴 고독한 생활을 원하면서도 그것을 감당하기 어려운 사람은 가능한 한 자기의 생각을 다른 사람들에게 말하지 말고 다른 사람들 이야기에 관심을 기울이지 말며 도덕적 · 이지적으로 아량을 베풀되 다른 사람들에게 많은 기대를 하지 말고 그들의 견해에 무관심한 태도를 보이는 것이 좋을 것이다.

그렇게 하면 다른 사람들과 교제를 계속하면서도 냉담한 태도를 잃지 않을 것이며 그들로 인해 자신을 더럽히거나 축소하거나 손상하지 않을 수 있기 때문이다. 그것은 어리석은 자는 모닥불 속에 손을 집어넣어 손을 덴 후 고독이라는 추위 속에서 모닥불의 위험을 탓하지만 현명한 사람은 어느 정도의 거리를 유지하면서 모닥불을 쬐는 것과 같다.

10

인간의 행 · 불행에 관한 일에 가능한 한 상상력을 억제해야 한다. 특히 여러 가지 불행을 상상하여 쓸데없이 걱정하며 자신을 괴롭히는 일은 삼가야 한다. 상상력의 작용은 흔히 극단에서 극단으로 달리므로 간접적인 이익보다는 직접적인 손실이 더 크다.

상상력은 아름다운 신기루(蜃氣樓)를 그려 내어 인간을 기만한다. 즉 상상력은 가상적인 불행을 사실보다 몇 배 더 크게 확대해서 절박하고 끔찍스러운 모습으로 그려 비록 미래의 것일지라도 현실적인 위협을 느끼지 않을 수 없게 된다.

또 과거의 부정 · 손실 · 모욕 · 멸시 · 불쾌 등을 머릿속에 떠올리는 것을 삼가야 한다. 오랫동안 과거 속에 묻혀 있던 감정들이 떠오르면 마음을 어지럽히기 때문이다.

아무리 작은 물체라도 바로 눈앞에 있으면 시야를 방해하여 외부 세계를 보지 못하게 하듯이, 가까이에 있는 인간이나 사물은——설령 아무리 하찮은 것이라 하더라도——우리에게 지나친 관심과 부당한 사고(思考)를 강요하며 불안과 불쾌의 원인이 되어 그 이외의 중요한 일에 대해서는 생각할 여유를 주지 않는다. 그러므로 눈앞의 작은 일에 얽매여 보다 멀리 있는 중대한 일을 그르치는 일이 없도록 해야 한다.

11

세상을 살아가기 위해서는 신중함과 너그러움을 지녀야 한다. 신중함으로 여러 가지 손해와 손실을 피할 수 있으며 너그러움으로 다툼을 피할 수 있기 때문이다.

사람들과 더불어 살아갈 수밖에 없는 인간은 어떤 개성도——아무리 저열하고 악한 개성일지라도——절대로 비난하거나 배격해서는 안 되며 오히려 개성은 영원한 형이상학적 원리에 의해 이루어진 것이므로 그런 상태일 수밖에 없으며 절대로 변할 수 없는 것으로 받아들여야 한다. 왜냐하면 개성은 자연에 의해 정해지고 주어진 것이기 때문이다. 그러므로 사악한 개성과 마주쳤을 때는 '이런 사람이 있는 것도 당연하다.' 라고 생각해야 한다.

만일 끝끝내 그런 태도를 보이지 않는다면 그는 상대방을 침해하게 되며 생사(生死)를 건 싸움을 하게 된다. 상대방의 본질적인 개성——즉 도덕적 성격 · 인식력 · 기질 등——은 누구에 의해서도 변화되지 않기 때문이다. 만일 상대방의 본질적인 성격을 완전히 부인한다면 상대방은 우리를 불구대천(不俱戴天)의 적으로 보고 싸움을 걸어 올 것이다.

우리가 상대방의 본질적인 성격을 부인하는 것은 변할 수 없는 상대방의 본질적인 성격을 변화시키는 것을 전제로 하는 것이기 때문으로 상대방의 생존권을 인정하지 않는 것이다.

사람들과 더불어 살아가기 위해서는 그에게 주어진 개성을 인정하고 존중해야 하며 그의 개성이 변하기를 기대하거나 부인(否認)해서는 안 된다. 그러므로 어떤 사람의 행위에 대해 화를 내는 것은 마치 길을 가다 굴러온 돌에게 화를 내는 것처럼 어리석은 짓이다.

12

인간은 자기 자신 이상의 것을 볼 수는 없다. 인간은 누구나 자신의 크기로 다른 사람을 본다. 자기 자신의 지력(知力)에 따라 다른 사람을 파악하고 이해할 수 있을 뿐이다. 그러므로 아무리 위대한 다른 사람의 정신도 지력이 열등한 사람에게는 아무런 영향도 주지 못한다.

지력이 열등한 사람은 위대한 사람의 개성 속에 있는 가장 낮은 면, 즉 그 위대한 사람의 약점과 성격 · 기질의 결함만을 볼 뿐이다. 그에게는 위대한 사람도 그런 약점과 결함의 집합체로 보일 뿐 그가 지닌 위대한 정신은 마치 장님 눈에 색채가 안 보이듯이 보이지 않는다. 왜냐하면 정신을 갖고 있지 않은 자에게는 모든 정신이 보이지 않기 때문이다.

평가(評價)는 평가받는 자의 가치와 평가하는 자의 인식 범위와의 관계에서 생긴다. 따라서 어떤 사람과 대화할 때 자신을 상대방과 같은 수준으로 끌어내려야 하며 그러기 위해서는 상대방보다 뛰어난 것들을 모두 감추어야 한다.

그런데 대부분 사람의 정신은 열등하므로 그들과 대화하는 동안은 스스로 저속한 인간이 되지 않으면 안 된다.

13

자신의 판단을 다른 사람에게 설득하기 위해서는 열을 내지 말고 냉정하게 말해야 한다. 격한 감정은 의지에서 생겨나는 것이기 때문이다. 따라서 만일 격한 감정으로 당신의 판단을 말한다면 상대방은 당신의 말을 냉정한 인식에 기초를 둔 것으로 생각하지 않고 의지에 기초를 둔 것으로 생각할 것이다.

14

어떤 사람이 거짓말을 하고 있다고 생각되면 그 말을 믿는 척하는 태도를 보이라. 그러면 상대방은 더욱더 거짓말을 하게 되다가 마침내 가면을 벗게 될 것이다. 반대로 어떤 사람이 숨기고 있던 진실의 일부를 누설한 것처럼 생각되면 그 말을 믿지 않는 척하는 태도를 보이라. 그러면 상대방은 당신의 태도로 인해 감추고 있던 모든 진실을 털어놓을 것이다.

15

다른 사람에게 사기를 당했어도 잃은 돈만큼 유용하게 사용된 돈은 없다. 왜냐하면 사기당한 사람의 처지에서 보면 그 돈으로 지혜를 산 셈이 되기 때문이다.

16

분노와 증오를 말이나 표정으로 나타내는 것은 무익하고 위험하고 어리석고 우스꽝스럽고 저열한 짓이다. 분노와 증오는 오직 행위로만 나타내야 한다. 분노와 증오를 말이나 표정으로 나타내지 않는다면 그만큼 완전히 행위로 나타낼 수 있게 된다. 독이 있는 것은 냉혈 동물뿐이다.

17

가능한 한 누구에게나 너그럽게 대하여 분노와 원망을 사지 않도록 하라. 그렇지만 그들의 행위를 자세히 관찰하여 기억해 두라. 그리하여 적어도 당신과 관계되는 일에 있어서는 그들 각자의 가치에 적합한 태도와 행위를 취하라. 인간의 본성은 변치 않는다. 상대방의 사악한 성격을 파악하고 나서 곧 그것을 잊어버리는 것은 힘들여 모은 재산을 창문 밖으로 내던지는 것과 마찬가지이다. 이 점에 주의를 기울이면 다른 사람을 터무니없이 신뢰함으로써 생기는 위험을 막을 수 있다.

'사랑하지도 말고 증오하지도 말라'——이것은 지혜의 반쪽이며——또한 '아무 말도 하지 말고 아무도 믿지 말라'——이것은 지혜의 나머지 반쪽이다——이런 지혜를 지켜 가야 하는 이 세상은 차라리 완전히 버리는 편이 바람직할지도 모른다.

18

우리는 어떠한 일에 대해서도 절대로 지나치게 기뻐하거나 슬퍼해서는 안 된다. 모든 것은 끊임없이 변화하므로 언제 현재와 정반대의 상태가 일어날지 알 수 없으며 행·불행과 길(吉)·흉(凶)에 대한 판단도 역시 불확실하기 때문이다. 실제로 과거에 슬퍼했던 일이 후에는 오히려 다행스러운 일이 되고 과거에 기뻐했던 일이 후에는 불행이 된 일이 수없이 많다.

불행에 대해 침묵을 지킬 수 있는 사람은 인생은 끔찍스러운 불행과 재앙으로 가득 차 있으며 그 불행과 재앙은 그야말로 다양하다는 것을 잘 알고 있는 사람이다. 그리하여 자신에게 닥치는 재앙을 일어날 수 있는 재앙 중 극히 일부분이라고 생각한다. 이것이 바로 스토아학파의 태도이다.

우리는 인생이 비참과 재난으로 가득 찬 것임을 기억해야 한다. 또한 항상 겪는 여러 가지 작은 재난은 오히려 우리를 단련시켜 후일의 더더욱 큰 재앙에 지혜롭게 대처하기 위한 예비 훈련으로 생각해야 한다. 그리고 매일 일어나는 번거로운 일과 사소한 시비 · 충돌 · 모욕 등에 대해서는 철저한 훈련을 쌓아야 한다.

19

자기 자신을 다른 사람들에게 자랑하는 것은 설령 그럴 만한 정당한 이유가 있다 하더라도 바람직하지 않다. 인간은 대부분 허영으로 가득 차 있어 사람들이 자기 자랑하는 것을 보면 허영심으로 인한 자화자찬(自畵自讚)으로 간주하기 때문이다.

20

자신의 사적(私的)인 일은 비밀로 간직해야 한다. 친구에게마저도 객관적으로 인정될 수 있는 '자기' 만을 보여 주고 그 이외의 것에 대해서는 완전히 '타인' 이 되어야 한다. 왜냐하면 다른 사람들에게 사적인 비밀을 알려 주면 뜻밖의 피해를 볼 우려가 있기 때문이다.

자기 생각과 말 사이에는 항상 간격을 유지해야 한다. 매우 우둔한 자라 할지라도 다른 사람의 사적인 일에 대해서는 대수학자(代數學者)가

되라. 만일 그들에게 사적인 비밀을 제공하면 그들은 그것을 계산의 자료로 사용하여 모든 것을 알아내기 때문이다.

옛날의 처세훈(處世訓)에서 '침묵을 지키라.' 라고 가르친 것은 바로 이 때문이다. 아라비아에는 '적에게 알려서는 안 될 것은 친구에게도 알리지 말라.', '비밀을 지키면 당신은 그 비밀의 주인이 되지만 비밀을 고백하면 당신은 그 비밀의 노예가 된다.', '평화라는 열매는 침묵이라는 나무에 열린다.' 라는 격언이 있다.

21

행복을 얻는 데 있어서 용기는 지혜 다음으로 중요한 조건이다. 우리는 '지혜' 를 어머니한테서 물려받았으며 '용기' 를 아버지에게서 물려받았다. 우리는 타고난 지혜와 용기를 자신의 결의(決意)와 훈련으로 증대시킬 수 있을 뿐 자신에게 지니게 할 수는 없다.

운명의 섭리로 지배되는 이 세상에서 우리는 운명과 인간에게 대항하여 항상 튼튼한 갑옷과 단단한 마음으로 무장하고 있어야 한다. 왜냐하면 인생은 싸움이며 한 걸음을 나아가려 해도 칼을 빼 들어야 하기 때문이다. '이 세상에서 우리는 모든 일에 칼을 빼 들어야 하며 칼을 손에 쥔 채 죽어 가야 한다.' 라는 볼테르의 말은 옳다.

두려운 먹구름이 덮쳐 온다고 하더라도 비관하거나 낙심해서는 안 된다. 비관하고 낙심하는 것은 비겁자의 짓이다. 우리는 '재앙에 굴복하지 말고 용감하게 맞서 싸우라.' 라는 말을 생활신조로 삼아야 한다. 그렇지만 용기가 만용(蠻勇)이 되지 않도록 조심하라.

18. 철학적 단장(斷章)

1

동물, 특히 인간이 이 세상에 존재하고 살아가기 위해서는 그의 의지와 지성 사이의 균형 있는 조화가 필요하다. 이 조화가 엄격하고 올바른 상태에 가깝기만 해도 그는 파멸에서 충분히 보호받는다. 따라서 그 조화의 엄밀함과 올바름의 한계에는 어떤 폭이 있다.

이에 대한 표준이라고 생각되는 것은 다음과 같다. 즉 지성은 의지의 길을 밝혀 주는 빛이며 안내자이다. 그러므로 의지의 내적 충동이 격렬하고 열정적일수록 그 의지에 할당된 지성은 그만큼 완전하고 통찰력이 있는 것이어야 한다.

이때 지성은 매우 질서 정연하여 노력과 의지의 격렬함 · 격정은 그 사람을 미혹으로 인도하거나 그릇된 생각 · 거짓 · 파멸적인 행위에 빠지게 하지 못한다. 그런데 의지가 매우 격렬하고 지성이 약할 때 지성은 그를 미혹으로 인도하고 그릇된 생각 · 거짓 · 파멸적인 행위에 빠지게 한다.

반대로 무기력한 인간, 즉 나약하고 무기력한 의지는 한정된 지성 속에서만 살아갈 수 있으며 또한 그 중간의 인간은 중간적인 지성을 필요로 한다.

일반적으로 의지와 지성 사이의 균형이 맞지 않는 경우, 즉 앞에서 말한 정상적인 균형에서 벗어나면 그 균형의 결여가 지성의 과다(過多)에서 기인한 것이든 아니면 의지의 과다(過多)에서 기인한 것이든 그는 불행해지기 쉽다. 그러므로 천재들의 본질과 마찬가지로 지성이 비정상적으로 강하거나 지나치게 발달하여 의지를 압도하여 불균형이 생긴 것이라면 그 지성은 삶의 필요와 목적에 필요한 이상으로 지나치게 많을 뿐만 아니라 해로운 것이다.

상상력이 활발하고 경험이 부족한 젊은 시절의 물질세계에 대한 지나친 이해는 자신의 마음을 터무니없는 관념과 망상에 감염시키고 자신의 마음을 그러한 관념과 망상으로 가득 채운 결과 괴이하고 환상적인 성격의 소유자가 되기 쉽다.

설령 경험의 가르침을 통해 물질세계에 대한 지나친 이해를 버려서 괴이하고 몽상적인 성격이 사라졌다 하더라도 천재는 절대로 외부 세계에서 평온함을 느끼지 못하며 보통의 지성을 가진 사람들처럼 쾌활하게 돌아다니거나 일반 시민의 삶을 영위하지 못하는 것이다.

2

살아 있는 존재의 핵심을 이루는 살고자 하는 의지는 가장 고등적(高等的)이고 현명한 동물에게서 분명하게 볼 수 있으며 그의 참된 본질로서 가장 분명하게 볼 수 있다. 그러므로 그보다 낮은 단계에 있는 동물에게는 살고자 하는 의지를 그만큼 분명하게 볼 수 없으며 그만큼 구체화되어 있지도 않다.

그러나 가장 고등적이고 현명한 동물인 인간에게서는 사려 분별은 이성 능력과 자신을 감추는 위장 능력에 비례하여 나타난다. 그러므로 인간에게 의지는 감정이 폭발할 때만 아무런 꾸밈도 없는 적나라한 모습으로 나타난다. 대화할 때 감정이 신용(神勇)하는 것은 바로 그 때문이며 또한 그것은 당연한 일이다.

시(詩)와 배우들의 연기에서 감정이 주류를 이루는 것도 똑같은 이유에서이다. 우리가 개와 원숭이 · 고양이, 그리고 그 외의 동물들에서 기쁨을 느끼는 것은 더욱 고등한 동물과 현명한 동물에 대해 내가 처음에 말한 것에 기인한다. 아무런 꾸밈도 없는 그들의 표정은 그만큼 많은 즐거움과 기쁨을 주는 것이다.

아무 방해도 받지 않고 자기 일을 찾고 먹이를 찾아다니고 새끼들을 돌보고 동류(同類)들과 어울리는 자유로운 동물들을 바라볼 때 우리는 얼마나 큰 즐거움을 느끼는가! 그것이 한 마리의 작은 새일지라도 나는 오랫동안 즐거운 마음으로 그것을 바라볼 수 있으며 생쥐나 개구리나 고슴도치나 족제비나 노루나 닭에 대해서도 마찬가지이다. 동물들을 바라보는 것이 즐거운 것은 그토록 '단순화된' 우리 자신의 본성을 눈앞에서 바라보는 것에서 커다란 기쁨을 느끼기 때문이다.

이 세상에서 거짓되고 위선적인 존재는 인간뿐이다. 다른 존재들은 진실하고 솔직하다. 그리하여 실제 모습을 있는 그대로 솔직하고 공공연하게 나타내며 자기가 느낀 대로 표현한다. 이 근본적인 차이가 뜻하는 모든 동물은 자신의 본성 그대로 살아간다는 것이다. 그리하여 그들을 바라볼 때 우리는 커다란 기쁨을 느낀 것이다.

3

'오래오래 사시기를 바랍니다!' 라는 말은 스페인의 일반적인 인사이며 사람들이 오래 살기를 바라는 것은 온 세계의 공통된 극히 관습적인 인사이다. 이 인사는 인생에 대한 인식으로는 도저히 설명될 수 없으며 오히려 인간의 본질과 살고자 하는 의지에서 설명될 수 있을 것이다.

모든 사람이 갖는 소망으로 자기가 죽은 후에도 기억되기를 바라는 것은 삶에 대한 집착 때문에 생기는 것 같다. 만일 사후(死後)의 명성을 참된 존재의 가능성에서 따로 떼어 생각한다면 그러한 명성은 관념일 뿐이며 시체와 같은 것에 지나지 않는다. 따라서 그것은 허상뿐인 그림자를 잡는 것과 같다.

4

우리는 목표에 도달하려고 안달하며 그 목표에 이르면 즐거워한다. 그런데 모든 목표 중 모두에게 공통된 목표에 대해서만은 누구나 가능한 한 그 목표에 이르기를 지연시키려 한다.

5

모든 헤어짐은 우리에게 죽음을 맛보게 한다. 그리고 다시 만날 때마다 항상 부활을 맛보게 된다. 설령 우리에게 그다지 중요하지 않은 사람들이라 할지라도 이십 년 또는 삼십 년 후에 다시 만나는 일은 우리를 기쁘게 하기 때문이다.

6

친밀한 사람의 죽음에 대해 느껴지는 심한 괴로움은 말로 설명할 수 없는 독특한 무엇이 있는데 그것은 다시 회복할 수 없는 상실의 감정에서 생겨난다. 그런 감정은 헤아릴 수 없는 것이며 불가해(不可解)한 것이다. 그것은 동물도 적용되며 사랑하는 애완동물의 죽음을 당한 사람들이 가장 정확하게 느낄 수 있다. 자기가 사랑하는 애완동물이 죽어 가는 모습은 그에게 가슴을 찢는 슬픔을 느끼게 한다.

7

우리는 적들이나 반대자들의 죽음을 거의 가까운 친구들의 죽음만큼이나 슬퍼하기도 한다. 그것은 우리의 빛나는 성공에 대한 증인으로서의 그들을 잃기 때문이다.

8

갑작스러운 행운의 커다란 충격은 치명적인 결과를 낳기도 한다. 이 사실은 행복과 불행은 우리의 욕구와 운명에 떨어진 것 사이의 비례치(比例値)에 지나지 않는다는 사실에 기인한다. 따라서 우리는 소유한 훌륭한 것들이나 머지않아 소유하게 될 것이라고 확신하는 훌륭한 것들을 그만큼 훌륭한 것으로 느끼지 않는다. 쾌락은 소극적일 뿐이며 고통을 증가시키는 역할을 할 뿐임에 반해 고통과 악은 적극적이며 직접적으로 느껴지기 때문이다.

우리가 어떤 것을 소유하고 있거나 또는 그에 대한 기대를 하게 되면 우리의 욕구는 즉시 고개를 쳐들며 소유욕(所有慾)과 기대는 증가한다. 그런데 우리의 정신이 계속되는 불행으로 좌절되어 욕구가 최소로 위축되었을 때 우리는 갑작스러운 행운을 받아들일 수용력이 없다. 그리하여 행운은 먼저 존재하는 욕구로 소멸하지 않고 적극적으로 맹렬히 활동하여 우리의 감정을 파괴하는 역할을 하며 치명적인 결과를 준다.

그러므로 어떤 사람에게 행운을 알려 줄 때는 먼저 그 사람에게 그것을 소망하게 하고 기대감을 준 다음 마지막으로 그가 조금씩 점차로 알게 해야 한다. 그렇게 함으로써 길보(吉報)의 부분들은 영향력을 잃기 때문이다. 결과적으로 행운을 소화하는 우리 위장(胃腸)은 입구가 좁으며 끝이 없다.

앞에서 말한 것들은 갑작스러운 불행에는 직접적으로 적용되지 않는다. 갑작스러운 불행이 갑작스러운 행운보다 치명적인 결과를 주는 일이 훨씬 드문 것은 불행에 빠져 있을 때 희망은 여전히 불행에 저항하고 있기 때문이다. 우리의 눈이 저절로 어둠보다는 밝은 쪽을 향하듯이 본능적으로 두려움보다는 희망 쪽을 향하고 있기에 행운 속에 있을 때 두려움은 그와 같은 역할을 하지 않는다.

9

'희망' 은 가능성 있는 일에 대한 소망의 혼란이다. 그런데 천분의 1의 가능성을 간주함으로써 그에 대한 지성의 올바른 이해를 교란하지 않을 만큼 분별 있는 사람은 없을 것이다. 희망이 없는 불행을 급작스러운 죽음의 충격과 같으며 좌절되었다가 다시 소생하는 희망은 고문에 의해 서서히 죽어가는 죽음과 같다. 또한 희망을 잃은 사람은 공포도 두려워하지 않는다. 이것은 데스퍼레이트(desperate)——절망적인, 죽음을 두려워하지 않는——단어의 뜻이기도 하다. 그가 원하는 바를 믿고 또 그가 원하고 있으므로 그것을 믿는 것은 당연하다. 그러므로 만일 인간 본성의 이 유익하고 위안이 되는 특성의 운명이 반복되는 혹독한 타격으로 절멸하는——그리하여 인간 자신이 원하지 않는 일은 반드시 일어나며 원하는 일은 자신이 원하기 때문에 절대로 일어날 리 없다고 믿게 되는—— 그러한 상태야말로 절망이라고 할 수 있다.

10

유럽의 언어에서 개개의 인간을 묘사할 때 일반적으로 '퍼슨(person)' 이라는 단어를 사용하는 것은 인상적이며 적절한 일이다. '페르소나(persona)' 라는 단어는 배우들이 쓰는 가면을 의미한다. 즉 자신을 본연의 모습 그대로 보여 주는 사람은 아무도 없으며 모두 가면을 쓰고 연극을 하기 때문이다. 보통 우리들의 사회적 생활은 끊임없는 희극의 연출이다. 그러므로 참다운 인간은 그 속에서 무미건조함을 느끼며 얼간이들은 그 속에서 참된 기쁨을 얻는다.

11

우리는 때때로 어떤 면에서든 자신에게 해를 끼치는 말을 생각없이 함부로 하게 된다. 그렇지만 우리가 경멸과 조소를 받게 할 수도 있는 것들에 대해서는 과묵함과 신중함을 잃지 않는다. 그러한 때는 결과가 원인을 즉시 뒤따르기 때문이다.

12

충족되지 않는 욕망의 고통은 '후회' 의 고통에 비하면 훨씬 적다. 전자(前者) 앞에는 항상 열려 있는 무한한 미래가 있지만 후자(後者) 앞에는 되돌릴 수 없는 닫힌 과거가 있기 때문이다.

13

patience(인내)라는 말은 pati(고통을 당하다)라는 말에서 나온 것이며 마음의 활동과 반대의 의미이다. 그러므로 마음의 활동과 인내는 거의 조화될 수 없다. 인내는 무기력한 인간들의 천성적인 미덕이며 정신적 활동이 빈약한 사람들과 여자들의 천성이다. 그런데도 인내가 매우 유용하고 필요하다는 사실은 침울한 인생 상태를 나타내는 것이다.

14

'돈'은 관념 안에서 인간의 행복이다. 그러므로 현실에서 더 이상 진정한 행복을 느낄 수 없는 사람은 자신의 모든 마음을 돈에 둔다.

15

'완고함'은 의지가 지식을 억지로 밀어내고 자기 자신을 지식의 자리에 올려놓음으로 인해 생겨나는 것이다.

16

'까다로운 성질'이나 '나쁜 성질'은 우울함과는 매우 다르다. 유쾌함에서 우울함으로 전향하는 것은 나쁜 성질에서 우울함으로 가는 것보다 훨씬 빠른 길이다.

'우울함'은 사람의 마음을 끌지만 까다롭고 나쁜 성질은 불쾌감을 불러일으킨다.

'우울증'은 아무 원인도 없는 분노와 약 오름, 미래의 불행에 대한 근거 없는 불안감, 그리고 과거의 행위에 대한 부당한 자책(自責)으로 스스로를 괴롭힌다.

우울증의 직접적인 영향은 화나게 하고 괴롭힐지도 모르는 것들에 대한 끊임없는 추구와 추측이다. 그 '원인'은 열정적인 성질에 기인한 내부의 병적인 불만감과 불안감이다. 만일 이 두 가지가 극도에 이르게 되면 자살하게 되는 것이다.

17

'증오'는 마음속에서 생겨나는 것이며 '경멸'은 머릿속에서 생겨나는 것이다.

증오와 경멸은 완전히 상반되는 것이며 서로를 배척한다. 어떤 증오는 다른 사람의 훌륭함에 의해 강요된 존경과 존중 이외에 아무 원인도 없는 경우가 많다.

그런데 만일 만나는 모든 불행한 사람들을 증오하려 한다면 그것은 불가능할 것이다.

그렇지만 우리는 아주 쉽게 사람을 경멸할 수 있다. 참된 경멸은 참된 긍지와 반대되는 것이며 완전히 감추어져 있어 그 존재의 기미조차 없다. 경멸을 나타내는 사람은 누구나 그렇게 함으로써 다른 사람이 그를 얼마나 보잘것없는 인간으로 생각하는가를 알게 하기를 원하는 것은 존경의 기미를 드러내기 때문이다. 이런 식으로 증오를 감추고 경멸로 가장할 뿐이다.

그렇지만 순수한 경멸은 다른 사람의 무가치함에 대한 굳은 확신이며 동정심과 관대함과도 일치한다. 동정심과 관대함으로 경멸하는 사람들을 화나게 하는 대신 평온과 안전을 위해 그렇게 한다. 그러나 만일 이 순수하고 싸늘하고 꾸밈없는 경멸이 일단 모습을 드러내면 그 경멸은 격렬한 증오로 보복을 받게 된다. 경멸을 받은 사람은 똑같이 보복할 무기가 없기 때문이다.

18

불쾌감을 불러일으키는 일은 아무리 사소할지라도 마음에 여파를 남기며 그것이 계속되는 한 사물과 환경에 대한 명백하고도 객관적인 견해를 방해한다. 실제로 그것은 우리 눈에 바짝 붙어 시야를 가리는 작은 방해물처럼 우리의 생각들을 제한하며 시야를 일그러뜨린다.

19

사람을 냉혹하게 만드는 것은 견디어 내야 할 자신의 수많은 고통을 갖고 있다는 사실 때문이다. 그러므로 행복이라는 기이한 상태는 대부분의 사람들을 동정심 많고 인정 많은 사람으로 만든다.

그런데 이제까지 존재해 온 행복의 상태와 영속적인 행복의 상태는 종종 반대 효과를 나타낸다. 행복은 사람들을 고통에서 너무 멀리 떼어 놓기 때문에 더 이상 그것에서 동정심을 느낄 수 없기 때문이다. 그 결과 부유한 사람들보다 가난한 사람들이 더 많은 다른 사람을 도와주고자 하게 된다.

또한 사람들이 다른 사람들의 일을 엿보고 탐색하는 것 같은 호기심 많은 인간이 되게 하는 것은 고통과는 반대 역할을 하는 권태이다. 때로는 일에 있어서의 질투심도 있기는 하지만.

20

만일 어떤 사람에 대한 꾸밈없는 감정을 발견하기를 원한다면 그에게서 온 예기치 않은 편지를 처음 보았을 때 우리에게 새겨진 인상을 주시해야 한다.

21

우리는 때때로 같은 것을 원하기도 하고 원하지 않기도 하며 또한 같은 일에 대해 기뻐하기도 하고 동시에 괴로워하기도 한다.

이를테면 어떤 결정적인 시험에 통과해야 하는 것이 우리에게 매우 유익한 것이라면 우리는 그 시험의 순간을 가슴 졸여 기다리는 동시에 두려워하게 된다.

그런데 만일 그 시험이 연기되었다는 말을 듣게 되면 우리는 기뻐하는 동시에 괴로워한다. 왜냐하면 시험의 연기는 의도에 반대되는 것이며 동시에 일시적인 안정을 주기 때문이다.

또 한편으로 중요하고도 결정적인 편지를 기대하고 있을 때 그 편지가 오지 않는 경우도 이와 똑같다.

그때 작용하는 완전히 다른 두 가지 동기가 있다. 그것은 시험에 합격하고 싶어 하는 강하지만 먼 욕망이며 다른 하나는 약하지만 가까운 욕망으로서 당분간은 평온 속에 머물고자 하는 욕망과 실패할 수도 있는 결과 전에 희망찬 상태를 계속 즐기고자 하는 욕망이다. 여기에 작지만 가까운 목표가 크지만 먼 목표를 감추는 현상이 생긴다.

22

'이성(理性)의 기능' 은 '예언자' 라고 불릴 만하다. 이성의 기능은 미래의 일들을 현재 행위의 당연한 결과로써 보여 주기 때문이다.

관능적 욕망과 분노의 폭발 · 탐욕 등이 우리를 유혹하여 얼마 후 반드시 후회하게 될 일을 하게 하려 할 때 이성이 우리를 방해하는 것으로 생각되는 것은 바로 그 때문이다.

23

개인적인 삶의 과정과 사건들은 그들의 참된 의미와 연관에 있어 모자이크의 거친 작품들에 비유될 수 있다. 그런 작품들을 가까이에서 보는 한 우리는 묘사된 대상물과 그 작품의 의미와 아름다움을 이해하지 못하며 멀리 떨어져서 바라볼 때만 그것들을 이해할 수 있다.

이와 마찬가지로 때때로 우리는 자기 삶의 중대한 사건들이 진행되고 있거나 발생한 직후에는 그 참된 연관을 이해하지 못하고 오랜 기간이 지난 후에야 비로소 이해할 수 있다.[66]

그 이유란 상상의 확대경이 필요하기 때문일까? 아니면 전체는 멀리서 바라볼 때만 파악될 수 있기 때문일까? 또 열정이 꺼지지 않으면 안 되기 때문일까? 아니면 경험의 가르침만이 판단을 완전케 하기 때문일까? 아마도 그 모든 이유에서일 것이다.

아무튼 행위에 대한 밝은 빛이 때로는 몇 년이 지난 후에야 비로소 우리를 비추는 것은 확실하다. 그것은 우리 삶에 있어서와 마찬가지로 역사 또한 그러하다.

24

인간의 행복이라는 상태는 멀리서 보면 아름답게 보이지만 가까이 다가가 그들 사이에서 보면 아름다움이 사라져 버리는 나무들과 흡사하다. 나무들 사이에서는 아름다움이 어디에 있었는지 또 나무들 사이의 어디

66) 어떤 사건의 중요성을 깨닫게 되는 것은 그 사건이 발생한 시점이 아니라 오랜 세월이 흘러 그 사건이 역사 속에서 돋보일 때이다.

에 존재하는지 알지 못한다. 우리가 다른 사람들을 그토록 자주 부러워하는 것은 바로 그 때문이다.

25

인간은 거울을 갖고 있는 것과는 상관없이 어찌하여 자신이 어떤 모습으로 보이는지 알지 못하며 다른 사람들의 모습을 상상하듯이 자기 모습을 상상하지 못하는 것일까? 의심할 여지도 없이 그것은 바로 거울 속의 자신을 바라볼 때마다 항상 똑바로 보거나 꾸밈없는 상태의 모습을 보지 않고 매우 의미 있는 시선으로 바라보기 때문에 자기 얼굴의 참모습을 보지 못하기 때문이다.

육체의 경우에도 비슷한 현상이 윤리적인 면에서도 일어난다. 인간은 거울 속의 자기 모습을 객관적 견해의 조건인 제삼자의 눈으로 바라보지 못한다. 자신의 결함들을 있는 그대로 완전히 객관적으로 이해하기 위해서는 '내가 아님' 을 깊이 느끼지 않으면 안 되는 것이다.

그러나 인간이 거울 속의 자신을 볼 때마다 이기심은 항상 그의 귀에다 '내가 보고 있는 것은 다른 사람의 자아(自我)가 아니라 나의 자아이다.' 라고 속삭인다. 객관적 견해를 얻지 못하게 방해하는 이러한 행위는 악의(惡意)라는 곡식의 발효 없이는 절대로 일어날 수 없는 것이다.

26

인간은 자기에게 고통이 닥치기 전까지는 고통에 견딜 수 있는 자신의 내부에 있는 힘을 알지 못한다. 그것은 마치 거울처럼 잔잔한 연못의 물에서는 그 물이 바위 때문에 격렬하게 쏟아져 내릴 수 있음을 알지 못하며 그 물이 얼마나 높이 분수처럼 치솟을 줄을 알지 못하는 것은 얼음처럼 차가운 물 속에 숨어 있는 열(熱)을 깨닫지 못하는 것과 같다.

27

인간은 자기 시야(視野)의 범위를 세계의 범위로 생각한다. 그것은 마치 땅과 하늘이 지평선에서 맞닿아 있는 것처럼 보이는 것과 같은 환상이다. 재단사의 자[尺]에 지나지 않는 자신의 기준으로 우리를 측정하며 그것을 참고 견디어야 한다는 사실과 자신의 열등함과 무가치함을 우리에게 돌리는 사실은 여기에 기인한다.

28

사람들의 마음속에 명확함과 엄밀함을 갖고 존재하는 일이 극히 드문 겨우 이름만이 존재할 뿐인 개념들이 있다.

이를테면 '지혜' 도 그 중의 하나이다. 거의 모든 사람의 마음속에서 '지혜' 의 개념은 얼마나 공허한 것인가!

'지혜'는 이론적으로 뿐만 아니라 실제적으로도 완벽함을 의미하는 것이라고 생각한다. 나는 '지혜'를 '사물에 대한 완전하고 올바른 지식' 또는 '인간이 완전히 그에 물들여져 행위에도 나타나며 어느 곳에서든 그것에 의해 인도되는 것' 으로 정의를 내리고 싶다.

29

위대하고 빛나는 자질을 갖춘 사람들은 그들이 가진 단점과 약점에 대해서는 거의 생각하지 않으며 그것들이 드러나는 것에 대해서도 개의치 않는다. 그들은 자기의 단점과 약점을 대가를 지불한 것으로 생각하며 심지어 그것들은 불명예보다 오히려 명예를 가져다주는 것으로 생각하기도 한다.

조르주 상드(George Sand)의 '모든 사람은 미덕의 결점들을 갖고 있다.'라는 말처럼 '필수 조건'으로서 그들의 위대한 자질과 직접적으로 관련된 단점일 경우에는 더더욱 그러하다.

한편 자신의 극히 미세한 약점을 절대로 용인하지 않고 조심스럽게 그것들을 감추는 선량한 성품의 사람들이 있다. 그들은 그러한 약점의 존재에 대해 매우 예민하다. 그 이유는 그들의 장점은 단점과 약점이 없음에 있으므로 때에 따라 그들의 장점은 드러나는 결점에 의해 즉시 손상되기도 한다.

30

훈련될 수 있는 능력에 있어서도 인간은 다른 동물들을 능가할 수 있다. 이슬람교도들은 하루에 다섯 번씩 메카(Mecca)를 향해 기도하도록 훈련되어 있으며 또 반드시 그렇게 한다. 기독교도들은 십자가를 긋고 무릎을 꿇도록 훈련되어 있다. 실제로 종교는 훈련의 걸작이며 사고 능력(思考能力)의 훈련이다.

따라서 종교의 훈련은 우리가 알고 있는 바와 같이 아무리 이른 시기에 시작된다고 하더라도 지나치다고 할 수 없다. 만일 매우 엄숙한 태도로 종교 훈련을 끊임없이 반복함으로써 여섯 살 이전의 그들에게 종교를 가르치기 시작한다면 종교는 그들의 마음에 견고하게 주입될 수 있을 것이다. 인간은 동물의 훈련과 같이 오직 이른 시기에만 완전히 성공할 수 있기 때문이다.

고상한 인간은 그들의 명예를 걸고 한 약속 이외에는 아무런 신성한 것도 지니지 않도록 훈련되어 있다.

그리하여 기사다운 명예라는 기이한 규약을 굳게 믿고 지키며 만일 필요하다면 죽음으로써 그것을 증명하며 실제로 왕보다 높은 직위의 존재로 생각한다. 우리의 정중한 태도——특히 숙녀들에게 표하는 정중한 태도——는 훈련으로 인한 것이며 출생 · 직위 · 계급 등에 대한 존경 또한 마찬가지이다.

또한 우리에게 대항하여 한 말에 대해 당연한 분노를 느낀다. 이를테면 영국 사람들은 신사가 아니라는 말에 매우 민감하게 반응하며 특히 거짓말쟁이라는 말을 극도의 모욕으로 간주하도록 훈련돼 있다. 그리고 프랑스 사람들은 비겁한 자라는 말에 분노를 느끼도록 훈련되었으며 독일 사람들은 어리석은 자라는 말에 분노를 느끼도록 훈련되었다.

사람들은 어떤 면에서는 엄격하고 완전한 고결함에 훈련되어 있지만 그 이외의 면에서는 사소한 명예를 뽐내는 것에 훈련되어 있다. 그리하여 사람들이 돈을 훔치지는 않지만 즐길 수 있는 모든 것을 탈취하려고 한다. 상인들이 훔치려고 하지는 않지만 아무런 망설임 없이 속이는 것과 같다.

31

의사는 인간의 모든 질병을 간파하고
법률가는 인간의 모든 사악함을 간파하며
신학자는 인간의 모든 어리석음과 우둔함을 간파한다.

32

나의 마음속에는 항상 내가 행한 모든 것과 결정한 모든 것을──심지어 심사숙고한 후에 행한 행위와 결정에 대해서마저──반박하는 반대자가 있다. 그것은 검토의 올바른 형태에 지나지 않는다고 생각한다. 그러나 그것은 때때로 나를 부당하게 비방한다.

다른 많은 사람에게도 그런 일이 일어난다고 본다. 자신에게 '너의 소망에 대한 노력과 성공을 후회해서는 안 된다는 그런 교묘함으로 무엇을 시작한 일이 있는가?'라고 말하지 않을 수 있는 사람은 아무도 없기 때문이다.

33

'견해'는 진동의 법칙을 따른다. 이를테면 견해가 무게 중심을 벗어나 한쪽으로 치우친다면 그만큼 반대쪽으로 멀리 갈 것이다. 그리하여 시간의 흐름과 함께 정지 점에 이르러 멈추게 될 것이다.

34

공간 속에서 거리는 모든 것을 축소한다. 그리하여 그 물체의 결함들은 보이지 않게 된다. 그와 마찬가지로 볼록 거울이나 카메라 렌즈 속에서는 모든 것이 실제보다 아름답게 보인다.

시간 속에서의 과거도 마찬가지이다. 오래전의 광경과 사건들은 그 일에 관련되었던 사람들과 함께 기억 속에 매우 즐거운 일로 나타나며 혼란한 것들은 사라진다. 그런데 그런 유리한 점이 없는 현재는 항상 결함 투성이로 보인다.

공간 속에서 가까이 있는 작은 사물들은 크게 보인다. 그리하여 그것들이 바짝 가까이 있으면 우리의 온 시야를 덮어 버린다. 그런데 우리가 약간 떨어지면 곧 작아지고 미미한 것으로 되어 버린다.

이와 마찬가지로 시간에서도 매일의 생활에서 일어나는 작은 사건들은 가까이 있을수록 크고 중대한 것으로 보이게 되므로 우리의 감정을 교란하고 걱정과 분노를 유발한다. 그렇지만 쉼 없는 시간의 흐름이 그것들을 떼어 놓으면 곧 대수롭지 않고 무가치한 것이 되어 버리며 이내 잊힌다. 그것들의 크기는 우리에게 얼마나 가까이 있느냐에 달려 있기 때문이다.

35

우리는 때때로 뭔가를 배우지만 항상 뭔가를 잃고 있다. 이런 맥락에서 볼 때 우리의 기억력은 많은 사용과 시간의 흐름으로 인해 점점 그물망이 성기어 가는 체와 같다. 우리가 늙으면 늙을수록 기억력에 떠맡기고 있는 것들은 점점 더 빨리 사라져 버린다.

그렇지만 어린 시절 기억 속에 박혀 있는 것들은 여전히 사라지지 않는다. 노인이 기억하는 것들이 분명하면 분명할수록 그만큼 먼 옛날의 것이며 분명치 않으면 않을수록 최근의 기억들이다. 즉 노인의 기억력은 그의 눈과 마찬가지로 원시(遠視)인 것이다.

36

매우 뛰어난 능력을 지닌 사람들은 보통 사람들과 함께 어울리기보다는 지성이 한정된 사람들과 더 잘 어울린다. 마찬가지로 독재자와 천민들은 당연히 한편이며 할머니 할아버지와 손자 손녀들도 또한 당연히 한편이다.

37

인간은 아무런 내적 활동도 하지 않기 때문에 외적 활동을 필요로 한다. 그런데 내적 활동이 일어나는 곳에서 외적 활동은 오히려 부적당한 것이며 때로는 그야말로 엄청난 혼란을 일으키는 방해물이며 아무것도 없는 여가와 평온과 고요함에 대한 욕망이 일반적이다.

그러한 외적 활동의 필요함이 할 일 없는 사람들의 불안함과 여행에 대한 맹목적인 열광도 설명될 수 있다. 그런데 여행길을 줄곧 따라다니는 것은 그들의 나라에서 느끼던 바로 그 권태감이며 그 권태감은 참으로 우스꽝스러운 길[67]로 그들을 몰고 간다.

이 사실은 언제가 오십 세쯤 된 낯선 사람에 의해 확증되었는데 그는 내게 먼 나라들을 2년간 여행했던 이야기를 해 주었다. 내가 그에게

"당신은 큰 어려움과 상실의 위험들을 겪어 왔음에 틀림없다."

라고 말하자 그는 꾸밈없이 매우 솔직하게

"나는 단 한 순간도 권태에 시달리지 않은 적이 없었소."

라고 대답했다.

38

나는 사람들이 혼자 있을 때 권태에 시달리는 것에 대해 놀라지 않는

67) 도박, 만취, 사치 등.

다. 그들은 혼자 있을 때는 큰 소리로 웃지 못하며 심지어 어처구니없는 일로 생각되기까지 한다.

그렇다면 웃음은 다른 사람들을 위한 신호이며 말과 같은 암호에 지나지 않는다는 말인가?

일반적으로 상상력의 결여와 정신적으로 우둔함이 그들이 혼자 있을 때 웃지 못하게 하는 것이다. 동물들은 혼자 있을 때나 떼를 지어 있을 때나 웃지 않는다.

인간과의 교제를 싫어하는 나의 제자는 혼자 크게 웃고 있을 때 그런 사람들 때문에 깜짝 놀란 적이 있다. 그는 혼자 있으면서 무엇 때문에 웃고 있느냐는 질문을 받았다.

"내가 웃고 있는 것은 내가 혼자 있기 때문이다."
라고 나의 제자는 대답했다.

39

극장 구경을 가지 않는 사람은 거울 없이 옷을 입는 사람과 같으며 그보다 더 나쁜 것은 친구에게 아무런 상의도 하지 않고 혼자서 자기 일에 대해 결정을 내리는 사람이다.

인간은 다른 것에 대해서는 매우 훌륭하고 정확한 판단을 내릴 수 있지만 자기 일에 대해서는 그렇지 못하다. 그 이유는 자신의 의지가 지성을 교란하기 때문이다.

의사가 자신을 제외한 다른 사람들을 고쳐 주는 것과 같은 이유로 우리는 다른 사람들과 상의하지 않으면 안 된다. 의사가 병이 들면 다른 의사를 부른다.

40

인간의 좋은 점은 나쁜 점과 관련되어 있으며 마찬가지로 인간의 나쁜 점은 좋은 점과 관련되어 있다. 처음 사람들을 사귈 때 그들의 나쁜 점을 그와 관련된 좋은 점으로 잘못 생각하거나 또는 그들의 좋은 점을 그와 관련된 나쁜 점으로 잘못 생각함으로써 그 사람을 잘못 이해하는 것은 바로 그 때문이다. 그래서 방탕한 사람이 관대한 사람처럼 보이고 어리석은 촌뜨기가 정직한 사람처럼 보이며 오만한 사람이 자신(自信)에 찬 사람으로 보이기도 한다.

41

문명화된 세계는 커다란 가장무도회(假裝舞蹈會)에 지나지 않는다. 당신은 이 세계에서 기사 · 성직자 · 군인 · 의사 · 변호사 · 철학자 등 수많은 사람들을 만난다. 그렇지만 그들의 겉모습이 참모습은 아니다. 그들의 겉모습은 가면에 지나지 않으며 그 가면 뒤에는 한결같이 돈을 긁어모으는 축재가(蓄財家)가 숨어 있다.

어떤 사람은 상대방을 한층 더 유리하게 공격할 수 있기 위해 정의라는 가면을 쓰고 있으며, 어떤 사람은 자신의 목적을 위해 공익(共益) 또는 애국심이라는 가면을 선택하며, 또 어떤 사람은 종교와 신앙의 순결성이라는 가면을 선택한다.

많은 사람이 여러 가지 목적을 위해 철학자 · 박애주의자 등의 가면을 쓰고 있다. 그렇지만 여자들은 가면의 선택 범위가 비교적 좁다. 그들은 대체로 공손함 · 수줍음 · 소박함 · 얌전함의 가면을 선택한다. 그리고 정직함 · 예의 바름 · 동정심 · 애정 등과 같이 어디에서나 볼 수 있으며 아무 특성도 없는 보편적인 가면들은 사업가 · 투기업자들이 쓰고 있다.

이러한 점에서 볼 때 유일하게 정직한 부류는 상인들이다. 그들만이 참모습을 그대로 나타내기 때문이다. 오직 그들만 아무 가면도 쓰지 않고 낮은 사회 계급에 머물러 있는 것이다.

그런데 진지하게 생각해 보면 '인간은 본래 끔찍스러운 야수다'라는 더욱 나쁜 점이 드러난다. 우리는 이 야수가 문명에 길들어 있다는 것을 알고 있으며 때때로 그 본성이 드러나는 것을 보면 놀라게 된다. 만일 법의 쇠사슬이 풀려 무질서한 상태가 되면 인간은 본 모습인 야수성을 그대로 드러낼 것이다.

당신이 사실을 확인하기 위해 그런 일이 일어날 때까지 기다릴 필요도 없다. 고금(古今)의 수많은 보고서가 냉혹함과 잔인함에 있어 인간이 호랑이나 하이에나보다 절대로 뒤지지 않는다는 것을 증명해 줄 것이기 때문이다.

이에 대한 한 예로서 영국의 반(反) 노예 제도 협회에서 받은 회신, 즉 ≪미국의 노예 제도와 노예 매매≫라는 책을 들 수 있다. 이 책은 인간성에 대한 보고서 중에서도 가장 끔찍스러운 보고서이다. 두려움을 느끼지 않고 눈물을 흘리지 않고 이 책을 읽을 수 있는 사람은 거의 없을 것이다. 이 책에는 이제까지 노예들의 비참한 광경에 대해 들어왔거나 상상했던 어떤 끔찍스러움보다 훨씬 더 끔찍한 인간의 잔인성이 그려져 있기 때문이다.

이 책에는 인간의 탈을 쓴 악마들, 즉 신앙심 깊고 교회에 다니며 주일을 지키는 자 중에서도 특히 앵글리칸(Anglican)교회 목사들이 죄 없는 흑인들을 어떻게 다루었는지 꾸밈없이 묘사되어 있다.

또한 인간의 잔인성에 대한 실례는 영국에서도 찾아볼 수 있다. 1848년 영국에서는 부모의 어느 한쪽이나 양쪽이 함께 자식들을 차례로 독살했거나 굶겨 죽인 일이 한두 번도 아니고 백 번이나 일어났다. 그것은 자식들이 가입된 장례 클럽에서 장례비를 타내기 위해서였다.

그들의 자식들은 몇 개의 장례 클럽에 가입되어 있었으며 어떤 경우에는 수십 개의 장례 클럽에 가입되어 있었다(1848년 9월 20일, 22일, 23일자 〈The Times〉).

물론 이 보고들은 인류의 범죄 기록 중에서도 가장 어두운 페이지에 속한다. 그런데 이런 범죄나 이와 흡사한 범죄의 근원은 인간의 내적인 타고난 본성이며 그중에서도 정의의 범위를 뛰어넘으려는 인간의 엄청난 이기주의 때문이다.

유럽의 나라들이 그토록 힘의 균형을 유지하려고 노력하는 것이 필요한 일로 인정되는 것은 인간으로서 자기보다 약한 자를 보기만 하면 즉시 이웃을 덮치는 맹수와 같음을 고백하는 것이 아닌가? 이러한 사실은 일상생활 속에서도 확인된다.

고비노(Gobineau)[68]는 인간을 '극히 사악한 동물'이라고 했다. 그 말에 급소를 찔렸다고 느낀 사람들은 그를 비난했다. 그러나 그의 말은 옳다. 왜냐하면 인간은 동물들의 고통을 즐기는 것 이외에 아무 목적도 없이 다른 동물들에게 고통을 주는 유일한 동물이기 때문이다.

동물들은 허기진 배를 채우기 위해서나 분노로 인해서만 다른 동물을

68) Joseph Arthur de Gobineau(1816~1882), 프랑스의 동양학 학자이며 철학자.

괴롭힌다. 즉 어떤 동물도 단순히 고통을 주기 위해 다른 동물을 괴롭히지는 않는다. 그런데 인간은 그런 짓을 한다. 이것은 야수의 본질보다 훨씬 더 사악한 '악마'의 본질이다.

인간의 본성 중에서도 더욱 사악한 것은 다른 사람의 불행을 보고 기뻐하는 성질이다. 잔인성과 매우 밀접하지만 잔인성은 행위가 가해지는 반면 이것은 행위가 가해지지 않는다는 점만이 다를 뿐 정의와 인간애의 바탕인 동정심이 일어나야 할 상황에서 일어나기 때문에 이러한 성질은 악마적이며 그것에서 나오는 조소는 지옥의 웃음이다.

이제까지 우리는 인간의 사악함을 살펴보았다. 만일 당신이 인간의 사악함에 대해 두려움을 느꼈다면 이번에는 생존의 비참함에 눈을 돌려보라――그리고 만일 생존의 비참함에 놀랐다면 다음에는 인간의 악함에 눈을 돌려 보라――그러면 당신은 이들 양자가 균형을 이루고 있음을 알게 될 것이다.

즉 당신은 영원한 정의가 존재함을 알게 될 것이며, 세계 자체가 자신에 대한 세계의 최후의 심판이라는 것을 알게 될 것이며, 또한 살아 있는 모든 것이 왜 삶으로 그리고 죽음으로 자신의 존재에 대해 속죄해야 하는가를 이해하기 시작할 것이다.

19. 비유와 시(詩)

1

볼록렌즈는 많은 직유(直喩)에 사용될 수 있다. 이를테면 볼록렌즈는 힘을 한 점으로 집중시켜 아름다운 허상(虛像)을 만들어 낸다든지 또는 빛과 열을 증가시켜 놀라운 효과를 낸다는 점에서 천재에 비유될 수 있다.

반면에 여러 방면에 박학다식(博學多識)한 학자는 모든 사물을 표면 바로 밑에 펼쳐 태양의 모습을 축소하고 이것들을 분산시키는 오목렌즈와 같다. 그런데 볼록렌즈는 오직 한 방향을 지향하며 그것을 바라보는 사람들이 어떤 일정한 태도를 보이게 한다.

둘째로 훌륭한 예술 작품이 실제로 전달하는 것은 그것 자체의 실체적 자아, 즉 경험적 실체가 아니라 외부에서 잡을 수 없는 것과 잡기 어려운 사물의 참된 정신처럼 상상력으로 추구할 수밖에 없는 것에 있어서 볼록렌즈에 비유될 수 있다.

끝으로 극도의 사랑에 빠진 남자는 무정한 애인을 볼록렌즈에 비유할 수 있다. 볼록렌즈는 그녀와 마찬가지로 빛을 내어 불타오르게 하지만 자신은 여전히 차가운 상태로 남아 있다.

2

스위스는 마치 천재와 같아서 아름답고 고결하지만 영양가 있는 열매를 생산하기에는 적합하지 않다. 반면에 포메라니아(Pomerania)와 홀슈타인(Holstein)의 늪지대는 매우 비옥하고 생산적이지만 속인(俗人)들처럼 평탄하고 단조롭고 지루하다.

3

곡식이 익어가는 들판에서 나는 누군가의 무심한 발이 곡식을 짓밟은 곳에 섰다. 무수한 이삭으로 인해 고개 숙이고 있는 곡식들 사이에서 나는 자생(自生)한 푸른 꽃 빨간 꽃 보랏빛 꽃들을 발견했다. 그 꽃들은 참으로 아름다웠지만 열매를 맺지 못하는 쓸모없는 잡초에 지나지 않았다. 나는 그 꽃들이 제거될 수 없으므로 뽑혀 버려지지 않았을 뿐이라고 생각했다.

그러나 이곳에 아름다움과 매력을 주는 풍경은 오직 그 꽃들뿐이었다. 이처럼 꽃들이 하는 역할은 진지하고 유용하고 생산적인 삶 속에서 시(詩)나 훌륭한 예술 작품들의 역할과 같다. 그 꽃들은 시나 훌륭한 예술 작품들의 상징으로 간주할 수 있다.

4

지상(地上)의 경치들은 참으로 아름답다. 그런데 그토록 아름다운 경치 속에서 인간이 하는 일과 모습은 늘 흉하다. 그러므로 인간은 그 속에서 살아서는 안 된다.

5

건축물의 장식과 기념비(記念碑)·오벨리스크(Obelisk) 분수대 등으로 장식되어 있기는 하지만 더럽고 포장이 엉망인 독일의 도시는 마치 누더기와 더러운 옷을 입고 금은보석으로 치장한 여인과 같다.

만일 이탈리아의 도시들처럼 아름답게 만들고 싶다면 그들이 길을 포장하듯이 먼저 당신의 도시들을 포장하라.

좌대(座臺) 위에 집채만 한 조각품을 올려놓지 말고 이탈리아 사람들을 본받아라.

6

우리는 뻔뻔스러움과 파렴치함의 상징으로 파리를 택한다. 왜냐하면 다른 동물들은 인간을 두려워하여 가능한 한 멀리 도망치지만 파리는 바로 인간의 코밑에 앉기 때문이다.

7

유럽을 방문한 두 중국인이 처음으로 극장에 갔다. 그중 한 사람은 기계의 작용을 이해하려고 노력하여 마침내 그의 노력은 성과를 거두었다. 다른 한 사람은 말을 알아듣지도 못하면서 영화의 의미를 이해하려고 노력했다. 천문학자는 전자(前者)와 흡사하며 철학자는 후자(後者)와 흡사하다.

8

수은 통 위에 서서 쇠 주걱으로 수많은 수은 방울을 퍼 올렸다. 그 수많은 방울을 위로 던져 올렸다가 다시 쇠 주걱으로 그것들을 받았다. 수은 방울들을 놓치자 그것들은 통 속으로 떨어졌다. 수은은 일시적으로 형태만 바뀌었을 뿐 아무런 손실도 없었다.

이처럼 성공과 실패도 아무런 차이가 없는 것이다. 개인의 삶과 죽음에 관계된 모든 내적 본질도 이와 마찬가지이다.

9

인간의 내부에 있지만 실제로 행해지지 않고 이론에만 그친 지혜는 색채와 향기로 다른 사람들을 기쁘게 해 주지만 아무런 씨앗도 남기지 않고 시들어 죽는 장미와 같다.

가시 없는 장미는 없다. 그러나 장미꽃이 없는 가시는 많다.

10

동물 중에서 개는 충실함에 아주 적합한 상징이다. 그리고 식물 중에는 충실함의 상징으로 전나무가 있다.

전나무는 날씨가 좋을 때나 나쁠 때나 항상 우리와 함께 머물러 있기 때문이다.

다른 모든 나무 · 식물들 · 곤충들 · 새들은 태양이 호의를 거두어들이면 우리를 버렸다가 하늘이 다시 미소 지을 때 우리에게 돌아오지만 전나무는 태양이 호의를 거두어들일 때도 우리를 버리지 않는다.

11

꽃이 만발한 무성한 사과나무 뒤에서 똑바로 서 있는 전나무가 어둡고 뾰족한 머리를 내밀었다. 사과나무가 전나무에 말했다.

"나를 온통 뒤덮고 있는 수많은 화려한 꽃들을 보라! 너는 무엇을 보여 줄 수 있는가? 진녹색의 바늘인가?"

전나무가 대답했다.

"그렇다. 겨울이 오면 너의 무성함을 잊게 될 것이다. 그러나 나는 겨울에도 지금과 변함이 없다."

12

어느 날 떡갈나무 아래에서 식물을 채집하고 있을 때 나는 다른 식물들 사이에서 키가 작지만 색깔이 진하고 잎이 무성한 떡갈나무 한 그루를 발견했다. 내가 그 떡갈나무에 손을 대자 떡갈나무가 내게 말했다.

"나를 내버려 두시오! 나는 자연이 1년 동안의 삶만을 허락한 다른 식물들처럼 표본실을 위한 식물이 아닙니다. 나는 몇 세기에 걸쳐 삽니다. 나는 아직 어린 떡갈나무이기 때문입니다."

몇 세기 동안 영향력을 잃지 않는 사람도 이와 마찬가지이다. 그는 어린 시절이나 젊은 시절에도 그리고 어른이 되었을 때마저도 그의 생애 전 기간을 통해 동료들과 똑같은 인간으로 보이며 그다지 중요한 인물로 보이지 않는다. 그런데 시간이 그의 진가(眞價)를 평가할 사람들을 이끌고 온다. 그리하여 다른 사람들처럼 죽지 않는 것이다.

13

나는 우연히 들꽃 하나를 만났다. 나는 그 꽃의 아름다움과 완벽함에 감탄하며 꽃에 외쳤다.

"너와 너의 동류(同類)들은 피어났다가 곧 시들어 버린다. 그래서 너의 아름다움과 완벽함은 다른 사람들의 관심을 끌지 못하고 때로는 사람들의 눈에 띄지도 않는다."

그러자 그 꽃이 대답했다.

"당신은 바보로군! 당신은 내가 사람들의 눈에 띄기 위해 꽃을 피우고 있다고 생각하는가? 나는 나 자신을 위해 꽃을 피울 뿐 사람들을 위해 꽃을 피우는 것이 아니다. 꽃을 피우는 일이 나를 즐겁게 해 주기 때문에 나는 꽃을 피우는 것이다. 나의 환희와 기쁨은 나의 존재와 꽃 피움 속에 있다."

14

지구의 표면이 아직 평평한 화강암의 껍질로 덮여 있어 어떤 생물의 생성 근원도 존재하지 않던 어느 날 아침 태양이 떠올랐다. 신들의 심부름꾼인 이리스(Iris)[69]가 주노(Juno)[70]의 심부름으로 날아왔다가 잠시 후 서둘러 떠나며 태양을 향해 외쳤다.

"너는 왜 떠올라 나를 괴롭히는가? 너를 알아볼 눈도 없으며 다시 명성을 떨칠 멤논(Memnon)의 기둥도 존재하지 않는다!"

태양이 대답했다.

"나는 태양이다! 태양이기 때문에 떠오르는 것이다. 나를 볼 수 있는 자가 바라볼 수 있게 하려고!"

15

꽃이 피어 있는 아름답고 무성한 '오아시스'가 주위를 둘러보았다. 그런데 사막 이외에는 아무것도 볼 수 없었다. 그 '오아시스'는 자신과 같은 '오아시스'를 찾으려 했으나 헛수고였다. 그러자 크게 탄식하며 말했다.

"나는 참으로 불행하고 외로운 오아시스구나! 혼자 있어야 한다니 나와 같은 오아시스는 아무 데도 없구나! 나를 발견하고 나의 초원에서 샘물과 야자나무와 숲을 즐길 눈이 하나도 없다니! 모래와 바위뿐 생명 없

69) 그리스 신화 무지개 여신.
70) Jupiter의 아내.

는 황량한 사막만이 나를 둘러싸고 있구나! 이 외로움 속에서 나의 훌륭함과 아름다움과 풍요로움이 무슨 소용이 있단 말인가?"

그러자 늙은 어머니인 사막이 대답했다.

"나의 아이야 만일 현재와 달리 내가 황량하고 메마른 사막이 아니라 생명과 푸름으로 뒤덮여 있다면 너는 멀리 떠나온 여행자들이 고마운 곳이라고 칭찬을 아끼지 않는 오아시스가 될 수 없을 것이다. 그렇게 되면 너는 나의 작은 일부분——아무 의미도 없고 눈에 띄지도 않는 극히 작은 일부분——에 지나지 않을 것이다. 그러니 너의 특성이며 영광의 조건인 인내심으로써 참고 견디어라."

16

기구를 타고 올라가는 사람은 자기가 올라가고 있는 것으로 느끼지 않고 땅이 점점 가라앉는 것으로 느낀다. 그 이유는 무엇일까? 그것은 그런 기분을 느끼고 있는 사람들에 의해서만 이해될 수 있는 신비이다.

17

인간의 위대성을 생각해 보면 정신적 위대성과 육체적 위대성에는 서로 상반되는 법칙이 적용된다. 그러므로 육체적 위대성이 사라질수록 정신적 위대성은 증대되는 것이다.

18

자연은 아름다움이라는 광택제로 모든 사물을 덮었다. 이를테면 검은 자두나무 위에 섬세한 꽃을 피우는 것처럼——화가들과 시인들은 광택제가 제거된 상태의 사물을 간직하기 위해——그리고 우리가 여가 시간에 그것을 즐길 수 있도록 제공하기 위해 광택제를 벗기려고 최선의 노력을 다한다. 그리하여 우리는 실생활로 들어가기 전에 그것을 탐욕스럽게 감상한다.

그런데 우리가 실생활로 들어갈 때 자연에 의해 덮어 씌워졌던 광택제가 제거된 상태의 사물을 보는 것은 당연한 일이다. 예술가들은 이제까지 그 광택제를 벗겨 왔으며 우리는 그것을 미리 즐겼기 때문이다. 그리하여 사물들이 지금 우리에게 불쾌하고 매력 없게 보이는 것이다.

사실 그들은 때로는 혐오감을 불러일으키기도 한다. 그러므로 사물들을 덮고 있는 광택제를 그대로 내버려 두어 우리가 그것을 발견하게 하는 편이 더 나을 것이다. 그렇게 되면 우리는 완벽한 회화(繪畵)나 시(詩) 속에서 얻는 것만큼 많은 즐거움을 한꺼번에 얻을 수는 없지만 훌륭한 예술 작품에 의해 자신의 미적(美的) 즐거움과 삶의 매력을 미리 즐긴 일 없는 자연의 어린아이마저도 때때로 발견하는 평온함과 아름다운 빛 속에서 모든 사물을 보게 될 것이다.

19

자식들의 교육과 성장을 위해 한 어머니가 이솝 우화를 읽으라고 책을 주었다. 그중 나이가 많고 현명한 아이가 그 책을 어머니에게 되돌려주고는 이렇게 말했다.

"이것은 우리에게 알맞은 책이 아닙니다. 이것은 너무나 유치하고 어리석은 책입니다. 우리는 여우 · 늑대 · 까마귀들이 말할 수 있다는 것을 믿지 않게 되었습니다!"

이 희망에 찬 어린이에게서 미래의 뛰어난 이성주의자를 인정하지 않을 사람이 어디 있겠는가?

20

추운 겨울날 고슴도치들이 얼어 죽지 않기 위해 서로 바싹 달라붙어 한 덩어리가 되었다. 그러자 곧 그들의 가시가 서로를 찔렀다.

그리하여 그들은 다시 떨어졌다. 그런데 추위에 견딜 수 없어 다시 한 덩어리가 되었다.

가시가 서로를 찔러 그들은 다시 떨어졌다. 이처럼 그들은 두 악마 사이를 오고 갔다. 그러다 마침내 상대방의 가시를 견딜 수 있는 적당한 거리를 발견하게 되었다.

인간 생활의 공허함과 단조로움에서 생기는 사회생활에 대한 욕망은 인간을 한 덩어리가 되게 한다.

그러나 불쾌감과 반발심으로 다시 떨어진다. 그리하여 마침내 서로 견딜 수 있는 적당한 간격을 발견하게 되었다.

그것이 바로 정중함과 예의이다. 그러므로 그것을 지키지 않는 사람은 '당신의 간격을 유지하라.'라는 말을 듣게 되는 것이다.

그 결과 따뜻함에 대한 서로의 욕망은 충족되지 않는 상태로 남아 있지만 가시에 찔리는 일은 없는 것이다.

그런데 내적으로 따뜻함을 많이 지닌 사람은 다른 사람에게 고통과 괴로움을 주거나 다른 사람한테 고통과 괴로움을 받지 않기 위해 사회에게서 멀리 떨어져 있기를 좋아한다.

소네트

내내 계속되는 겨울밤은 절대 끝나지 않으리라.
태양은 절대 떠오르지 않을 것처럼 머뭇거리고 있다.
사나운 폭풍은 부엉이처럼 울어대고
무기(武器)들은 무너져 가는 성벽 위에서 소리를 낸다.
무덤들이 열리고 유령들이 나와 사방으로 흩어져
나의 영혼을 놀라게 하려 한다.
다시는 원상태로 되돌아가지 못하도록.

그러나 나는 그들에게 시선을 던지지 않으리라.
그날, 그날 나는 귀에 거슬리는 음성으로 선언하리라!
밤과 유령들은 나의 음성을 듣고 도망칠 것이다.
새벽의 별들은 그것을 예고하고 있다.
머지않아 가장 어두운 심연까지도 밝아질 것이며
밝은 빛이 세계에 가득할 것이다.
무한한 공간은 밝디밝은 푸름을 담뿍 받고 있다.

— (1808년, 바이마르)

슈바르츠부르크 계곡의 바위들

어느 청명한 날 숲속의 계곡을 홀로 걷고 있을 때
나는 숲 후예들의 군락에서 떨어져 나온 톱니 모양의 회색 바위들을 발견했다.

거품을 일으키고 물소리를 내며 흐르는 숲속 개천의 바위들이 경의를 표하는 우뚝 선 바위의 말을 들어 보라.

'형제들이여, 가장 오래된 창조자의 자식들이여

나와 함께 오늘을 즐거워하자.

세상이 태어난 날 태양이 처음으로 떠올라 우리에게 예고했을 때처럼

소생(蘇生)시키는 태양 빛이 주위에서 부드럽고 우아하게 희롱한다.

머뭇거리는 겨울이 우리에게 눈[雪] 모자를 씌워 주고 고드름 수염을 달아 주었다.

그 이후 우리의 강력한 많은 형제는 공동의 적이며 줄달음치는 시간의 자식들이 무성해 가는 식물들——항상 새로이 태어나는 식물들——에 의해 깊이 파묻혔으며 심연에 삼켜졌다.

아, 형제들은 아름다운 빛을 영원히 빼앗겼다,

부패에서 태어난 식물의 무리가 오기 전에 우리와 함께 영원을 보았던 저 강력한 형제들은.

형제들이여, 이 식물의 무리는 사방으로 뻗어간다.

그리하여 파괴와 부패로써 우리를 위협한다.

온 힘을 다해 참고 버티어라.

뭉쳐라, 그리고 그대들의 머리를 태양에 쳐들라

태양이 그대들의 머리 위에 햇살을 던지도록.'

— (1813년 루돌슈타트)

구름과 폭풍을 뚫고 비치는 태양 광선

모든 것을 구부리고 모든 것을 흐트러뜨리는 사나운 폭풍 속에서도 그대는 참으로 평화롭구나,

찬란하고 따사로운 태양의 견고하고 흔들림 없는 평온한 광선이여!

그대처럼 미소 지으며 그대처럼 온화하고 견고하고 영원히 맑게

현자(賢者)는 사나운 폭풍과 고뇌로 가득 찬 인생 속에서 평온하고 평화롭다.

— (1813년 루돌슈타트)

하르츠에서의 아침

안개에 짓눌리고 구름에 뒤덮여

하르츠는 침울한 표정을 지었다.

세상은 음침하고 음울한 모습으로 나타났다.

그때 태양이 나타나 미소를 지었다.

그러자 모든 것이 유쾌함과 사랑으로 가득 찼다.

태양은 산비탈을 배회했다.

그리고 평화와 평온 속에서 안식했다.

깊고 행복한 환희 속에서.

그는 산꼭대기를 비추고 산꼭대기를 배회했다.

그는 산꼭대기에서 얼마나 큰 사랑을 받고 있는가!

— (1813년 루돌슈타트)

시스티나 성당의 성모상(聖母像)에

그녀는 그를 세상으로 데리고 와 그를 놀라게 했다.
그는 세상 증오의 혼돈과 광포와 분노
치유될 수 없는 투쟁의 어리석음
진정될 수 없는 재앙의 고통을 보았다.
그는 깜짝 놀랐다.
그렇지만 그의 눈에서 평온함과 확신에 찬 희망과 의기양양한 기쁨이 내비치었다.
그는 이미 영원한 예속의 확실성을 예고하고 있었다.

— (1815년 드레스덴)

칸트에게

나는 눈으로 당신을 따라 창공으로 들어갔습니다.
그곳에서 당신은 나의 시야에서 사라졌습니다.
나는 지상의 많은 무리 속에서 홀로입니다.
당신의 말과 당신의 책만이 나의 유일한 위안입니다.
당신의 고무적인 말들의 가락을 통해 나는 황량한 고독을 추방하려 했습니다.
사방에서 이방인들이 나를 둘러싸고 있습니다.
세상은 황량하며 인생은 지루하게 깁니다. (미완성)

— (1820년)

투란도트(Turandot)의 수수께끼

우리가 많은 근심과 궁핍에 쌓여 있을 때 우리를 돕고 우리에게 봉사하도록 고용된 것은 악마이다.

만일 악마가 우리의 손짓과 부름에 응하지 않았다면

우리는 파멸 속에서 죽었을 것이다.

그렇지만 우리는 악마를 엄하게 다스리지 않으면 안 된다.

악마의 힘이 항상 족쇄에 채워져 있도록

단 한 시간도 악마가 우리의 감시에서 풀려나지 않도록.

왜냐하면 사악한 계략과 배반이 그의 방식이기 때문이다.

그는 악의를 품고 있으며 반역을 획책한다.

그는 우리의 삶과 행운을 함정에 빠뜨리며 서서히 무시무시한 행위를 준비한다.

만일 그가 자신의 쇠사슬을 끊는 데에 성공하기만 한다면

그리하여 자신에게서 원한의 족쇄를 제거하기만 한다면

그는 곧 자신의 속박에 대해 복수할 것이다.

그러면 그의 분노는 기쁨이 될 것이며

그가 주인이 되고 우리는 그의 노예가 될 것이다.

일단 그렇게 되면 우리가 아무리 예전 권리를 되찾으려고 노력해도 그것은 헛수고일 뿐이다.

이미 고삐가 풀리고 주문(呪文)이 깨졌기 때문이다.

속박에서 벗어난 노예의 광폭한 분노는 모든 것을 공포와 죽음으로 채운다.

그리하여 공포의 몇 시간이 지나면
악마는 마침내 주인과 주인의 집을 탐욕스럽게 먹어 치운다.

— (1829년 베를린)

시금석(試金石)

검은 돌 위에 황금이 문질러졌다.
그렇지만 노란 흔적이 남지 않았다.
'이것은 훌륭한 황금이 아니군!'
사람들이 모두 외쳤다.
그리하여 황금은 쓸모없는 금속으로 버려졌다.
그 검은 돌이 시금석(試金石, 황금의 순도를 판정하는 돌)이었다는 사실이 밝혀진 것은 그 후의 일이었다.
그 황금은 소중히 보관되었다.
진짜 시금석만이 진짜 황금을 시험할 수 있는 것이다.

— (1830년)

일흔세 번째 베네치아 풍자시에 대한 응답

개들이 사람들에 의해 비방을 받는 것에 대해 나는 놀라지 않는다.
왜냐하면 아, 개들은 너무나 자주 인간에게 부끄러움을 느끼게 하기 때문이다.

— (1845년)

사람을 끄는 힘

당신은 추종자들을 얻기 위해
당신의 이지와 지혜를 낭비하려 하는가?
사람들에게 좋은 것을 주어 실컷 먹고 마시게 하라.
그러면 떼를 지어 당신에게 모여들 것이다.

— (1857년)

종말

지금 나는 지쳐 버린 채 길의 끝에 서 있다.
몹시 지친 얼굴은 월계관을 지탱하기조차 어렵다.
그렇지만 즐거운 마음으로 이제까지 내가 해 온 것들을 바라본다.
다른 사람들이 무슨 말을 하든 겁내지 않고.

— (1856년)

나의 반생(半生)[71]

나의 반생(半生)에 대해 보고하려고 하니 다른 보고서보다 써야 할 것이 훨씬 많은 것으로 생각된다. 내가 종사하고 있는 직업——즉 내가 행하고 있는 학문적 활동——은 다른 여러 직업처럼 우연히 선택하게 된 것도 아니며 다른 사람이 신중하게 생각한 후 내게 시킨 것도 아니며 내 자유 의지에 의해 선택한 것이기 때문이다. 더구나 내가 오늘까지 걸어온 길은 평탄하고 쾌적한 길이 아니었을 뿐만 아니라 늘 장애물이 놓여 있는 가시밭길이었으므로 처음에는 어떻게 발을 내디디며 나아가야 할지 전혀 알 수 없는 상태였다.

나는 단치히(Danzig)에서 태어났다. 내가 이 세상의 빛을 본 것은 1788년 2월 22일이었다. 아버지는 하인리히 플로리스 쇼펜하우어 (Heinrich Floris Schopenhauer)이고 처녀 때 요한나 헨리에테 트로지너(Johanna Henriette Trosiener)라는 이름으로 불렸던 아직도 건재(健在)하신 어머니는 일련(一連)의 저작으로 명성을 얻으셨다. 내가 태어날 당시 사정이 조금만 달랐더라도 나는 영국인이 되었을 것이다. 왜냐하면 어머니가 해산달이 임박해서 영국을 떠나 고국으로 돌아왔기 때문이다.

존경하는 나의 아버지는 부유한 상인이었으며 폴란드의 궁정 고문관——다른 사람들이 자신을 그렇게 부르는 것을 허락하지 않으셨다——

71) 이 글은 1819년 말 쇼펜하우어가 베를린(Berlin)대학교 철학과에 제출한 라틴어로 쓴 그의 이력서이다.

이었다. 그는 엄격하고 성격이 급한 분이었지만 비난의 여지가 없을 정도로 행실이 바르고 정의감이 강했으며 다른 사람들에게 반드시 신의를 지켰으며 상업에 대해서는 매우 탁월한 식견을 지닌 분이었다.

내가 아버지에게 얼마나 은혜를 받았는가는 필설(筆舌)로 표현하기 어렵다. 거기에는 다음과 같은 여러 가지 이유가 있다. 아버지가 내게 시키고자 했던 직업은 그에게는 훌륭한 것이었겠지만 나의 정신에는 적합한 것이 아니었다.

그렇지만 아버지 덕택으로 젊은 시절부터 실용적인 지식을 얻을 수 있었으며 자유와 여가를 비롯하여 나의 천직인 학자로서의 교양을 획득하기 위해 없어서는 안 되는 모든 것과 나의 목적을 추구하는 데 도움이 되는 수단을 획득할 수 있었다.

그뿐만 아니라 청년이 되었을 때도 아버지 덕택으로 힘들이지 않고 여러 가지 이익을 얻을 수 있었다. 나의 성격과 기질에 비추어 보면 그것은 매우 즐거운 일이었다. 나는 자유롭게 사용할 수 있는 시간을 갖고 있었으며 생활에 대한 아무런 걱정도 할 필요가 없었던 것이다.

이러한 이유로 나는 장년이 되어서도 돈과는 아무 관계도 없는 학문 연구 및 극히 난해한 탐구와 명상에 전념할 수 있었다. 그리하여 나는 아무 걱정도 없이 아무것에도 방해받지 않고 내가 탐구하고 숙고(熟考)한 것을 글로 쓸 수 있었으며 이 모든 것은 오로지 나의 아버지 덕택이었다.

왕마저도 그런 여유를 주지는 못할 것이다. 그러므로 나는 내가 살아 있는 한 필설로 표현하기 어려운 아버지의 은혜를 마음에 간직하고 분명하게 기억하려고 한다.

1793년 선정(善政)을 하던 고귀한 프로이센(Preussen) 왕이 단치히를 지배하게 되자 자유보다도 고향을 걱정하던 아버지는 옛 공화국의 몰락을 견딜 수 없어 했다. 그리하여 단치히가 프로이센 군(軍)에 의해 점령되기 몇 시간 전 아버지는 처자식을 데리고 단치히를 떠나 교외의 별장에서 하룻밤을 지낸 다음 서둘러 함부르크(Hamburg)로 향했다.

그렇지만 자신과 가족들을 단치히의 운명에서 벗어나게 하기 위해서 아버지는 많은 재산을 버리지 않을 수 없었다. 상업에 종사하는 사람에게 장소를 옮기는 것은 매우 불리하였고 시대의 변화에 부적당한 발언을 한 적도 있어 그는 전 재산의 십분의 1을 국고(國庫)에 바치지 않으면 안 되었다. 그러나 그렇게 함으로써 단치히와의 모든 관계가 완전히 해방될 수 있었다.

그리하여 나는 어릴 때——당시 5세——부터 고향을 잃었으며 그 이후 새로운 고향을 가진 적이 한 번도 없었다. 왜냐하면 그때부터 아버지는 함부르크에서 살았으며 그곳에서 죽을 때까지 상업 활동을 한 것과는 상관없이 그는 함부르크 시민이 되려고 하지 않았는데 외국인에 관한 법률에 의해 보호 시민으로 살다가 죽었기 때문이었다.

당시에는 유일한 자식이었던 나를——누이동생은 나보다 십 년 후에 태어났다——아버지는 훌륭한 상인과 예의범절을 갖춘 훌륭한 인간으로 만들기로 결심했다. 그러기 위해서 아버지는 내가 프랑스어를 익혀야 한다고 생각했다. 그리하여 1797년 아버지가 영국과 프랑스로 관광 여행을 떠날 때 당시 열 살의 나이로 개인 교수에게 일반 학문에 관한 교육을 받고 있던 나를 데리고 갔다.

우리는 파리를 구경한 후 르아브르(Le Havre)로 갔다. 아버지는 나를 완전히 프랑스인으로 만들기 위해 르아브르에 살고 있는 동료 상인의 집에 나를 남겨두었다. 아버지의 친구는 자애롭고 선량하고 온화한 분으로 나를 친자식처럼 돌보아 주셨으며 나와 동갑인 그분의 아들과 함께 나를 교육했다. 우리는 가정교사에게서 나이에 적합한 지식과 교양을 배웠다.

나는 프랑스어 외에 여러 가지를 배웠으며 라틴어의 기초도 배웠다. 그 덕택에 라틴어를 들어도 조금도 어색함을 느끼지 않게 되었다. 바다에 접해 있으며 가까이에 센강이 있는 아름다운 이 도시에서 나는 유년 시절 중에서도 가장 즐거운 한때를 보냈다.

그곳에서 2년간 머무른 후 십이 세가 지날 무렵 나는 혼자서 배를 타고 함부르크로 돌아왔다. 선량한 아버지는 내가 프랑스어를 잘하는 것을 듣고 매우 만족했다. 그렇지만 내가 모국어를 잊어버렸으므로 아버지로서는 내게 사물을 이해시키는 것이 매우 어려웠던 모양이었다. 그 후 교육학에 관한 서적을 쓴 철학 박사 룽게가 교장을 맡고 있으며 부유한 집의 자녀들이 다니는 함부르크 사립학교에 나는 들어가게 되었다.

나는 탁월한 교장 선생님을 비롯하여 이 학교의 여러 선생님에게 상인으로서도 유익하고 교양인으로서도 필요한 것들을 철저하게 배웠다. 그렇지만 라틴어 수업은 1주일에 1시간밖에 없었으며 그것도 진정한 수업이 아니라 형식에 지나지 않았다.

나는 이 학교에서 약 4년 동안 교육을 받았다. 이 학교에서의 교육이 끝나갈 무렵 나는 학자로서 일생을 보내고 싶다고 열망하게 되었다. 그래서 아버지에게 나의 장래에 대해 무리한 요구를 하지 말고 상인으로 만들지 말라고 끊임없이 간청했다. 그러나 아버지는 내가 학자가 되는 것에 매우 불만이었으며 그의 생각대로 상인의 길을 가는 것이 가장 바람직하다고 결정하고 있었으므로 그의 견해를 꺾으려 하지 않았다.

그 뒤로도 수없이 거절당했는데도 나는 물러서지 않고 일 년 내내 아버지에게 나의 소원을 간청한 데다가 룽게 박사는 내가 상인으로서 필요한 능력과는 다른 뛰어난 소질을 지니고 있다고 보증해 주었다. 그토록 확고했던 아버지의 신념도 흔들리고 부드러워져 내 의견을 존중하여 김나지움(Gymnasium)에 보내 줄 것을 약속했다.

아버지로서의 애정으로 무엇보다도 내가 안정된 일생을 보내게 되기를 바라고 있었으며 그의 머릿속에 학자와 가난이라는 두 개의 개념은 분리될 수 없는 것으로 자리 잡고 있었다. 그래서 그는 내가 두렵고 험한 길을 걷는 것을 미리 방지하려고 최대의 노력을 기울였다.

그는 나를 함부르크의 카노니크스——종교 참사회의 일원——로 만들기로 결심하고는 필요한 조건을 검토했다. 그러나 카노니크스가 되기 위해서는 엄청난 비용이 필요하다는 것을 알고는 포기해 버렸다.

그러는 동안에 장차 내가 선택해야 할 진로를 어떻게 변경할 것인가 하는 문제도 잠시 답보 상태에 머물렀다. 아버지는 나의 심경에 변화가 올 것이라고 기대하고 있었다. 인간의 자유에 대해 경외심을 품고 있던 아버지는 완력으로 자신의 견해를 관철하려고 하지는 않았다. 그렇지만 책략을 이용하여 나의 마음을 시험하기를 조금도 망설이지 않았다.

아버지는 내가 여행을 몹시 열망하고 있으며 어릴 때의 친구를 만나기 위해 다시 한번 르아브르(Le Havre)를 방문하기를 원한다는 것을 잘 알고 있었다. 아버지는 내게 다음 해 초 어머니와 함께 유럽의 대부분을 구경하는 장기간 여행을 떠날 계획이라고 말했다.

아버지는 만일 내가 상인이 되기에 전념하겠다고 약속하면 이 멋진 여행에 나를 데리고 갈 것이며 다시 르아브르를 방문할 기회를 줄 수 있지만 학자의 길을 가려는 내 생각을 바꾸지 않는다면 함부르크에 남아 라틴어를 배우게 될 것이라고 하면서 어느 쪽을 선택하든 그것은 나의 자유라고 말했다.

여행의 유혹은 젊은이로서 거절하기 어려운 것이었다. 나는 아버지의 희망을 곰곰이 생각한 후 마침내 그 여행에 따라갈 것을, 즉 상인이 될 것을 약속했다.

그리하여 1803년 봄 십육 세가 된 나는 양친과 함께 함부르크를 떠났다. 우리는 먼저 네덜란드를 여행했으며 그 후 프랑스를 거쳐 영국으로 건너갔다. 런던에서 2개월 정도 머무른 후 양친은 스코틀랜드로 향하고 나를 런던 교외에 있는 성직자의 집에 머물게 했다. 그것은 내게 영어를 익히게 하기 위해서였으며 그곳에 머무르는 3개월 동안 목적을 거의 달성했다.

양친이 런던으로 돌아오자 우리는 함께 지냈다. 그리고는 겨울을 보내기 위해 벨기에를 거쳐 파리로 돌아왔다. 나는 파리에서 르아브르를 방문했다. 그 후 우리는 보르도 · 몽파르나스 · 니스 · 마르세유 · 드롬 그리고 이에르의 섬들을 여행했다. 우리는 리옹을 방문한 후 스위스로 갔다. 스위스 전체를 여행한 다음 빈으로 갔으며 거기서 드레스덴 · 베를린을 거쳐 단치히에 도착했다. 그리웠던 고향을 방문한 후 여행을 떠난 지 거의 2년이 지난 1805년의 첫날에 우리는 함부르크로 돌아왔다.

나는 당시 고전에 관한 학문과 고전어 학습을 해야 할 시기를 2년간의 긴 여행 때문에 소비해 버렸다고 생각했다. 그렇지만 지금은 그 긴 여행이 내게 많은 것을 주었으며 여행하지 않았더라면 얻을 수 있었던 것과 맞먹는 것과 그보다 더 중요한 것을 얻었다고 생각된다.

인간의 영혼이 모든 종류의 인상에 민감하게 반응하며 사물을 받아들이고 인식하는 것에 전념하던 호기심 왕성한 청년기였던 그때 나의 정신은 흔히 볼 수 있는 것처럼 올바른 지식도 갖고 있지 않았는데도 사물에 대한 공허한 말이나 글에 만족하는 일도 없었으며 학습으로 오성(悟性)의 예민함을 잃지도 않았기 때문이다.

그 대신 사물을 내 눈으로 확인하고 사물에 대한 올바른 지식을 획득하고 사물이란 무엇이며 어떠한 형태로 되어 있는지를 사물의 형태와 변화에 관한 여러 의견을 받아들이기 이전에 배울 수 있었던 것이다.

특히 내가 기쁘게 생각하는 것은 이러한 교양 습득의 길을 걸었던 덕택으로 젊은 시절부터 사물에 대해 그 이름을 아는 것에 만족하지 않고 관찰하고 탐구하고 눈으로 직접 확인하여 그것을 인식하는 편이 훨씬 바람직하다는 습관을 붙일 수 있었다는 것이다. 그리하여 나는 이름만을 알 뿐 그 이름을 사물 자체로 생각하는 위험에 빠지는 일은 없었다.

이러한 의미에서도 그 여행에 대해 불평할 이유는 조금도 없었다. 그렇지만 귀국 후 나의 입장은 매우 나빠졌으며 그야말로 비통한 지경에 빠졌다. 함부르크로 돌아온 후 약속대로 오로지 상업의 길에 전념하지 않으면 안 되었기 때문이었다. 나는 함부르크시(市)의 참사회원(參事會員)이며 유명한 상인 밑에서 일을 하게 되었다.

그런데 나보다 열등한 상인은 없었다. 나의 성격은 이 직업에 철저하게 반발했으며 늘 다른 일에만 정신이 가 있던 나는 의무를 완수하지 못했다. 집으로 돌아오면 책을 읽거나 생각에 잠기거나 공상에 빠질 시간을 얻는 일에만 마음을 썼으며 상회(商會)에서도 항상 책을 감추어 두고 몰래 독서에 전념했다. 유명한 천문학자이며 머리뼈 해부학의 창시자인

갈(Gall, Franz Joseph, 1758~1828)이 함부르크에 왔을 때는 그의 강연을 듣기 위해 매일 주인 몰래 상회를 빠져나왔다.

나는 이러한 악덕에 물들어 있었을 뿐만 아니라 깊은 실의에 빠져 있었으므로 세련되지 못한 나의 태도는 자연히 남들에게도 불쾌감을 주었다.

내가 그렇게 되어 버린 이유 중의 하나는 즐겁기만 했던 긴 여행과는 달리 일 년 내내 싫은 일을 억지로 하면서 최악의 굴종을 참아 내지 않으면 안 되었다는 것이었으며 또 하나의 이유는 그릇된 인생행로에 발을 들여놓았다는 것을 절실하게 느끼고 있었을 뿐만 아니라 내가 저지른 잘못이 돌이킬 수 없다는 절망감에 빠져 있었다는 것이었다.

이런 불행한 시기에 나는 두려운 운명의 타격을 받았다. 갑자기 인자하고 선량한 아버지를 죽음이 빼앗아 가버린 것이다. 이 비통한 사건으로 나의 마음은 더욱 어두워졌으며 거의 우울증에 빠져 버렸다. 나는 어머니에게 이러쿵저러쿵 잔소리를 듣지 않게 되었음에도 깊은 비탄으로 정신력이 쇠진해 있었다.

아버지가 돌아가셨다고 곧바로 아버지의 뜻을 거역하는 것도 양심에 걸렸으며 또한 고전어를 다시 공부하기에는 나이가 너무 많다고 생각했기 때문에 나는 상인으로서의 길을 계속 걸었다. 당시 나는 시빌——그리스 신화 예언의 여신——이 다르키니우스 지방의 사람들을 다루듯이 운명이 나를 다루고 있다고는 상상하지도 않았다.

나는 그 상점에서 거의 2년을 헛되이 보냈다. 이 생활의 끝 무렵 더 이상 견딜 수 없을 정도로 고뇌에 빠져 있었다. 그리하여 나는 바이마르(Weimar)에서 살고 있던 어머니에게 나는 인생의 목적을 상실했다는 것과 무익한 일에 세월을 낭비했기 때문에 젊음도 활력도 상실하고 이제

나이가 들어 이미 선택한 일을 관두고 새로운 길을 걸어가는 것도 불가능해졌다는 내용의 편지를 보내 나의 고뇌를 하소연했다.

그러자 당시 어머니와 친교를 맺고 있던 탁월한 재능의 소유자이며 유명한 페르노우(Fernow)가 그 편지의 의미를 깨닫고 나와는 아무런 안면도 없었음에도 내게 편지를 보내왔다. 그는 그 편지 속에서 내가 이때까지 헛되이 보낸 세월은 절대로 돌이킬 수 없는 것이 아니며 자기 자신이나 또 상당히 나이 든 후에 학자의 길을 걷는 다른 유명한 학자의 예를 들며 지금이라도 모든 것을 버리고 고전어 학습에 힘쓰라고 충고해 주었다.

나는 이 편지를 읽고 감격하여 울었다. 그리하여 그때까지 결단을 내리지 못하고 있던 나는 학자의 길을 가기로 결심했다. 나는 상회 주인에게 작별을 고하고 곧 바이마르로 향했다. 1807년 초 내가 만 십팔 세가 되려고 하던 때였다.

나는 페르노우의 충고에 따라 즉시 고타(Gotha)로 가서 그 시(市)의 명문 학교로서 문학 운동이 활발했던 김나지움(Gymnasium)에 입학했다. 그런데 고전어 지식이 별로 없었던 나는 모국어로 강의하는 수업에만 참석할 수밖에 없었다. 다행히 명성을 얻고 있던 데링(Doering) 교장 선생님이 매일 두 시간씩 내게 라틴어의 기초 지식을 가르쳐 주셨다.

당시 라틴어에 대한 나의 지식은 너무 보잘것없어서 단어의 변화부터 배우지 않으면 안 되었다. 그런데 내가 라틴어를 믿을 수 없을 정도로 빨리 배우자 데링 선생님은 내게 장래가 매우 밝다고 말해 주었다. 이 말을 들은 나는 실의에서 벗어나 새로운 희망을 품고 부풀고 긴장된 마음으로 목표를 향해 열심히 공부했다.

그러나 또다시 불운이 찾아왔다. 파멸로 이끄는 농담은 삼가야 한다는 것을 나는 미처 알지 못했다. 내가 수업을 받던 독일어 강의 '우수 클래스'에 대해 안면도 없던 슐츠라는 김나지움의 선생이 신문에 오만불손한 글을 실었다. 공공 기관을 통해 발표된 그의 발언을 나는 식탁에서 잡담으로 익살을 섞어 빈정댔다. 나의 이 대담한 행동은 슐츠 선생에게 알려졌다. 그 때문에 데링 선생님은 내게 해 주던 라틴어 교육을 중단했다.

그런데 데링 선생님은 나를 가르치는 것은 유쾌하지 못한 일이지만 일단 약속한 것은 지켜야 한다고 말하며 김나지움을 떠나지 말기를 바란다고 덧붙였다. 그러고는 다른 사람에게서 라틴어 개인 수업을 받는 것이 좋겠다고 충고해 주셨다. 나는 그것을 원치 않았으므로 1학기가 끝나자 고타를 떠나 바이마르로 갔다.

나는 그곳에서 현재 브레슬라우 대학교 교수로 명성을 얻고 있는 파소우(Passow)에게 프랑스어와 그리스어를 배웠다. 그런데 파소우는 그리스어 지도에만 국한하고 있었기 때문에 라틴어 회화에서는 필적할 사람이 없을 정도로 학식이 풍부한 바이마르 김나지움의 교장이신 렌츠(Lenz) 밑에서 라틴어 회화를 공부했다. 나를 위해 크나큰 노력을 기울여 주신 이 두 분에게 말로 표현할 수 없을 정도로 깊이 감사한다.

지식욕에 사로잡힌 나는 조금도 지치지 않고 열의와 최고의 정열로 공부에 집중했다. 노력에 노력을 거듭함으로써 뒤늦게나마 잃어버린 시간을 되찾고자 미친 듯이 공부에 열중했다.

나는 생활을 즐겁게 해 주는 여러 가지 물건을 사기 위해 필요한 돈에 관해서는 관심이 없었지만 조금이라도 시간을 만들고자 하는 일에 있어서는 매우 탐욕스러웠다. 나는 마치 자기 육체에 날마다 영양과 필수품을 공급하기 위해 노력하듯이 매일 밤늦게까지 지식을 흡수하기 위해 독서에 온 힘을 기울였다.

나는 어머니와 함께 살지 않고 파소우 선생님과 함께 살고 있었으므로 항상 선생님과 접할 수 있었다. 내가 가장 큰 노력을 기울인 것은 고전이었다. 그 밖에도 서적을 통해 이미 전부터 흥미를 느꼈던 수학과 역사 공부에도 열중했다. 이렇게 나는 바이마르에서 2년을 보냈다.

얼마 후 선생님은 내게 대학 입학 자격이 있다고 인정해 주었다. 이상하게 들릴지 모르지만 실제로 난 헛되이 보냈던 2년 반의 시간을 만회했다고 생각했으며 나는 그것이 사실이라는 증거를 곧 얻을 수 있었다.

대학에 입학한 후 나의 고전어 지식은 다른 학생들에게 못지않을 뿐만 아니라 언어학자보다 낫다는 것을 여러 기회를 통해 알게 되었다. 그 이유는 부분적으로 독학자였던 나는 주입식 교육으로 한 걸음씩밖에 진보할 수 없었던 다른 김나지움 학생들보다 고전 작가들의 작품을 더 많이 읽을 수 있었기 때문이었다.

나는 대학 생활 내내 매일 두 시간씩 할애해 꾸준히 그리스와 로마 작가들의 작품을 읽었다. 이 학습으로 인해 나는 다음과 같은 이익을 얻게 되었다. 우선 나는 차츰 고대에 친숙해졌으며 고대가 얼마나 훌륭했었는지를 이해하게 되었다. 특히 올해 후반에 이탈리아로 여행하게 되었을 때 나는 고대의 뛰어나고 당당한 기념물을 보면서 그 시대의 독특한 정신을 이해했으며 그 시대의 뛰어남을 새삼 깊이 느꼈다.

또한 고전 작가 특히 그리스 철학자들의 작품들을 계속 읽음으로써 나의 독일 문장력과 문체가 근본적으로 개선되고 아름다워졌다. 그리고 고전 작가들과 친숙해짐으로써 나의 라틴어 지식은 줄어들지 않게 되었다. 그뿐만 아니라 라틴어는 나의 가슴속 깊이 뿌리를 내려 그 후 내가 다른 많은 종류의 학문에 몰두했음에도 오늘날까지 그대로 남아 있다.

최근 라틴어 회화와 작문 능력에 해가 되는 이탈리아어를 계속 사용하지 않으면 안 되는 상황에서도 나의 라틴어 지식은 조금도 줄어들지 않았다. 이 사실을 증명하기 위해 진지한 마음으로 이 이력서를 라틴어로 쓰면서도 다른 사람의 도움을 전혀 받지 않았으며 이 이력서를 베를린으로 보내기 전에 아무에게도 보이지 않았다는 것을 분명히 맹세한다.

물론 나는 잘못된 문장을 썼을지도 모른다. 그것은 나의 천학비재(淺學菲才)의 탓이 아니라 인간의 약점과 불완전성 때문이다. 설령 오류를 범하더라도 나는 십구 세가 되어서야 비로소 mensa(라틴어로 '책상')라는 단어의 활용을 배웠다는 사실을 고려해야 할 것이다. 그렇지 않으면 내 말은 허영심을 드러내는 호언장담에 지나지 않을 것이다.

1809년 말 성년에 이르자 나는 어머니한테 아버지가 남기신 재산 중 이미 쓴 것을 제외한 3분의 1의 유산을 받았다. 그 덕택에 내 생활을 충분히 유지할 수 있게 되었다.

그 후 나는 괴팅겐(Gottingen) 대학교에 입학하여 의과에 등록했다. 그렇지만 나의 본성을 잘 알고 있었으므로 극히 표면적으로 철학을 접한 후에는 의학을 중지하고 철학에 전념했다. 하지만 의학 공부에 쏟은 시간은 절대로 헛되이 잃어버린 것이 아니었다. 왜냐하면 의학 강의를 듣더라도 철학에 유익하거나 필요한 강의만을 들었기 때문이었다.

괴팅겐 대학교에서 보낸 2년간 나는 습관대로 학문 연구에만 열중했으며 다른 학생들과 교제로 학업을 중단하거나 소홀히 하는 일은 전혀 없었다. 나는 상당한 나이에 이르렀고 경험도 풍부했으며 사람들과는 전혀 다른 성격을 갖고 있어 항상 그들과 떨어져 고독 속에 파묻혀 있는 경향이 강했기 때문이다. 그래서 나는 강의에 반드시 참석하면서도 독서할 시간이 충분했다. 나는 특히 플라톤과 칸트의 작품들에 열중했다.

이 2년 동안 나는 슐체(G. E. Schulze)의 논리학 · 형이상학 · 심리학 강의를 들었으며 티보에게 수학을, 헤르에게 고대사 · 근대사 · 십자군의 역사와 민족학을, 유다에게 독일 제국사를, 부르멘바하에게 자연사 · 광물학 · 생물학 · 비교해부학을, 헴페르에게 인체 해부학을, 슈토르마이어에게 화학을, 토비아스 마이어에게 물리 · 천체 물리학을, 그리고 슈라터에게 식물학을 배웠다. 내가 배운 학문이 매우 유익한 것이었음에 대해 그들에게 감사하고 있다.

1811년 가을 나는 베를린으로 와 대학생이 되었다. 나는 베를린 대학교의 유명한 교수들 밑에서 정신을 연마하는데 온 힘을 기울이고 그곳에서 그리스 · 로마 시인들과 그리스 고대사 · 그리스 문학사에 관한 볼프의 강의와 슐라이어마허(Schleiermacher)의 철학사 강의와 전자기(電磁氣)에 대한 에르만의 공개 강연을 듣는 것도 매우 흥미 있었다.

베를린 대학교에서의 3학기 동안 나는 리히텐슈타인(Lichtenstein)의 동물학을 경청한 외에 그라프로트 밑에서 다시 화학을 공부했으며 피셔에게 물리학을, 보디에게 천문학을, 바이스에게 지질학을, 호르켈에게 생리학을, 그리고 로젠탈에게 인간의 두뇌 해부학을 배웠다. 탁월한 교수들에게 배운 훌륭한 지식에 대해 나는 항상 그들에게 감사하고 있다.

나는 피히테(Fichte)의 철학 강의도 후에 그것을 올바로 평가하기 위해 열심히 들었다. 언젠가 피히테가 학생들을 위해 마련한 토론회에 참석하여 나는 오랜 시간 그와 열띤 토론을 벌였다. 그때 그 자리에 참석했던 학생들은 모두 그 일을 기억할 것이다.

1813년 후반 전쟁이 베를린을 위협하지 않았더라면 나는 2년 더 베를린에 머무를 생각이었다. 그곳을 떠나지 않을 수 없었던 것은 참으로 유감스러운 일이었다. 당시 나는 명문 학교인 베를린 대학교 철학과에서 박사 학위를 받기 위해 온 힘을 기울여 준비하고 있었기 때문이었다.

내게 특별한 호의를 보이던 유능한 리히텐슈타인 교수에게 박사 학위 취득 조건과 그에 필요한 사항들에 대해 가르침을 받은 후 〈충족 근거율(充足根據律)의 네 가지 근원에 대하여〉라는 논문을 쓰기 시작했다. 이것을 독일어로 쓴 이유는 나의 선망 대상이었던 베를린 대학교 철학과의 규칙 때문이었다.

뤼첸(Lutzen)에서의 전투——러시아를 정복한 나폴레옹과 프로이센과의 전투——결과가 어떻게 될지 명확하지 않고 베를린시도 위협을 받고 있었으므로 몸이 불편하지 않은 사람들은 모두 베를린을 떠나기 시작했다. 대부분 프랑크푸르트나 브레슬라우로 향했으나 나는 적군 쪽으로 가는 편이 현명하다고 보고 드레스덴으로 향했다.

도중에 많은 사건과 위협을 만났지만 십이 일 후 드레스덴에 도착했다. 처음에는 드레스덴에 머물려고 했지만 이 도시에도 위험이 임박해 오고 있다는 것을 알고 나는 다시 바이마르로 갔다. 나는 일단 어머니의 집에 머물렀다. 그렇지만 가정 환경이 매우 불화(不和)했으므로 나는 몸을 숨길 다른 장소를 찾았다.

결국 나는 루돌슈타트의 한 여관에 머무르면서 그해의 나머지를 보냈다. 루돌슈타트는 고향이 없는 사람에게 가장 적당한 장소였다. 그즈음 나는 다시 정신적으로 깊은 고뇌에 빠져 실의 상태에 있었다. 내가 살고 있는 이 세계는 내가 갖춘 재능과는 전혀 다른 능력을 필요로 하는 것처럼 보였기 때문이었다.

루돌슈타트에 몸을 숨기고 있는 동안 나는 말로 표현하기 어려운 이 지방의 환경에 매혹되었다. 나는 천성적으로 군사적인 것을 싫어했으므로 온통 전쟁에 휩싸였던 그해 여름에도 나는 나무로 뒤덮인 산들에 둘러싸인 계곡 속에서 군인의 모습도 보지 않고 북소리도 전혀 듣지 않은 채 이 세상의 변화와는 전혀 관계없는 여러 가지 주제들을 끊임없이 생각할 수 있었다. 또한 책을 읽고 싶을 때는 언제든지 바이마르 도서관을 찾아가면 되었다.

드디어 나는 〈충족 근거율에 관한 네 가지 근원에 대하여〉라는 논문을 완성한 후 박사 학위를 얻기 위해 베를린으로 돌아가려고 했다. 그러나 그것은 불가능했다. 베를린으로 통하는 길은 휴전 중이나 그 후 전쟁이 다시 시작된 후에도 폐쇄되어 있었기 때문이었다. 그렇지만 그 당시 박사 학위 취득은 내게 매우 유익한 것이었으므로 나의 논문에 머리말을 써넣은 후 그곳에서 가장 가까운 예나(Jena) 대학교 철학과로 보내 철학 박사 학위를 수여해 줄 것을 의뢰했다. 예나 대학교 철학과에서는 기꺼이 나의 청을 들어주었다.

겨울이 되자 내가 몸을 숨기고 있던 전원도 군인들에 의해 폐허가 되었다. 나는 다시 바이마르로 돌아가 그곳에서 겨울을 보냈다. 이즈음 나의 고뇌를 위로해 주었을 뿐만 아니라 생애 중에서 가장 기쁘고 행복한 사건이 일어났다. 그것은 금세기(今世紀)의 영광이요 독일 국민의 자랑이며 그 이름이 모든 시대의 사람들 입에 오르내리게 될 괴테(Goethe)가 내게 우정을 표시하며 가까이 교제한 것이었다.

그때까지 나는 그를 보기만 했을 뿐 그도 내게 말을 걸어 온 일이 없었다. 그런데 그가 나의 논문을 읽어 본 후 스스로 내게 다가와 그의 색채론 연구를 해 볼 생각이 없느냐고 물었다. 그러고는 내게 그 연구에 필요한 도구를 빌려주고 설명도 해 주겠다고 약속했다. 이 색채론에 대해서 그의 설명에 동의한 적도 있고 반대한 적도 있지만 색채론은 그해 겨울 동안 우리 두 사람의 대화 주제가 되었다.

처음 대화를 나눈 며칠 후 그는 색채 현상을 재현하는 데 필요한 기계와 도구들을 내게 보내 주었다. 그러고 자신이 행한 실험을 내게 보여 주었다. 내가 선입관에 빠지지 않고 논리의 정당성을 인정해 주자 괴테는 매우 기뻐했다. 여기서 그 세부적인 것까지 설명할 수는 없지만 그의 색채론은 지금까지 대부분 사람에게 동의와 인정을 받지 못했다.

그해 겨울 나는 가끔 그의 집을 방문할 기회를 얻었다. 우리의 대화 내용은 색채론에 관한 문제들에 국한되지 않고 모든 철학적 문제에까지 이르렀으며 토론은 몇 시간 동안 계속되기도 했다. 이 친밀한 교제로 나는 믿기지 않을 만큼 많은 도움을 얻을 수 있었다.

1814년 초 전쟁이 끝났다. 나는 학문을 계속하고 특히 머릿속에서 이미 완성되어 있던 철학 체계를 세우기 위해 드레스덴으로 갔다. 시설이 매우 훌륭한 도서관이 있는 그곳에서 나는 즐거운 시간을 보낼 수 있었다. 또 유명한 화랑과 고대 조각품 전시장과 그리고 과학 연구를 위해 완비된 기계나 도구도 나의 연구에 큰 도움이 되었다.

나는 이 매력적인 도시에서 아무 걱정 없이 4년 반 정도 살면서 여러 가지 학문 연구에 전념했다. 특히 나는 이제까지 생존했던 철학자들, 즉 다른 사람의 생각을 해석하고 재탕하여 제공한 사람들이 아니라 자기 자신의 사고를 연구한 사람들의 작품을 읽는 데 노력을 기울였다.

이런 연구를 하면서 틈을 내어 나는 1815년에 새로운 색채론을 완성했다. 괴테는 오직 물리적인 색채의 발생만을 발견했을 뿐 절대로 일반적인 색채론을 서술한 것이 아니라는 것을 나는 분명히 인식했다. 나는 일반적 색채론은 물리적인 것도 화학적인 것도 아니고 순수하게 생리학적인 것이라고 생각했다.

나는 나의 색채론에 대해 종합한 초고(草稿)를 괴테에게 보냈다. 그 후 이 주제에 대해 1년 동안 그와 편지를 주고받았다. 저 위인(偉人)은 분명히 이유를 밝히지는 않았지만 나의 견해에 동의하기를 거부했다. 나의 학설은 모든 점에서 뉴턴과 완전히 대립하고 있었으며 세부적인 점에서는 괴테의 학설과도 일치하지 않은 부분이 있었기 때문이었다.

'사물에 대한 사고방식은 건조한 빛과 같은 것이 아니라 의지와 열정에 의해 영향을 받는 것이다.'

라고 베이컨도 말하고 있다.

1816년 나야말로 괴테에게 동의한 최초의 인간임을 조금도 의심하지 않고 색채에 대한 이 논문을 발표했다. 그뿐만 아니라 나는 이 논문 속에 전개된 이론만이 올바르며 그 견해가 올바른 것이라는 확신을 더욱더 굳게 했다. 설령 나의 견해가 가까운 장래에 인정되지 않더라도 불만은 없었다. 나는 나 자신에게 악의(惡意)로 가득 찬 침묵이나 완강한 거부도 절대 진리를 왜곡하거나 억압할 수 없는 것이라고 설득하면서 나의 마음을 위로했다.

여기서 나의 주제에 대한 리비우스의 말을 빌리면

'진리란 때로는 완강한 저항을 받아도 절대로 절멸할 수는 없다.'

1818년 마침내 나는 5년에 걸쳐 꾸준히 전념해 온 철학 대계(哲學大

系)인 ≪의지와 표상으로서의 세계≫ 초고(初稿)를 완성하고 십일 년 동안 학문 연구를 계속해 온 나는 휴식을 취하기 위해 여행을 결심했다.

나는 빈을 거쳐 이탈리아로 가 베네치아 · 볼로냐 · 피렌체를 여행한 후 로마에 도착하여 그곳에서 약 4개월 동안 머물렀다.

나는 로마에서 고대의 기념물과 근대 예술 작품을 감상했다. 그러고는 나폴리 · 폼페이 · 헤르크라눔 · 프테오리 · 바리 · 쿠마에 등을 여행하며 감탄했다.

교황청과 이천오백 년의 세월이 흐르는 동안 조금도 손상되지 않은 매우 고풍(古風)스럽고 웅장한 포세이돈의 사원을 돌아보며 분명 플라톤도 왔었을 이곳에 나 자신이 서 있다는 것을 생각하면 전율을 불러일으키는 경건함을 느꼈다.

그 후 나는 다시 피렌체에서 약 1개월 정도 머무른 후 베네치아 · 파도바 · 비첸차 · 베로나 · 밀라노를 거쳐 성(聖) 고트하르트 산을 넘어 스위스로 갔다.

십일 개월 동안의 여행을 마친 후 올해 8월에 드레스덴으로 돌아왔다. 그런데 이제까지 오직 학문에 대한 욕망에만 사로잡혀 있던 나는 앞으로는 사람들을 가르치고 싶다는 욕망을 느꼈다.

나는 이 욕망을 만족하기 위해 베를린 대학교의 영예로운 철학과에 교수직을 신청하고자 한다.

쇼펜하우어 연보

1788년

· 2월 22일 독일 발트(Baltic)해 연안 도시 단치히(Danzig)에서 부유한 사업가 아버지 하인리히 플로리스 쇼펜하우어(Heinrich Floris Schopenhauer, 1747~1805)와 작가인 어머니 요한나 헨리에테 쇼펜하우어(Johanna Henriette Schopenhauer, 1766~1838) 사이에서 태어났으며 3월 3일 성 마리아(Maria) 교회에서 세례를 받음.

1793년(5세)

· 단치히가 프로이센에 병합되자 아버지 H. F. 쇼펜하우어는 자유를 찾아 막대한 재산과 고향을 버리고 가족 모두 함부르크로 이주함.

1797년(9세)

· 여동생 아델레(Adele) 태어남.

· 프랑스어 학습을 위해 프랑스 르아브르(Le Havre)로 감. 아버지의 동료 상인인 그레구와르 드 블레지메르의 집에서 2년간 행복하게 지내면서 그레구와르의 아들 안딤과 친교를 맺음.

1799년(11세)

· 함부르크의 룽게 사립학교에 입학하여 공부함.

· 김나지움(Gymnasium)에 진학하기를 희망했지만 자신을 상인으로 만들려는 아버지에게 고전 연구는 불필요한 것으로 생각됨. 결국 아버지의 제안에 따라 장기간의 유럽 여행을 떠나기로 결심함.

1800년(12세)

· 프라하를 여행함.

1803년~1804년(15세~16세)

· 네덜란드 · 영국 · 프랑스 · 스위스 · 오스트리아 · 프로이센 등을 여행함.

· 1803년 7월부터 9월까지 영어 학습을 위해 영국 윔블던 이글 하우스에 머무름. 그는 전(全) 여행 기간에 일기를 썼는데 그 일기에는 고상한 것에서 저속한 것에 이르기까지 그의 일상들이 모두 기록되어 있음. 초기 일기에 그의 염세적 감정과 비판이 나타나 있음.

1805년(17세)

· 함부르크로 돌아와 상인으로서의 견문을 넓히기 위해 예니쉬(Jenisch) 상회(商會)의 점원으로 들어감.

· 4월 20일 아버지 H. F. 쇼펜하우어 죽음.

· 이미 전부터 어머니의 인품과 태도에 비판적 태도가 격렬해진다.

1806년(18세)

· 9월 아버지의 회사가 해체된 후 어머니 요한나와 누이동생은 함부르크를 떠나 바이마르로 가고 쇼펜하우어만 혼자 남는다.

· 상인의 길을 갈 것이냐 학문의 길을 갈 것이냐 하는 문제로 고민함.

1807년~1809년(19세~21세)

· 학문의 길을 갈 것을 결심하고 바이마르로 가 고타(Gotha)의 김나지움(Gymnasium)에 입학함.

· 성인이 된 쇼펜하우어는 아버지의 유산 중 그의 몫을 상속받음.

· 어머니와 심한 말다툼으로 사이가 더욱 벌어짐.

· 2년의 김나지움 과정을 마치고 괴팅겐(Gottingen) 대학교에 입학.

1809년~1811년(21세~23세)

· 대학에서 1년간 과학을 공부한 후 철학을 공부함. 그의 스승이며 철학자인 슐체(G. E. Schulze)의 권유에 따라 플라톤과 칸트를 연구함. 그 이후 플라톤과 칸트는 그의 정신적 인도자가 됨.

· 1811년 베를린(Berlin) 대학교로 옮김.

1812년~1813년(24세~25세)

· 베를린 대학교에서 학문을 연구함.

· 그곳에서 피히테(Fichte)와 슐라이어마허(Schleiermacher)의 강의를 듣고 나서 그들에 대한 이제까지의 존경이 혐오로 변함.

1813년(25세)

· 나폴레옹(Napoleon)의 침공으로 베를린이 위험해지자 루돌슈타트(Rudolstadt)로 감. 그곳에서 학위 논문 〈충족 근거율(充足根據律)의 네 가지 근원에 대하여〉를 씀. 이 논문의 독자 중에는 괴테도 있었다.

· 예나(Jena) 대학교에서 박사 학위를 받은 후 바이마르로 감.

· 괴테와 교제를 시작함.

· 프리드리히 마이어를 통해 고대 인도 철학과 바라문교 · 우파니샤드를 알게 되어 그의 염세적 사상에 결정적인 영향을 주었다.

1814년~1818년(26세~30세)

· 어머니와의 관계를 회복하려고 노력했으나 다시 심한 언쟁을 하고 바이마르를 떠나 드레스덴으로 감. 그 이후 어머니를 만나지 못함.

· 문학자들의 모임에 나가 교제함. 드레스덴의 미술관과 도서관에서 여러 방면에 걸쳐 연구함.

· 1815년 논문 〈시각(視覺)과 색채에 대하여〉를 완성하여 이듬해 간행.

· 주저(主著) ≪의지와 표상으로서의 세계≫ 초고(初稿) 완성.

1818년~1819년(30세~31세)

· 베네치아→로마→나폴리→로마→베네치아→밀라노의 경로를 따라 이탈리아 전역을 여행함.

· 다시 독일의 바이마르에 돌아와 괴테와 만나다.

· 베를린 대학교의 교수직을 얻기 위해 노력한다.

· 1819년에 ≪의지와 표상으로서의 세계≫를 출간했으나 아무에게도 읽히지 않았다.

1820년(32세)

· 3월 베를린 대학교에서 〈네 가지 상이한 원인에 대하여〉라는 강의를 하고 이어 대학 강의로 〈세계의 본질과 인간의 정신에 대한 학설에 대하여〉를 강의함. 그는 의도적으로 자신의 강의를 헤겔(Hegel)의 강의 시간과 일치시켰지만 청강자가 없어 강의는 결국 실패함.

· 예나(Jena) 문예 신문에 ≪의지와 표상으로서의 세계≫에 대한 비판적 논평이 실리다.

1822년(34세)

· 스위스 · 밀라노 · 베네치아 · 피렌체 등을 여행.

1823년(35세)

· 5월 독일로 돌아옴.

· 뮌헨에 머무는 1년여 동안 여러 가지 병에 시달림. 우울증이 계속되었으며 오른쪽 귀의 청력 악화가 더욱 심해짐.

1824년(36세)

· 요양을 위해 5월 29일부터 6월 19일까지 가스타인에 머물렀다.

· 9월에 드레스덴으로 돌아오다.

1825년(37세)

· 4월 다시 베를린으로 오다.

1831년(43세)

· 8월 콜레라가 베를린을 덮치자 베를린을 떠나 프랑크푸르트로 감. 헤겔(Hegel)이 콜레라로 죽음.

1832년~1833년(44세~45세)

· 1832년 7월부터 1833년 6월까지 만하임(Mannheim)에 머무름.

· 1833년 6월 프랑크푸르트로 돌아온 후 이곳에서 1860년에 그가 죽을 때까지 살게 됨.

1835년~1836년(47세~48세)

· ≪자연의 의지에 대하여≫를 저술하여 간행함.

1837년(49세)

· 칸트 전집의 편집에 노력함.

1838년(50세)

· 어머니 요한나(Johanna) 죽음.

1839년(51세)

· 〈인간적 의지의 자유에 대하여〉가 노르웨이 과학원의 현상 논문에 당선.

1840년(52세)

· 〈도덕의 기초에 대하여〉라는 논문을 씀.

1841년(53세)

· 위의 두 논문을 한 권으로 묶어 ≪윤리학의 두 가지 근본 문제≫라는

제목으로 간행.

1843년~1844년(55세~56세)

· ≪의지와 표상으로서의 세계≫ 제2부 완성.

1847년(59세)

· 학위 논문이었던 ≪충족 근거율(充足根據律)의 네 가지 근원에 대하여≫ 제2판 간행.

1849년(61세)

· 누이동생 아델레(Adele)와 마지막으로 만남. 그 후 그녀는 곧 죽음.

1851년(63세)

· '생활의 지혜를 위한 아포리즘(Aphorisms)'을 주제로 한 ≪여록과 보유(Parerga und Paralipomena)≫를 완성하여 간행함.

1852년(64세)

· 유언장 작성(1859년 2월에 보완).

1858년(70세)

· 베를린 왕립과학아카데미 회원에 추대되지만 나이가 많아 거절함.

1860년(72세)

· 9월 9일 급성 폐렴에 걸려 21일 금요일 아침에 세상을 떠난다.

· 9월 26일 시립 중앙 묘지에 안장된다.

안티쿠스 책장

쇼펜하우어 인생론 여록과 보유

초판 1쇄 | 2024년 5월 15일 발행

지은이 | 쇼펜하우어
옮긴이 | 김재혁

펴낸이 | 이경자
펴낸곳 | 육문사

편 집 | 김대석
교 정 | 이정민
디자인 | 인지숙

주 소 | 경기도 고양시 일산동구 산두로 128 909동 202호
전 화 | 031-902-9948 팩스 | 031-903-4315
이메일 | dskimp2000@naver.com

출판등록 | 제 2016-000182 호 (1974. 5. 29)

ISBN 978-89-8203-048-2 03160